IBM SPSS 25를 활용한

기초 통계분석

이해평 저

화수목

머 리 말

인간은 편하게 살고 싶은 욕망이 있다. 그러기 위해서는 남보다 먼저 더 많은 정보를 얻고, 그것을 바탕으로 철두철미한 계획을 세운 다음, 최첨단 기기와 장비를 활용해야만 한다. 하지만 정보를 취합하고 분석하며 계획을 세우는 데 필요한 노력이 만만치가 않을 뿐만 아니라 기기와 장비를 다루기 위해서는 많은 시간과 비용이 뒷받침되어야만 한다. 곰곰이 생각해 보면, 과연 그런 노력과 시간 그리고 투입되는 비용이 우리 자신을 편하게 만들어 주는 것이 맞는지 아니면 욕망에 눈이 멀어 우리 스스로 곤경에 빠뜨리고 있는 것은 아닌지 혼돈에 빠지곤 한다.

그렇다면 통계라고 하는 도구는 어떻게 받아들여야 하는 것일까? 물론, 통계라고 하는 수단을 이용하지 않아도 우리가 일상생활이나 업무에서 접하는 많은 정보 처리 과정을 손쉽게 수행할 수 있다. 단, 아주 기본적인 수준의 결과 처리와 데이터의 양이 적은 국한된 범주라는 조건이 붙는다. 수처리 작업의 능력을 벗어나거나 엄청나게 방대한 양의 데이터를 처리해야 하거나 고급 수준의 분석 결과를 해석해야 할 경우라면 통계를 필요로 한다. 더욱이 통계 분석을 보다 강력하게 활용하려면 통계 분석 프로그램을 활용해야 하며, 방대한 양의 데이터 처리가 가능한 고성능 하드웨어, 즉 컴퓨터의 도움에 의존할 수밖에 없다.

통계라고 하는 분야는 수학적 통계 이론을 비롯해서 통계분석방법의 이해 및 활용, 통계분석 프로그램의 활용 및 결과 해석 등 매우 다양하고 광범위한 내용을 다루고 있다. 하지만 아직까지도 많은 사람들은 통계를 기술통계나 빈도분석이 전부인 것으로 잘못 알고 있거나 심지어 잘못된 통계분석을 이용하여 연구를 수행하고 보고서나 논문에 이용하는 경우도 적지 않다. 간혹 대학원생들 가운데 통계분석을 이용해서 학위논문을 쓰고 싶지만 통계에 대한 기본 지식이 없어서 비싼 비용을 감수하고 타인에게 통계분석을 의뢰하는 경우가 있는데 막상 결과를 전달받아도 해석을 할 줄 몰라서 고민에 빠지는 경우를 보게 된다. 이에 본 저자는 통계를 전공하는 사람이 아닐지라도 통계분석을 활용하여 간단한 업무처리를 하거나 연구 활동에 종사하는 대학원생이나 연구원들이 보고서나 논문에 통계분석을 활용할 수 있는 능력을 갖추는 데 도움을 주고자 기본적인 통계분석에 대한 책을 집필하게 되었다.

본 도서는 수학적 통계이론과 IBM SPSS 프로그램을 활용한 통계분석방법들에 대해서 소개하고 있다. 학문적 깊이보다는 실용성에 맞춰 이론적인 고찰보다는 활용에 주안점을 두고 기술하였다. 끝으로, 본 도서가 출판되기까지 성심성의껏 많은 협조와 지원을 아끼지 않은 도서출판 화수목의 대표님을 비롯해서 모든 직원분들께 다시 한 번 깊은 감사의 말을 전한다.

CONTENTS

차 례

PART 1 통계학의 기본 개념

PART 2 SPSS 프로그램

PART 3 통계 분석 방법

P/A/R/T 01

통계학의 기본 개념

Chapter 01

통계학의 기초[1)2)]

1 통계와 통계학

통계(statistics)는 일정한 집단에서 개개의 요소가 갖는 수치의 분포나 그 분포의 특징을 나타내는 수치의 총체로서 정의된다. 즉, 집단의 특성을 판단하는 과정에서 직관이나 주관적인 판단에 기인하는 시행착오를 최소화하고 객관적이며 합리적인 **의사결정**(decision-making)이 가능하도록 중요한 지식이나 정보를 제공한다. **통계학**은 이러한 통계를 다루는 학문이다.

통계학은 자연과학, 사회과학 및 인문과학의 모든 분야에서 활용되고 있는 학문으로서 특히, 인간의 행동과 사회 및 현상의 체계적인 연구와 탐구의 정보 및 수단을 제공한다, 또한, 통계학은 연구자가 관심의 대상이 되는 집단의 관찰로부터 얻은 자료를 분석하여 불확실한 상황보다 객관적이고 합리적으로 의사결정을 할 수 있도록 도움을 주는 학문이다. 따라서 통계학은 수집된 자료를 효과적으로 표현하고, 얻은 정보를 통하여 올바른 자료 해석 및 연구결과에 대한 유용한 결론을 도출하는 데 사용되며, 다음과 같은 상황에 이용될 수 있다.

1) 이해평(2006). 재해통계학, 도서출판 동화기술.
2) 황인창, 이대용, 이청호(2004). 알기쉬운 통계학 2판, 학현사.

- 개인 또는 집단의 **특성**(property)을 **설명**(explanation), **예측**(forecast), **기술**(description), **통제**(control)하기 위한 구체적이고 객관적인 자료의 근거를 필요로 할 경우
- 특정 결과가 원인을 규명하기 위하여 **인과관계**(causal relationship)에 대한 설명을 필요로 할 경우
- 집단 간 **비교**(comparison)와 **차이**(difference) 및 **관련성**(relation) 등의 규명을 필요로 할 경우
- 결과에 영향을 미치는 변수(variable)를 통하여 **미래 상황에 대한 예측**을 필요로 할 경우
- 평가과정에서 다양한 **자료 분석**(data analysis)이나 **측정 도구의 양호성에 대한 검증**(verification)을 필요로 할 경우

따라서 통계학의 기본 원리와 개념을 통하여 합리적인 의사결정을 내리기 위한 자료 및 상황에 적합한 분석방법을 선택함으로써 자료의 분석, 결과의 해석 및 활용에 대한 능력을 배양할 수 있다.

재난관리 분야는 사회과학적인 요소와 자연과학적인 요소를 모두 다루는 특징을 갖고 있는 만큼, 통계에서 다루는 사례들 또한, 매우 다양하고 폭넓은 범위를 갖고 있다. 하지만 아직까지 우리나라에서는 재난관리 관련 통계의 활용도는 높지만 이에 대한 체계적인 정립이 미미한 실정이므로 이에 대한 연구가 활발히 진행되어야만 할 것이다. 재난관리 분야에서 자주 접할 수 있는 통계분석 사례들은 다음과 같다.

- 기상청은 14일 아침 서울과 대관령의 최저기온이 각각 영하 9도와 영하 14도로 예상되며 충남과 호남 서해안 지방 및 제주도 울릉도 독도에는 구름이 많고 눈(강수확률 40~60%)이 오겠다고 예보했다.
- 소방청에 따르면 최근 10년 간(2009~2018년) 겨울철(11월~다음해 2월)에 발생한 화재를 원인별로 분석한 결과, 전기로 인한 화재 건수가 32%를 차지해 가장 자주 발생했고, 담배 12%, 방화 8% 순이었다.
- 한국산업안전공단 제주 지도원에 따르면 재해자 수의 경우, 지난해 같은 기간 500명에 비해 0.2% 증가했고 사망자 수는 전년 동기 19명에 비해 57.9% 감소한 것으로 나타났다.

2 통계학의 기본 개념

2.1 변수와 자료

자료를 수집하기 위해 관찰의 대상이 되는 직업, 회사, 지역, 기관, 단체 등을 **관찰단위**(observation unit)라고 하며, 관찰단위는 여러 가지 **속성**(attribute)을 지니고 있다. 예를 들면 학생은 학년, 종교, 성, 학과, 성적 등의 속성을 지니며, 문구류는 가격, 용도, 성능, 내구연한 등의 속성을 갖고 있다. 따라서 통계분석을 목적으로 수집하는 자료는 학생이나 문구류와 같은 관찰단위 그 자체가 아니라 관찰단위가 갖고 있는 속성에 대한 것이다.

변수(variable)는 관심의 대상이 되는 속성으로서 서로 다른 값을 갖는 것을 말하는데 앞에서 언급한 학년, 종교, 성, 학과, 성적 등은 학생에 따라 각기 다른 값을 갖는 변수들이다. 변수는 다시 독립변수와 종속변수로 구분되며, **독립변수**(independent variable)는 다른 변수의 영향을 받지 않고 그 자체적으로 독립적인 값을 갖는 변수이고, **종속변수**(dependent variable)는 독립변수의 영향을 받아 결정되는 변수를 말한다.

자료(data)는 변수를 관찰하여 얻은 관찰값들의 집합을 말한다. 따라서 통계분석을 수행할 때에는 우선 관심의 대상이 되는 변수들을 선정하고, 이 변수들을 관찰하여 자료를 수집해야 한다.

2.2 모집단과 표본

모집단(population)은 관심의 대상이 되는 모든 잠재적 관찰대상의 집합을 의미하며, 모집단을 구성하는 개체들이 한정되어 있는지의 여부에 따라 **유한모집단**(finite population)과 **무한모집단**(infinite population)으로 구분한다. 여기에서 모집단은 관찰단위가 아니라 관찰값에 의해 정의되는 것에 유의해야 한다.

표본(sample)은 통계분석을 위하여 모집단에서 추출된 모집단의 일부를 의미하며, 좋은 표본을 추출하기 위해서는 추출된 표본이 모집단의 특성을 잘 반영하고 있어야만 한다. 이와 같이 추출된 표본을 가지고 조사하는 것을 **표본조사**(sampling survey)라고 하는데 표본조사를 하는 이유는 모집단의 규모가 작다면 모집단을 전부 조사하는 **전수조사**(complete enumeration)가 가능하지만 현실적으로 모집단을 전수조사를 하는 것이 불가능하거나 설령 가능할지라도 시간과 비용이 많이 들기 때문이다.

모수(population parameter)는 모집단의 특성을 나타내는 값으로서 모집단의 **평균**(mean), **표준편차**(standard deviation), **변량**(variance) 그리고 **모집단비율**(population proportion) 등이 해당된다. **통계량(statistic)**은 표본의 특성을 나타내는 값으로서 모집단에서 추출된 표본에 대한 평균, 표준편차, 변량 및 표본비율(sample proportion) 등이 있다.

모수와 통계량은 구분을 위해 표기를 달리하며, 표기하는 방법은 표 1-1에 제시하였다.

[표 1-1] 모수와 통계량의 특성 표기 방법

	모수	통계량
평균	μ	$\overline{X}$
변량	σ^2	S^2
표준편차	σ	S

표본오차(sampling error)는 모집단 표본의 결과를 토대로 모집단 전체의 특성을 추정하는 과정에서 발생하는 오차를 말하므로 전수조사의 경우, 표본오차는 발생하지 않으며, 표본오차는 일반적으로 표본의 크기가 증가함에 따라 감소하는 특성을 나타낸다.

비표본오차(non-sampling error)는 표본조사 전체과정에서 발생할 수 있는 오차로서 불분명한 조사목적, 비합리적인 모집단의 설정, 부정확한 측정, 관찰의 오류, 누락, 오기 등으로 인해 발생한다. 이와 같은 이유로 비표본오차는 표본의 크기가 커짐에 따라 오히려 증가할 수 있으며, 전수조사에서도 발생할 수 있다.

2.3 표본추출의 방법

표본을 추출하는 방법에는 확률표본추출과 비확률표본추출이 있다.

확률표본추출(probability sampling)은 모집단에서 일정한 확률에 입각하여 표본을 추출하는 방법이고, **비확률표본추출**은 연구자가 임의로 선정하는 방법을 말한다. 확률표본추출에는 단순 무작위 표본추출, 체계적 표본추출, 층화표본추출 그리고 군집표본추출이 있다.

단순 무작위 표본추출(simple random sampling)은 모집단의 기본단위가 표본에 포함될 확률을 동일하게 하여 표본을 추출하는 방법으로서 무작위성을 확실하게 하려면 난수표(table of random numbers) 또는 컴퓨터를 이용한 난수발생기(random number generator)를 사용해야만 한다. 단순 무작위 표본추출은 모집단에 대한 충분한 사전 지식이 없을 경우에 대표적인 표본추출이 가능하지만 표본의 크기가 작을수록 표본오차가 커지는 단점이 있다.

체계적 표본추출(systematic sampling)은 모집단의 크기를 M으로 하고 여기서 크기 m인 표본을 추출할 경우, 체계적 표본추출을 이용하는 방법으로서 모집단의 기본단위를 순서대로 1에서 M까지 번호를 할당하고 표본추출 간격을 $n = M/m$으로 정한 다음, 첫 번째 구간에서 무작위로 기본단위 하나를 추출하여 그 번호가 a라면 표본은 번호가 a, $a+n$, $a+2n$, $a+3n \cdots$인 기본단위들을 추출하여 표본을 구성한다. 체계적 표본추출은 표본추출이 간편하다는 이점이 있지만 모집단의 순서에 다른 주기성이 표본추출 간격과 일치하면 동일한 유형의 기본단위들로만 표본이 구성되므로 모집단의 특성을 반영하지 못한다는 단점이 있다.

층화표본추출(stratified sampling)은 모집단을 구성하는 기본단위의 특성이 매우 다양하고 사전에 모집단의 구조를 알고 있을 때 사용되는 방법으로서 모집단을 지역, 연령, 성별 등으로 층을 구분한 다음 각 층으로부터 표본을 단순 무작위로 표본추출하여 전체 표본을 구성한다. 층화표본추출은 층 내에서는 동질적이고 층간에는 이질적인 특성을 갖는데 각 층에 속하는 집단이 동질성을 갖는 경우와 작은 변량을 갖는 경우에 주로 이용된다.

군집표본추출(cluster sampling)은 모집단을 여러 개의 군집으로 나누고 이 군집에서 단순 무작위 표본추출법으로 표본을 추출하는 방법으로서 군집표본추출이 효과적인 경우는 층화표본추출과 반대의 경우로서 군집 간에는 동질적이고 군집 내에서는 이질적인 특성을 갖는 경우가 해당된다.

비확률표본추출(non-probability sampling)에는 편의표본추출, 판단표본추출, 할당표본추출이 있다.

편의표본추출(convenience sampling)은 연구자가 자유롭게 연구 대상을 표본에 포함시키는 것으로서 시간과 경비를 절약할 수 있고 새로운 아이디어를 얻는 데 유용한 방법이다.

판단표본추출(judgement sampling)은 연구자가 연구 목적에 적합한 사항을 만족시킬 수 있다는 판단에 따라 모집단을 대표하는 표본을 선정하여 추출하는 방법으로서 비용을 절약할 수 있고, 모집단에 대한 충분한 지식이 있을 때 편리하고 정확도가 높은 방법이다.

할당표본추출(quota sampling)은 표본이 모집단을 대표할 수 있도록 할 경우에 사용되며 모집단이 갖는 모든 속성이 선정되는 표본에 비례적으로 적절하게 포함되도록 한다. 이 방법은 모집단의 분포를 잘 알고 있으며, 이 표본추출방법이 연구 목적에 적합하다는 신뢰가 있을 때에만 사용하며, 연구 목적에 적합여부를 판단하는 것이 쉽지는 않지만 시간과 경비를 절약할 수 있다는 장점이 있다.

2.4 기술통계와 추리통계

통계학은 자료 분석의 목적에 따라 기술통계와 추리통계로 구분한다.

기술통계(descriptive statistics)는 자료를 분석, 제시하는 것이라든지 두 시점의 자료를 단순히 수집, 정리하고 요약하는 통계분석 방법이다. 기술통계의 목적은 원자료(raw data)의 양적 축소와 사용 목적에 맞도록 집약시켜 간결한 형태로 표현함으로써 연구하고자 하는 현상을 사실 그대로 기술해 내는 방법이다. 100명의 대학생의 연령자료를 요약하여 평균연령으로 표현한 것은 기술통계에 속하는 예이다.

추리통계(inferential statistics)는 표본의 특성을 파악하여 모집단의 특성을 추론하는 통계분석 방법으로서 표본의 특징을 나타내는 통계량을 기초로 하여 모집단의 특징인 모수를 추정하는 방법이다. 즉, 모수에 대한 가설을 설정하고 표본을 추출하여 통계량을 계산한 다음에 이를 근거로 모수에 대한 가설의 진위 여부를 판단한다. 예를 들어 모집단에서 추출한 대학생 100명의 평균연령을 가지고 모집단 전체 대학생의 평균연령을 추정하는 것은 추리통계의 예에 속한다.

2.5 자료와 척도

변수는 독립변수와 종속변수로의 구분 이외에도 수치로의 표현 가능성 여부에 따라 수치로 표현할 수 없는 **질적 변수**(qualitative variable)와 수치로 표현할 수 있는 **양적 변수**(quantitative variable)로 구분된다. 그리고 질적 변수를 관찰하여 얻은 자료를 **질적 자료**(qualitative data)라고 하며, 양적 변수를 관찰하여 얻은 자료를 **양적**

자료(quantitative data)라고 한다. 예를 들어 학년은 1학년, 2학년, 3학년, 4학년 등으로 성별은 남자와 여자로 범주화할 수만 있고 수치로는 표현할 수 없으므로 질적 변수에 해당하고, 교과목 수, 학생 수, 학업성적 등은 수치로 표현할 수 있기 때문에 양적 변수에 해당된다.

양적 변수는 변수값들 사이에 간격의 유무에 따라 이산적 변수와 연속적 변수로 구분할 수 있다.

이산적 변수(discrete variable)는 변수값들 사이에 간격이 있는 변수로서 교과목 수, 전공 수, 학생 수 등과 같이 정수(integer number)로서 표현되는 변수들이 해당된다.

연속적 변수(continuous variable)는 변수값들 사이에 간격이 없는 변수로서 어는점 또는 끓는점과 같은 온도라든지 화재발생률 등과 같이 실수(real number)로 표현되는 변수가 해당된다. 이산적 변수를 관찰하여 얻은 자료는 **이산적 자료**(discrete data)라고 하며, 연속적 변수를 관찰하여 얻은 자료는 **연속적 자료**(continuous data)라고 한다.

또한, 변수를 측정하기 위해서는 **척도(측정도구)**가 필요한데 척도에는 명목척도, 서열척도, 등간척도, 비율척도라는 4가지 유형이 있으며, 이 가운데 어떤 척도를 사용하였는지에 따라 자료는 명목자료, 서열자료, 등간자료, 비율자료인 4가지 유형으로 분류된다. 그리고 명목자료와 서열자료는 질적 자료에 해당되며 등간자료와 비율자료는 양적 자료에 해당된다.

(1) 명목척도

명목척도(nominal scale)는 사물이나 대상 혹은 어떤 속성을 분류하기 위하여 또는 어떤 명칭을 대신하기 위하여 숫자나 기호를 부여하는 경우를 말하며 **범주척도**(categorical scale) 또는 **유목척도**라고도 한다. 명목척도로 측정하여 얻은 자료를 **명목자료**(nominal data)라고 하며, 직급, 관할구역, 운동선수의 등번호, 차량 번호, 주민등록번호 등은 명목척도로 측정된다. 명목자료에서 나타낸 수치는 분류목적으로만 사용된 것이기 때문에 수치에는 크기의 개념이 없으며 사칙연산이 불가능하다. 예를 들어 남자에게는 1, 여자에게는 2라는 숫자를 부여하여 성별을 숫자로 분류할 때 남자의 1과 여자의 2를 합하여 평균 1.5라는 결과를 도출하는 것은 아무런 의미가 없다.

(2) 서열척도

서열척도(ordinal scale)는 연구대상의 크기나 중요도에 따라 관찰결과의 순위를 부여한 척도로서 **순위척도**라고도 한다. 즉, 서열척도는 한 측정결과가 다른 측정결과보다 '크다' 혹은 '작다', '많다' 혹은 '적다' 등과 같이 변수의 상대적인 서열을 나타내는 형태의 척도로서 서열척도로 측정하여 얻은 자료를 **서열자료**(ordinal data)라고 한다. 서열자료는 자료들 간의 상대적인 비교는 가능하지만 서열화 된 각각의 수치들 간의 간격은 일정하지 않기 때문에 사칙연산은 아무런 의미가 없다. 입대 순으로 된 군인들의 군번, 학업성적에 따른 등수, 입학시험 성적의 석차, 학업성적의 지역별 순위 등이 이에 해당된다.

(3) 등간척도

등간척도(interval scale)는 측정된 결과들에 대한 서열을 부여하되 서열 사이의 간격이 양적으로 동일한 척도로서 **구간척도**라고도 한다. 하지만 등간척도는 숫자의 출발점인 절대영점이 없고 상대영점이 존재하므로 비율관계가 성립되지 않는다. 예를 들어 '성적이 100점인 학생은 성적이 50점인 학생보다 학업능력이 2배 더 높다'라고 말할 수는 없다. 하지만 등간자료는 평균과 표준편차 등을 구할 수 있으므로 활용되는 경우가 많다. 이와 같은 등간척도로 측정하여 얻은 자료를 **등간자료**(interval data)라고 하며, 온도, IQ, EQ, 학업성적 등이 이에 해당된다.

(4) 비율척도

비율척도(ratio scale)는 등간척도가 갖는 서열 및 등간성을 갖고 있을 뿐만 아니라 절대영점이 존재하며, 비율척도로 측정하여 얻은 자료를 **비율자료**(ratio data)라고 한다. 비율척도의 비율은 크기의 비율을 나타내며, 어떤 통계적 분석도 가능한 척도로서 거리, 무게, 나이, 소득, 시간 등이 이에 해당된다. 예를 들면 '나이가 40살인 사람은 20살인 사람보다 나이가 2배 더 많다'고 말하는 것이나 '월 소득이 200만원인 사람은 월 소득이 100만원인 사람보다 소득이 2배가 된다'고 말하는 것은 절대영점이 존재하기 때문에 설명이 가능하다.

척도에 따른 유형별 자료들을 정리하면 **명목자료** < **서열자료** < **등간자료** < **비율자료**의 순서로 정보의 수준이 높아지며, 등간자료나 비율자료는 서열성과 명목성을 모두 포함하고 있으므로 등간자료나 비율자료는 서열자료와 명목자료로 전환이 가능하다.

표 1-2에는 각 척도별 특성을 정리하였다.

[표 1-2] 각 척도별 특성

	명목성	서열성	등간성	절대영점
명목척도	○	×	×	×
서열척도	○	○	×	×
등간척도	○	○	○	×
비율척도	○	○	○	○

3 자료의 정리와 요약

3.1 도수분포표와 그래프

(1) 도수분포표

도수분포표(frequency table)는 모집단이나 표본으로부터 수집한 자료를 연구 목적에 맞게 적절한 범주나 구간으로 나누고, 각 범주나 구간에 해당되는 **도수**(frequency) 또는 **빈도수**를 기입하여 정리한 표이다. 도수분포표는 자료를 정리 · 요약하여 자료의 특성이나 구조를 분석하는데 가장 많이 쓰인다.

도수분포표는 질적 자료와 양적 자료의 정리 · 요약에 모두 이용되며, 특성을 파악하기 어려울 정도로 무질서하게 열거된 자료를 이해하기 쉬운 형태로 표현하는 방법이다.

[표 1-3] 대학에 재학 중인 학생들의 출신지역

출신지	도수
서울	22
광역시	17
시 · 군	59
합계	98

표 1-3은 대학에 재학 중인 학생들의 출신지를 정리 · 요약한 도수분포표이다. 표 1-3과 같이 도수분포표를 만들면 어느 범주의 도수가 많고 적은지 또는 자료의 분포가 어떤 형태를 구성하고 있는지를 쉽게 파악할 수 있다. 도수분포표를 만들 경우, 좌측 열에 관찰값들을 크기순으로 표시하고 우측 열에 각 관찰값들에 대응하는 도수를 기재한다.

(2) 구간수와 구간폭

관찰수가 많거나 자료의 범위가 넓은 경우에는 자료의 특성을 쉽게 이해하기 어렵기 때문에 자료를 일정 간격으로 묶어 구간을 정한 다음, 각 구간별로 도수를 표시하는 것이 바람직하다. 도수분포표의 구간수를 정하는 규칙은 없지만 일반적으로 자료의 특성을 쉽게 파악할 수 있도록 5~15개 정도의 구간으로 정하는 것을 추천한다.

구간수가 결정되면 **구간폭**을 정해야 하는데 구간폭은 다음과 같은 식에 의해 계산할 수 있다.

$$\text{구간폭} = \frac{\text{자료의 최대값} - \text{자료의 최소값}}{\text{구간수}} \qquad (1\text{-}1)$$

식 (1-1)을 이용하여 구간폭을 계산한 결과, 정수가 아니라 소수점을 포함할 경우는 정수를 사용하는 것이 바람직하므로 가까운 정수를 선택한 다음, 각 구간의 하한값과 상한값을 결정한다.

한편 위나 아래의 여러 구간에 포함된 도수가 매우 적을 경우에는 최소값 구간이나 최대값 구간을 열린구간으로 만들어 균형을 맞추는 것이 바람직하다.

예제 1-1

다음은 30명의 학생들을 대상으로 실시한 시험 성적이다. 이 자료를 활용하여 도수분포표를 작성하시오.

44	90	72	82	95	77	93	75	68	97
87	82	62	88	65	91	73	76	80	73
93	63	88	70	85	84	90	96	85	87

[풀이]

위의 자료에서 최대값은 97이고 최소값은 44이다. 구간수를 10개로 나누어 시험 성적을 정리해 보면 구간폭은 다음과 같다.

$$구간폭 = \frac{97-44}{10} = 5.3$$

따라서 구간폭을 5로 하되, 자료의 최소값 44를 포함하면서 5의 배수가 되는 40~44를 첫 구간으로 하면 좋을 것이다. 이 기준에 따라 각 구간을 정한 다음, 각 구간에 해당되는 도수를 계산하여 다음과 같은 도수분포표를 작성할 수 있다.

[표 1-4] 시험 성적

성적	도수	성적	도수
40~44	1	70~74	4
45~49	0	75~79	3
50~54	0	80~84	4
55~59	0	85~89	6
60~64	2	90~94	5
65~69	2	95~99	3
		합계	30

하지만 표 1-4의 도수분포표를 보면 60 미만의 구간에서는 40~44의 도수 1을 제외하고는 관찰값이 없는 구간이 많으므로 표 1-5와 같이 최소값 구간을 열린구간으로 도수분포표를 작성하는 것이 더욱 바람직하다.

[표 1-5] 시험 성적의 도수분포표

성적	도수	성적	도수
60 미만	1	80~84	4
60~64	2	85~89	6
65~69	2	90~94	5
70~74	4	95~99	3
75~79	3		
		합계	30

(3) 상대도수, 누적도수 및 상대누적도수

상대도수(relative frequency)는 전체 관찰값의 수 중 각 구간의 도수가 차지하는 비율이다. 도수분포표에 표시된 도수들의 상대적인 크기를 나타내기 위하여 상대도수를 도수분포표에 포함하는 경우가 있으며, 상대도수의 백분율로 표시하는 경우도 있다. 이와 같이 상대도수를 도수분포표에 포함시키면 각 구간별 도수의 비율이 어느 정도인지를 쉽게 파악할 수 있는 이점이 있다.

$$\text{상대도수} = \frac{\text{구간의 도수}(f)}{\text{전체 관찰값의 수}(N)} \tag{1-2}$$

$$\text{상대도수의 백분율} = \frac{\text{구간의 도수}(f)}{\text{전체 관찰값의 수}(N)} \times 100 \tag{1-3}$$

경우에 따라서는 누적도수와 상대누적도수를 도수분포표에 포함하는 경우도 있다. **누적도수**(cumulative frequency)는 특정 구간 이하에 해당하는 모든 구간의 도수 합계를 말하며, 특정 구간 이하에 몇 개의 자료가 포함되어 있는지를 알고 싶을 때 이용된다.

상대누적도수(cumulative relative frequency)는 각 구간의 누적도수를 전체 관찰수로 나눈 것으로서 각 구간의 상한값보다 작거나 같은 도수의 비율을 파악하는데 사용되지만 명목자료의 도수분포표일 경우에는 서열성이 없기 때문에 누적도수나 상대누적도수를 구하는 것은 의미가 없다.

표 1-5의 자료를 이용하여 상대도수, 상대도수의 백분율, 누적도수, 상대누적도수를 포함한 도수분포표를 작성하면 표 1-6과 같은 결과를 얻을 수 있다.

[표 1-6] 시험 성적의 도수분포표

성적	도수	상대도수	상대도수의 백분율	누적도수	상대누적도수
60 미만	1	0.0333	3.3	1	0.0333
60~64	2	0.0667	6.7	3	0.1000
65~69	2	0.0667	6.7	5	0.1667
70~74	4	0.1333	13.3	9	0.3000
75~79	3	0.1000	10.0	12	0.4000
80~84	4	0.1333	13.3	16	0.5333
85~89	6	0.2000	20.0	22	0.7333
90~94	5	0.1667	16.7	27	0.9000
95~99	3	0.1000	10.0	30	1.0000
합계	30	1.0000	100.0		

(4) 그래프

자료의 전체적인 구조와 산포정도 및 시간에 따른 변동추세 등을 쉽게 파악할 수 있도록 하기 위해서 숫자로 구성된 도수분포표를 시각화하여 그래프로 나타낼 수 있다.

막대그래프(bar chart)는 범주화된 질적 자료를 그래프로 표현할 때, 가장 자주 사용된다. 표 1-3의 대학에 재학 중인 학생의 출신지역에 대한 도수분포표를 막대그래프로 나타내면 그림 1-1과 같다.

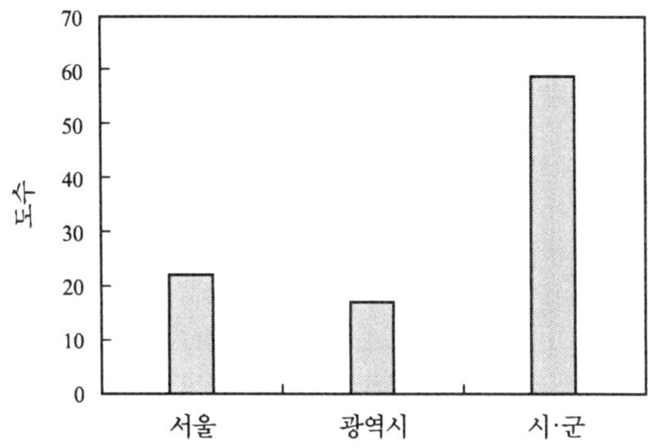

[그림 1-1] 대학에 재학 중인 학생들의 출신지역

히스토그램(histogram)은 연속적인 양적 자료의 도수분포표를 그래프로 표현할 때 주로 이용되며 막대그래프와 유사한 형태이지만 막대 간에 간격이 없다는 차이점이 있다. 표 1-5의 시험 성적의 도수분포표를 히스토그램으로 나타내면 그림 1-2와 같다.

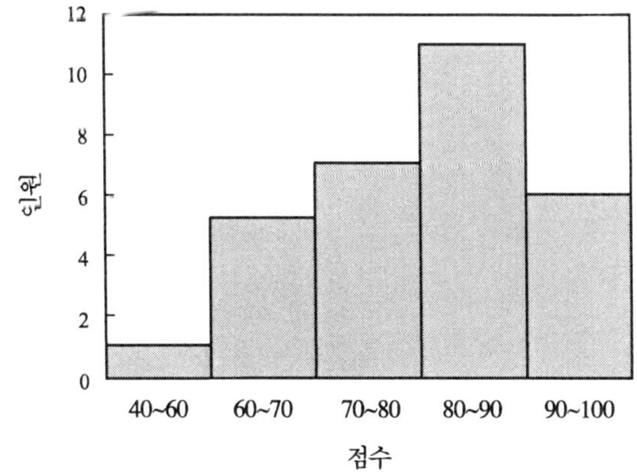

[그림 1-2] 시험 성적

꺾은선 그래프(run chart)는 도수를 점으로 표시하고 이 점들을 선으로 연결한 그래프로서 히스토그램과 유사하다. 월별 사고발생건수, 일일습도변화 등과 같이 자료가 시간의 흐름에 따라 연속적으로 변할 때 그 변화 정도를 파악하는데 유용하므로 시간에 따라 주기적으로 발생하는 시계열자료에 적합하다. 꺾은선 그래프는 시간의 흐름을 수평축에 나타내고 관찰수나 지수를 수직축에 나타낸다. 그림 1-3은 월별119신고건수를 꺾은선 그래프로 나타낸 것이다.

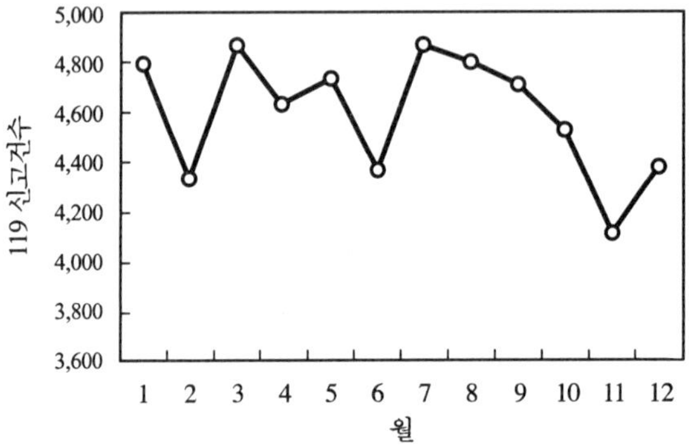

[그림 1-3] 월별119신고건수

원그래프(pie chart)는 질적 자료의 도수나 상대도수를 면적으로 나타낸 것으로서 12시 방향을 기점으로 하여 시계바늘의 회전방향 또는 그 반대 방향으로 자료의 도수가 큰 순서에 따라 표시하는 것이 일반적이다. 그림 1-4는 원인별 화재발생현황을 원그래프로 나타낸 것이다.

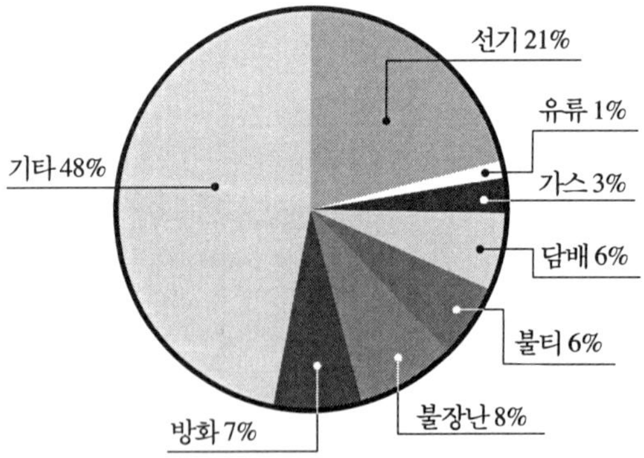

[그림 1-4] 원인별 화재발생현황

3.2 특성값에 대한 자료의 요약

연구자의 객관적인 판단과 자료의 비교를 위하여 연구 대상이 되는 자료의 특성을 간단한 수치로 나타낼 필요가 있을 때 중심화 경향값이나 산포도를 이용하는데 이런 값들을 **특성값**(characteristic of the sample)이라고 한다.

(1) 중심화 경향값

중심화 경향값(measure of central tendency)은 자료의 중심을 나타내거나 자료를 대표하는 대표값을 말하며, 최빈값, 중앙값, 산술평균 등이 있다.

최빈값(mode)은 가장 빈번하게 관찰되는 자료를 말하며, 명목자료의 형태일 경우에는 다른 중심화 경향값을 계산할 수 없기 때문에 최빈값을 대표값으로 사용한다. 또한, 최빈값은 계산이 간단하므로 중심화 경향값에 대한 정확도가 중요하지 않을 때 자주 사용된다.

표 1-7은 우리나라의 연도별 겨울의 산불발생현황을 도수분포표로 나타낸 것이다. 이 표에서 보면 2015년에 187건이 발생하였으므로 최빈값은 2015년이 된다. 그러나 2016년에 186건이 발생하였다면 단지 1건의 차이로 2015년이 대표값으로 선정된 것에는 문제의 소지가 있으므로 이런 경우에는 다른 중심화 경향값을 이용하는 것이 바람직하다.

[표 1-7] 우리나라의 연도별 겨울철 산불 발생 현황

연도	발생건수
2014년	67
2015년	187
2016년	186
2017년	128
2018년	79
합계	647

중앙값(median)은 전체 자료를 크기순으로 나열했을 때 중앙에 위치하는 값을 말하며 중앙값을 구하기 위해서는 자료들 가운데 중앙의 위치를 찾아야 하므로 다음과 같은 공식을 이용하여 중앙의 위치를 계산한다.

$$중앙의\ 위치 = \frac{N+1}{2}\ (N: 관찰수) \tag{1-4}$$

자료의 수가 짝수일 경우의 중앙값은 중앙에 위치한 두 값의 중간값이 되며, 중앙값을 산출하려면 자료의 서열성이 있어야 하므로 명목자료에 대해서는 중앙값을 사용할 수가 없으며, 서열자료와 양적 자료에만 사용할 수 있다. 중앙값의 장점 가운데 하나는 자료 중 일부가 약간 변하더라도 중앙값은 크게 변화하지 않는다는 것이다.

예를 들면 어느 학과의 연도별 공무원 임용자가 아래와 같다고 하자.

12	13	8	9	5	4	5	3	4	7	9	11

연도별 공무원 임용자 수를 크기순으로 정리하면 다음과 같고 이 자료의 중앙의 위치는 $\frac{12+1}{2} = 6.5$이므로 중앙값은 6번째와 7번째의 자료, 즉 7과 8의 중간값인 7.5가 된다. 또한, 11이 18로 변한다고 해도 중앙값은 그대로 7.5가 되며 변하지 않는다.

3	4	4	5	5	7	8	9	9	11	12	13

평균(mean)은 **산술평균**(arithmetic mean), **기하평균**(geometric mean), **조화평균**(harmonic mean)이 있는데 일반적으로 산술평균을 가장 많이 사용한다. 산술평균은 모든 관찰값들의 합을 관찰수로 나눈 것으로서 모집단과 표본의 평균을 구하는 공식은 다음과 같다.

▪ 모집단의 평균

$$\mu = \frac{\sum X_i}{N} = \frac{X_1 + X_2 + \cdots + X_N}{N}\quad (N: 관찰수) \tag{1-5}$$

▪ 표본의 평균

$$\overline{X} = \frac{\sum X_i}{n} = \frac{X_1 + X_2 + \cdots + X_n}{n}\quad (n: 표본의\ 관찰수) \tag{1-6}$$

모집단의 평균과 표본의 평균은 계산방법이 같지만 모집단의 평균은 하나의 값을 갖는 고정된 상수인 반면에 표본의 평균은 모집단으로부터 어떻게 표본을 선정하느냐에 따라 값이 달라지는 변수이다. 도수분포표에서는 원자료의 관찰값을 알 수 없으므로 평균을 계산할 수 없지만 각 구간의 중간값을 각 구간별 대표값으로 간주하고 평균을 계산한다. 그러나 도수분포표의 중간값을 이용하여 계산된 평균은 원자료의 관찰값으로부터 계산된 평균과 정확하게 일치하지 않음에 유의해야 한다. 도수분포표로부터 모집단과 표본의 평균을 구하는 공식은 다음과 같다.

▪ 모집단의 평균

$$\mu = \frac{1}{N}\sum_{i=1}^{m} X_i f_i = \sum_{i=1}^{m} X_i \frac{f_i}{N} \tag{1-7}$$

▪ 표본의 평균

$$\overline{X} = \frac{1}{n}\sum_{i=1}^{m} X_i f_i = \sum_{i=1}^{m} X_i \frac{f_i}{n} \tag{1-8}$$

여기서, X_i는 각 구간의 중간값, f_i는 각 구간의 도수 그리고 m은 구간수를 나타낸다. 예를 들어 어느 회사에서 구입한 복사용지의 구매가격을 조사하여 표 1-8과 같은 도수분포표를 작성하였을 때, 평균은 각 구간별 대표값을 이용하여 다음과 같이 계산한다.

$$\begin{aligned}\mu &= \frac{11000\times 8 + 13000\times 14 + 15000\times 19 + 17000\times 11 + 19000\times 4}{56} \\ &= 14{,}607(\text{원})\end{aligned}$$

[표 1-8] 복사용지의 구매가격

구매가격(원)	도수
10,000~12,000 미만	8
12,000~14,000 미만	14
14,000~16,000 미만	19
16,000~18,000 미만	11
18,000~20,000 미만	4
합계	56

지금까지 설명한 중심화 경향값들을 자료의 특성에 적절하게 선정하는 것은 매우 중요하다. 자료의 성격에 따른 중심화 경향값을 선정할 때 유의해야할 사항들을 정리하면 다음과 같다. 평균은 모든 관찰값의 영향을 받으므로 자료에 극단적인 관찰값이 있는 경우에는 적절하지 않으며, 중앙값 또한 극단적인 값의 영향을 받지 않으므로 적합하지 않다. 명목자료는 크기를 비교할 수 없기 때문에 중앙값이나 평균을 계산할 수가 없으므로 명목자료의 유일한 중심화 경향값은 최빈값뿐이다. 또한, 서열자료의 경우에도 등간성이 없기 때문에 평균을 계산할 수가 없으므로 평균은 무의미하며, 중앙값이나 최빈값을 사용해야 한다.

(2) 산포도

산포도(degree of dispersion)는 자료가 분산되어 있는 정도를 나타내는 값으로서 중심화 경향값과 더불어 매우 중요한 특성값이다. 어떤 자료의 특성을 분석하기 위해서는 중심화 경향값뿐만 아니라 산포도를 고려해야 하는 경우가 많다. 이와 같은 산포도를 나타내는 특성값으로는 범위, 4분편차, 변량, 표준편차 등이 있다.

범위(range)는 자료의 최대값과 최소값의 차이로서 산포도를 파악하기 위한 가장 간단한 방법이다. 범위는 자료의 전체적인 폭을 나타내므로 범위가 큰 자료는 자료의 산포도가 크고 범위가 작은 자료의 산포도는 작다고 말한다. 범위는 개략적인 산포도에 대한 고찰에만 이용되는데 최소값과 최대값의 두 극단적인 값에 의해 결정되기 때문에 이 두 값에 대한 의존도가 높을 뿐만 아니라 산포도의 정확성이 낮고, 두 값 사이의 분포의 형태를 전혀 알 수가 없기 때문이다.

예제 1-2

어느 학과의 연도별 공무원 임용자의 수를 조사한 결과, 다음과 같은 자료를 얻었다. 이 학과의 공무원 임용자 수의 범위를 구하시오.

5	10	2	5	15	12	7	9	11	4

[풀이]

위의 자료에서 최대값은 15이고 최소값은 2이다. 따라서 범위는 15−2=13명이다.

4분편차(quartile deviation)는 크기순으로 나열된 전체 자료 가운데 1사분위수(Q_1)와 3사분위수(Q_3) 차의 절반에 해당하는 값으로서 다음과 같은 공식으로 계산한다. 그림 1-5는 자료를 크기순으로 나열했을 때, 1사분위수와 3사분위수를 표시한 것이다.

$$4분편차 = \frac{Q_3 - Q_1}{2} \tag{1-9}$$

$$Q_1(1사분위수) = \frac{N+3}{4}지점의\ 관찰값$$

$$Q_3(3사분위수) = \frac{3N+1}{4}지점의\ 관찰값$$

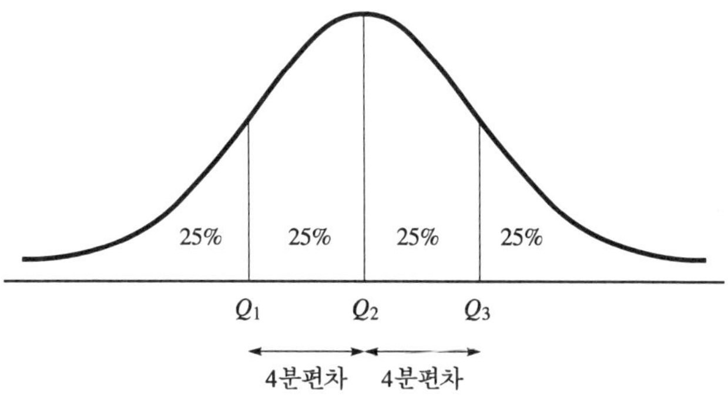

[그림 1-5] 4분편차와 4분위수

여기서 Q_2는 첫 번째 관찰값과 마지막 N번째 관찰값의 중앙값으로 $\frac{N+1}{2}$ 지점의 값이며, 1사분위수(Q_1)는 첫 번째 관찰값과 Q_2의 중간에 위치하므로 $\left(1+\frac{N+1}{2}\right)/2 = \frac{N+3}{4}$ 지점의 값이 되고, 3사분위수(Q_3)는 Q_2와 N번째 관찰값의 중간에 위치하므로 $\left(\frac{N+1}{2}+N\right)/2 = \frac{3N+1}{4}$ 지점의 값이 된다.

예제 1-3

예제 1-2의 자료로부터 4분편차를 구하시오.

[풀이]

1사분위수와 3사분위수를 먼저 계산한다.

$$Q_1\text{의 위치} = \frac{N+3}{4} = \frac{13}{4} = 3.25$$

$$Q_3\text{의 위치} = \frac{3N+1}{4} = \frac{31}{4} = 7.75$$

자료를 크기순으로 정리하면 다음과 같다.

2	4	5	5	7	9	10	11	12	15

위의 자료로부터 3.25번째 위치에 해당하는 관찰값 Q_1과
7.75번째 위치에 해당하는 관찰값 Q_3은 다음과 같이 계산한다.

$$Q_1 = 5 + (5-5) \times 0.25 = 5$$

$$Q_3 = 10 + (11-10) \times 0.75 = 10.75$$

$$\therefore \ 4\text{분편차} = \frac{Q_3 - Q_1}{2} = \frac{10.75 - 5}{2} = 2.875$$

편차(deviation)는 특정한 관찰값과 평균의 차이로서 특정한 관찰값이 자료의 평균과 얼마나 차이가 있는가를 고찰할 때 이용된다. 그리고 **변량**(variance)은 관찰값과 평균의 편차를 제곱하여 합계를 구한 다음, 이를 전체 자료수로 나눈 값이며, **표준편차**(standard deviation)는 변량에 제곱근을 취한 값이다. 변량을 계산할 때, 편차에 제곱을 하는 이유는 편차의 합계가 항상 0이 되기 때문이다. 따라서 편차의 합계만으로는 자료의 산포도를 알 수 없으므로 편차에 제곱을 하는 것이며, 편차제곱의 합을 관찰수로 나눈, 즉 편차제곱의 평균이 변량에 해당한다. 변량은 모든 관찰값이 평균과 동일한 경우를 제외하고는 0보다 크며, 관찰값이 평균에 가깝게 몰려 있을수록 0에 접근하므로 관찰값이 평균으로부터 멀리 떨어져 있으면 변량은 커지게 된다. 하지만 변량은 편차제곱의 평균이므로 변량의 단위가 원자료의 단위와 달라져서 비교가 불가능하기 때문에 원자료의 단위에 맞도록 변량의 단위를 수정하기 위해서 변량에 제곱근을 취하는 것이며, 이와 같이 변량에 제곱근을 취하여 얻은 값을 표준편차로 정의하는 것이다.

한편, 변량과 표준편차는 자료의 산포도가 클수록 편차가 커진다는 점을 이용한 개념으로서 변량과 표준편차도 평균과 마찬가지로 모집단과 표본을 구분하여 계산한다.

■ 모집단의 변량

$$\sigma^2 = \frac{\sum(X_i - \mu)^2}{N} \tag{1-10}$$

■ 모집단의 표준편차

$$\sigma = \sqrt{\sigma^2} = \sqrt{\frac{\sum(X_i - \mu)^2}{N}} \tag{1-11}$$

■ 표본의 변량

$$S^2 = \frac{\sum(X_i - \overline{X})^2}{n-1} \tag{1-12}$$

■ 표본의 표준편차

$$S = \sqrt{S^2} = \sqrt{\frac{\sum(X_i - \overline{X})^2}{n-1}} \tag{1-13}$$

표본의 변량과 표준편차를 계산할 때, 표본의 크기 n에서 1을 뺀 값으로 나누었는데 $n-1$을 **자유도(degrees of freedom)**라고 하며, 자유도 $n-1$로 편차 제곱의 합을 나누는 까닭은 이렇게 계산한 표본변량과 표본표준편차가 모집단의 변량과 표준편차를 추리하는데 더 적절하기 때문이다.

자유도의 개념에 대해서 살펴보자. 특성값의 계산 시, 자료들 가운데 자유롭게 값을 선정할 수 있는 관찰수를 자유도라고 하는데 표본평균의 자유도는 n인데 반하여 표본변량의 자유도가 $n-1$인 이유는 다음과 같다. 표본평균을 계산할 때는 관찰값의 합계를 구하므로 각각의 자료값들은 어떤 값을 취해도 무관하며 자유도는 n이 된다. 하지만 표본변량의 계산에서는 각각의 자료값과 표본평균과의 차이를 구한 다음, 이를 제곱하여 합계를 구하므로 표본평균은 주어진 자료로부터 계산된 것이기 때문에 하나의 자료값은 이미 정해져 있다는 의미로서 표본변량의 자유도는 $n-1$이 되는 것이다.

예제 1-4

예제 1-2의 자료를 각각 모집단이라고 간주할 경우와 표본이라고 간주할 경우로 구분하여 변량과 표준편차를 구하시오.

[풀이]

두 가지 경우 모두 계산에 이용되는 자료들이 동일하므로 평균도 같기 때문에 변량을 구하기 위해서 평균을 먼저 구한다.

$$\mu = \frac{\sum X_i}{N} = \overline{X} = \frac{\sum X_i}{n} = \frac{80}{10} = 8.0$$

먼저, 모집단으로 간주할 경우의 변량과 표준편차는 다음과 같다.

$$\sigma^2 = \frac{1}{10}[(5-8)^2 + (10-8)^2 + (2-8)^2 + (5-8)^2$$
$$+ (15-8)^2 + (12-8)^2 + (7-8)^2 + (9-8)^2 + (11-8)^2 + (4-8)^2]$$
$$= \frac{1}{10} \times 150 = 15$$
$$\sigma = \sqrt{15} = 3.87$$

다음은 표본으로 간주할 경우의 변량과 표준편차를 계산하면 다음과 같다.

$$S^2 = \frac{1}{9}[(5-8)^2 + (10-8)^2 + (2-8)^2 + (5-8)^2$$
$$+ (15-8)^2 + (12-8)^2 + (7-8)^2 + (9-8)^{2+} (11-8)^2 + (4-8)^2]$$
$$= \frac{1}{9} \times 150 = 16.67$$
$$S = \sqrt{16.67} = 4.08$$

도수분포표로부터 변량을 계산하기 위해서는 평균과 마찬가지로 원자료의 관찰값을 알 수 없으므로 각 구간의 중간값을 각 구간별 대표값으로 간주하고 변량을 계산하며, 다음과 같은 공식으로 구한다.

▦ 모집단의 경우

$$\sigma^2 = \frac{1}{N}\sum_{i=1}^{m}(X_i - \mu)^2 f_i \tag{1-14}$$

▦ 표본의 경우

$$S^2 = \frac{1}{n-1}\sum_{i=1}^{m}(X_i - \overline{X})^2 f_i \tag{1-15}$$

여기서, X_i는 각 구간의 중간값, f_i는 각 구간의 도수 그리고 m은 구간수를 나타낸다.

표준편차는 산술평균과 마찬가지로 양적 자료에만 이용되며 서열자료인 경우에는 사칙연산이 무의미하므로 4분편차를 산포의 척도로 사용한다. 또한, 양적 자료일지라도 자료의 분포가 한쪽으로 치우치거나 극단적인 값이 존재하면 4분편차가 표준편차보다 산포도를 보다 정확히 반영한다.

(3) 자료의 표준화

측정단위가 서로 다른 자료를 비교할 경우, 두 자료의 측정단위를 동일한 형태로 통일시켜야 하는데 측정단위를 통일시키는 것을 **자료의 표준화**라고 하며, 자료의 표준화에 가장 많이 사용되는 척도는 Z값이다. **Z값**은 표준편차를 이용하여 자료를 표준화하는 방법으로서 관찰값에서 평균을 뺀 값, 즉 편차를 표준편차로 나눈 값으로 정의하며, 다음과 같은 공식으로 계산한다.

$$Z = \frac{X - \mu}{\sigma} \tag{1-16}$$

Z값은 관찰값과 평균의 차, 즉 편차를 표준편차로 나눈 값에 해당하므로 측정단위와 무관하게 원자료의 값을 Z값으로 변환하면 평균이 0이고, 표준편차가 1인 자료가 된다. 따라서 측정단위가 서로 다른 자료에서 Z값을 계산하여 크기를 비교하면 측정단위가 다른 자료들의 비교가 가능하다.

예제 1-5

어느 학과에서 신입생들의 어학능력을 측정하고자 실시한 성적이 다음과 같다고 할 때, 각 학생들의 점수를 Z값으로 변환하고 Z값의 평균과 표준편차를 구하시오.

95	50	62	88	55	70	85	90

[풀이]

표 1-9에서 Z값은 평균이 0이고 표준편차가 1인 자료에서 신입생들이 얻은 점수의 상대적인 위치를 나타낸다. 예를 들면 성적이 70인 학생의 Z값은 −0.269인데 이 의미는 이 학생의 성적이 평균으로부터 표준편차의 −0.269만큼 떨어져 있다는 것을 나타낸다.

[표 1-9] 어학시험 성적에 대한 원점수, 편차, Z값

신입생	점수	편차	Z값
1	95	20.625	1.270
2	50	−24.375	−1.501
3	62	−12.375	−0.762
4	88	13.625	0.839
5	55	−19.375	−1.193
6	70	−4.375	−0.269
7	85	10.625	0.654
8	90	15.625	0.962
합계	595	0	0
평균	74.375	0	0
표준편차	16.240		1

백분위수(percentile)는 서열자료의 자료 표준화에서 Z값 대신에 사용되는데 Z값은 등간자료나 비율자료와 같이 양적 자료일 때에만 계산이 가능하기 때문이다. 백분위수는 자료를 순서대로 나열했을 때 그 상대적 위치를 백분율(%)로 나타낸 것으로서 전체 자료의 순위를 0에서 100까지로 점수화한 값에 해당하며, 백분위수를 이용하면 서로 다른 서열자료의 비교가 가능하다.

$$\text{백분위수} = \frac{N - \text{순위}}{N} \times 100 \ (N : \text{전체 자료의 수}) \qquad (1\text{-}17)$$

예제 1-6

홍길동 학생은 30명의 신입생들 가운데 어학능력 시험에서 5등을 했다면 100명을 기준으로 했을 때 몇 등이 되겠는가?

[풀이]

전체 신입생 중 5등 미만이 몇 %인가를 알면 되므로 5등에 해당하는 백분위수를 식 (1-17)에 의해 구하면 다음과 같다.

$$\frac{30-5}{30}\times 100 = 83.3$$

따라서 신입생들 중에서 83.3%의 학생들이 홍길동 학생보다 낮은 성적을 받았다는 것이므로 홍길동 학생은 100명을 기준으로 했을 때 16등에 해당한다.

3.3 이변량 자료의 정리와 요약

통계분석에서는 고려하는 변수의 수에 따라 자료를 **일변량 자료**(univariate data), **이변량 자료**(bivariate data) 그리고 **다변량 자료**(multivariate data)로 구분할 수 있다. 하나의 변수를 측정하여 얻은 자료를 일변량 자료, 두 변수를 함께 관찰하여 얻은 자료를 이변량 자료, 그리고 세 개 이상의 변수를 함께 관찰하여 얻은 자료를 다변량 자료라고 한다.

(1) 분할표

분할표(contingency table)는 두 종류의 명목자료를 정리할 때 주로 이용되는데 열에 한 변수의 구간을 나타내고 행에 또 다른 변수의 구간을 정하여 행과 열이 교차하는 각각의 구간에 해당되는 도수를 기록한 도표를 말한다. 형태는 도수분포표와 유사하지만 두 종류의 자료를 동시에 표시하는 점이 다르다. 또한, 분할표는 두 개의 질적 변수를 측정한 자료를 정리·요약하는 것뿐만 아니라 두 변수들 사이의 관계를 분석하는 경우에도 활용될 수 있다. 일반적으로 m개의 행 구간을 갖는 변수와 n개의 열 구간을 갖는 변수로 된 분할표를 $\boldsymbol{m\times n}$ **분할표**라고 한다.

예제 1-7

행정안전부에서는 금년에 채용한 신임 공무원 50명의 성별과 출신별로 자료를 정리하고자 지원서를 검토하여 표 1-10과 같은 자료를 얻었다. 이 표를 활용하여 성별-출신별 2×2 분할표를 작성하시오.

[표 1-10] 신임 공무원들의 성별 및 출신별 자료

신임 공무원	성	출신
1	남	경기도
2	여	경기도
3	여	타 지역
·	·	·
·	·	·
·	·	·
50	남	타 지역

[풀이]

표 1-10의 자료는 성별 자료와 출신별 자료를 동시에 수집한 이변량 자료로서 성별과 출신별로 각각 도수분포표를 작성하면 표 1-11, 표 1-12와 같이 나타낼 수 있다. 표 1-11과 표 1-12에 따르면 신임 공무원들 중 남자는 30명이고 여자는 20명이며, 경기도 출신은 40명이고 타 지역 출신은 10명이라는 것을 알 수 있다.

[표 1-11] 성별 도수분포표

성	빈도	비율
남자	30	60%
여자	20	40%
합계	50	100%

[표 1-12] 출신별 도수분포표

출신	빈도	비율
경기도	40	80%
타 지역	10	20%
합계	50	100%

하지만 이 표들에서는 성별과 출신별 자료를 별개로 정리하였기 때문에 출신별로 몇 명의 남녀가 채용되었는지를 알 수가 없다. 따라서 표 1-13과 같은 2×2 분할표를 작성하면 이런 문제점을 해결할 수가 있다.

[표 1-13] 성별-출신별 분할표

신임 공무원	경기도	타 지역	합계
남자	25	5	30
여자	15	5	20
합계	40	10	50

이와 같이 정리함으로써 각각의 성별에 대한 출신지뿐만 아니라 역으로 출신별 남녀의 인원도 한 눈에 쉽게 파악할 수 있도록 정리 · 요약되었음을 확인할 수 있다. 그런데 도수분포표의 도수를 비율화한 상대도수처럼 분할표에서도 비율로 표시할 경우가 있으며, 열을 기준으로 하는 방법, 행을 기준으로 하는 방법 그리고 행과 열을 동시에 고려하는 세 가지 방법이 있다. 여기서는 행과 열을 동시에 고려하는 방법을 이용하여 표 1-14에 나타내었다. 이 방법은 조사대상 전체를 기준으로 비율을 표시해야만 한다. 즉 성별과 출신을 동시에 고려하여 비율화한 것이다.

등간자료나 비율자료와 같은 양적 자료는 명목자료나 서열자료로 변환이 가능하므로 양적 자료를 변환하여 적절하게 범주화하면 분할표를 작성할 수 있다.

[표 1-14] 전체를 기준으로 한 분할표의 비율화

신임 공무원	경기도	타 지역	합계
남자	25 (50%)	5 (10%)	30 (60%)
여자	15 (30%)	5 (10%)	20 (40%)
합계	40 (80%)	10 (20%)	50 (100%)

예제 1-8

A 보험회사는 판매원들의 산업재해보험에 대한 고객유치실적을 분석하고자 판매원 50명의 연령과 영업실적 간의 관계를 조사하였으며, 조사한 결과를 표 1-15에 제시하였다. 이 표로부터 분할표를 작성하시오.

[표 1-15] 판매원들의 연령과 영업실적

판매원	연령	영업실적
1	51	42
2	34	25
·	·	·
·	·	·
50	29	30

[풀이]

표 1-15의 자료들은 양적 자료이므로 관찰값을 이용하여 직접 분할표를 만들기가 어려우므로 연령을 20대 이하, 30대, 40대 이상으로 범주화하고, 영업실적도 상(50 이상)·중(30~49)·하(30 미만)로 범주화하면 표 1-16과 같은 3×3 분할표를 작성할 수가 있다.

[표 1-16] 연령과 영업실적의 분할표

연령 \ 실적	상	중	하	합계
20대 이하	1	4	6	11
30대	3	8	3	14
40대 이상	2	21	2	25
합계	6	33	11	50

(2) 공변량과 상관계수

양적 자료는 두 변수 사이와 관계를 하나의 값으로 요약할 수 있는데 두 양적 자료들 사이의 관계를 나타내는 특성값에는 공변량과 상관계수가 있으며, 그래프 상에 좌표로 나타내는 산점도가 있다.

산점도(scatter diagram)는 짝을 이루는 두 변수의 관찰값을 XY-평면에 좌표로 표시한 것이며 두 변수가 서로 어떤 유형으로 어느 정도의 관계를 갖고 있는가를 개략적으로 알아보기 위해서 이용된다.

표 1-17은 지역 119 센터들의 관할 면적과 화재 출동 건수를 나타낸 것으로서 두 변수들 간의 관계를 파악하고자 그림 1-6과 같은 산점도를 작성하였다.

[표 1-17] 119 센터의 관할 면적과 화재 출동 건수

119 센터	관할 면적(km^2)	화재 출동 건수(건)
1	30	31
2	3	12
3	41	33
4	28	25
5	34	28
6	5	15
7	34	38
8	50	40
9	86	66
10	8	20

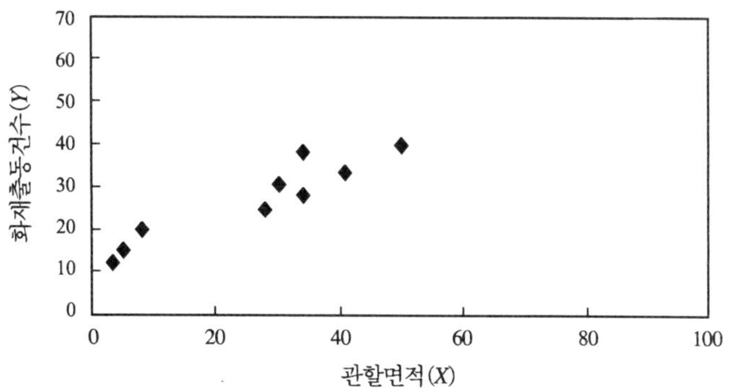

[그림 1-6] 관할 면적과 화재 출동 건수의 산점도

그림 1-6을 살펴보면 X-축에는 관할 면적을 나타내고, Y-축에는 화재 출동 건수를 나타냄으로써 지역 119 센터별로 두 변수의 값들이 짝을 이루어 하나의 점으로 표시된 것을 볼 수 있다. 산포도 상의 점들의 분포를 보면 관할 면적이 증가할수록 화재 출동 건수도 증가하는 경향이 있음을 확인할 수 있으며, 이와 같은 경우 두 변수 간에는 양(+)의 관계가 있다고 말한다.

공변량(covariance)은 두 변수의 값이 각각의 평균으로부터 떨어져 있는 정도를 나타내는 특성값으로서, 편차의 곱을 평균하여 구한다. 모집단의 공변량은 $C_{ov}(XY)$라고 표기하고 다음과 같은 공식으로 산출한다.

$$
\begin{aligned}
C_{ov}(XY) &= \frac{\sum(X_i-\mu_X)(Y_i-\mu_Y)}{N} \\
&= \frac{\sum(X_iY_i-\mu_X\mu_Y)}{N}
\end{aligned}
\qquad (1\text{-}18)
$$

X, Y 두 변수들과 공변량과의 관계를 살펴보자. X와 Y의 값이 동시에 증가하면 공변량은 양(+)의 방향으로 증가하는 반면에 X값이 증가함에 따라 Y값이 감소하면 공변량은 음(-)의 방향으로 증가한다. 하지만 변수값들이 무작위로 분포되어 있을 경우, 공변량은 0값을 나타낸다. 이를 그림 1-7에 도식적으로 설명하였다.

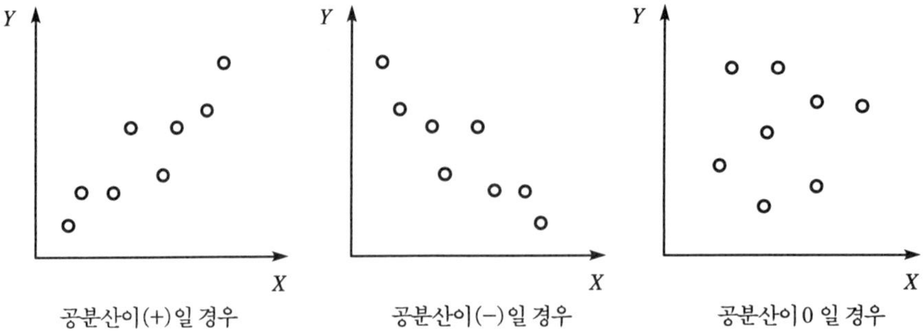

[그림 1-7] 변수들과 공변량의 관계

상관계수(correlation coefficient)는 공변량이 두 변수의 측정단위를 모두 갖고 있기 때문에 측정단위에 따라서 그 값이 달라지는 문제점을 해결하기 위해서 측정단위에 무관하게 관계를 분석할 수 있도록 공변량을 표준화한 것이다. 상관계수에서 측정단위를 표준화하기 위해서는 X와 Y 각각의 표준편차의 곱으로 공변량을 나누는데 분자와 분모의 단위가 소거됨으로써 측정단위와 무관한 관계를 얻을 수 있으며, 모집단의 상관계수는 ρ로 표기하고 다음과 같은 식으로 정의된다.

$$\rho_{XY} = \frac{C_{ov}(XY)}{\sigma_X \sigma_Y} \tag{1-19}$$

한편, 표본공변량은 모집단 공변량과 유사한 방법으로 계산하는데 표본의 크기, n에서 1을 뺀 값인 자유도, $n-1$로 나누어 준다는 차이점이 있으며, 표본공변량은 S_{XY}로 표기하고 다음과 같이 정의한다.

$$\begin{aligned} S_{XY} &= \frac{\sum (X_i - \overline{X})(Y_i - \overline{Y})}{n-1} \\ &= \frac{\sum (X_i Y_i - \overline{X}\,\overline{Y})}{n-1} \end{aligned} \tag{1-20}$$

표본공변량을 각각의 표본표준편차의 곱으로 나누어 표준화한 값인 표본상관계수는 r로 표시하고, 다음과 같이 정의한다.

$$r = \frac{S_{XY}}{S_X S_Y} \tag{1-21}$$

원자료뿐만 아니라 분할표에 대한 공변량과 상관관계를 구할 수가 있는데 도수분포표의 평균과 변량을 구하는 경우와 마찬가지로 각 구간별로 중간값, (X_{ic}, Y_{ic})과 도수, f_{ij}를 이용한다. 한편, 분할표에서의 상관계수는 다음 식으로 정의되는 공변량을 각 변수의 표준편차의 곱으로 나누어 계산한다.

■ 분할표에서 모집단의 공변량

$$\begin{aligned} C_{ov}(XY) &= \frac{1}{N}\sum_i\sum_j (X_{ic}-\mu_X)(Y_{ic}-\mu_Y)f_{ij} \\ &= \frac{1}{N}(\sum_i\sum_j X_{ic}Y_{ic}f_{ij} - n\mu_X\mu_Y) \end{aligned} \tag{1-22}$$

■ 분할표에서 표본의 공변량

$$\begin{aligned} S_{XY} &= \frac{1}{n-1}\sum_i\sum_j (X_{ic}-\overline{X})(Y_{ic}-\overline{Y})f_{ij} \\ &= \frac{1}{n-1}(\sum_i\sum_j X_{ic}Y_{ic}f_{ij} - n\overline{X}\overline{Y}) \end{aligned} \tag{1-23}$$

지금까지 설명한 상관계수의 특성을 정리하면 다음과 같다.

- 상관계수의 부호는 상관관계의 방향성을 지니며 한 변수의 값이 증가할 때 다른 변수의 값도 증가하면 양(+)의 값을 나타내며, 한 변수의 값이 증가할 때 다른 변수의 값이 감소하면 음(−)의 값을 나타낸다.
- 상관계수는 −1에서 1 사이의 값을 갖는데 두 변수간의 상관관계가 클수록 관찰값은 산점도의 직선 가까운 곳에 몰린다. 상관계수가 1 또는 −1일 경우, 두 변수가 완전한 직선관계를 갖는 것을 의미하며, 특히 1인 경우는 완전한 양의 상관관계, −1인 경우는 완전한 음의 상관관계를 갖는다고 말한다.
- 상관계수가 0일 경우는 두 변수 간에 상관관계가 전혀 없음을 의미하며, 상호독립적인 것을 나타낸다.

예제 1-9

어떤 회사에 재직 중인 사원 중 100명을 선발하여 체력검정을 실시한 결과를 표 1-18과 같은 분할표로 나타내었다. 이 자료를 이용하여 표본공변량과 표본상관계수를 구하시오.

[표 1-18] 체력검정의 분할표

연령 \ 키	상	중	하	합계
20-30 미만	5	24	13	42
30-40 미만	7	21	9	37
40-50 미만	9	10	2	21
합계	21	55	24	100

[풀이]

$$\overline{X}=\frac{165\times 21+175\times 55+185\times 24}{100}=175.3$$

$$\overline{Y}=\frac{25\times 42+35\times 37+45\times 21}{100}=32.9$$

$$S_X=\sqrt{\frac{(165-175.3)^2\times 21+(175-175.3)^2\times 55+(185-175.3)^2\times 24}{99}}=6.74$$

$$S_Y=\sqrt{\frac{(25-32.9)^2\times 42+(35-32.9)^2\times 37+(45-32.9)^2\times 21}{99}}=7.69$$

$$\begin{aligned}S_{XY}&=\frac{1}{99}[(165\times 25\times 5+165\times 35\times 7+165\times 45\times 9\\&\quad+175\times 25\times 24+175\times 35\times 21+175\times 45\times 10\\&\quad+185\times 25\times 13+185\times 35\times 9+185\times 45\times 2)-100\times 175.3\times 32.9]\\&=-14.52\end{aligned}$$

$$r_{XY}=\frac{-14.52}{6.74\times 7.69}=-0.28$$

(3) 우선순위의 분석

우선순위가 부여되면 일반적인 방법으로 다중반응을 구할 수 없기 때문에 우선순위에 **가중값(weight)**을 부여해서 계산하는 방법이 있는데 가중값을 부여하는 비율은 연구자의 타당성 있는 근거나 순위의 중요성을 부각시킬 경우 다르게 주어질 수 있다.

예제 1-10

어느 전공의 2학년 학생을 대상으로 선호하는 진로로 공무원 25명, 회사원 15명을 응답하였으며, 2순위에서는 공무원 5명과 회사원 20명을 응답하였다. 가중값을 부여하는 방법을 설명하시오.

[풀이]

공무원의 총 응답자는 30명으로 회사원의 총 응답자 35명보다 적은 인원이지만 1순위 응답자가 25명으로 회사원의 15명보다 많은 경우, 1순위에 가중값을 부여하는데 가중값은 연구자에 따라 다르며, 변수의 중요성에 따라 다른 수준의 가중값이 부여되기도 한다. 우선 1순위 빈도에 대한 200%의 가중값을 살펴보면 공무원은 25명×200%=50점이 되며, 회사원은 15명×200%=30점이 된다. 다음으로 2순위 빈도에 대한 100%의 가중값을 살펴보면 공무원은 5명×100%=5점이 되고, 회사원은 20명×100%=20점이 된다. 공무원과 회사원 각각의 가중값 점수를 합하면 공무원은 55점이고, 회사원은 50점이 된다. 최종 종합점수에서는 공무원에 대한 선호도가 회사원보다 높은 것으로 볼 수 있다. 만일 1순위, 2순위, 3순위가 있다면 1순위에는 300%, 2순위에는 200%, 3순위에는 100%의 가중값을 부여한 값으로 계산할 수가 있다.

Chapter 02

확률과 확률분포[1)2)]

1 확률의 기본 개념

1.1 확률의 정의와 종류

확률(probability)은 하나의 사건이 일어날 수 있는 가능성을 수로 나타낸 것, 즉 같은 원인에서 특정의 결과가 나타나는 비율을 뜻한다. **공산**이라고도 하며, 통계적 또는 경험적인 것과, 수학적 또는 선험적인 것이 있다.

통계적 확률(empirical probability)의 예를 들면 일정한 조건 아래서 만들어지는 제품 1,000개에 대해서 평균 15개의 불량품이 나온다고 하면 이 작업에서 불량품을 생산하는 확률은 15/1000, 즉 0.015이다. 또한, 어떤 지역의 연간 사고발생률 등도 통계적 확률로 볼 수 있다.

수학적 확률(mathematical probability)의 예로서, 정육면체인 주사위를 던졌을 때 특정한 면이 나타나는 확률은 1/6이라 생각할 수 있다. 또한, 앞뒤가 대칭인 동전을 던졌을 때 특정한 면이 나타날 확률은 1/2로 생각할 수 있다.

1) 이해평(2006). 재해통계학, 도서출판 동화기술.
2) 황인창, 이대용, 이청호(2004). 알기쉬운 통계학 2판, 학현사.

사건(event)은 변수의 관찰을 통해 관찰값을 얻는 **실험**(experiment)을 통한 결과를 말한다. 그리고 실험을 통해 얻을 수 있는 모든 가능한 결과들의 집합을 **표본공간**(sample space)이라고 하는데, 표본공간을 구성하는 사건들은 상호배타적이면서 동시에 포괄적이어야 하므로 어떤 사건이 일어날 확률은 0에서 1 사이의 숫자로 표시되며 일어날 수 있는 모든 사건들의 확률의 합은 1이 된다.

만일 어떤 사건 A가 발생할 확률을 $P(A)$라고 하면, 다음과 같은 식으로 확률을 정의할 수 있다.

$$P(A)=\frac{\text{사건 } A\text{의 총수}}{\text{표본공간에 있는 사건의 총수}} \quad (0\leq P(A)\leq 1) \qquad (2\text{-}1)$$

확률의 종류에는 고전적 개념의 확률, 상대도수 개념으로서의 확률, 주관적 확률이 있다. **고전적 개념의 확률**은 **수학적 확률**이라고도 하며, 실험하지 않더라도 논리적으로 추론이 가능할 때 어떤 사건의 발생확률이 미리 정해져 있는 경우의 확률이다. **상대도수**(relative frequency)는 실험을 계속 반복했을 때 전체 시행 횟수 중 어떤 사건이 발생하는 도수의 비율로서 상대도수 개념으로서의 확률은 고전적 개념의 확률로 설명할 수 없는 경우에 적용할 수 있다. **주관적 확률**(subjective probability)은 개인의 주관적인 판단에 의해 결정되는 개념의 확률로서 사람과 환경에 따라 달라지며, 고전적 개념의 확률이나 상대도수 개념으로서의 확률로도 설명할 수 없는 경우에 적용한다.

1.2 복합사건

(1) 복합사건의 확률

사건은 단순사건과 복합사건으로 구분되며, **단순사건**(simple event)은 한 가지 실험을 통하여 결과를 얻는 것이며, **복합사건**(complex event)은 두 가지 실험을 동시에 수행하여 자료를 수집하는 것을 말한다. 또한, 확률은 결합확률과 주변확률로 구분되며, **결합확률**(joint probability), $P(A\cap B)$는 두 가지 사건이 동시에 발생할 확률을 말하고, **주변확률**(marginal probability)은 결합확률의 합을 말한다. 결합확률은 두 가지 조건을 모두 만족하는 사건의 총수를 전체 사건의 총수로 나눈 것으로서 다음과 같은 식으로 정의되며, 주변확률은 결합확률과는 달리 단순사건만을 고려한 확률이다.

$$\text{결합확률}=\frac{\text{두 조건을 동시에 만족하는 사건의 총수}}{\text{전체 사건의 총수}} \qquad (2\text{-}2)$$

결합확률과 주변확률 이외에도 조건부확률이 있는데 **조건부확률(conditional probability)**은 한 사건이 일어난다는 전제하에 다른 사건이 발생할 확률을 말한다. 즉, 조건부확률은 두 사건 A와 B가 있을 때, 사건 A가 일어난다는 조건 하에서 사건 B가 일어날 확률을 말하며 $P(B \mid A)$로 표시한다. 결합확률과 주변확률을 알고 있으면 조건부확률을 쉽게 구할 수 있으며, 조건부확률은 결합확률을 주변확률로 나눈 것으로서 두 사건 A와 B가 있을 때, A가 일어난다는 조건 하에 B가 일어날 확률은 다음과 같은 식으로 계산한다.

$$P(B \mid A) = \frac{P(A \cap B)}{P(A)} \tag{2-3}$$

(2) 복합사건의 상호 독립

한 사건의 발생이 다른 사건의 발생에 전혀 영향을 미치지 않는 것을 **상호독립적 사건**이라고 하며, 두 사건이 상호 독립이라는 것은 두 사건 간에 아무런 관계가 없다는 것을 의미한다. 하지만 두 사건 사이의 상호 독립 여부를 쉽게 판단하기는 어렵기 때문에 실험을 통해 두 사건 사이의 상호 독립 여부를 밝혀야 하며, 두 사건의 상호 독립 여부를 밝히는데 조건부확률과 결합확률을 이용한다.

한 사건이 발생할 확률이 다른 사건의 발생확률과 관계없이 동일할 경우, 두 사건은 상호 독립이며, 두 사건이 상호 독립일 경우의 조건부확률은 다음 식으로 정의된다.

$$P(B \mid A) = P(B) \quad \text{또는} \quad P(A \mid B) = P(A) \tag{2-4}$$

두 사건 A와 B가 상호 독립이라면 사건 A의 빌생은 사건 B의 발생에 영향을 미치거나 영향을 받지 않아야 하며, 이때 사건 A와 사건 B가 동시에 발생할 확률 즉, 사건 A와 사건 B의 결합확률은 주변확률의 곱과 같다.

$$P(A \cap B) = P(A) \cdot P(B) \tag{2-5}$$

(3) 베이즈 정리

베이즈 정리(Beyes theorem)는 주어진 조건부확률과 주변확률을 이용하여 다른 조건부확률을 계산할 때 이용된다. 사건 A와 사건 B의 조건하에서 각각 특정 사건 C가 일어날 확률은 조건부확률의 정의로부터

$$P(C \mid A) = \frac{P(C \cap A)}{P(A)}, \quad P(C \mid B) = \frac{P(C \cap B)}{P(B)} \tag{2-6}$$

와 같이 나타낼 수 있고, 이 식들로부터 결합확률은 다음과 같이 구할 수 있다.

$$P(C\cap A)=P(A)\cdot P(C\mid A),\quad P(C\cap B)=P(B)\cdot P(C\mid B) \tag{2-7}$$

사건 C의 조건 하에서 특정 사건 A가 일어날 확률은 베이즈 정리에 의해 다음과 같이 구할 수 있다.

$$\begin{aligned}P(A\mid C)&=\frac{P(C\cap A)}{P(C)}=\frac{P(C\cap A)}{P(C\cap A)+P(C\cap B)}\\&=\frac{P(A)\cdot P(C\mid A)}{P(A)\cdot P(C\mid A)+P(B)\cdot P(C\mid B)}\end{aligned} \tag{2-8}$$

따라서 베이즈 정리는 다음과 같은 식으로 정의할 수 있다.

$$P(A\mid C)=\frac{P(A)\cdot P(C\mid A)}{P(A)\cdot P(C\mid A)+P(B)\cdot P(C\mid B)} \tag{2-9}$$

예제 2-1

119 구조구급 신고전화 이용자는 남성이 10% 정도이며, 1년간 이용자들을 조사해 본 결과, 남성의 69%와 여성의 35%가 허위 신고자들이었다. 그러면 119 구조구급 신고전화 이용자들 가운데 허위신고자가 남성일 확률을 구하시오.

[풀이]

주어진 자료를 정리하면 다음과 같다.

	남성	여성
허위신고	0.69	0.35
성실신고	0.31	0.65

남성 신고자가 10%이므로 여성 신고자는 90%이고 베이즈 정리에 따라 위의 표에서 남성에 10%, 여성에 90%를 각각 곱하면 다음과 같은 결합확률표를 구할 수 있다.

	남성	여성	합계
허위신고	0.069	0.315	0.384
성실신고	0.031	0.585	0.616
합계	0.1	0.9	1

따라서 허위신고자가 남성일 확률은 다음과 같다.

$$P(\text{남성}\mid\text{허위신고})=\frac{P(\text{남성}\cap\text{허위신고})}{P(\text{허위신고})}=\frac{0.069}{0.384}=0.18$$

2 확률변수와 확률분포

2.1 확률변수와 확률분포

(1) 확률변수의 정의와 종류

확률변수(random variable)는 표본공간을 구성하는 사건에 수치를 부여한 것으로 두 개 이상의 값을 가지며, 각 값이 취할 수 있는 가능성을 확률로 나타낼 수 있는 변수로서, 취할 수 있는 값의 범위에 따라 확률변수는 이산확률변수와 연속확률변수로 구분한다.

확률변수는 실험을 하기 전에는 어떤 결과가 나올지 알 수 없지만 그 가능성이 확률과 관련되어 있는 특징을 갖고 있다.

이산확률변수(discrete random variable)는 취할 수 있는 값이 정수로 표시되는 확률변수인 반면, **연속확률변수**(continuous random variable)는 취할 수 있는 값이 연속된 구간 내의 모든 실수로 표시되는 확률변수를 말한다.

(2) 확률분포

확률분포(probability distribution)는 표본공간에 표시되는 모든 값들과 그 값에 대응하는 확률을 동시에 표현한 것으로서 확률분포는 실험을 할 때, 확률변수가 취할 수 있는 모든 값들과 그 값에 대응하는 확률을 함께 표시한 그래프나 수식을 말한다. 또한, 확률분포는 확률변수의 성격에 따라 이산확률분포와 연속확률분포로 구분하는데 이산확률변수에 대응하는 확률분푸를 **이산확률분포**(discrete probability distribution)라고 하며, 연속확률변수에 대응하는 확률분포를 **연속확률분포**(continuous probability distribution)라고 한다.

2.2 확률변수의 기대값과 변량

(1) 확률변수의 기대값

확률변수의 기대값(expected value)은 실험을 지속적으로 반복했을 때 평균적으로 기대할 수 있는 값이며 확률분포의 중심화 경향값을 나타내는 특성값 가운데 하나이다. 확률분포의 기대값은 확률변수가 취할 수 있는 모든 값과 그 값들이 나올 확률을 곱하여 모두 합한 값으로서 다음과 같은 식으로 나타낼 수 있다.

$$E(X) = \sum XP(X) \tag{2-10}$$

확률변수의 기대값은 모집단의 평균과 개념은 같지만 평균은 주어진 자료에서 계산된 것인데 반하여, 기대값은 확률변수가 취할 수 있는 값과 그 값에 대응하는 확률을 이용하여 계산한 것이라는 차이점이 있다.

확률변수의 기대값은 다음과 같은 성질들을 갖고 있다.

- 상수의 기대값은 상수값 그 자체가 된다.
- 확률변수에 상수를 곱하면 확률변수의 기대값은 원래의 확률변수 기대값에 상수를 곱한 것과 같다.
- 두 확률변수를 더하거나 뺀 확률변수의 기대값은 각 확률변수의 기대값을 더하거나 뺀 것과 같다.

이와 같은 내용들을 식으로 정리하면 다음과 같다. 여기서, a는 상수이고, X와 Y는 각각 확률변수들이다.

$$E(a) = a \tag{2-11}$$

$$E(aX) = aE(X) \tag{2-12}$$

$$E(X \pm Y) = E(X) \pm E(Y) \tag{2-13}$$

(2) 확률변수의 변량

확률변수의 산포도를 나타내는 특성값에는 변량과 표준편차가 이용되며, **확률변수의 변량**은 확률분포가 기대값으로부터 얼마나 분산되어 있는가를 나타내는 것으로서 $V(X)$로 표시하며, 다음과 같은 식으로 계산한다.

$$V(X) = \sum [X - E(X)]^2 P(X) = E(X^2) - [E(X)]^2 \tag{2-14}$$

따라서 확률변수의 변량은 확률변수의 각각의 값들에서 기대값을 뺀 값을 제곱한 다음 각 확률변수값에 대응하는 확률을 곱해서 더한 것이며 기대값과 마찬가지로 확률변수의 변량은 모집단의 변량과 같은 의미이다.

확률변수의 표준편차는 모집단의 표준편차와 마찬가지로 확률변수의 변량에 제곱근을 취한 것이며 다음과 같은 식으로 계산한다.

$$\sqrt{V(X)} = \sqrt{\sum [X - E(x)]^2 P(X)} = \sqrt{E(X^2) - [E(X)]^2} \tag{2-15}$$

예제 2-2

A와 B 두 사람은 달리기 시합을 해서 비기면 10,000원을 내고, 지면 20,000원을 내기로 했다. A가 내야 할 돈을 확률변수로 하여 확률분포를 작성하고 A가 내야 할 돈의 기대값과 변량 및 표준편차를 구하시오.

[풀이]

A와 B가 달리기 시합을 했을 때 나올 사건의 집합인 표본공간은 A가 이길 경우, A와 B가 비길 경우, A가 질 경우로서 3가지가 있다. 따라서 A가 돈을 내야 할 확률분포는 다음과 같다.

확률변수(X)	$P(X)$
0	1/3
10,000	1/3
20,000	1/3
합계	1

A가 내야할 돈의 기대값은 다음과 같이 계산한다.

$$E(X)=0\times\frac{1}{3}+10,000\times\frac{1}{3}+20,000\times\frac{1}{3}=10,000(\text{원})$$

A가 내야할 돈의 변량과 표준편차는 다음과 같다.

$$[E(X)]^2=100,000,000$$

$$E(X^2)=\frac{0^2+10,000^2+20,000^2}{3}=166,666,666.7$$

$$V(X)=E(X^2)-[E(X)]^2=166,666,666.7-100,000,000=66,666,666.7$$

$$\sqrt{V(X)}=\sqrt{66,666,666.7}=8,165$$

확률변수의 변량은 다음과 같은 성질들을 갖고 있다.

- 상수는 변하지 않는 수이므로 상수의 변량은 0이다.
- 확률변수에 상수를 곱해서 얻은 확률변수의 변량은 원래 확률변수의 변량에 상수의 제곱을 곱한 것과 같다.
- 두 확률변수를 더하거나 빼서 만든 새로운 확률변수의 변량은 각각의 변량을 더하고 거기에 두 확률변수의 공변량의 2배를 더하거나 빼주면 된다. 여기에서 두 확률변수가 상호 독립일 때는 공변량은 0이 된다.

이와 같은 내용들을 식으로 정리하면 다음과 같다. 여기서 a는 상수이고 X와 Y는 각각 확률변수들이다.

$$V(a) = 0 \tag{2-16}$$

$$V(aX) = a^2 V(X) \tag{2-17}$$

$$V(X \pm Y) = V(X) + V(Y) \pm 2C_{ov}(XY) \tag{2-18}$$

예제 2-3

그림 2–1은 자동차 보험 가입자가 1년 동안 받은 보상금을 나타낸 것이다. 그림에 표시된 보상금을 확률변수 X라고 할 때, 다음 질문들에 대해서 답하시오.

(a) 보상금의 기대값을 구하시오.
(b) 보상금을 그림에 표시된 금액의 두 배로 올렸을 때 기대값을 구하시오.
(c) 자동차 보험을 3년간 가입했을 때 합계 Y의 기대값을 구하시오.
(d) 보상금으로부터 보상금의 기대값을 뺀 금액의 기대값을 구하시오.
(e) 보상금의 변량을 구하시오.
(f) 보상금을 두 배로 올렸을 때의 변량을 구하시오.
(g) 자동차 보험을 3년간 가입했을 때 합계금액의 변량을 구하시오.
(h) (a)의 기대값과 (e)의 변량을 이용하여 확률변수 $\frac{X-E(X)}{\sqrt{V(X)}}$의 기대값과 변량을 구하시오.

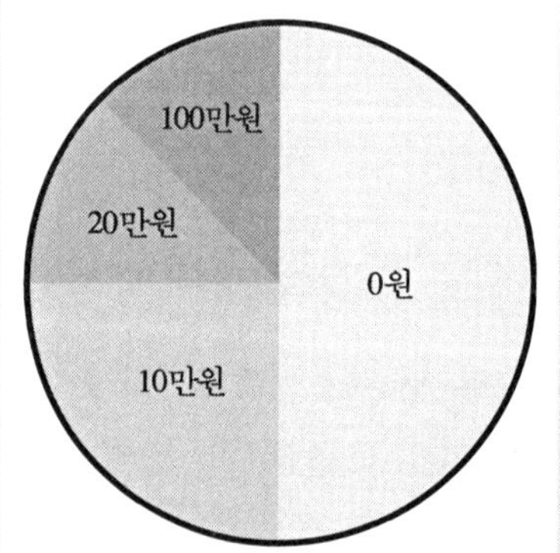

[그림 2-1] 자동차 보험 가입자의 보상금

[풀이]

보상금의 확률분포는 다음과 같다.

확률변수(X)	$P(X)$
0	0.5
100,000	0.25
200,000	0.125
1,000,000	0.125
합계	1

(a) 보상금의 기대값은 다음과 같다.

$E(X) = 0 \times 0.5 + 100{,}000 \times 0.25 + 200{,}000 \times 0.125 + 1{,}000{,}000 \times 0.125 = 175{,}000$

(b) $E(X) = 175{,}000$이었으므로 보상금을 두 배로 올렸을 때의 기대값은 다음과 같다.

$E(2X) = 2 \times 17{,}5000 = 350{,}000$

(c) 3년간 가입했을 때 합계 Y의 기대값은 1년 동안의 보상금을 세 번 더한 것과 같다.

$E(Y) = 175{,}000 + 175{,}000 + 175{,}000 = 525{,}000$

(d) 보상금으로부터 보상금의 기대값을 뺀 금액의 기대값은 다음과 같다.

$E(X - 175{,}000) = E(X) - 175{,}000 = 175{,}000 - 175{,}000 = 0$

또는

$$\begin{aligned} E(X - 175{,}000) &= (0 - 175{,}000) \times 0.5 + (100{,}000 - 175{,}000) \times 0.25 \\ &\quad + (200{,}000 - 175{,}000) \times 0.125 + (1{,}000{,}000 - 175{,}000) \times 0.125 \\ &= 0 \end{aligned}$$

(e) 보상금의 변량은 다음과 같다.

$$\begin{aligned} E(X^2) &= 0^2 \times 0.5 + 100{,}000^2 \times 0.25 + 200{,}000^2 \times 0.125 + 1{,}000{,}000^2 \times 0.125 \\ &= 132{,}500{,}000{,}000 \end{aligned}$$

$V(X) = 132{,}500{,}000{,}000 - 175{,}000^2 = 101{,}875{,}000{,}000$

(f) 보상금을 두 배로 올렸을 때의 변량은 다음과 같다.

$V(2X) = 4 \times V(X) = 4 \times 101{,}875{,}000{,}000 = 407{,}500{,}000{,}000$

(g) 보상금은 3년간 가입했을 때 매년마다의 보상금은 상호 독립이므로 공변량은 0이고 보상금의 변량은 각각의 변량을 세 번 더한 것과 같다.

$3 \times V(X) = 3 \times 101{,}875{,}000{,}000 = 305{,}625{,}000{,}000$

(h) (a)의 기대값과 (e)의 변량을 이용하여 구한 확률변수 $\dfrac{X - E(X)}{\sqrt{V(X)}}$의 기대값과 변량은 다음과 같다.

$$
\begin{aligned}
E\left(\frac{X-E(X)}{\sqrt{V(X)}}\right) &= E\left(\frac{X-175{,}000}{\sqrt{101{,}875{,}000{,}000}}\right) \\
&= \frac{1}{\sqrt{101{,}875{,}000{,}000}} \times (E(X)-175{,}000) \\
&= 0 \\
V\left(\frac{X-E(X)}{\sqrt{V(X)}}\right) &= V\left(\frac{X-175{,}000}{\sqrt{101{,}875{,}000{,}000}}\right) \\
&= \frac{1}{101{,}875{,}000{,}000} \times V(X-175{,}000) \\
&= \frac{1}{101{,}875{,}000{,}000} \times V(X) \\
&= 1
\end{aligned}
$$

3 이항분포

이산확률분포 가운데 가장 대표적인 분포가 **이항분포(binomial probability distribution)** 이며, 이항분포는 확률분포의 기본적인 성질뿐만 아니라 모집단의 비율을 계산할 때 필요한 분포이다.

3.1 베르누이 시행과 이항확률변수

베르누이 시행(Bernoulli trial)은 실험을 할 때 성공 또는 실패와 같은 상호 배타적인 두 가지의 결과만 나오는 독립적인 실험과정을 말하며, 원하는 결과가 나오면 성공이고 그렇지 않으면 실패한 것으로 간주한다. 또한, 두 가지 이상의 결과가 나타나는 시행일지라도 그 시행 결과를 두 가지로 다시 분류하면 베르누이 시행과 같아지며, 베르누이 시행을 반복하면 각각의 시행은 상호 독립적이다.

이와 같은 베르누이 시행의 특성을 정리하면 다음과 같다.

- 실험 결과는 두 가지의 결과만 나오는 상호 배타적인 사건이다.
- 성공확률이 p이면 실패확률은 $1-p$로서 시행을 반복해도 매번 그 확률은 동일하다.

베르누이 시행을 반복했을 때 나타나는 성공 횟수를 **이항확률변수**(binomial random variable)라고 하며 이항확률변수가 취하는 값들과 이에 대응하는 확률을 나타내는 분포를 **이항확률분포**(binomial probability distribution) 또는 **이항분포**라고 한다. **이항분포의 확률**은 성공확률 p인 베르누이 시행을 n회 반복했을 때 어떤 사건이 k회 발생할 확률로서 다음과 같은 식으로 계산한다.

$$P(X=k) = {}_nC_k p^k (1-p)^{n-k} \tag{2-19}$$

여기서, ${}_nC_k$는 n개 중에서 k개를 선택할 방법의 수로서 ${}_nC_k = \dfrac{n!}{k!(n-k)!}$에 의해 계산된다.

이항분포의 확률은 시행횟수 n이 증가할수록 계산이 복잡해지므로 시행횟수 n이 클 경우에도 확률을 쉽게 구하기 위해서 이항확률변수가 취할 수 있는 값과 이에 대응하는 확률을 부록에 제시한 **이항분포표**라는 표로 작성해 놓았다. 이항분포표의 수치는 이항확률변수, 즉 성공 횟수가 k이하일 확률을 나타내는데 확률변수가 취하는 값이 많은 경우에도 확률변수들의 누적확률을 쉽게 계산하기 위한 것으로서 시행횟수와 성공확률만 알고 있으면 이항분포표를 이용하여 쉽게 이항확률을 계산할 수 있다.

예제 2-4

A사에서는 제품을 생산하는데 제품의 불량률이 2%라고 한다.

(a) 제품 10개를 임의로 선택해서 조사했을 때, 2개가 불량품일 확률을 구하시오.
(b) 제품 10개를 선택했을 때, 불량품이 1개 이하일 확률을 구하시오.

[풀이]

(a) $P(X=2) = {}_{10}C_2(0.02)^2(0.98)^8 = 0.0153$

(b) $P(X \leq 1) = P(X=0) + P(X=1)$

$= {}_{10}C_0(0.02)^0(0.98)^{10} + {}_{10}C_1(0.02)^1(0.98)^9$

$= 0.9838$

3.2 이항확률변수의 기대값과 변량

이항확률변수의 기대값과 변량은 확률변수의 기대값과 변량을 구하는 공식을 이용할 수 있으며, 다음과 같은 공식들로부터 계산할 수도 있다.

■ 이항분포의 기대값

$$E(X) = np \tag{2-20}$$

■ 이항분포의 변량

$$V(X) = np(1-p) \tag{2-21}$$

■ 이항분포의 표준편차

$$\sqrt{V(X)} = \sqrt{np(1-p)} \tag{2-22}$$

예제 2-5

20번의 내기를 해서 이길 수 있는 횟수의 기대값과 표준편차를 구하시오.

[풀이]

$n=20$, $p=0.5$이므로 기대값은 $20 \times 0.5 = 10$이고 변량은 $20 \times 0.5 \times 0.5 = 5$이며, 표준편차는 $\sqrt{5} = 2.24$이다.

이항분포의 형태는 시행횟수와 성공확률에 따라 달라지며 이항확률변수 X의 확률을 그래프로 나타냈을 때 성공확률이 1/2인 경우에는 기대값을 중심으로 완전한 좌우대칭을 이루지만 성공확률이 1/2보다 작으면 오른쪽으로 긴 꼬리 형태가 되고, 성공확률이 1/2보다 크면 왼쪽으로 긴 꼬리 형태가 된다. 즉 이항분포는 성공확률이 1/2에 가까울수록 좌우대칭에 가까워지며 성공확률이 1/2에서 멀어질수록 비대칭의 정도가 증가한다. 한편, 성공확률이 1/2이 아닐지라도 시행횟수가 증가할수록 기대값을 중심으로 좌우대칭인 정규분포 형태와 유사해진다.

예제 2-6

시행횟수가 5이고 성공확률이 0.6인 경우 이항확률변수 X의 확률을 계산하고 그래프로 나타내시오.

[풀이]

확률변수 X에 대응하는 확률을 구하면 다음과 같다.

확률변수(X)	$P(X)$
0	0.0102
1	0.0768
2	0.2304
3	0.3456
4	0.2592
5	0.0778
합계	1

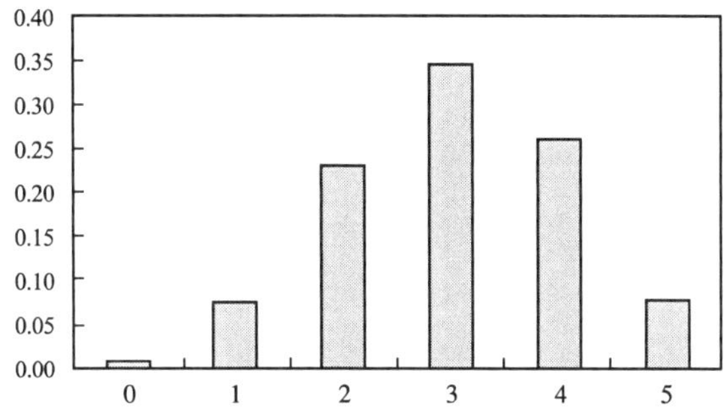

4 정규분포

4.1 연속확률분포

연속확률분포는 연속된 구간 내의 모든 실수값을 취할 수 있는 확률변수에 대응하는 확률분포로서 **정규분포(normal distribution)**는 연속확률분포 가운데 대표적인 것이다.

이산확률변수는 값들 사이에 간격이 있으므로 이산확률분포는 막대그래프의 형태로 표시되는 반면에 연속확률변수는 구간 내에 값들이 무수히 많기 때문에 일반적으로 곡선으로 표시되며 연속확률분포의 모양을 나타내는 곡선이나 수식을 **확률밀도함수(density function)**라고 한다. 확률밀도함수 $f(X)$는 함수 아래의 총면적을 1로 정의하고 확률 $P(a \leqq X \leqq b)$는 해당 구간의 확률밀도함수 내의 면적과 같으므로 다음과 같이 적분해서 구할 수 있다.

$$P(a \leqq X \leqq b) = \int_a^b f(X)dX \tag{2-23}$$

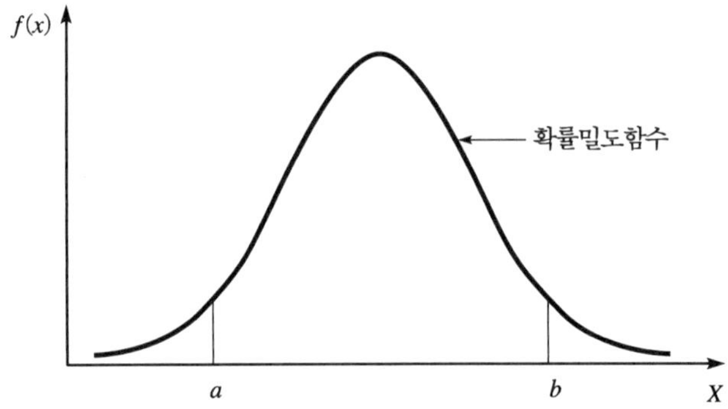

[그림 2-2] 연속확률분포의 확률밀도함수

이산확률변수는 정수로 표시되므로 특정한 확률변수값에 대한 확률이 존재하며 그 확률은 막대그래프의 높이에 해당하는 반면, 연속확률변수가 취하는 값은 무수히 많기 때문에 연속확률분포에서 특정한 확률변수의 값이 나올 확률은 0이므로 연속확률분포에서는 특정한 확률변수값에 해당하는 확률 대신 두 확률변수값의 구간에 해당하는 확률을 계산한다. 이산확률분포에서의 확률은 특정한 값에 대한 확률 $P(X=2)$의 형태로 표시되지만 연속확률분포에서의 확률은 $P(a \leq X \leq b)$와 같이 구간으로 표시된다. 연속확률분포에서 구간의 확률은 그 구간에 해당하는 확률밀도함수의 면적에 해당하며, 곡선 아래의 전체 면적은 항상 1이다.

4.2 정규분포

(1) 정규분포의 정의

정규분포(normal distribution)는 좌우대칭인 종모양의 분포로서 통계분석의 대상이 되는 변수들 대부분이 정규분포를 따르는 경우가 많기 때문에 통계학에서 가장 기본이 되는 연속확률분포이다. 따라서 우리가 자주 사용하는 통계분석방법들은 모집단이 대부분 정규분포 형태라고 가정하며, 모집단에서 무수히 많은 표본을 추출했을 경우, 그 표본들의 평균이 이루는 분포는 모집단의 분포가 실제는 정규분포가 아닐지라도 정규분포와 유사한 모양인 것으로 알려져 있다.

정규분포의 확률밀도함수는 다음과 같이 정의한다.

$$f(X) = \frac{1}{\sigma\sqrt{2\pi}} e^{-\frac{1}{2}\left(\frac{X-\mu}{\sigma}\right)^2} \qquad (2\text{-}24)$$

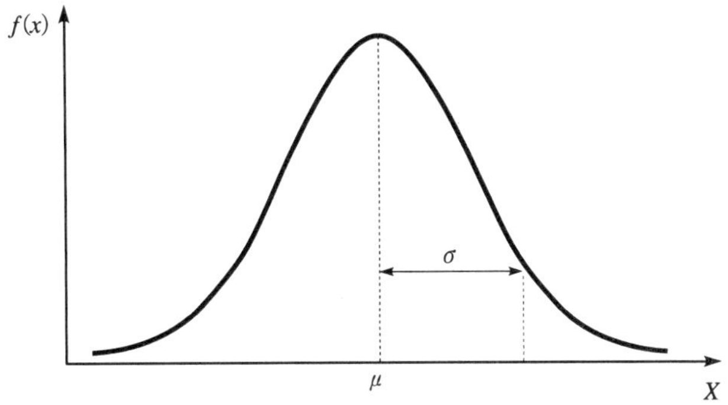

[그림 2-3] 정규분포곡선

여기서 σ는 정규분포의 표준편차, μ는 정규분포의 평균, π는 원주율, e는 자연대수의 밑수이다.

정규분포곡선을 그림 2-3에 제시하였는데 매우 복잡한 함수 형태로 되어 있지만 평균과 표준편차를 제외하면 모두 이미 정해진 값이므로 평균과 표준편차만 알고 있으면 정규분포의 형태를 알 수 있으며 정규분포 내에서의 확률도 계산할 수 있다.

정규분포의 특징을 살펴보면 다음과 같이 요약할 수 있다.

- 정규분포는 평균을 중심으로 종모양의 좌우대칭을 이루고 있다.
- 정규분포의 위치와 모양은 분포의 평균과 표준편차에 의해 결정되며 정규분포의 평균은 분포의 위치를 나타내고 표준편차는 분포의 모양을 나타낸다.
- 정규분포곡선은 X축에 접하지 않으므로 확률변수가 취할 수 있는 값의 범위는 $-\infty < X < \infty$이다.
- 정규분포곡선 아래의 총면적은 항상 1이다.

(2) 표준정규분포

정규분포에서의 확률을 구하는 방법 가운데 정규분포의 확률밀도함수를 적분하여 특정 구간에 해당하는 확률을 구하는 방법은 매우 번거롭고 복잡하기 때문에 표준정규분포표를 이용하는 방법, 즉 표준정규분포를 만들고 이 분포 내의 특정 구간에 해당하는 확률을 미리 구해 표로 만들어 놓은 것이다. 일반정규분포를 표준화하기 위하여 표준정규분포에서 Z는 어떤 확률변수값이 평균으로부터 표준편차의 몇 배만큼 떨어져 있는가를 나타내는 값으로서 다음과 같은 공식으로 계산한다.

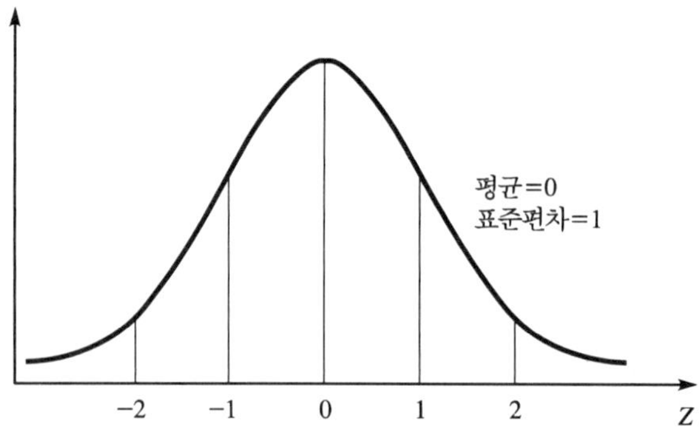

[그림 2-4] 표준정규분포

$$Z = \frac{X-\mu}{\sigma} \qquad (2\text{-}25)$$

식 (2−25)에서 평균과 표준편차를 이용하여 정규분포에서 확률변수의 표준화된 값을 얻을 수 있으며, 이 Z값의 분포는 그림 2−4와 같이 평균이 0이고 표준편차가 1인 정규분포가 되는데 이것을 **표준정규분포(standard normal distribution)** 또는 **Z−분포(Z−distribution)**라고 한다. 따라서 표준정규분포를 이용하면 평균과 표준편차의 값이 각각 다른 일반정규분포에서 특정 구간의 확률을 쉽게 계산할 수 있다.

(3) 표준정규분포에서 확률 계산

표준정규분포표(standard normal distribution table)는 표준정규분포를 아주 작은 구간으로 나누고 평균 0에서 특정한 Z값에 해당하는 면적, 즉 확률을 미리 계산하여 표로 만들어 놓은 것으로서 부록에 제시되어 있다. 표준정규분포표를 이용하면 표준정규분포에서 특정 구간의 면적을 쉽게 계산할 수 있다.

(4) 일반정규분포의 확률

일반정규분포의 확률변수 X는 표준화를 통해 표준정규분포의 확률변수 Z로 변환되므로 일반정규분포에서 특정 구간의 확률을 구하기 위해서는 확률변수값을 Z값으로 변환하고 표준정규분포표를 이용하여 Z값에 해당하는 확률을 찾으면 된다.

(5) 표준정규분포에서의 Z_{α}

표준정규분포에서 꼬리쪽의 확률을 이용하여 이 면적에 해당하는 Z값을 표시할 수 있으며, 표준정규분포에서 꼬리쪽의 확률을 α라고 할 때 다음과 같은 공식이 성립한다.

$$P(Z \geqq Z_\alpha) = \alpha \tag{2-26}$$

여기서, Z_α는 꼬리쪽의 면적이 α에 해당하는 Z값을 나타낸다. 이와 같이 Z_α로 표준정규분포에서의 꼬리쪽 면적, 즉 α에 해당하는 Z값을 나타낼 수 있으며, Z_α는 신뢰구간 추정에서 신뢰구간의 범위를 계산하거나, 가설검정에서 가설의 기각여부를 결정하는데 기준이 되는 값을 나타낼 때 이용된다.

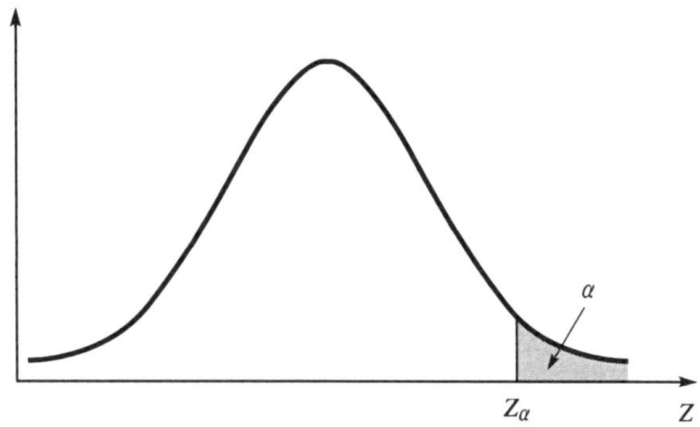

[그림 2-5] 표준정규분포에서의 Z_α

4.3 이항분포의 정규근사값

이항분포표를 이용하여 이항확률을 계산할 때, 이항분포표에는 시행횟수가 25회까지만 나타나 있으므로 시행횟수가 25회 이상일 경우에는 이항분포표를 이용할 수가 없다. 이때에는 정규분포를 이용하여 이항분포에 대한 근사확률을 구할 수 있는데 이것을 **이항분포의 정규근사값**(normal approximate value)이라고 한다.

시행횟수 n이 클 경우, 이항분포는 정규분포와 유사한 모양이 되고 시행횟수가 n이고 성공확률이 p인 이항분포는 $np \geqq 5$ 또는 $n(1-p) \geqq 5$일 때, 평균이 np이고 표준편차가 $\sqrt{np(1-p)}$인 정규분포와 유사한 모양이 되므로 시행횟수 n이 클 경우에는 정규분포를 이용하여 이항분포의 정규근사값을 구할 수가 있다.

정규분포를 이용하여 이항분포의 정규근사값을 구하기 위해서는 평균 np와 표준편차 $\sqrt{np(1-p)}$을 이용하여 Z값을 구하고 표준정규분포표를 이용하여 Z값에 대응하는 확률을 구하면 된다. 이항확률변수 X에 해당하는 Z값은 다음과 같이 정의된다.

$$Z = \frac{X-\mu}{\sigma} = \frac{X-np}{\sqrt{np(1-p)}} \quad (2\text{-}27)$$

이항분포는 이산확률분포이고 정규분포는 연속확률분포이므로 확률변수의 차이에서 오차가 발생하므로 정규분포를 이용하여 이항확률의 근사값을 구하기 위해서는 이산확률변수를 연속확률변수로 조정하는 과정을 거쳐야 한다.

이항분포에서 구한 확률과 정규분포에서 구한 확률 간에 생기는 오차를 줄이기 위해서 정규분포의 누락된 구간을 포함시켜 확률을 계산해 주는 것, 즉 이산확률변수를 연속확률변수로 조정하는 것을 **연속성을 위한 조정** 또는 **연속성 조정**이라고 하며, 표 2-1에 제시한 방법을 따른다.

[표 2-1] 연속성 조정

이항분포	정규분포
$P(X \leqq b)$	$P(X \leqq b+0.5)$
$P(X \geqq a)$	$P(X \geqq a-0.5)$
$P(a \leqq X \leqq b)$	$P(a-0.5 \leqq X \leqq b+0.5)$

예제 2-7

올해 재난관리공학전공 4학년 학생들의 소방설비기사 자격시험 합격률은 60%라고 한다. 4학년 학생 10명을 조사하여 학생 10명 중 8명 이하가 합격했을 확률은 얼마인지 정규분포를 이용하여 계산하시오.

[풀이]

시행횟수 $n=10$이고 성공확률 $p=0.6$이므로 합격자수 X의 기대값과 표준편차를 구하면 다음과 같다.

$$np = 10 \times 0.6 = 6$$

$$\sigma = \sqrt{np(1-p)} = \sqrt{10 \times 0.6 \times 0.4} = 1.5$$

이항분포에서의 확률 $P(X \leqq 8)$을 정규분포를 이용하여 구하기 위해서 연속성 조정을 하면 $P(X \leqq 8.5)$가 되며, $X=8.5$일 때의 Z값은 다음과 같다.

$$Z = \frac{X-\mu}{\sigma} = \frac{X-np}{\sqrt{np(1-p)}} = \frac{8.5-6}{1.5} = 1.67$$

표준정규분포표에서 해당되는 값을 찾아서 계산하면 다음과 같다.

$$P(X \leqq 8.5) = P(Z \leqq 1.67) = 0.5 - 0.0475 = 0.4525$$

5 표본평균의 분포

표본평균의 분포나 표본비율의 분포와 같은, 모집단에서 일정한 크기로 가능한 모든 표본을 추출했을 때 그 표본 특성값의 확률분포를 표본분포라고 하는데 표본분포는 추측통계의 기초가 된다. 따라서 표본의 평균, 변량, 표준편차를 이용하여 모집단의 평균, 변량, 표준편차를 추정하거나 가설의 진위여부를 표본통계량을 이용하여 규명하는 추측통계를 활용하기 위해서는 표본분포에 대하여 충분한 이해가 필요하다.

5.1 모집단평균과 표본평균

통계학에서 모집단의 특성을 파악하는 방법에는 두 가지가 있다. 첫 번째는 모집단 전체를 조사하는 전수조사이고, 두 번째는 모집단으로부터 표본을 뽑아 표본의 특성을 조사하여 이를 토대로 모집단의 특성을 추론하는 표본조사이다.

전수조사(complete enumeration)는 모집단의 크기가 작을 경우에는 효과적이지만 모집단은 매우 크기 때문에 전수조사가 불가능하거나 시간과 비용 등의 문제로 인해 비효율적인 경우가 대부분이므로 **표본조사**(sampling survey)를 통해 모집단의 특성을 분석하는 추측통계를 활용하는 경우가 많다. 앞에서 설명한 바와 같이 모집단의 특성을 **모수**(parameter)라고 하며, 표본의 특성을 **통계량**(statistic)이라고 한다. 한편, 모집단의 평균은 하나의 값을 갖는 상수이지만 표본평균은 표본이 어떻게 선정되느냐에 따라 각기 다른 값을 갖는 확률변수라는 점에 유의해야 한다. 따라서 표본평균이 모집단의 평균과 일치하는 경우는 매우 드물며 대부분의 경우, 모집단의 평균과 표본평균 간에는 오차가 발생한다. 이런 오차를 충분히 고려해야만 표본평균으로부터 모집난의 평균을 정확하게 추정할 수 있다.

5.2 표본평균의 분포

표본평균은 확률변수이기 때문에 표본평균을 확률변수로 취한 확률분포를 만들 수 있으며, 표본평균이 이루고 있는 확률분포를 **표본평균의 분포**(sampling distribution of means) 또는 **$\overline{X}$-분포**라고 한다. 즉, 표본평균의 분포는 모집단에서 동일한 크기로 가능한 표본을 모두 추출해서 그 표본들의 평균을 계산했을 때 그 평균들의 확률분포를 말한다.

표본평균의 평균은 모집단의 평균과 일치하고, 표본평균의 변량은 모집단의 변량을 표본의 크기 n으로 나눈 값이며, 표본평균의 표준편차는 **표준오차(standard error)** 라고 하는데 이것은 모집단의 표준편차를 $\sqrt{n}$으로 나눈 값이다. 즉, 표본평균의 분포에서 평균을 $\mu_{\overline{X}}$, 변량을 $\sigma^2_{\overline{X}}$, 표준편차를 $\sigma_{\overline{X}}$라고 할 때, 다음과 같은 관계가 성립한다.

$$\mu_{\overline{X}} = \mu \tag{2-28}$$

$$\sigma^2_{\overline{X}} = \frac{\sigma^2}{n} \tag{2-29}$$

$$\sigma_{\overline{X}} = \sqrt{\frac{\sigma^2}{n}} = \frac{\sigma}{\sqrt{n}} \tag{2-30}$$

표본평균을 구할 때 모집단에서 평균으로부터 멀리 떨어져 있는 관찰값이 평균에서 가까운 관찰값 또는 반대편의 관찰값에 의해 상쇄되기 때문에 표본평균의 변량과 표준오차는 감소한다. 또한, 표준오차는 모집단의 표준편차를 $\sqrt{n}$으로 나눈 것이므로 n이 증가할수록 표준오차는 감소하며, 표본평균으로 모집단의 평균을 추정하는 경우, 표본의 크기 n이 증가할수록 오차는 감소한다. 즉, n이 증가할수록 모집단의 평균의 추정은 정확도가 높아진다. 하지만 n이 증가할수록 모집단의 평균을 추정하는 데 소요되는 시간과 비용은 증가하므로 추정의 정확도와 추정에 소요되는 시간과 비용은 서로 상쇄관계에 있다.

5.3 모집단의 분포와 표본평균 분포의 모양

표본평균의 분포 형태는 모집단의 정규분포 여부에 따라 달라진다. 모집단이 정규분포일 경우, 표본평균의 분포도 정규분포를 이루며, 이때의 평균은 모집단의 평균과 일치하고 표준편차는 모집단의 표준편차를 $\sqrt{n}$으로 나눈 값이 된다. 그리고 모집단의 분포가 정규분포일 경우는 표본평균의 분포도 정규분포를 이루므로 표본평균의 분포를 표준정규분포로 나타낼 수 있다.

$$\mu_{\overline{X}} = \mu \tag{2-31}$$

$$\sigma^2_{\overline{X}} = \frac{\sigma^2}{n} \tag{2-32}$$

$$\sigma_{\overline{X}} = \sqrt{\frac{\sigma^2}{n}} = \frac{\sigma}{\sqrt{n}} \tag{2-33}$$

$$Z = \frac{\overline{X} - \mu_{\overline{X}}}{\sigma_{\overline{X}}} = \frac{\overline{X} - \mu_{\overline{X}}}{\sigma / \sqrt{n}} \tag{2-34}$$

모집단이 정규분포가 아닐 경우, 표본의 크기가 증가할수록 모집단이 정규분포가 아닐지라도 표본평균의 분포는 원래 모집단의 분포와 무관하게 정규분포에 가까워진다. 따라서 표본평균의 평균은 모집단의 평균과 일치하고 표준오차는 모집단의 표준편차를 $\sqrt{n}$ 으로 나눈 것과 같아지며, 이를 **중심극한의 정리**(central limit theorem) 라고 한다. 모집단 분포의 모양과는 무관하게 표본의 크기가 커지면 표본평균의 분포가 정규분포를 이루므로 통계적 추론을 할 때, 정규분포의 특성을 이용할 수 있기 때문에 중심극한의 정리는 추측통계에서 매우 중요하다.

예제 2-8

어느 회사에서 재직 중인 사원 500명의 신장 평균은 173.5cm이고 표준편차는 5.5cm라고 한다. 이 회사에서 사원 50명을 표본으로 뽑아 조사하였을 때 신장 평균이 173cm에서 175cm 사이일 확률을 구하시오.

[풀이]

중심극한의 정리에 따라 정규분포에 근접하다고 간주하면

$$\mu_{\overline{X}} = 173.5, \quad \sigma_{\overline{X}} = \frac{5.5}{\sqrt{50}} = 0.78$$

$$\overline{X} = 173 \text{ 이면 } Z = \frac{\overline{X} - \mu_{\overline{X}}}{\sigma_{\overline{X}}} = \frac{173 - 173.5}{0.78} = -0.64$$

$$\overline{X} = 175 \text{ 이면 } Z = \frac{X - \mu_{\overline{X}}}{\sigma_{\overline{X}}} = \frac{175 - 173.5}{0.78} = 1.92$$

$$\begin{aligned} P(173 \leq X \leq 175) &= P(-0.64 \leq Z \leq 1.92) \\ &= (0.5 - 0.2611) + (0.5 - 0.0274) \\ &= 0.7115 \end{aligned}$$

Chapter 03

통계적 추정과 가설검정[1)2)]

1 통계적 추정

1.1 통계적 추정방법

통계적 추정(statistical inference)은 표본의 성격을 나타내는 통계량을 기초로 하여 모수(parameter)를 추정하는 통계적 연구방법을 말한다. 즉, 모집단에서 표본을 추출하여 자료가 수집된 후, 표본에 함축된 정보로 모집단의 특성을 찾아내는 것이다. 통계적 추정에는 점추정과 신뢰구간 추정이 있는데 **점추정**(point estimation)은 표본에서 구한 하나의 값으로 모집단의 모수를 추정하는 방법이고, **신뢰구간 추정**(interval estimation)은 모수가 포함될 구간을 설정하여 모수를 추정하는 방법이다.

모집단의 모수를 추정할 때 표본통계량을 이용하므로 표본통계량을 **추정량**(estimator)이라고도 하며, **불편추정량**(unbiased estimator)은 추정량이 적절성을 판단하는 기준으로서 불편성의 조건을 갖춘 추정량이다. 불편추정량은 추정량의 기대값과 모수가 일치해야 한다는 조건을 충족시키는 추정량으로서 추정량의 기대값과 모수의 차이를 **편의**(bias)라고 하며, 이 편의는 불편추정량으로 모수를 추정할 때 가장 작아지므로 불편추정량으로 모수를 추정하는 것이 바람직하다. θ가 모수이고 $\hat{\theta}$는 추정량일 때,

1) 이해평(2006). 재해통계학, 도서출판 동화기술.
2) 황인창, 이대용, 이청호(2004). 알기쉬운 통계학 2판, 학현사.

불편추정량은 다음과 같이 정의된다.

$$E(\hat{\theta}) = \theta \tag{3-1}$$

표본평균의 기대값과 모집단평균이 일치하기 때문에 모집단평균 μ의 불편추정량은 표본평균 $\overline{X}$이며, 표본표준편차의 기대값과 모집단 표준편차가 일치하기 때문에 모집단 표준편차 σ의 불편추정량은 표본표준편차 S이다. 이와 같은 내용을 정리하면 다음과 같다.

$$E(\overline{X}) = \mu \tag{3-2}$$

$$E(S) = \sigma \tag{3-3}$$

점추정은 표본에서 계산된 하나의 값으로 모수를 추정하는 방법이며, 점추정을 하는 경우 가장 좋은 추정량은 불편추정량이므로 모집단평균을 추정할 때, 모집단평균 μ에 대한 가장 좋은 추정량은 불편추정량 $\overline{X}$이고 모집단 표준편차 σ를 추정할 때, 가장 좋은 추정량은 불편추정량 S이다. 하지만 점추정은 간단한 방법인 반면에 오차를 고려하지 않는다는 문제점이 있으므로 단순히 표본평균을 갖고 모집단평균을 추정하는 것은 신뢰성이 없다.

신뢰구간 추정은 표준오차 $\sigma_{\overline{X}}$을 고려하여 모집단평균 μ가 포함되는 구간, 즉 **신뢰구간(confidence interval)**을 설정함으로써 모집단평균을 추정하는 방법이다. 계산이 복잡한 반면에 원하는 정확도를 가지고 모수를 추정할 수 있다는 장점이 있다.

1.2 모집단평균의 신뢰구간 추정법

(1) 모집단의 표준편차를 알고 있는 경우

정규분포를 이루는 모집단의 평균이 μ이고, 표준편차가 σ일 때, 이 모집단에서 임의로 표본을 추출하여 표본평균을 $\overline{X}$라고 하고, μ가 $\overline{X}\pm 2\sigma_{\overline{X}}$의 구간에 포함될 확률을 $P(X)$라고 하면, $\overline{X}\pm 2\sigma_{\overline{X}}$의 구간을 모집단평균 μ가 포함될 신뢰구간이라고 하며, $P(X)$는 이 신뢰구간 내에 모집단평균 μ가 포함될 확률로서 이것을 **신뢰도(confidence level)** 또는 **신뢰수준**이라고 한다. 신뢰도는 추정의 정확도를 나타내는 것으로서 예를 들어 신뢰도가 96%라면 표본을 100번 추출해서 평균을 구했을 때 96번 정도는 신뢰구간 내에 모집단평균이 포함된다는 의미이다. 한편 신뢰구간 내에 모집단평균이 포함되지 않을 확률을 **오차율**(error rate)이라고 하며 α로 표기하는데 신뢰도와 오차율과의 관계는 다음과 같다.

$$\text{신뢰도} = 1-\alpha \text{ 또는 } \alpha = 1-\text{신뢰도} \tag{3-4}$$

신뢰구간 $\overline{X}\pm 2\sigma_{\overline{X}}$에서 숫자 2는 $\alpha/2$(오차율 α를 2로 나눈 값)에 해당하는 Z값, 즉 $Z_{\alpha/2}$값이며, $Z_{\alpha/2}$는 표준정규분포에서 오른쪽 꼬리의 면적이 $\alpha/2$에 해당하는 Z값을 말한다. 신뢰구간 추정에서 정규분포가 좌우대칭이므로 오차율 α의 면적을 2등분하여 양쪽으로 $\alpha/2$씩 동일한 면적을 갖도록 하기 위해서 Z_α 대신 $Z_{\alpha/2}$을 사용한다. 표준정규분포의 꼬리쪽 확률은 $P(Z \geq Z_{\alpha/2})=\alpha/2$이고 $P(Z \leq -Z_{\alpha/2})=\alpha/2$이므로 Z에 대한 $1-\alpha$의 신뢰구간은 다음과 같이 나타낼 수 있다.

$$P(-Z_{\alpha/2} \leq Z \leq Z_{\alpha/2}) = 1-\alpha \tag{3-5}$$

이 식에 $Z=\dfrac{\overline{X}-\mu}{\sigma/\sqrt{n}}$을 대입하여 정리하면 다음과 같은 식을 얻을 수 있다.

$$P(\overline{X}-Z_{\alpha/2}\cdot\frac{\sigma}{\sqrt{n}} \leq \mu \leq \overline{X}+Z_{\alpha/2}\cdot\frac{\sigma}{\sqrt{n}}) = 1-\alpha \tag{3-6}$$

여기서 $Z_{\alpha/2}$에 표준오차 $\dfrac{\sigma}{\sqrt{n}}$을 곱한 것, 즉 $Z_{\alpha/2}\cdot\dfrac{\sigma}{\sqrt{n}}$을 **오차한계**(limit of error)라고 하는데 이것은 표본평균이 모집단평균에서 얼마나 떨어져 있는가를 나타낸다.

신뢰구간을 구하기 위해서는 우선 신뢰도에 해당하는 $Z_{\alpha/2}$값을 구한 다음, 여기에 표준오차 $\sigma_{\overline{X}}$을 곱하여 오차한계를 계산한다. 즉, 모집단의 표준편차 σ를 알고 있을 경우, 신뢰도 $1-\alpha$에서 모집단평균의 신뢰구간은 다음의 식으로 추정할 수 있다.

▪ 모집단의 표준편차를 알고 있는 경우, 신뢰도 $1-\alpha$에서 모집단평균의 신뢰구간

$$\overline{X}-Z_{\alpha/2}\cdot\frac{\sigma}{\sqrt{n}} \leq \mu \leq \overline{X}+Z_{\alpha/2}\cdot\frac{\sigma}{\sqrt{n}} \tag{3-7}$$

▪ 모집단의 표준편차를 알고 있는 경우, 신뢰구간의 양 끝점

$$\overline{X}\pm Z_{\alpha/2}\cdot\frac{\sigma}{\sqrt{n}} \tag{3-8}$$

신뢰구간의 범위는 정보의 가치를 결정하는 것으로서 오차한계에 의해 결정되므로 $\frac{\sigma}{\sqrt{n}}$가 결정되었을 때 신뢰구간의 범위는 $Z_{\alpha/2}$을 결정하는 신뢰도에 의해 영향을 받는다. 신뢰도를 높이면 신뢰구간의 범위가 넓어지므로 신뢰구간 내에 모집단평균이 포함될 가능성은 높아지지만 정보로서의 가치는 줄어드는 반면에 신뢰도를 낮추면 신뢰구간의 범위가 좁아지고 모집단평균이 신뢰구간 내에 포함될 가능성은 줄어들지만 정보로서의 가치는 높아진다. 따라서 신뢰도는 추정의 정확도와 정보의 가치를 동시에 고려하여 적절한 수준에서 결정한다.

[표 3-1] 신뢰도에 따른 $Z_{\alpha/2}$의 값

$Z_{\alpha/2}$	α(오차율)	P(신뢰도)	값
$Z_{0.05}$	0.1	0.9 (90%)	1.645
$Z_{0.025}$	0.05	0.95 (95%)	1.960
$Z_{0.005}$	0.01	0.99 (99%)	2.575

예제 3-1

학원의 어학 특강 수강료는 표준편차가 1만원인 정규분포를 이룬다고 한다. 어학 특강 수강료의 신뢰구간을 추정하기 위해 어학 특강 강좌 10개를 표본으로 선택하여 어학 특강 수강료를 조사하였더니 평균 30만원이었다. 신뢰도 95%, 99%에서 어학 특강 수강료의 신뢰구간을 각각 추정하시오.

[풀이]

1) 95%의 신뢰구간

$\overline{X}=300000,\ \sigma=10000,\ n=10,\ Z_{0.025}=1.96$ 이므로

모집단평균에 대한 95%의 신뢰구간을 다음과 같이 설정할 수 있다.

$$\left[\overline{X}-Z_{0.025}\cdot\frac{\sigma}{\sqrt{n}},\overline{X}+Z_{0.025}\cdot\frac{\sigma}{\sqrt{n}}\right]$$

$$\left[300000-1.96\cdot\frac{10000}{\sqrt{10}},300000+1.96\cdot\frac{10000}{\sqrt{10}}\right]$$

$$[293802, 306198]$$

2) 99%의 신뢰구간

$\overline{X}=300000, \sigma=10000,\ n=10,\ Z_{0.005}=2.575$이므로 모집단평균에 대한 99%의 신뢰구간을 다음과 같이 설정할 수 있다.

$$\left[\overline{X}-Z_{0.005}\cdot\frac{\sigma}{\sqrt{n}},\ \overline{X}+Z_{0.005}\cdot\frac{\sigma}{\sqrt{n}}\right]$$

$$\left[300000-2.575\cdot\frac{10000}{\sqrt{10}}, 300000+2.575\cdot\frac{10000}{\sqrt{10}}\right]$$

$$[291857, 308143]$$

(2) 모집단의 표준편차를 모르는 경우

모집단의 표준편차 σ를 모르는 경우에는 σ대신 불편추정량인 S를 사용하며 이때는 정규분포가 아닌 t-분포를 이용하여 신뢰구간을 추정한다. 여기서 표본표준편차 S의 계산공식은 다음과 같다.

$$S=\sqrt{\frac{\sum(X-\overline{X})^2}{n-1}} \quad (3\text{-}9)$$

t-분포(t-distribution)는 t값을 확률변수로 취한 분포로서 $t=0$을 중심으로 좌우 대칭인 종모양이라는 점에서 Z-분포와 유사하지만 분포의 모양이 자유도 $n-1$에 따라 달라진다는 점에서 Z-분포와 차이가 있다.

$$t=\frac{\overline{X}-\mu_{\overline{X}}}{S/\sqrt{n}} \quad (3\text{-}10)$$

t-분포는 정규분포보다 더 퍼진 모양을 이루며 자유도 $n-1$이 증가함에 따라 분포의 모양이 점점 정규분포와 유사해진다. t-분포의 모양이 자유도에 따라 달라지는 것은 t값이 표본표준편차 S에 의해 결정되기 때문이며, 모집단평균의 신뢰구간을 추정할 때, 신뢰도가 같을지라도 t값은 Z값보다 더 크므로 신뢰구간의 범위도 넓어진다. 표본의 크기 n이 작을 경우에는 자유도의 영향이 더욱 커지기 때문에 이런 경향이 뚜렷하게 나타난다. 이와 같이 t-분포를 이용할 때 신뢰구간의 범위가 넓어지는 것은 모집단의 표준편차 σ를 모르기 때문에 발생하는 추정상의 오류를 보상하려는 의도이다.

표본의 크기 n이 증가하면 t-분포는 정규분포와 유사해지므로 정규분포를 이용하여 통계적 추정을 해도 별무리가 없으며, 모집단의 표준편차 σ를 모를 경우에는 t값을 사용하여 신뢰구간을 추정하는 것이 원칙이지만 표본의 크기가 클 경우($n \geq 30$)에는 t값과 Z값에 큰 차이가 없기 때문에 t-분포 대신 Z-분포를 이용하여 신뢰구간을 추정해도 유사한 결과를 얻을 수 있다.

t-분포도 Z-분포와 마찬가지로 t값에 대한 계산이 용이하도록 사전에 t값에 대한 확률을 구해놓은 t-분포표가 있으며, 부록에 t-분포표의 일부를 수록하였다. t-분포표는 자유도에 따라 형태가 달라지므로 Z-분포와 같이 모든 값에 대응하는 확률을 표시하지 않고 오차율 α에 해당하는 일부의 값만을 나타내고 있다.

모집단의 표준편차를 모를 때 t-분포를 이용한 모집단평균의 신뢰구간 추정은 Z값 대신 t값을 사용하는 것을 제외하고는 정규분포를 이용한 신뢰구간 추정과 유사하다. σ를 모를 경우, 신뢰도 $1-\alpha$인 모집단평균의 신뢰구간을 구하는 방법은 다음과 같다.

- 모집단의 표준편차를 모르는 경우, 신뢰도 $1-\alpha$에서 모집단평균의 신뢰구간

$$\overline{X} - t_{\alpha/2,n-1} \cdot \frac{S}{\sqrt{n}} \leq \mu \leq \overline{X} + t_{\alpha/2,n-1} \cdot \frac{S}{\sqrt{n}} \tag{3-11}$$

- 모집단의 표준편차를 모르는 경우, 신뢰구간의 양 끝점

$$\overline{X} \pm t_{\alpha/2,n-1} \cdot \frac{S}{\sqrt{n}} \tag{3-12}$$

예제 3-2

체중계를 비치한 20개 가구를 대상으로 체중계 구입비용을 조사하였더니 평균이 50,000이고 표준편차가 10,000원이었다. 모집단평균에 대한 95%의 신뢰구간을 구하시오.

[풀이]

모집단의 표준편차를 알 수 없으므로 t-분포를 이용한다.

$\overline{X} = 50000,\ S = 10000, n = 20,\ t_{0.025,19} = 2.093$이므로

$$\left[\overline{X} - t_{0.025,19} \cdot \frac{S}{\sqrt{n}},\ \overline{X} + t_{0.025,19} \cdot \frac{S}{\sqrt{n}}\right]$$

$$\left[50000 - 2.093 \cdot \frac{10000}{\sqrt{20}},\ 50000 + 2.093 \cdot \frac{10000}{\sqrt{20}}\right]$$

$$[45320,\ 54680]$$

1.3 모집단비율의 신뢰구간 추정법

모집단의 비율에 관심을 갖는 경우에는 모집단평균 μ가 아니라 **모집단비율**(population proportion) p의 신뢰구간을 추정해야 한다. 모집단비율을 추정하기 위해서는 모집단비율의 불편추정량인 **표본비율**(sample proportion)을 이용하는데 표본비율은 다음과 같이 계산한다.

$$\text{표본비율}(\hat{p}) = \frac{X}{n} \quad (3\text{-}13)$$

여기서 n은 표본의 크기이며, 확률변수 X는 전체 표본 중에서 특정 사건이 발생하는 횟수를 말한다. 어떤 사건이 발생하는 비율이 p인 모집단에서 n개의 가능한 표본을 추출하여 그 사건이 발생하는 비율 $\hat{p}$을 계산했을 때, 이 표본비율이 형성하는 분포는 그 사건이 발생하는 횟수 X에 대응하는 이항분포와 동일한 형태가 되고 표본의 크기 n이 커지면 표본비율의 분포도 정규분포를 이루게 된다. 표본비율 $\hat{p}$의 기대값, 변량 및 표준편차는 다음과 같이 정의된다.

$$E(\hat{p}) = p \quad (3\text{-}14)$$

$$\sigma_{\hat{p}}^2 = \frac{p(1-p)}{n} \quad (3\text{-}15)$$

$$\sigma_{\hat{p}} = \sqrt{\frac{p(1-p)}{n}} \quad (3\text{-}16)$$

표본비율은 모집단비율의 불편추정량이므로 표본비율의 분포에서 표본비율의 기대값, 즉 평균은 모집단비율과 같고, 표본비율의 표준오차 $\sigma_{\hat{p}}$는 표본의 크기 n이 커질수록 작아진다. 하지만 실제로 모집단비율을 알 수 없기 때문에 $\sigma_{\hat{p}}$ 대신 p의 불편추정량인 표본비율 $\hat{p}$을 이용하여 계산한 $S_{\hat{p}}$을 사용하는데 $S_{\hat{p}}$는 다음과 같이 정의된다.

$$S_{\hat{p}} = \sqrt{\frac{\hat{p}(1-\hat{p})}{n}} \quad (3\text{-}17)$$

모집단비율의 신뢰구간은 다음과 같은 식으로 추정한다.

■ 모집단비율의 신뢰구간

$$\hat{p}-Z_{\alpha/2}\cdot\sqrt{\frac{\hat{p}(1-\hat{p})}{n}}\le p\le\hat{p}+Z_{\alpha/2}\cdot\sqrt{\frac{\hat{p}(1-\hat{p})}{n}} \tag{3-18}$$

■ 신뢰구간의 양 끝점

$$\hat{p}\pm Z_{\alpha/2}\cdot\sqrt{\frac{\hat{p}(1-\hat{p})}{n}} \tag{3-19}$$

표본의 크기가 작은 경우에는 정규분포를 이용한 이항분포의 근사값을 구할 수 없기 때문에 비율에 대한 신뢰구간을 설정할 때에는 표본의 크기가 커야 한다.

예제 3-3

어느 단과대학에서 학생회장 선거를 앞두고 유권자 300명을 대상으로 후보자 지지율을 조사하였다. 조사결과, 유권자 300명 중 120명이 A를 지지하는 것으로 나타났다면 실제 선거에서 나타날 A의 지지율은 얼마가 될지 신뢰도 99%에서 신뢰구간을 추정하시오.

[풀이]

$\hat{p}=\dfrac{120}{300}=0.4,\ 1-\hat{p}=0.6,\ n=300$이므로

$$S_{\hat{p}}=\sqrt{\frac{0.4\times0.6}{300}}=\sqrt{0.0008}=0.0283$$

99%의 신뢰도에 해당하는 $Z_{\alpha/2}$는 $Z_{0.005}=2.575$이므로

$$\left[\hat{p}-Z_{0.005}\cdot\sqrt{\frac{\hat{p}(1-\hat{p})}{n}},\ \hat{p}+Z_{0.005}\cdot\sqrt{\frac{\hat{p}(1-\hat{p})}{n}}\right]$$

$$[0.4-2.575\times0.0283,\ 0.4+2.575\times0.0283]$$

$$[0.3271,\ 0.4729]$$

1.4 신뢰구간과 표본의 크기

신뢰구간의 범위가 너무 넓으면 정보로서의 가치가 적어지므로 적절한 수준에서 신뢰구간의 범위를 선정할 필요가 있다. 그런데 신뢰구간의 범위는 오차한계에 달려 있으므로 신뢰구간의 범위는 신뢰도 $1-\alpha$와 표본의 크기 n에 의해 결정되기 때문에 정해진 신뢰도 하에서 신뢰구간의 범위를 일정수준으로 유지하기 위해서는 표본의 크기를 조절해야만 한다.

모집단의 표준편차를 알고 있을 때 모집단평균의 신뢰구간을 추정하기 위해서는 정해진 신뢰구간에서 한쪽 폭의 오차한계 D를 다음과 같이 구할 수 있다.

$$D = Z_{\alpha/2} \cdot \frac{\sigma}{\sqrt{n}} \tag{3-20}$$

식 (3-20)의 양변을 제곱하면

$$D^2 = \frac{Z_{\alpha/2}^2 \cdot \sigma^2}{n} \tag{3-21}$$

식 (3-21)로부터 원하는 신뢰도와 오차한계가 주어졌을 경우, 표본의 크기 n은 다음과 같은 식 (3-22)로 구할 수 있다. 하지만 모집단의 표준편차를 모르는 경우에는 사전조사로부터 추정된 S를 이용하며 표본크기 n은 식(3-23)으로 계산한다.

■ 모집단의 표준편차를 알고 있는 경우 표본의 크기

$$n = \left(\frac{Z_{\alpha/2} \cdot \sigma}{D}\right)^2 \tag{3-22}$$

■ 모집단의 표준편차를 모르는 경우 표본의 크기

$$n = \left(\frac{t_{\alpha/2, n-1} \cdot S}{D}\right)^2 \tag{3-23}$$

예제 3-4

어느 제약회사에서 성분함량이 100mg인 약품을 생산하는데 경험적으로 판단할 때 성분함량의 표준편차는 5mg이라고 한다. 이 약품의 실제 성분함량에 대한 95%의 신뢰구간을 추정할 때, 오차한계가 1mg 이상이 되지 않는 표본의 크기를 구하시오.

[풀이]

$Z_{\alpha/2}=1.96,\ \sigma=5,\ D=1$이므로

$n=\left(\frac{1.96 \cdot 5}{1}\right)^2=96.04$

96개 이상을 조사해야 한다.

정해진 신뢰구간 하에서 한쪽 폭의 오차한계 D는 다음과 같이 계산한다.

$$D=Z_{\alpha/2}\cdot\sqrt{\frac{\hat{p}(1-\hat{p})}{n}} \tag{3-24}$$

식 (3−24)의 양변을 제곱하면

$$D^2=Z_{\alpha/2}^2\cdot\frac{\hat{p}(1-\hat{p})}{n} \tag{3-25}$$

식 (3−25)로부터 다음과 같은 표본의 크기를 구하는 식을 얻을 수 있다.

$$n=Z_{\alpha/2}^2\cdot\frac{\hat{p}(1-\hat{p})}{D^2} \tag{3-26}$$

하지만 식 (3−26)에서 표본의 크기 n을 구하는데 필요한 $\hat{p}(1-\hat{p})$의 값은 표본을 추출하기 전에는 알 수 없기 때문에 이런 경우에는 충분한 표본을 추출한다는 의미에서 $\hat{p}(1-\hat{p})$는 $\hat{p}=0.5$일 때 0.25라는 최대값을 가지므로 원하는 표본의 크기는 다음과 같은 식 (3−27)로부터 구할 수 있다. 만일 모집단의 비율에 대해 경험적으로 개략적인 값을 알고 있으면 이를 이용하여 보다 정확한 표본의 크기를 구할 수 있다.

■ 비율의 추정값을 모르는 경우 표본의 크기

$$n=\left(\frac{Z_{\alpha/2}}{2D}\right)^2 \tag{3-27}$$

■ 비율의 추정값을 알고 있는 경우 표본의 크기

$$n=\left(\frac{Z_{\alpha/2}}{D}\right)^2\cdot\hat{p}(1-\hat{p}) \tag{3-28}$$

예제 3-5

한 신문사에서 지역 주민들을 대상으로 관할 구청의 민원처리에 대한 만족도를 조사한 결과, 99%의 신뢰도에서 오차한계가 3%이었다면 이 신문사는 최소한 몇 명 이상을 조사한 것인지 구하시오.

[풀이]

$D=0.03, Z_{\alpha/2}=2.575$이므로

$$n=\left(\frac{Z_{\alpha/2}}{2D}\right)^2=\left(\frac{2.575}{2\times 0.03}\right)^2=1841.8$$

따라서 최소한 1,842명 이상을 조사해야만 한다.

2 가설검정

2.1 가설검정의 절차

모집단의 특성인 모수에 대한 주장을 **가설(hypothesis)**이라고 하며, **가설검정(hypothesis test)**은 표본의 통계량을 이용하여 가설의 진위 여부를 규명하는 통계분석방법을 말한다. 가설검정은 신뢰구간 추정과 마찬가지로 표본의 통계량을 이용하는데 신뢰구간 추정이 표본 통계량을 근거로 모집단의 모수가 포함될 구간을 추정하는 것이라면 가설검정은 모수에 대한 가설을 먼저 수립하고 표본 통계량을 이용하여 이 가설의 진위 여부에 대한 판단 근거를 고찰하는 것이다.

가설검정의 첫 번째 단계는 검정해야 할 가설을 설정하는 것이다. 가설에는 **귀무가설(null hypothesis)**과 **대립가설(alternative hypothesis)**의 두 가지 종류가 있으며, 귀무가설은 검정의 대상이 되는 가설로서 보통 H_0로 표시하는 반면, 대립가설은 귀무가설이 기각되었을 때 수용되는 가설로서 H_1로 표시한다.

귀무가설과 대립가설은 상호배타적이므로 귀무가설이 채택되면 대립가설은 기각되며, 귀무가설이 기각되면 대립가설이 채택된다. 즉, 가설검정에서 귀무가설과 대립가설 중 하나의 가설만 채택되며, 두 가지 가설이 동시에 채택될 수는 없다.

귀무가설은 기존의 주장을 반영하고 있으며, 대립가설은 새로운 주장이나 연구자의 주장을 반영하고 있으므로 귀무가설은 일반적으로 모집단의 모수에 대한 회의적인 태도를 반영하고 있다.

가설검정에서는 기존의 주장을 귀무가설로 설정하고 귀무가설을 기각시킬 만한 충분한 근거를 제시하여 귀무가설을 기각시킴으로써 연구자의 주장을 반영하는 대립가설을 채택하는 방법을 선택하지만 귀무가설을 기각할만한 충분한 근거가 제시되지 않을 경우에는 기존의 주장을 담은 귀무가설이 계속적인 지지를 받게 된다.

귀무가설이 옳은데도 불구하고 귀무가설을 기각할 때 발생하는 오류를 **제1종 오류(type Ⅰ error)** 또는 **α오류**라고 하며, 반대로 귀무가설이 틀렸는데도 불구하고 귀무가설을 채택할 때 발생하는 오류를 **제2종 오류(type Ⅱ error)** 또는 **β오류**라고 한다. 일반적으로 가설검정에서 α오류가 고려의 대상이 되는 이유는 α오류의 심각성이 β오류보다 더 크기 때문이므로 가설검정에서는 기존의 주장을 귀무가설로 설정하고 귀무가설을 기각시키기 위한 판단의 기준으로서 α오류를 이용한다. 하지만 연구자의 입장에서 볼 때 α오류와 β오류 모두 위험 또는 손실을 의미하는 것이므로 가능하면 두 가지 오류를 동시에 줄일 필요가 있으며, 표본의 크기가 증가할수록 표준오차가 감소하기 때문에 표본의 크기를 늘리는 것이 해결 방법이다.

α오류를 범할 확률의 최대허용값을 **유의수준(significance level)**이라고 하며 α라고 표기하는데 유의수준은 연구자의 주관적 기준에 따라 설정되는 것으로서 이 유의수준을 기준으로 귀무가설의 기각여부가 결정된다. 유의수준은 α오류에 대한 손실이 클수록 낮게 설정해야 한다. 유의수준을 높게 설정하면 귀무가설의 기각가능성은 높아지지만 α오류를 범할 가능성도 증가하며, 유의수준을 낮게 설정하면 귀무가설의 기각가능성은 낮아지지만 α오류를 범할 가능성도 상대적으로 작아지기 때문이다. 일반적으로 사회과학 분야에서는 유의수준을 0.05(5%)로 설정하지만 연구의 성격에 따라 0.01(1%) 또는 0.1(10%)로 설정하는 경우도 자주 있다.

귀무가설의 기각여부를 결정하는 방법은 두 가지가 있다.

첫 번째 방법은 유의수준에 해당하는 **임계값(critical value)**을 계산하여 **기각영역(region of rejection)**을 설정하고 표본에서 계산된 통계량이 기각영역에 포함되는가를 살펴보는 것이다. 임계값은 유의수준에 따라 귀무가설의 기각여부를 결정하는 기준이 되는 값으로 임계값을 기준으로 기각영역과 채택영역이 구분된다.

두 번째는 귀무가설이 옳다고 가정할 때 실제로 α오류를 범할 확률인 **p값(p −value)**을 이용하는 것이다. p값을 이용하여 가설검정을 하는 경우, 유의수준과 p값을 비교하여 p값이 유의수준보다 더 작으면 귀무가설을 기각하고 대립가설을 채택하지만 p값이 유의수준보다 더 클 경우에는 귀무가설이 계속 지지를 받게 된다. 이와 같은 가설검정의 순서를 그림 3−1에 나타내었다.

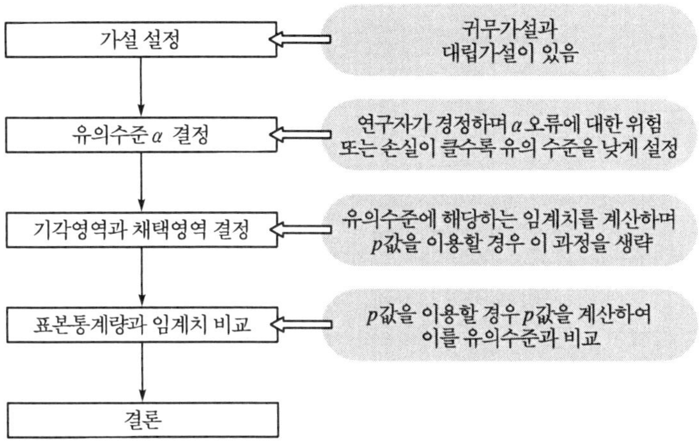

[그림 3-1] 가설검정의 순서

귀무가설의 기각여부를 판단하는데 사용되는 표본통계량을 **검정통계량**(test statistic)이라고 한다. 표본평균 $\overline{X}$ 대신 $\overline{X}$을 표준화한 Z값을 검정통계량으로 사용할 수 있으며 이때는 표본평균의 분포 대신 표준정규분포에서 기각영역이 설정되는데 기각영역을 결정하는 기준값인 임계값은 Z_α가 된다. $\overline{X}$을 표준화한 Z값이 표준정규분포에서 설정된 기각영역에 포함될 경우 귀무가설은 기각되며, 이 $\overline{X}$을 표준화한 Z값을 **계산된 Z값**(calculated Z)이라고 하며 Z_c라고 표기한다.

검정통계량으로 Z값을 사용해도 $\overline{X}$을 이용하여 가설검정을 한 경우와 동일한 결과를 얻을 수 있으며 일반적으로 Z값을 사용하는 것이 표본평균을 사용하는 것보다 계산이 간단하기 때문에 가설검정을 할 때는 주로 Z값(또는 t값)을 검정통계량으로 사용한다.

$\overline{X}$나 Z값 이외에도 p값을 이용하여 가설을 검정할 수 있으며 p값을 이용하여 가설을 검정할 때는 표본통계량 $\overline{X}$에 대응하는 p값을 계산하여 이것을 유의수준과 비교하는데 p값이 유의수준보다 작을 경우, 귀무가설을 기각하고 대립가설을 채택하지만 p

값이 유의수준보다 크거나 같을 경우에는 귀무가설을 채택한다.

p값을 이용한 가설검정은 Z값을 이용한 가설검정보다 한 단계의 과정을 더 거치게 되므로 번거롭지만 대부분의 가설검정은 컴퓨터를 이용한 통계분석 프로그램을 이용하므로 연구자가 주관적으로 결정하는 유의수준을 컴퓨터가 정할 수 없기 때문에 통계분석 프로그램은 항상 귀무가설의 기각여부를 판단하기 위한 값으로 p값을 계산한다. 따라서 연구자는 통계분석 프로그램이 제시하는 p값과 자신이 설정한 유의수준을 비교하여 귀무가설의 기각여부를 결정한다.

예제 3-6

휴대전화를 개발하는 한 회사에서 당사의 제품은 평균수명이 10년을 넘는다고 주장하고 있다. 휴대전화 구입을 검토 중인 A양은 회사의 주장을 확인하기 위해서 기존에 구입한 200명을 대상으로 조사를 실시한 결과, 해당 제품의 평균수명이 10.5년이었다. 일반적으로 제품 수명의 분포는 표준편차가 0.5년인 정규분포를 이룬다고 했을 때 회사의 주장이 옳은지 유의수준 5%에서 가설검정을 하시오.

[풀이]

a) 가설의 설정

귀무가설(H_0) : 제품의 수명은 10년 이하이다($\mu \leq 10$).

대립가설(H_1) : 제품의 수명은 10년을 초과한다($\mu > 10$).

b) 유의수준

$\alpha = 0.05$

c) 임계값과 기각영역

임계값 : $Z_\alpha = Z_{0.05} = 1.645$ 기각영역 : $Z > 1.645$

d) 표본통계량의 계산과 임계값의 비교

$\overline{X} = 10.5$에 해당하는 Z값을 구하면 다음과 같다.

$$Z = \frac{\overline{X} - \mu}{\sigma/\sqrt{n}} = \frac{10.5 - 10}{0.5/\sqrt{200}} = \frac{0.5}{0.035} = 14.29$$

계산된 Z값이 귀무가설의 기각영역에 포함되므로 귀무가설이 기각되고 대립가설이 채택된다.

e) 결론

제품의 평균수명이 10년 초과라는 회사의 주장이 채택되므로 A양은 해당 제품을 구입하기로 결정한다.

2.2 단측검정과 양측검정

귀무가설이 부등호로 표시되고, 모집단 평균에 대해 주장하는 값이 다수인 경우의 가설을 **복합가설(composite hypothesis)**이라고 한다. 귀무가설이 복합가설일 때는 표본평균의 분포에서 한쪽 꼬리에 기각영역이 설정된다. 즉, 귀무가설의 기각영역은 귀무가설에서 모집단평균 μ가 모집단에 대해 가정한 값보다 작다고 할 경우에는 우측 꼬리에, 크다고 할 경우에는 좌측 꼬리에 설정된다. 이와 같이 표본평균의 분포 상에서 한쪽 꼬리에만 기각영역이 설정될 때의 가설검정 방법을 **단측검정(one-tailed test)**이라고 한다.

한편, 귀무가설이 등호로 표시되고, 모집단평균에 대해 주장하는 값이 하나인 경우의 가설을 **단순가설(simple hypothesis)**이라고 한다. 귀무가설이 단순가설일 경우 표본평균을 계산하기 전에는 표본평균이 귀무가설에서 주장하는 모집단평균보다 클지 아니면 작을지를 알 수 없기 때문에 기각영역은 이 두 가지의 경우를 모두 고려해야 하므로 귀무가설이 단순가설일 경우에는 표본평균의 분포의 양쪽 꼬리 부분에 기각영역이 설정된다. 이와 같이 표본평균의 분포 상에서 기각영역이 양쪽 꼬리 부분에 놓이게 되는 경우의 가설검정을 **양측검정(two-tailed test)**이라고 한다. 양측검정의 경우에는 유의수준도 양쪽으로 나누어진다.

동일한 표본통계량일지라도 단측검정과 양측검정에 따라 가설검정의 결과는 달라지는데 양측검정을 하는 경우, 유의수준이 $\alpha/2$로 작아져서 임계값의 위치가 꼬리쪽으로 더 가까이 있게 되므로 귀무가설을 기각하기 어려워지기 때문이다. 단측검정에서 귀무가설이 기각될지라도 양측검정에서는 귀무가설이 기각되지 않을 수도 있다. 따라서 가설검정에서 단측검정과 양측검정의 사용여부는 연구자의 목적과 문제의 상황에 따라 달라지므로 연구자는 적절한 검정방법을 선택해야만 한다.

2.3 단일 모집단에 대한 가설검정

단일 모집단의 평균에 대한 가설검정은 정해진 유의수준 하에서 표본평균이 모집단 평균이라고 할 수 있는가를 검정하는 것으로서 모집단의 표준편차를 알고 있는 경우와 모르고 있는 경우로 구분하여 설명된다.

모집단의 표준편차를 알고 있는 경우에는 Z값을 검정통계량으로 사용한다.

$$Z = \frac{\overline{X} - \mu}{\sigma / \sqrt{n}} \tag{3-29}$$

■ 단측검정

H_0 : $\mu \leqq \mu_0$이고 H_1 : $\mu > \mu_0$일 때 $Z_c > Z_\alpha$이면 H_0을 기각한다.

H_0 : $\mu \geqq \mu_0$이고 H_1 : $\mu < \mu_0$일 때 $Z_c < -Z_\alpha$이면 H_0을 기각한다.

■ 양측검정

H_0 : $\mu = \mu_0$이고 H_1 : $\mu \neq \mu_0$일 때 $Z_c > Z_{\alpha/2}$ 또는 $Z_c < -Z_{\alpha/2}$이면 H_0을 기각한다.

모집단의 표준편차를 모를 경우에는 모집단의 표준편차 σ의 불편추정량인 표본의 표준편차 S를 사용하고 Z값 대신 t값을 이용하여 가설검정을 해야 한다. 이때 t값은 자유도 $n-1$인 t-분포를 이루게 되며, t값은 다음과 같이 계산한다.

$$t = \frac{\overline{X} - \mu}{S / \sqrt{n}} \tag{3-30}$$

t-분포로 가설검정을 할 경우에도 가설검정의 절차는 동일하지만 임계값과 표본통계량을 계산할 때 Z값 대신 t값을 사용하는 차이가 있다.

■ 단측검정

H_0 : $\mu \leqq \mu_0$이고 H_1 : $\mu > \mu_0$일 때 $t > t_{\alpha, n-1}$이면 H_0을 기각한다.

H_0 : $\mu \geqq \mu_0$이고 H_1 : $\mu < \mu_0$일 때 $t < -t_{\alpha, n-1}$이면 H_0을 기각한다.

■ 양측검정

H_0 : $\mu = \mu_0$이고 H_1 : $\mu \neq \mu_0$일 때 $t > t_{\alpha/2, n-1}$ 또는 $t < -t_{\alpha/2, n-1}$이면 H_0을 기각한다.

예제 3-7

강원도의 월평균 강우량은 1,131mm로서 정규분포를 이루고 있다. 기상청에서는 이것이 사실인지를 확인하기 위하여 20개 강원 지역의 표본을 추출하여 월평균 강우량을 조사한 결과, 평균이 1,175mm이고 표준편차가 300mm이었다. 유의수준 10%에서 강원도의 월평균 강우량이 1,131mm를 넘는가를 검정하시오.

[풀이]

모집단의 표준편차를 모르므로 σ의 불편추정량인 S를 사용하여 가설검정을 하며, 이때 표본평균의 분포는 $\mu_{\overline{X}}=1{,}131$, $S_{\overline{X}}=\dfrac{S}{\sqrt{n}}=\dfrac{300}{\sqrt{20}}=67.08$, 자유도 $n-1=19$인 t-분포를 이룬다.

a) 가설의 설정

$H_0 : \mu \leq 1{,}131$

$H_1 : \mu > 1{,}131$

b) 유의수준

$\alpha = 0.10$

c) 임계값과 기각영역

귀무가설이 복합가설이므로 단측검정을 해야 하며, $\alpha=0.10$이고 자유도 $n-1=19$이므로 임계값과 기각영역은 다음과 같다.

임계값 : $t_{0.10,19}=1.328$ 기각영역 : $t>1.328$

d) 표본통계량의 계산 및 임계값과의 비교

$\overline{X}=1175$에 해당하는 t값을 구하면 다음과 같다.

$$t=\frac{\overline{X}-\mu}{S/\sqrt{n}}=\frac{1{,}175-1{,}131}{67.08}=0.66$$

계산된 t값이 귀무가설의 기각영역 밖에 있으므로 귀무가설은 채택된다.

따라서 강원도의 월평균 강우량은 1,131mm를 넘지 않는다.

모집단의 표준편차를 모르지만 표본의 크기($n \geq 30$)가 커지면 중심극한의 정리에 따라 t-분포는 정규분포와 유사한 모양이 되므로 표본의 크기가 충분히 크면 t값과 Z값에 큰 차이가 없기 때문에 t-분포 대신 정규분포를 이용하여 가설검정을 해도 유사한 결과를 얻을 수 있으며, 검정통계량은 다음과 같다.

$$Z = \frac{\overline{X} - \mu}{S/\sqrt{n}} \tag{3-31}$$

모집단의 비율에 대한 가설검정을 해야 할 경우, 정해진 유의수준 하에서 표본비율이 모집단비율이라고 할 수 있는 가를 검정하는 것이며, 모집단비율 p의 불편추정량인 표본비율 $\hat{p}$을 이용하는데 표본비율은 다음과 같다.

$$\hat{p} = \frac{X}{n} \tag{3-32}$$

여기에서 n은 표본의 크기이고 X는 표본에서 기대하는 사건이 발생하는 횟수를 나타내는데 모집단에서 n개의 가능한 표본을 추출하여 기대하는 사건이 나타나는 비율 $\hat{p}$을 계산했을 때, 이 표본비율이 이루는 분포는 이항분포와 동일한 형태가 된다. 표본비율이 이루는 분포의 평균과 표준오차 $\sigma_{\hat{p}}$는 다음과 같이 계산한다.

$$E(\hat{p}) = p \tag{3-33}$$

$$\sigma_{\hat{p}} = \sqrt{\frac{p(1-p)}{n}} \tag{3-34}$$

표본비율의 분포는 시행횟수 n이 커져서 $np \geq 5$ 또는 $n(1-p) \geq 5$가 되면 정규분포와 비슷해지므로 n이 충분히 클 경우, 표본비율에 대한 가설검정도 정규분포를 이용할 수 있다. 이때 사용되는 검정통계량은 다음과 같다.

$$Z = \frac{\hat{p} - p}{\sigma_{\hat{p}}} = \frac{\hat{p} - p}{\sqrt{p(1-p)/n}} \tag{3-35}$$

모집단비율에 대한 가설검정의 절차는 모집단평균에 대한 가설검정과 동일하므로 표본비율 $\hat{p}$에 해당하는 Z값을 구하고 이 Z값을 임계값과 비교하여 귀무가설의 기각 여부를 결정한다.

■ 단측검정

$H_0:\ p \leqq p_0$ 이고 $H_1:\ p > p_0$ 일 때 $Z_c > Z_\alpha$ 이면 H_0을 기각한다.

$H_0:\ p \geqq p_0$ 이고 $H_1:\ p < p_0$ 일 때 $Z_c < -Z_\alpha$ 이면 H_0을 기각한다.

■ 양측검정

$H_0:\ p = p_0$ 이고 $H_1:\ p \neq p_0$ 일 때 $Z_c > Z_{\alpha/2}$ 또는 $Z_c < -Z_{\alpha/2}$ 이면 H_0을 기각한다.

예제 3-8

어느 조사 기관에서는 A사의 고객서비스에 대한 고객 만족도가 70%라고 발표하였다. 하지만 A사의 서비스센터에서는 고객 만족도가 70%를 넘을 것이라고 주장한다. 이를 확인하기 위해서 A사의 서비스센터를 이용한 고객 300명을 표본추출하여 조사한 결과, 260명이 서비스에 만족하고 있는 것으로 나타났다. A사의 고객서비스에 대한 고객 만족도가 70%인지 유의수준 5%에서 검정하시오.

[풀이]

a) 가설의 설정

H_0 : 고객 만족도는 70%이다($p = 0.70$).

H_1: 고객 만족도는 70%가 아니다($p \neq 70$).

b) 유의수준

$\alpha = 0.05$

c) 임계값과 기각영역

임계값 : $Z_{\alpha/2} = Z_{0.025} = 1.96$

기각영역 : $Z > 1.96$ 또는 $Z < -1.96$

d) 표본통계량의 계산 및 임계값과의 비교

귀무가설에서 $p = 0.70$으로 가정하고 있으므로

$$\sigma_{\hat{p}} = \sqrt{\frac{p(1-p)}{n}} = \sqrt{\frac{0.7 \times 0.3}{300}} = 0.027$$

따라서 $\hat{p} = \dfrac{X}{n} = \dfrac{260}{300} = 0.87$에 해당하는 Z값은 다음과 같다.

$$Z_c = \frac{\hat{p} - p}{\sigma_{\hat{p}}} = \frac{0.87 - 0.70}{0.027} = 6.3$$

계산된 Z값 6.3은 기각영역에 포함되므로 귀무가설은 기각되고, A사의 고객서비스에 대한 고객만족도는 70%가 아니라는 것을 알 수 있으며, 단측검정을 수행하면 고객만족도는 70%가 넘는다는 것을 확인할 수 있다.

2.4 두 모집단에 대한 가설검정

두 모집단의 평균에 차이가 있는가를 검정하기 위해서는 두 모집단에서 추출한 표본평균들의 차이가 어떤 분포인가를 확인해야만 한다. 두 모집단이 정규분포를 이룬다면 표본평균의 차이의 분포도 정규분포를 이룬다. 설사 두 모집단이 정규분포가 아닐지라도 표본의 크기가 충분히 클 경우에는 중심극한의 정리에 따라 두 표본평균의 차이의 분포는 정규분포와 유사한 모양이 되며 이 때 표본평균의 차이가 이루는 분포는 다음과 같은 평균, 변량 및 표준오차를 갖게 된다.

$$\mu_{\overline{X_1}-\overline{X_2}} = \mu_1 - \mu_2 \tag{3-36}$$

$$\sigma^2_{\overline{X_1}-\overline{X_2}} = \frac{\sigma_1^2}{n_1} + \frac{\sigma_2^2}{n_2} \tag{3-37}$$

$$\sigma_{\overline{X_1}-\overline{X_2}} = \sqrt{\frac{\sigma_1^2}{n_1} + \frac{\sigma_2^2}{n_2}} \tag{3-38}$$

두 모집단의 변량을 알고 있으면 Z-분포를 이용하여 가설검정을 하는데 검정통계량 Z값은 다음과 같이 계산한다.

$$Z = \frac{(\overline{X_1}-\overline{X_2})-(\mu_1-\mu_2)}{\sigma_{\overline{X_1}-\overline{X_2}}} = \frac{(\overline{X_1}-\overline{X_2})-(\mu_1-\mu_2)}{\sqrt{\frac{\sigma_1^2}{n_1} + \frac{\sigma_2^2}{n_2}}} \tag{3-39}$$

두 모집단의 변량을 모르는 경우에는 각각의 모집단의 변량 σ_1^2, σ_2^2 대신 표본으로부터 얻은 변량 S_1^2, S_2^2을 이용하여 계산한 t값으로 가설을 검정한다. 이 경우에는 두 모집단의 변량이 동일하다고 가정하고 모집단의 변량의 불편추정량인 **합동변량(pooled variance)**을 이용한다. 두 모집단의 변량이 동일하다고 가정하면 두 모집단의 평균에 차이가 없다는 귀무가설의 주장은 결국 두 개의 표본이 평균과 변량이 같은 동일한 모집단에서 추출되었다는 것과 같은 의미이지만 실제로는 두 표본에서 계산된 서로 다른 표본변량 S_1^2, S_2^2을 가지고 있으므로 귀무가설에서 가정하고 있는 모집단의 변량에 가까운 하나의 표본변량 값으로 모집단의 변량을 추정하는 것이 바람직하다. 두 모집단에서 추출한 표본의 변량 S_1^2, S_2^2을 각 표본의 자유도로 가중평균하면 모집단의 변량에 보다 근접한 표본변량 값을 얻을 수 있으며, 이 가중된 표본변량을 합동변량이라고 하며 S_p^2으로 표기한다.

표본 1의 변량을 $S_1^2 = \frac{\sum(X_1 - \overline{X_1})^2}{n_1 - 1}$, 표본 2의 변량을 $S_2^2 = \frac{\sum(X_2 - \overline{X_2})^2}{n_2 - 1}$라고 할 때, 표본변량의 자유도는 각각 $n_1 - 1$, $n_2 - 1$이 되며, 총자유도는 $(n_1 - 1) + (n_2 - 1) = n_1 + n_2 - 2$가 된다. 합동변량 S_p^2과 합동표준편차 S_p의 계산은 다음과 같다.

$$\begin{aligned} S_p^2 &= \frac{(n_1 - 1)S_1^2 + (n_2 - 1)S_2^2}{(n_1 - 1) + (n_2 - 1)} \\ &= \frac{\sum(X_1 - \overline{X_1})^2 + \sum(X_2 - \overline{X_2})^2}{n_1 + n_2 - 2} \end{aligned} \tag{2-40}$$

$$\begin{aligned} S_p &= \sqrt{\frac{(n_1 - 1)S_1^2 + (n_2 - 1)S_2^2}{(n_1 - 1) + (n_2 - 1)}} \\ &= \sqrt{\frac{\sum(X_1 - \overline{X_1})^2 + \sum(X_2 - \overline{X_2})^2}{n_1 + n_2 - 2}} \end{aligned} \tag{2-41}$$

두 모집단의 변량을 알 수 없는 경우, 두 모집단의 평균차이를 검정하기 위해서는 모집단의 변량 대신 합동변량을 이용하여 계산한 t값이 사용되며 이때 t-분포의 자유도는 $(n_1 - 1) + (n_2 - 1) = n_1 + n_2 - 2$가 되며, 김정통계량 t값은 다음과 같이 계산한다.

$$t = \frac{(\overline{X_1} - \overline{X_2}) - (\mu_1 - \mu_2)}{S_p\sqrt{\frac{1}{n_1} + \frac{1}{n_2}}} \tag{3 42}$$

예제 3-9

A소방서 관할구역의 소방파출소들과 B소방서 관할구역의 소방파출소들 간에 일일 화재출동 건수에 차이가 있는가를 알아보기 위해서 A소방서 관할구역 내 소방파출소 10개와 B소방서 관할구역 내 소방파출소 20개를 조사하였다. 표본조사 결과, A소방서 관할구역의 소방파출소의 경우, 일일 화재출동 건수의 평균과 표준편차는 각각 7건과 2건이었고, B소방서 관할구역의 소방파출소의 경우, 각각 5건과 3건이었다. 두 모집단의 변량이 같다고 가정하면 A소방서 관할구역의 소방파출소와 B소방서 관할구역의 소방파출소의 일일 화재출동 건수에 차이가 있는지 유의수준 5%에서 검정하시오.

[풀이]

a) 가설의 설정

H_0 : A지역과 B지역의 일일 화재출동건수는 차이가 없다($\mu_1 = \mu_2$).

H_1 : A지역과 B지역의 일일 화재출동건수는 차이가 있다($\mu_1 \neq \mu_2$).

b) 유의수준

$\alpha = 0.05$

c) 임계값과 기각영역

모집단의 표준편차를 모르므로 합동표준편차를 이용해야 하며,

여기서 t-분포의 자유도는 $n_1 + n_2 - 2 = 28$이므로 임계값과 기각영역은 다음과 같다.

임계값 : $t_{0.025,28} = 2.048$

기각영역 : $t > 2.048$ 또는 $t < -2.048$

d) 표본통계량의 계산 및 임계값과의 비교

$S_1^2 = 2^2 = 4$이고, $S_2^2 = 3^2 = 9$이므로 합동변량은 다음과 같다.

$$S_p^2 = \frac{4 \times 9 + 9 \times 19}{28} = 7.393$$

$$S_p = \sqrt{7.393} = 2.719$$

따라서

$$t = \frac{(7-5)-0}{\sqrt{7.393} \times \sqrt{\frac{1}{10} + \frac{1}{20}}} = 1.899$$

계산된 t값은 기각영역에 포함되지 않으므로 귀무가설을 기각할 수 없으므로 A소방서 관할구역의 소방파출소와 B소방서 관할구역의 소방파출소 간에는 일일 화재출동건수의 차이가 없는 것으로 볼 수 있다.

모집단의 변량을 모르지만 모집단에서 추출한 표본이 각각 30개 이상으로 큰 경우에는 중심극한의 정리에 따라 모집단 분포의 모양에 관계없이 표본평균 차이의 분포는 정규분포와 유사하므로 Z값을 이용하여 가설검정을 한다. 검정통계량 Z값은 다음과 같이 계산한다.

$$Z = \frac{(\overline{X_1} - \overline{X_2}) - (\mu_1 - \mu_2)}{\sqrt{\frac{S_1^2}{n_1} + \frac{S_2^2}{n_2}}} \tag{3-43}$$

대부분의 가설검정은 모집단의 정보를 모르는 상태에서 표본만으로 진행되기 때문에 모집단의 변량을 알 수 없는 경우가 일반적이며 통계처리도 컴퓨터를 이용하므로 모집단평균에 대한 가설검정은 표본의 크기에 관계없이 t값을 검정통계량으로 사용한다.

두 개의 표본이 서로 종속적으로 관련되어 대응된 쌍을 이루는 경우에는 **쌍대비교 (paired comparison)**에 의한 가설검정 방법을 사용한다. 쌍대비교와 독립된 표본비교는 어떤 방법으로 표본을 추출하였는가에 차이가 있다. 쌍대비교는 실험 전·후의 관찰값의 차이를 구한 다음, 이 차이가 이루는 표본분포를 알아야 하며, 이 때 각 쌍을 이룬 표본의 관찰값들이 정규분포를 이룬다면 그 차이의 표본분포도 정규분포를 이룬다.

두 표본이 대응된 쌍을 이루는 경우, 표본분포의 평균은 $\mu_1 - \mu_2$가 되지만 표준편차는 모르므로 추정해야 하며, 실험 전 · 후의 관찰값의 차이 $D = X_1 - X_2$, 평균을 $\overline{D}$라고 할 때 D의 표본분포의 평균과 표준오차는 다음과 같다.

$$\mu_D = \mu_1 - \mu_2 \tag{3-44}$$

$$S_D = \sqrt{\frac{\sum(D_i - \overline{D})^2}{n-1}} \tag{3-45}$$

여기서, $\overline{D} = \frac{\sum D_i}{n}$이다. 쌍을 이룬 표본평균의 차이에 대한 가설검정은 자유도 $n-1$의 t-분포를 사용한다.

$$t = \frac{\overline{D} - (\mu_1 - \mu_2)}{S_D / \sqrt{n}} \tag{3-46}$$

예제 3-10

A대학에서는 취업특강을 실시하고 있다. 이 취업특강을 실시함으로써 미취업학생의 감소에 효과가 있는지를 알기 위해서 대학 내의 10개 학과를 대상으로 특강 실시 전과 실시 후의 미취업자 수를 측정하여 표 3-2와 같은 자료를 얻었다. 이 취업특강이 미취업학생의 감소에 효과가 있는지를 유의수준 5%에서 검정하시오.

[표 3-2] 취업특강의 실시 전과 실시 후의 미취업학생 수

대상 학과	실시 전	실시 후
1	5	4
2	2	3
3	8	5
4	3	6
5	3	3
6	7	6
7	5	2
8	4	3
9	4	5
10	9	5

[풀이]

표 3-2의 자료로부터 D, $D-\overline{D}$, $(D-\overline{D})^2$을 구하면 다음과 같다.

대상	실시 전	실시 후	D	$D-\overline{D}$	$(D-\overline{D})^2$
1	5	4	1	0.2	0.04
2	2	3	−1	−1.8	3.24
3	8	5	3	2.2	4.84
4	3	6	−3	−3.8	14.44
5	3	3	0	−0.8	0.64
6	7	6	1	0.2	0.04
7	5	2	3	2.2	4.84
8	4	3	1	0.2	0.04
9	4	5	−1	−1.8	3.24
10	9	5	4	3.2	10.24
합계			8		41.6

a) 가설의 설정

H_0 : 취업특강의 효과가 없다($\mu_1 = \mu_2$).

H_1 : 취업특강의 효과가 있다($\mu_1 \neq \mu_2$).

b) 유의수준

$\alpha = 0.05$

c) 임계값과 기각영역

$\frac{\alpha}{2} = 0.025$, 자유도 $10 - 1 = 9$이므로

임계값 : $t_{0.025,9} = 2.262$

기각영역 : $t > 2.262$ 또는 $t < -2.262$

d) 표본통계량의 계산 및 임계값과의 비교

$\sum D = 8$이므로 $\overline{D} = \frac{8}{10} = 0.8$이고, $\sum (D - \overline{D})^2 = 41.6$이므로

$$S_D = \sqrt{\frac{\sum (D - \overline{D})^2}{n-1}} = \sqrt{\frac{41.6}{9}} = 2.15$$

$$t = \frac{\overline{D} - (\mu_1 - \mu_2)}{S_D / \sqrt{n}} = \frac{0.8}{2.15/\sqrt{10}} = 1.177$$

계산된 t값은 기각영역에 포함되지 않으므로 귀무가설을 기각할 수 없다.

따라서 취업특강의 실시는 미취업학생의 감소에 효과가 없다고 할 수 있다.

두 모집단의 비율 차이에 대한 존재여부에 관한 가설검정에서는 두 모집단의 비율 차이에 대한 주장을 가설로 세우고 이를 검정한다. 두 모집단 비율의 차이 $p_1 - p_2$에 대한 가설검정을 하기 위해서는 표본비율의 차이의 분포에 대해 알아야 하며 모집단의 비율이 각각 p_1, p_2인 두 모집단에서 각각 n_1, n_2개의 가능한 모든 표본을 뽑아 표본비율 $\hat{p}_1$, $\hat{p}_2$을 구했을 때, 각 표본비율들을 대응시켜 표본비율의 차이 $\hat{p}_1 - \hat{p}_2$을 계산하면 다음과 같은 기대값, 분산과 표준편차를 갖는 정규분포가 된다.

$$E(\hat{p}_1 - \hat{p}_2) = E(\hat{p}_1) - E(\hat{p}_2) = \hat{p}_1 - \hat{p}_2 \qquad (3\text{-}47)$$

$$\sigma^2_{\hat{p}_1 - \hat{p}_2} = \frac{p_1(1-p_1)}{n_1} + \frac{p_2(1-p_2)}{n_2} \qquad (3\text{-}48)$$

$$\sigma_{\hat{p}_1 - \hat{p}_2} = \sqrt{\frac{p_1(1-p_1)}{n_1} + \frac{p_2(1-p_2)}{n_2}} \qquad (3\text{-}49)$$

위의 식들에서 표본비율 차이의 기대값과 변량을 계산할 때 모집단의 비율 p_1과 p_2가 사용되고 있는데 모집단의 비율을 모르는 경우가 일반적이므로 p_1과 p_2의 불편추정량인 $\hat{p}_1$과 $\hat{p}_2$을 대신 사용해야 하며, 이때 $\hat{p}_1$과 $\hat{p}_2$을 대신 사용하여 추정된 표본비율 차이의 변량 $S^2_{\hat{p}_1-\hat{p}_2}$과 표준오차 $S_{\hat{p}_1-\hat{p}_2}$는 다음과 같다.

$$S^2_{\hat{p}_1-\hat{p}_2} = \frac{\hat{p}_1(1-\hat{p}_1)}{n_1} + \frac{\hat{p}_2(1-\hat{p}_2)}{n_2} \tag{3-50}$$

$$S_{\hat{p}_1-\hat{p}_2} = \sqrt{\frac{\hat{p}_1(1-\hat{p}_1)}{n_1} + \frac{\hat{p}_2(1-\hat{p}_2)}{n_2}} \tag{3-51}$$

▪ 두 모집단의 비율차이의 검정에서 설정되는 귀무가설

$H_0:\ p_1 = p_2$ 또는 $p_1 - p_2 = 0$

위의 귀무가설은 두 모집단의 비율의 차이가 없다는 의미인데 귀무가설이 사실이라면 두 표본비율 $\hat{p}_1$과 $\hat{p}_2$는 동일한 p_1과 p_2의 추정값이라는 의미가 되므로 $p_1 = p_2$에 가까운 하나의 표본비율로 모집단의 비율을 추정해야 한다. 이 표본비율은 두 표본비율 $\hat{p}_1$과 $\hat{p}_2$을 각각의 표본크기 n_1, n_2로 가중평균하여 구하며, 이때 가중평균된 표본비율 $\hat{p}$은 다음과 같다.

$$\hat{p} = \frac{n_1\hat{p}_1 + n_2\hat{p}_2}{n_1 + n_2} \tag{3-52}$$

가중평균된 표본비율 $\hat{p}$을 이용하여 추정된 표본비율 차이의 표준오차 $S_{\hat{p}_1-\hat{p}_2}$와 모집단 비율차이의 유무에 대한 검정통계량 Z값은 다음과 같이 계산한다.

$$S_{\hat{p}_1-\hat{p}_2} = \sqrt{\frac{\hat{p}(1-\hat{p})}{n_1} + \frac{\hat{p}(1-\hat{p})}{n_2}} = \sqrt{\hat{p}(1-\hat{p})\left(\frac{1}{n_1} + \frac{1}{n_2}\right)} \tag{3-53}$$

$$Z = \frac{(\hat{p}_1-\hat{p}_2)-(p_1-p_2)}{S_{\hat{p}_1-\hat{p}_2}} = \frac{(\hat{p}_1-\hat{p}_2)-(p_1-p_2)}{\sqrt{\hat{p}(1-\hat{p})\left(\frac{1}{n_1} + \frac{1}{n_2}\right)}} \tag{3-54}$$

예제 3-11

소중한 문화유산인 사찰들의 화재로 인한 소실이 증가하고 있다. 문화재청은 이에 대한 대책을 수립하고자 방재시스템을 도입한 사찰과 도입하지 않은 사찰들 간에 화재로 인한 소실율을 알아보기 위해 방재시스템을 도입한 사찰 100개와 도입하지 않은 사찰 200개를 표본추출하여 조사한 결과, 각각 10개와 45개의 사찰이 화재로 인해 소실되었다. 방재시스템을 도입한 사찰과 도입하지 않은 사찰의 화재로 인한 소실율에는 차이가 있는지를 유의수준 5%에서 검정하시오.

[풀이]

a) 가설의 설정

$H_0 : p_1 = p_2$

$H_1 : p_1 \neq p_2$

b) 유의수준

$\alpha = 0.05$

c) 임계값과 기각영역

임계값 : $Z_{0.025} = 1.96,\ -Z_{0.025} = -1.96$

기각영역 : $Z > 1.96$ 또는 $Z < -1.96$

d) 표본통계량의 계산 및 임계값과의 비교

$\hat{p}_1 = \dfrac{10}{100} = 0.1,\ \hat{p}_2 = \dfrac{45}{200} = 0.225$ 이므로

가중평균된 표본비율은 $\hat{p} = \dfrac{100 \times 0.1 + 200 \times 0.225}{100 + 200} = 0.183$ 이다.

$$Z_c = \frac{(0.1 \quad 0.225) - 0}{\sqrt{0.183 \times 0.817\left(\dfrac{1}{100} + \dfrac{1}{200}\right)}} = \frac{-0.125}{0.047} = -2.66$$

계산된 Z값은 기각영역에 포함되므로 귀무가설은 기각되고 대립가설이 채택된다.
따라서 방재시스템을 도입한 사찰과 도입하지 않은 사찰 간에는
화재로 인한 소실율에 차이가 있는 것으로 볼 수 있다.

3 통계분석의 사례별 가설검정

3.1 교차분석의 사례

교차분석(crosstabs)은 명목 자료, 서열 자료, 등간 자료의 성향을 갖고 있는 모집단 또는 표본의 가치 내용을 분석하기 위해 사용되는 분석기법이다. 명목변수나 서열변수와 같은 **범주형 변수**(categorical variables)를 분석하기 위해 한 변수의 범주를 다른 변수의 범주에 따라 빈도를 교차분석하는 교차표를 작성하고 두 변수 간의 독립성과 관련성을 분석하는 데 이용한다. 즉, 둘 이상의 변수를 교차시켜 각각의 값에 해당하는 사례로 분할하여 그 빈도를 표시하는 것으로서 각 변수의 빈도는 하나 이상의 변수값에 따라 나눠지며, 두 개 이상의 변수들의 측정값을 조합하여 이루어진 칸들로 교차표를 구성한다. 이와 같은 각 칸의 관찰수만으로 자료를 분석하거나 특정한 유의도 검정을 통하여 통계적인 분석을 하는 데 활용된다.

교차분석은 범주형(비모수형) 자료들을 분석하는데 이용되므로 연속적(모수형) 자료는 먼저 범주형 자료로 전환한 다음, 교차분석을 해야 하며, 다음과 같은 원리에 의해 분석한다.

- 수집된 자료들을 크게 두 가지 범주에 의하여 계상하는 교차표를 작성한다.
- 교차표는 한 변수를 열로 하고, 다른 변수를 행으로 하여 각각 경우에 해당하는 **기대빈도**(expected frequency)와 **관찰빈도**(observed frequency)를 해당 칸에 기록한다.
- 조사대상의 표본으로부터 기대할 수 있는 기대빈도와 실제 조사를 통해 얻어낸 결과인 관찰빈도 간의 차이를 검정한다.

교차분석에서 이용하는 통계량은 기대빈도와 관찰빈도간의 차이로부터 얻어지는 통계량으로서 χ^2 (chi-square)이라고 하며, 교차표는 행의 범주수가 R, 열의 범주수가 C일 때, 통계량의 자유도(df)는 $(C-1)\times(R-1)$을 이용하여 두 관련성을 검정한다.

$$\chi^2 = \sum\frac{(f_o - f_e)^2}{f_e} \tag{3-55}$$

$$df = K-1 \text{ 또는 } (C-1)\times(R-1) \tag{3-56}$$

여기서, f_o는 관찰빈도, f_e는 기대빈도를 나타낸다.

(1) 단일변수 간 차이 검정

예제 3-12

대학에 재학 중인 4학년 학생 150명을 대상으로 선호하는 공무원 직렬을 조사한 결과, 일반직 50명, 소방직 30명, 방재안전직 30명, 경찰직 40명인 것으로 나타났다. 학생들이 선호하는 직렬에 차이가 있는가를 유의수준 $p=0.01$에서 검정하시오.

[풀이]

a) 가설의 설정

H_0 : 학생들이 선호하는 직렬에 차이가 없다.

H_1 : 학생들이 선호하는 직렬에 차이가 있다.

b) 임계값

자유도는 $df=K-1=3$이므로 $p=0.01$에서의 임계값은 11.3이다.

c) 기대빈도의 계산

단일변수 간 차이 검정에서 기대빈도는 전체 빈도수를 범주의 수로 나누어 계산한다.

$$f_e=\frac{150}{4}=37.5$$

d) χ^2의 계산

범주	f_o	f_e	f_o-f_e	$(f_o-f_e)^2$	$(f_o-f_e)^2/f_e$
일반직	50	37.5	12.5	156.25	4.17
소방직	30	37.5	−7.5	56.25	1.5
방재안전직	30	37.5	−7.5	56.25	1.5
경찰직	40	37.5	2.5	6.25	0.17

$$\chi^2=4.17+1.5+1.5+0.17=7.34$$

e) 결론

$\chi^2=7.34$이므로 $p=0.01$의 임계값 11.3보다 작으므로 귀무가설은 채택되고 따라서 학생들이 선호하는 공무원 직렬에 차이가 없는 것으로 나타났다.

(2) 복합변수 간 차이 검정

예제 3-13

모 기업의 사원 600명을 대상으로 직장생활의 만족도를 조사한 결과, 다음과 같은 결과를 얻었다. 근무연수별로 차이가 있는가를 $p = 0.01$의 유의수준에서 검정하시오.

	1년차	2년차	3년차	4년차	행 합계
만족	45	65	80	95	285
보통	70	65	55	50	240
불만	35	20	15	5	75
열 합계	150	150	150	150	600

[풀이]

a) 가설의 설정

H_0 : 근무 연수별로 차이가 없다.

H_1 : 근무 연수별로 차이가 있다.

b) 임계값

자유도는 $df = (R-1)(C-1) = (3-1)(4-1) = 6$이므로

$p = 0.01$에서 임계값은 16.8이다.

c) 기대빈도의 계산

복합변수 간 차이 검정에서 기대빈도는 각 행의 합을 범주의 수로 나누어 계산한다.

d) χ^2의 계산

범주	근무연수	f_o	f_e	$f_o - f_e$	$(f_o - f_e)^2$	$(f_o - f_e)^2/f_e$
만족	1	45	71.25	−26.25	689.06	9.67
	2	65	71.25	−6.25	39.06	0.55
	3	80	71.25	8.75	76.56	1.07
	4	95	71.25	23.75	564.06	7.92
보통	1	70	60	10	100.00	1.67
	2	65	60	5	25.00	0.42
	3	55	60	−5	25.00	0.42
	4	50	60	−10	100.00	1.67
불만	1	35	18.75	16.25	264.06	14.08
	2	20	18.75	1.25	1.56	0.08
	3	15	18.75	−3.75	14.06	0.75
	4	5	18.75	−13.75	189.06	10.08

$\chi^2 = 9.67+0.55+1.07+7.92+1.67+0.42+0.42+1.67+14.08+0.08+0.75+10.08$
$= 48.38$

e) 결론

$\chi^2 = 48.38$이므로 $p=0.01$의 임계값 16.8보다 크므로 귀무가설은 기각되므로 직장생활의 만족도에서 근무연수별 차이가 있는 것으로 나타났다.

(3) 독립성 검정

χ^2을 이용한 독립성 검정은 두 변수가 상호독립일 때의 기대도수와 표본에서 얻은 관찰도수가 일치하는지에 따라 두 변수 간의 상호독립성 여부를 추론하는 검정방법으로서 분할표에 나타난 두 명목변수 간의 관계를 파악하는 데 사용된다. 여기에서 분할표의 관찰도수가 상호독립일 때의 기대도수와 일치하면 두 변수는 상호독립이라고 판단한다.

예제 3-14

대학본부에서는 신입생들을 대상으로 영어 토익성적과 수능성적을 측정하여 다음과 같은 결과를 얻었다. 영어 토익성적과 수능성적 간에는 관계가 있는지를 $p=0.05$ 유의수준에서 검정하시오.

수능성적 \ 영어 토익성적	낮음	보통	높음	합계
높음	5	25	40	70
보통	10	5	25	40
낮음	20	15	5	40
합계	35	45	70	150

[풀이]

a) 가설의 설정

H_0 : 영어 토익성적과 수능성적은 독립적이다.

H_1 : 영어 토익성적과 수능성적은 종속적이다.

b) 임계값

자유도는 $df=(R-1)(C-1)=(3-1)(3-1)=4$이므로 $p=0.05$에서 임계값은 9.49이다.

c) 기대빈도의 계산

독립성 검정에서 기대빈도는 행의 빈도 합계와 열의 빈도 합계를 곱하고 전체 빈도수로 나눈다.

	낮음	보통	높음
높음	$70\times 35/150=16.33$	$70\times 45/150=21$	$70\times 70/150=32.67$
보통	$40\times 35/150=9.33$	$40\times 45/150=12$	$40\times 70/150=18.67$
낮음	$40\times 35/150=9.33$	$40\times 45/150=12$	$40\times 70/150=18.67$

d) χ^2의 계산

영어 토익	수능	f_o	f_e	f_o-f_e	$(f_o-f_e)^2$	$(f_o-f_e)^2/f_e$
낮음	높음	5	16.33	-11.33	128.37	7.86
	보통	10	9.33	0.67	0.45	0.05
	낮음	20	9.33	10.67	113.85	12.20
보통	높음	25	21	4	16.00	0.76
	보통	5	12	-7	49.00	4.08
	낮음	15	12	3	9.00	0.75
높음	높음	40	32.67	7.33	53.73	1.64
	보통	25	18.67	6.33	40.07	2.15
	낮음	5	18.67	-13.67	186.87	10.01

$\chi^2 = 7.86+0.05+12.2+0.76+4.08+0.75+1.64+2.15+10.01 = 39.51$

e) 결론

$\chi^2=39.51$ 이므로 $p=0.05$의 임계값 9.49보다 크므로 귀무가설은 기각된다. 따라서 영어 토익성적과 수능성적은 서로 관계가 있다.

(4) 적합도 검정

적합도 검정(test of goodness of fit)은 변수가 하나인 경우, 표본에서 얻은 관찰도수와 이론적 모형에 근거한 기대도수를 비교하여 모집단분포에 대한 추론을 하는 χ^2-검정이다. 이때 자유도는 변수의 범주 수에서 1을 뺀 값이 된다.

$$\text{적합도 검정시 } \chi^2 \text{의 자유도} = \text{범주의 수} - 1 \tag{3-57}$$

적합도 검정을 하기 위해서는 χ^2-분포표에서 자유도와 유의수준을 고려하여 임계값을 구하고 귀무가설이 옳다는 가정 하에서 χ^2값을 계산한 다음, 이 χ^2값과 임계값을 비교하여 귀무가설의 기각 여부를 결정한다. 적합도 검정에서 귀무가설의 기각 여부는 관찰도수와 기대도수의 차이에 의해 결정된다. 즉, 관찰도수와 기대도수가 비슷하여 χ^2의 값이 0에 가까우면 귀무가설이 기각될 가능성은 낮아지는 반면, 관찰도수와 기대도수의 차이가 커서 χ^2값이 커지면 귀무가설이 기각될 가능성은 높아진다고 할 수 있다.

예제 3-15

훈련소 입소 신병들의 출신지는 보통 지방이 2이면 수도권과 해외는 각각 1로서 지방 : 수도권 : 해외=2 : 1 : 1의 비율을 이루고 있다. 이것이 사실인지를 확인하기 위해 60명의 신병을 표본조사하여 다음과 같은 자료를 얻었다. $p=0.05$ 유의수준에서 검정하시오.

	지방	수도권	해외	합계
신병 수	32	18	10	60

[풀이]

a) 가설의 설정

H_0 : 출신지 분포는 지방 : 수도권 : 해외=2 : 1 : 1이다.

H_1 : 출신지 분포는 지방 : 수도권 : 해외=2 : 1 : 1이 아니다.

b) 임계값

유의수준은 $\alpha=0.05$이고, 자유도는 $df=3-1=2$이므로

$p=0.05$에서 임계값은 5.99이다.

c) 기대빈도의 계산

귀무가설이 옳다는 가정 하에 기대도수의 비는 30 : 15 : 15이다.

d) χ^2의 계산

$$\chi^2=\frac{(32-30)^2}{30}+\frac{(18-15)^2}{15}+\frac{(10-15)^2}{15}=2.4$$

e) 결론

$\chi^2=2.4$는 $p=0.05$의 임계값 5.99보다 작으므로 귀무가설은 기각되지 않으며, 출신지 분포는 지방 : 수도권 : 해외=2 : 1 : 1이라고 할 수 있다.

3.2 평균차이분석의 사례

평균차이분석(compare means test)은 여러 개의 소집단으로 구성된 전체 집단에서 소집단의 평균과 표준편차를 근거로 두 집단의 평균 차이의 유의성을 검정할 때 이용한다. 평균, 표준편차 및 상관계수 등과 같은 두 집단 통계량의 차이가 통계적으로 유의한가를 검정하는 방법으로 t-검정, F-검정(변량분석) 등이 일반적으로 사용되고 있지만 모든 검정은 Z-검정을 기초로 하고 있다.

평균의 차이 검정은 Z-검정을 기초로 하고 있다. 이와 같은 Z-검정의 요건들은 다음과 같다.

- 독립변수는 질적 자료, 종속변수는 양적 자료이어야 하는데 독립변수가 양적 자료로 측정된 경우 이 자료를 **범주화** 또는 **유목화(categorization)**시켜야 한다.
- 분석하고자 하는 표본의 크기는 실험연구의 경우, 각 집단의 사례수가 30개 이상이고 조사연구의 경우, 사례수는 120개 이상의 대표본이어야 한다.
- 종속변수에 대한 모집단은 정상분포인 것으로 가정될 수 있어야 한다.
- 모집단의 변량이 같아야 한다.

독립표본의 경우 Z값을 구하는 공식은 다음과 같다.

$$Z = \frac{M_1 - M_2}{\delta_{DM}} = \frac{M_1 - M_2}{\sqrt{\frac{s_1^2}{n_1} + \frac{s_2^2}{n_2}}} \qquad (3\text{-}58)$$

예제 3-16

주민들을 대상으로 버스요금의 만족도를 조사한 결과, 다음과 같은 결과를 얻었다. 남성과 여성 간에 만족도에 차이가 있는가를 $p = 0.05$ 유의수준에서 검정하시오.

	주민 수	평균	표준편차
남성	110	75	10.25
여성	40	83	15.35

[풀이]

a) 가설의 설정

$H_0 : p_1 = p_2$

$H_1 : p_1 \neq p_2$

b) 유의수준

$\alpha = 0.05$(양측검정)

c) 임계값과 기각영역

임계값 : $Z_{0.025} = 1.96$, $-Z_{0.025} = -1.96$

기각영역 : $Z > 1.96$ 또는 $Z < -1.96$

d) Z값의 계산

$$Z = \frac{75-83}{\sqrt{\frac{(10.25)^2}{110} + \frac{(15.35)^2}{40}}} = -3.058$$

계산된 Z값은 기각영역에 포함되므로 귀무가설은 기각되고 대립가설이 채택되므로 95% 신뢰수준(또는 $p < .05$ 수준)에서 남성과 여성의 버스요금에 대한 만족도에 차이가 있다. 즉, 여성들의 만족도가 남성들보다 유의하게 높다.

3.3 상관관계분석의 사례

변수와 변수 간의 **관계(relationship or association)**로 둘 또는 그 이상의 변수에 있어서 한 변수가 변화함에 따라 다른 변수가 어떻게 변화하는 것과 같은 변화의 연관성 정도, 변화의 크기의 정도와 방향을 **상관관계(correlation)**라고 한다. 따라서 **상관관계분석(correlation analysis)**은 독립변수를 변화시켰을 때, 종속변수가 어떻게 변하는지를 그 변화의 정도와 방향을 예측하여 알려주는 분석을 말한다.

상관계수에는 **Pearson의 상관계수**인 r, **스피어만의 순위상관계수**인 ρ, **양류상관계수(point biserial correlation coefficient)**인 r_{pb}, **파이계수(phi coefficient)**인 ϕ 등이 있다.

(1) Pearson의 상관계수, r

$$r = \frac{\sum XY}{\sqrt{(\sum X^2)(\sum Y^2)}} = \frac{N\sum XY - (\sum X)(\sum Y)}{[N\sum X^2 - (\sum X)^2][N\sum Y^2 - (\sum Y)^2]} \quad (3\text{-}59)$$

예제 3-17

다음 자료에서 재난대비투자액(X)과 재난발생건수(Y)와의 상관계수를 계산하고 상관계수의 유의도를 5% 수준에서 검정하시오.

기관	X_i	Y_i	X	Y	X^2	Y^2	XY
A	50	100	−10	23	100	529	−230
B	55	85	−5	8	25	64	−40
C	70	50	10	−27	100	729	−270
D	65	70	5	−7	25	49	−35
E	60	80	0	3	0	9	0

[풀이]

$N=5$, $\mu_X=60$, $\mu_Y=77$, $X=X_i-\mu_X$, $Y=Y_i-\mu_Y$, $\sum X^2=250$, $\sum Y^2=1380$, $\sum XY=-575$이므로

a) 가설의 설정

H_0 : 모집단 X와 Y간에는 유의한 상관관계가 없다.

H_1 : 모집단 X와 Y간에는 유의한 상관관계가 있다.

b) 유의수준

$p=0.05$

c) r값 계산

$$r=\frac{\sum XY}{\sqrt{(\sum X^2)(\sum Y^2)}}=\frac{-575}{\sqrt{250\times1380}}=-0.979$$

d) 임계값과 기각영역

자유도 : $df=n-2=3$

소표본 : $t=r\sqrt{\dfrac{n-2}{1-r^2}}$

대표본 : $Z=r\sqrt{n-1}$

e) t값의 계산

$$t=-0.979\sqrt{\frac{3}{1-(-0.979)^2}}=-8.318$$

계산된 t값은 자유도가 3이고 $p=0.05$인 경우의 임계값 −3.182보다 작으므로 귀무가설은 기각된다. 따라서 재난대비투자액과 재난발생건수 간에는 유의한 상관관계가 있다.

(2) Spearman의 순위상관계수, ρ

$$\rho = 1 - \frac{6\sum D^2}{N(N^2 - 1)} \tag{3-60}$$

여기서, D는 변수 X와 변수 Y 간의 순위차, N은 표본의 크기이다.

예제 3-18

주어진 자료에서 모 학부 학생들의 입학성적과 졸업성적 간의 상관계수를 구하고 그 유의도를 5% 수준에서 검정하시오.

[풀이]

a) 가설의 설정

$H_0 : \rho = 0$(양측검정)
$H_1 : \rho \neq 0$

b) 유의수준

$p = 0.05$

c) ρ값 계산

$$\rho = 1 - \frac{6 \times 84}{10(10^2 - 1)} = 1 - 0.509 = 0.491$$

계산된 ρ값은 $p = 0.05$ 수준에서의 임계값 0.648보다 작으므로 귀무가설을 수용한다. 따라서 입학성적과 졸업성적 간에는 유의한 상관관계가 없다.

학생	입학순위	졸업순위	D	D^2
1	1	3	−2	4
2	2	2	0	0
3	3	6	−3	9
4	4	7	−3	9
5	5	1	4	16
6	6	10	−4	16
7	7	5	2	4
8	8	8	0	0
9	9	4	5	25
10	10	9	1	1
합계				84

(3) 양류상관계수, r_{pb}

X가 연속변수이고 Y는 남/여, 기혼/미혼 등과 같은 구분변수일 때 양류상관계수는 다음과 같은 식으로 계산한다.

$$r_{pb} = \frac{X_1 - X_2}{S_X}\sqrt{pq} \tag{3-61}$$

여기서, X_1과 X_2는 각각 범주 1과 2에 해당하는 X의 평균값, S_X는 X변수의 표준편차, p는 범주 1의 사례수 비율, q는 범주 2의 사례수 비율이다.

예제 3-19

주어진 자료에서 대학생들의 어학성적과 어학특강 수강여부와의 상관계수를 구하고 그 유의도를 5% 수준에서 검정하시오.

학생	어학성적	특강수강여부(1 : 수강, 2 : 미수강)
1	95	1
2	85	2
3	70	1
4	80	1
5	65	1
6	90	2
7	100	2
8	90	1
9	85	2
10	80	2

[풀이]

a) 가설의 설정

H_0 : 상관관계가 없다.

H_1 : 상관관계가 있다.

b) 유의수준

$p = 0.05$

c) r_{pb}값 계산

$$X_1 = 80,\ X_2 = 88,\ \mu_x = (\sum_{i=1}^{10} X_i)/10 = 84$$

$$S_X = \sqrt{\frac{\sum(X-\mu_X)^2}{N}} = 10.2,\ p = \frac{5}{10} = 0.5,\ q = \frac{5}{10} = 0.5$$

$$r_{pb} = \frac{80-88}{10.2}\sqrt{0.5\times 0.5} = -0.392$$

d) t값의 계산

$$t = -0.392\sqrt{\frac{8}{1-(-0.392)^2}} = -1.205$$

계산된 t값은 자유도가 8이고 $p=0.05$인 경우의 임계값 −2.306보다 크므로 귀무가설은 수용되고 어학성적은 특강의 수강여부와 상관이 없다.

(4) ϕ계수

두 변수가 모두 질적 변수인 경우, 다음과 같은 식으로 ϕ상관계수를 계산한다.

	변수 X		
변수 Y	a	b	a+b
	c	d	c+d
	a+c	b+d	

$$r\phi = \frac{bc-ad}{\sqrt{(a+c)(b+d)(a+b)(c+d)}} \tag{3-62}$$

예제 3-20

주어진 자료에서 대학생들의 전공에 따른 특성화 희망분야의 상관계수를 구하고 그 유의도를 5% 수준에서 검정하시오.

		전공 X		합계
		전공 A	전공 B	
희망분야 Y	기업체	25	10	35
	공무원	15	30	45
합계		40	40	80

[풀이]

a) 가설의 설정

H_0 : 상관관계가 없다.

H_1 : 상관관계가 있다.

b) 유의수준

$p=0.05$

c) $r\phi$값 계산

$$r\phi=\frac{10\times 15-25\times 30}{\sqrt{40\times 40\times 35\times 45}}=-0.378$$

d) 유의도 검정

자유도 : $df=(R-1)(C-1)=1$, χ^2 : $\chi^2=(n)(r\phi)^2=80\times(-0.378)^2=11.43$

계산된 χ^2값은 자유도가 1이고 $p=0.05$인 경우의 임계값 3.84보다 크므로 귀무가설은 기각된다. 따라서 전공과 희망분야는 유의한 상관관계가 있다.

P/A/R/T 02
SPSS 프로그램

Chapter 04

SPSS의 소개

1 SPSS의 소개[1) 2)]

1.1 SPSS의 개요

지식 기반 정보화 사회에서 활동하고 있는 우리는 주변에서 막대한 양의 정보와 데이터를 접하고 있다. 이런 정보와 데이터를 신속하고 정확하게 분석하여 필요한 정보를 얻는 것은 의사결정 과정에서 매우 중요하다. 통계패키지 SPSS는 이와 같은 정보와 데이터를 분석하는 데 매우 유용한 도구로 활용되고 있다.

SPSS(Statistical Package for the Social Sciences)는 1969년 처음 발표되었으며, 원래는 사회과학 분야의 데이터 분석용 컴퓨터 프로그램으로 시작하였지만 1975년에 SPSS 매뉴얼이 발간되면서 알려지게 되었다. 이후 SPSS의 미비점이 대폭 보완되고 실무에서 사용되는 거의 모든 통계적 분석방법이 포함되면서 사회과학 분야뿐만 아니라 모든 분야를 대상으로 한 종합적인 통계패키지로 발전하였다.

1980년대 후반 개인용 컴퓨터에서 사용할 수 있는 SPSS/PC가 개발됨으로써 저변이 확대되고 1990년대 초에는 SPSS Window용이 개발되었다. 2005년에는 한글 SPSS가 출시되었으며, 이후 많은 보완과 기능이 추가되었는데 지금은 IBM® SPSS®

1) 우수명(2018). 마우스로 잡는 24.0 SPSS, 양서원.
2) 박성현, 조신섭, 김성수(2009). SPSS 17.0 이해와 활용, 한나래출판사.

버전 25까지 출시되었는데 앞으로도 지속적인 업그레이드 버전이 출시될 것으로 예상한다.

1.2 SPSS의 특징

SPSS는 쉽고 편안한 데이터 입력, 효율적인 데이터 관리 및 간편한 통계분석 처리 등을 목적으로 전문 프로그래머가 아닌 일반 사용자들도 쉽게 활용할 수 있도록 개발된 통계 소프트웨어이다. 특히 모든 분석 절차가 한글로 구성되어 있고 출력결과도 한글로 되어 있어서 일반인도 쉽고 편하게 이용할 수 있는 특징을 지니고 있다.

SPSS의 특징을 간단하게 정리하면 다음과 같다.

- 컴퓨터 운영체제인 Window나 Mac의 설치언어에 따른 언어사용이 가능해진 것이다. 즉, 해외에서 구매한 제품일지라도 한글 Window가 설치된 컴퓨터에서 설치하더라도 옵션에서 한국어를 선택하면 한글로 구현된 프로그램의 사용이 가능하다.
- 한글 32글자에 해당하는 64byte의 변수 이름 지정이 가능하며, Excel, Access, FoxPro 등 다양한 형태의 외부 데이터 파일을 쉽게 활용할 수 있고 다양한 리포트용 표에서 그래프까지 출력이 자유롭다.
- 혼글 워드프로세서와 동시에 사용할 수 있다. 혼글 문서작업을 하면서 필요한 통계분석을 문서의 흐름과 맞춰서 실행할 수 있으며 그 결과를 바로 혼글에서 불러와 표 편집을 할 수 있다.
- 다양한 테이블 양식을 제공하므로 사용자가 선호하는 테이블을 사용할 수 있으며 통계 결과의 행과 열을 자유자재로 변경하거나 재구성할 수도 있다.
- 명목, 서열, 등간, 비율척도별로 각각 다른 아이콘을 지정할 수 있도록 척도와 그래픽 기능이 더욱 향상됨으로써 통계분석이나 그래프 작업에 드래그를 이용하면 편리하고 유용하게 활용할 수 있다.
- 통계적 기능에 상업적인 마케팅 기능 즉, Direct Marketing을 독립적으로 부여하여 고객의 구매 행동이나 **고객 관계관리**(CRM, customer relationship management)를 하는 기능이 강화되었다.
- Full down 메뉴방식으로 혼글과 비슷한 구성이므로 키를 누르면 메뉴가 나오고 메뉴를 선택하면 그에 해당하는 명령이 실행되는 매우 편리하고 간편한 구조이다.

- 데이터 편집기와 출력결과로 구분되어 있으며, 도스 명령어를 직접 입력하여 실행할 수 있는 명령어 입력창(syntax editor)이 있어서 사용자가 명령어를 직접 입력하여 사용할 수도 있다.
- 온라인 통계코치와 온라인 자습서는 사용자가 SPSS를 쉽게 사용할 수 있도록 대화상자와 예제 형식으로 설명해 주고 각 대화상자의 도움말은 단계별로 설명되어 있는 자습서와 연결되며, 우측 마우스 버튼을 클릭하면 결과물을 설명하거나 정의된 내용을 확인할 수 있으므로 초보자에게도 편리하다.

2 SPSS의 메뉴

2.1 SPSS의 메뉴 예제 17.sav

프로그램을 구동하면 그림 4-1과 같은 시작화면이 나타나는데 옵션 설정에 따라 대화상자 없이 **데이터 편집기**(IBM SPSS Statistics Data Editor)가 바로 화면에 표시될 수도 있다. 프로그램은 데이터 편집기와 **출력결과**(IBM SPSS Statistics Viewer)라는 2개의 창으로 구성되어 있는데 출력결과는 분석 작업을 수행한 다음에 생성된다. 데이터 입력을 비롯해서 데이터 편집과 데이터 파일에 대한 작업은 데이터 편집기에서 수행하며, 분석 결과는 출력결과 창에 나타난다.

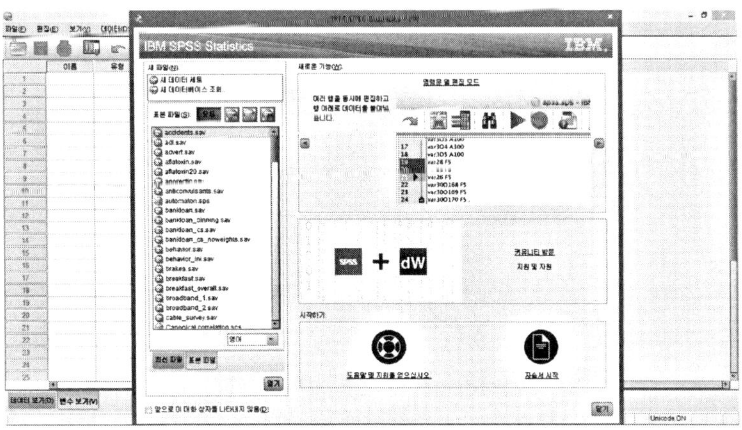

[그림 4-1] IBM SPSS Statistics 25의 시작화면

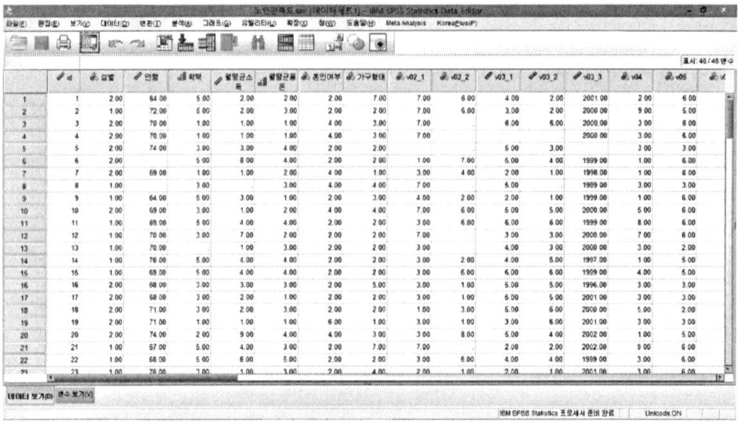

[그림 4-2] IBM SPSS Statistics 25의 데이터 편집기

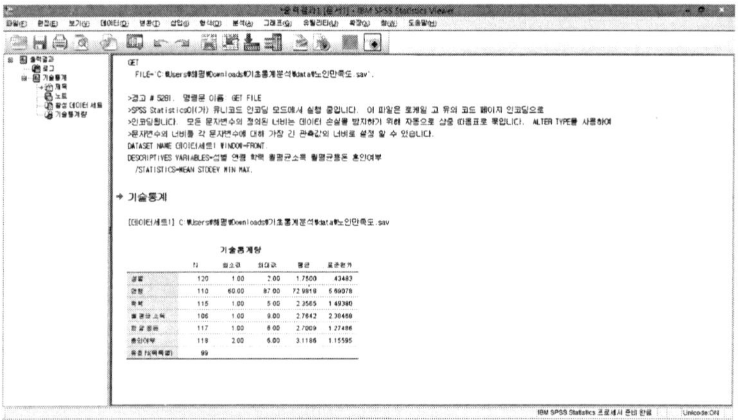

[그림 4-3] IBM SPSS Statistics 25의 출력결과

SPSS 프로그램은 그림 4-4와 같이 상위메뉴와 그 하단에 도구모음(아이콘 형태)으로 구성되어 있는데 상위메뉴에는 모두 13개의 메뉴가 있다. 표 4-1에는 상위메뉴에 대한 간략한 내용을 요약해서 제시하였다.

[그림 4-4] SPSS의 메뉴 구성

[표 4-1] 상위메뉴의 구성

한글	영문	내용
파일	File	파일 불러오기, 저장하기, 인쇄, 종료 등 기본적인 메뉴
편집	Edit	잘라내기, 복사하기 등 편집 관련 메뉴로서 찾기와 옵션이 중요
보기	View	상태표시줄이나 도구모음, 글꼴, 변수값 설명 등을 보여줌
데이터	Data	데이터의 정의, 관리와 관련된 기능으로 구성
변환	Transform	변수값을 변경하거나 변환시키는 기능으로 구성
분석	Analyze	각종 통계분석을 수행하는 명령어들로 구성
그래프	Graphs	그래프 그리기 및 수정과 관련된 기능으로 구성
유틸리티	Utilities	변수에 대한 정보나 메뉴편집 등 유용한 기능으로 구성
확장	Extensions	고급 사용자 정의 기능으로서 SPSS 명령문, Java, R, Python 등작성자가 제공한 확장 정보를 가져올 수 있음
창	Windows	데이터 편집기, 출력결과, 명령문 창 등을 표시해 주고, 이동할 수 있음
도움말	Help	도움말 제공 기능
메타분석	Meta Analysis	동일하거나 유사한 주제로 연구된 많은 연구물들의 결과를 객관적으로, 그리고 계량적으로 종합하여 고찰하는 메타분석 방법을 제공
한글플러스	Korea Plus	SPSS 프로그램 자체에서 제공하는 모든 기능 외에 국내 사용자들에게 유용하게 쓰이는 기능을 추가로 제공하고 있으며, 결과물을 흔글로 내보내기, SPSS Training(셀프 학습기능) 등 유용한 유틸리티를 추가로 제공

(1) 파일(File) 메뉴

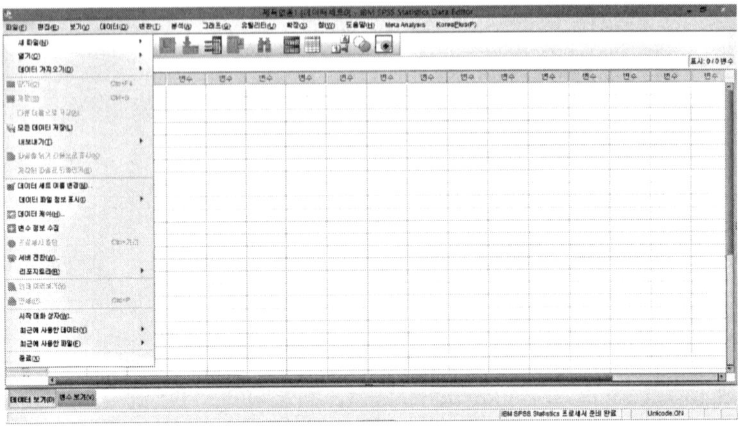

[그림 4-5] 파일 메뉴의 하위 메뉴

- **새 파일**(N) : 흔글의 새 문서와 동일한 기능으로서 비어 있는 새로운 데이터 창이나 새로운 결과 창을 만들어 준다. 새 데이터 창을 열 경우, 데이터 집합에 있던 기존의 데이터는 별도 창으로 남아 있음
- **열기**(O) : 파일 불러오기 기능으로서 SPSS의 데이터 파일뿐만 아니라 데이터베이스, Lotus 123, MS Excel 등의 파일도 불러옴
- **데이터 가져오기**(D) : SPSS, Excel, SAS 또는 Stata 형식의 데이터 파일을 열 수 있음
- **닫기**(C) : 불러오기 한 데이터 파일을 닫는 기능
- **저장**(S) : 데이터 편집기에서 작업한 파일을 SPSS 데이터 파일 형태로 저장하는 기능
- **다른 이름으로 저장**(A) : 하드디스크 이외에 다른 저장장치로 파일을 옮기거나 다른 이름으로 바꾸어 저장할 때 사용하며 기존에 있던 파일은 그대로 남아 있다. 단, 다른 이름으로 저장을 하더라도 결과 창의 경우 SPSS 25 OUTPUT의 형태가 그대로 남아 있으며, 텍스트 문서 파일이나 인터넷 문서 파일로 저장할 경우, 추출이나 내보내기(T)를 사용함
- **모든 데이터 저장**(L) : 동시에 작업 중인 여러 개의 데이터들을 모두 저장
- **내보내기**(E) : SPSS 25의 결과들을 인터넷 문서 파일이나 텍스트 문서 파일로 저장할 수 있는 기능으로 흔글에서 결과를 불러올 때 편리하며 새 창에서는 없지만 통계분석을 실행하면 결과창에만 나타남

- **데이터 파일 정보 표시**(I) : SPSS 25의 데이터 정보를 알려주는 기능으로 이 메뉴를 선택한 다음, SPSS 25의 데이터로 저장된 파일을 선택하면 그 파일에 입력된 변수명, 설명, 자릿수 등의 구체적인 정보를 제공함
- **인쇄 미리보기**(V) : 출력될 용지에 데이터나 출력결과의 모습을 미리 보여줌으로써 잘못된 출력을 미리 막아주고 미리 볼 수 있어 편리함
- **인쇄**(P) : 마우스로 블록을 지정하여 블록만 인쇄할 수 있으며, 전체를 인쇄할 수도 있음
- **최근에 사용한 데이터**(Y) : 최근에 SPSS 25에서 사용한 데이터들을 일목요연하게 정리하여 쉽게 불러올 수 있는 기능
- **최근에 사용한 파일**(F) : 최근 사용한 출력결과 창(Output), **명령어 입력창(Syntax editor)** 등을 불러올 수 있도록 목록을 보여줌
- **종료**(X) : SPSS 25 프로그램을 끝내는 기능

(2) 편집(Edit) 메뉴

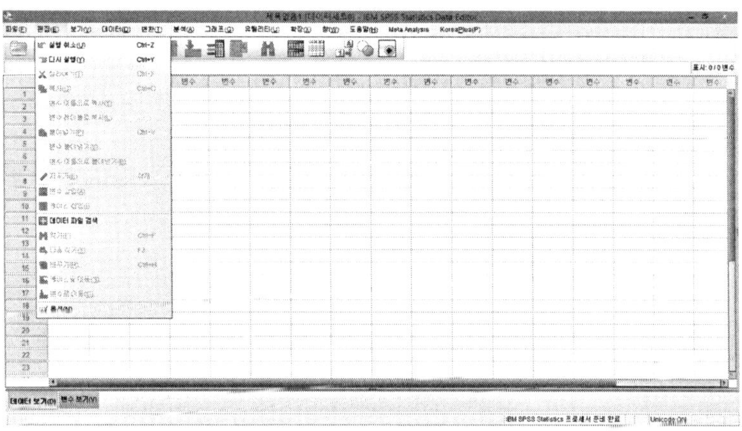

[그림 4-6] 편집 메뉴의 하위 메뉴

- **실행 취소**(U) : 실행한 명령이나 작업을 취소하고 실행 이전 상태로 되돌리는 기능
- **다시 실행**(Y) : 실행 취소의 반대 기능
- **잘라내기**(T) : 블록으로 지정한 영역을 지우고 내용을 클립보드로 임시 저장하는 기능
- **복사**(C) : 블록으로 지정한 영역을 그대로 두고 내용을 클립보드로 임시 저장하는 기능
- **붙여넣기**(P) : 클립보드에 임시 저장된 내용을 해당 위치에 옮겨놓는 기능

- **지우기**(E) : 블록으로 지정한 영역의 내용을 삭제하는 기능
- **변수 삽입**(A) : 입력 도중 새로운 변수를 중간에 삽입하는 기능
- **케이스 삽입**(I) : 입력 도중 새로운 케이스를 중간에 삽입하는 기능
- **찾기**(F) : 특정 값이나 설명을 검색하는 기능
- **바꾸기**(R) : 특정 값이나 설명을 지정한 내용으로 대체하는 기능
- **케이스로 이동**(S) : 데이터 편집기의 맨 왼쪽 일련번호의 해당 사례로 이동하는 기능
- **변수로 이동**(G) : 특정 변수로 커서를 이동하는 기능
- **옵션**(N) : SPSS 25에서 사용되는 여러 가지 옵션을 설정

(3) 보기(View) 메뉴

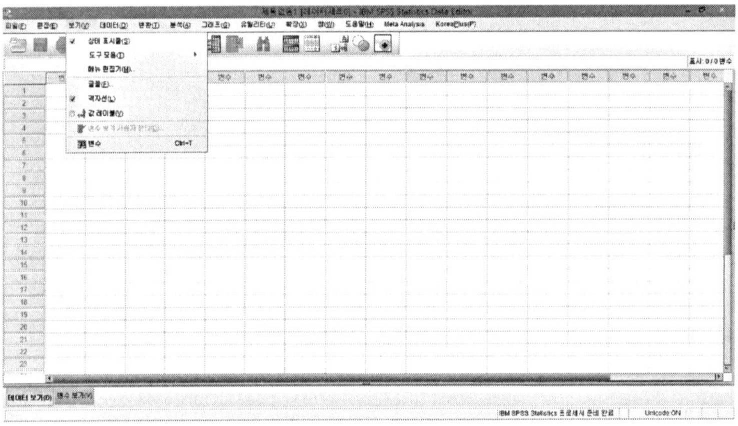

[그림 4-7] 보기 메뉴의 하위 메뉴

- **상태표시줄**(S) : 화면 제일 하단에 상태표시줄의 표시 여부를 선택하는 기능
- **도구모음**(T) : 데이터 편집기를 비롯해 상위메뉴 아래의 도구모음 표시를 선택하는 기능
- **메뉴편집기**(M) : 메뉴의 구성을 사용자가 정의하는 기능
- **글꼴**(F) : 사용자가 글꼴을 선택하는 기능
- **격자선**(L) : 데이터 편집기의 셀 구분 격자선의 표시 여부를 선택하는 기능
- **값 레이블**(V) : 입력된 데이터의 숫자 대신에 변수값 설명으로 입력한 한글이 나타나는 기능

(4) 데이터(Data) 메뉴

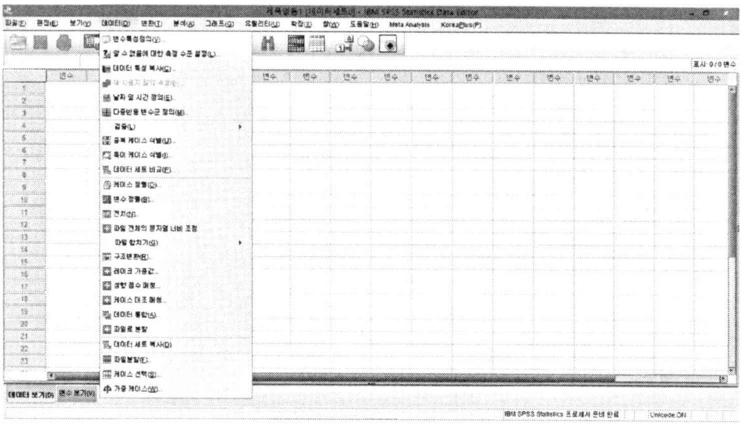

[그림 4-8] 데이터 메뉴의 하위 메뉴

- **변수특성정의**(V) : 변수값에 레이블을 추가하거나 다른 변수의 특성을 복사하여 사용하는 기능
- **다중반응 변수군 정의**(M) : 다중반응으로 측정된 변수들을 하나로 묶어 변수군을 만들 수 있으며, 그래프 그리기 등으로 활용
- **중복 케이스 식별**(U) : 대응되는 케이스 정의하기, 서로 다른 두 변수의 값이 얼마나 많이 일치하는지 확인하는 방법으로 동일한 실문지가 실수로 잘못 입력된 경우, 이를 찾아줄 수 있는 기능이다. 대응되는 케이스 정의하기에 비교하고자 하는 두 변수를 넣은 후 확인을 선택하면 중복되는 변수값의 비율을 보여주며, 데이터 편집기 창에는 PrimaryLast라는 변수가 생성되는데 이 변수값이 0이면 중복되는 값을 의미함
- **케이스 정렬**(O) : 정렬 기준 변수나 변수값을 기준으로 가나다 또는 1, 2, 3 등의 순서로 정렬하는 기능
- **파일 합치기**(G) : 코딩자료가 A.sav, B.sav 두 개의 파일에 나누어 저장되어 있을 때 이 두 파일을 하나로 합할 때 사용
- **가중 케이스**(W) : 변수값의 가중값을 부여하는 기능

(5) 변환(Transform) 메뉴

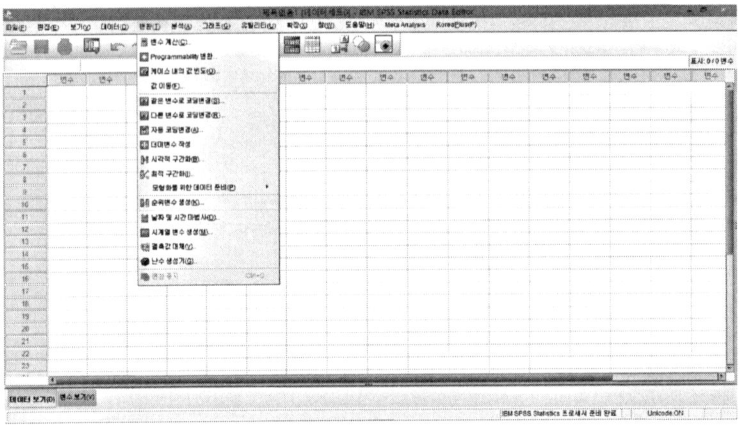

[그림 4-9] 변환 메뉴의 하위 메뉴

- **변수 계산**(C) : 변수 간의 덧셈, 뺄셈, 곱셈, 나눗셈이나 새로운 변수의 생성 등을 하는 기능
- **케이스 내의 값 빈도**(O) : 변수값 중 특정 값이 포함되어 있는 경우, 그 개수를 세서 표시해 주는 기능
- **같은 변수로 코딩변경**(S) : 코딩 변경 시 변수(명)는 변하지 않고 그대로 사용하며 변수값만을 코딩변경 하는 기능
- **다른 변수로 코딩변경**(R) : 코딩 변경 시 새로운 변수를 하나 더 생성하고 그 변수의 값으로 기존의 변수값을 코딩변경 하는 기능
- **자동 코딩변경**(A) : 불특정 다수나 시작이 1이 아닌 변수값을 1부터 다시 코딩해 주는 기능
- **결측값 대체**(V) : 결측값이 발생한 변수가 있을 때, 결측값을 계열 평균이나 중위수 등의 특정 값으로 대체시켜 주는 기능

(6) 분석(Analyze) 메뉴

통계분석 방법을 선택하는 메뉴로서 기술통계량(빈도, 평균, 교차분석), 평균 비교, 일반선형모형, 상관분석, 회귀분석, 판별분석, 요인분석, 척도(신뢰도 분석), 비모수 검정, 다중반응 등의 분석방법들로 구성되어 있다.

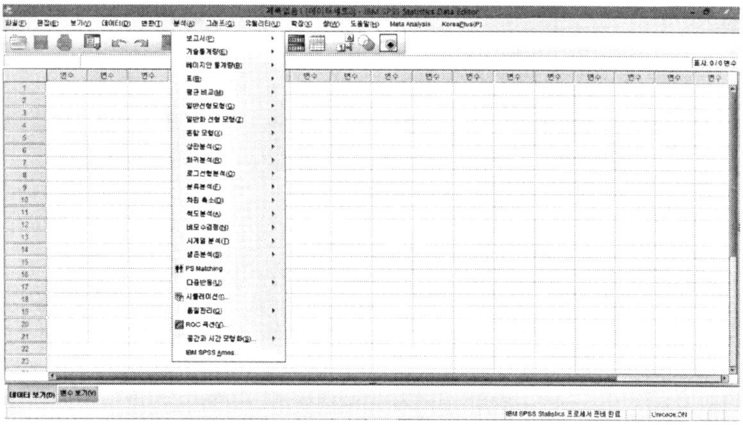

[그림 4-10] 분석 메뉴의 하위 메뉴

2.2 SPSS의 옵션

SPSS 25의 옵션은 결과 출력물에 영향을 주기 때문에 효과적으로 활용하면 다양한 편집 효과를 얻을 수 있는 매우 유용한 기능이다.

상위메뉴 〉 편집(E) 〉 옵션(N)

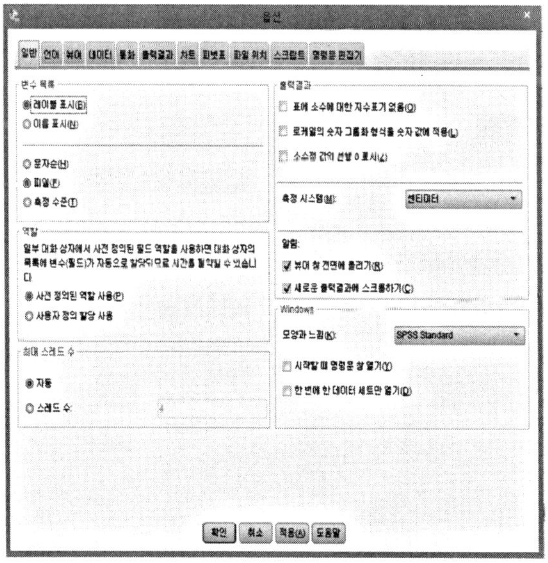

[그림 4-11] SPSS의 옵션

(1) 일반

변수목록에서는 가장 먼저, 통계분석 시 대화상자에 변수들의 표현방식이 변수 설명으로 할 것인지 변수명으로 할 것인지를 결정한다. 기본값은 변수 설명 표시이며 아래 줄은 대화상자의 변수 배열 순서를 문자순(가나다 또는 알파벳 순)이나 데이터 파일에 좌측부터 입력된 순서별로 선택할 수 있는데 기본값은 데이터 파일에 입력된 순서이다.

(2) 언어

한국어가 기본이며 통계 결과에 한국어로 표시된 결과가 출력된다. 사용자 인터페이스에 언어도 한국어로 하면 한국어로 표시된 메뉴들이 출력되는데 이것을 영어로 선택하면 모든 메뉴가 영문판 버전으로 변경된다.

(3) 뷰어

통계 결과의 제목, 쪽 제목, 피벗표 등 출력되는 텍스트의 글꼴, 크기, 진하게, 이탤릭체, 밑줄, 색상 등을 선택할 수 있다.

(4) 출력결과

통계 결과에 나타나는 변수와 변수값의 설명 수준을 결정한다. 설명을 선택하면 결과에는 변수의 정의에서 설명으로 입력된 것만 나오고, 이름과 설명을 선택하면 변수명과 설명이 동시에 결과 창에 출력된다.

(5) 피벗표

출력결과 창에 나타나는 통계분석 결과표의 형태와 유형을 다양하게 선택할 수 있다. 표 모양의 시스템 디폴트 하위 메뉴들을 선택하여 변경한다.

(6) 파일 위치

데이터 파일에서 데이터 문서 열기를 선택하면 가장 먼저 열기 창에 나타나는 폴더를 선택한다. 따라서 자주 사용하는 데이터 파일들이 저장되어 있는 폴더로 위치를 지정해 두는 것이 편리하다.

③ 데이터 입력과 변수 정의

3.1 텍스트 데이터 파일 가져오기 예제 1.dat

(1) 텍스트 데이터 가져오기

상위메뉴 > 파일(F) > 데이터 가져오기(D) > 텍스트 데이터(T)

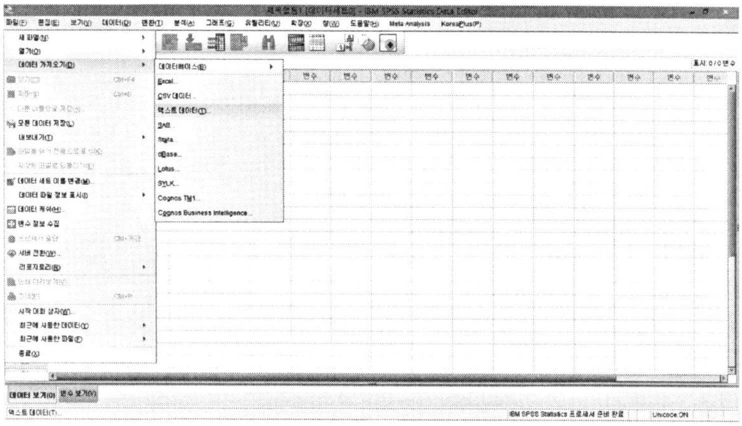

[그림 4-12] 텍스트 데이터 가져오기

설문지의 문항이 많거나 설문지 부수가 많은 경우 즉, 코딩된 데이터를 숫자로 단순하게 입력하면 매우 빠르게 입력작업을 마칠 수 있으며 오타율도 낮고 여러 사람이 동시에 작업하기가 편하므로 MS Excel에서 입력하고 텍스트 파일(*.txt)로 저장하는데 SPSS 25에서는 이런 텍스트 데이터를 가져올 수 있다.

따라서, 설문지 부수가 적거나 문항이 복잡할 경우는 SPSS 25에 직접 입력하고, 설문지의 양이 많고 간단할 경우는 한글에 입력한 다음 가져오기를 하는 것이 편하다.

메뉴에서 텍스트 데이터 가져오기를 선택하면 파일을 불러올 수 있는 '데이터 열기' 대화상자가 나타나고 사용자가 불러오고 싶은 파일이 있는 폴더를 선택하고 해당 파일을 열면 된다.

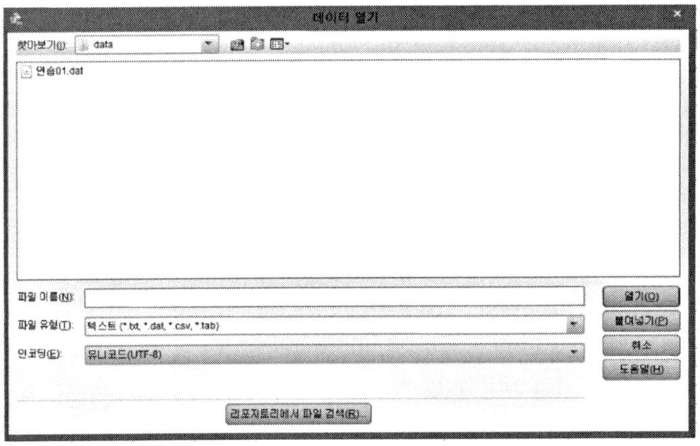

[그림 4-13] 데이터 열기 대화상자

(2) 마법사를 이용한 텍스트 데이터 가져오기

파일을 열면 자동으로 텍스트 데이터 가져오기 마법사가 나타나 편하게 가져올 수 있는데 마법사를 통한 텍스트 데이터 가져오기는 6단계로 구성되어 있다.

① 텍스트 가져오기 마법사 6단계 중 1단계

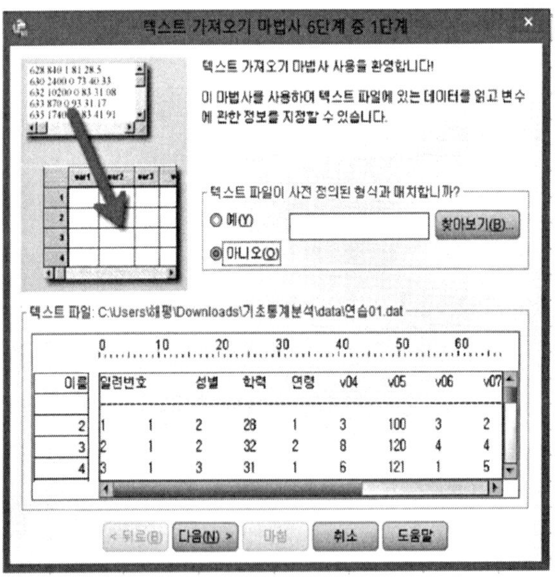

[그림 4-14] 텍스트 가져오기 마법사 6단계 중 1단계

텍스트 가져오기 마법사에서는 데이터와 변수에 관한 정보를 확인할 수 있는데 불러오기에서 파일을 선택하면 **텍스트 데이터 가져오기 마법사**가 나타난다. 대화상자의 아래쪽을 보면, 사용자가 입력한 데이터가 나타난다. 사용자가 입력한 데이터가 맞을 경우, '다음(N)'을 클릭한다. 텍스트 파일의 형식이 사전에 지정한 것과 일치하면 미리 정의된 형식의 텍스트 파일 형식이 있다고 '◉ 예(Y)'를 선택한 다음 해당 파일을 불러오기에서 지정하면 된다.

② 텍스트 가져오기 마법사 6단계 중 2단계

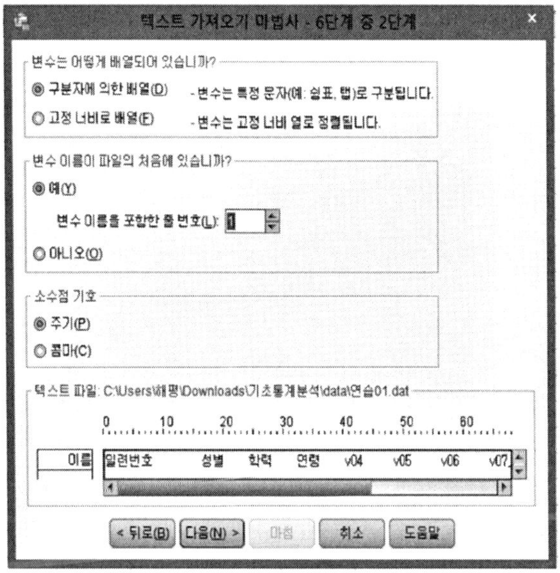

[그림 4-15] 텍스트 기져오기 마법사 6단계 중 2단계

[표 4-2] 변수들의 배열 방식 비교

	고정너비 배열	구분자에 의한 배열
장점	한글 등에서 신속 정확하게 많은 데이터의 입력이 가능	SPSS 25에서 불러올 때 자릿수를 지정할 필요 없이 편하게 불러올 수 있음
단점	SPSS 25에서 불러올 때 자릿수를 지정해 주어야 함	입력방법이 불편함
활용	설문지의 양이 많거나 자료 입력 시	MS Excel, MS Access 등의 다른 데이터 파일을 가져올 때 활용
입력 사례	성별, 전공, 학년, 학번 입력 시 13420194564	성별, 전공, 학년, 학번 입력 시 1[탭]3[탭]4[탭]20194564

마법사 2단계에서 확인할 내용은 2가지인데 변수들의 배열 방식과 데이터의 맨 위에 변수명의 포함 여부이다. 변수들의 배열 방식은 데이터를 가져오기 전에 준비해야 할 단계로서 데이터에 입력된 변수값들의 시작과 끝의 구분을 규정해 주어야 한다.

- **고정너비로 배열**(Fixed width) : 열이 지정된 경우처럼 코딩, 입력 시에 변수값의 자릿수가 지정된 경우에 사용하는데 변수와 변수 사이에 어떤 구분을 해 놓지 않아도 되므로 연속적 입력이 가능하다.
- **구분자에 의한 배열**(Delimit) : 코딩, 입력 시에 탭키(Tab key), 스페이스 바(Space bar), 콤마(comma), 특수문자로 변수값과 변수값 사이를 구분하여 입력한 경우에 해당한다.

③ 텍스트 가져오기 마법사 6단계 중 3단계

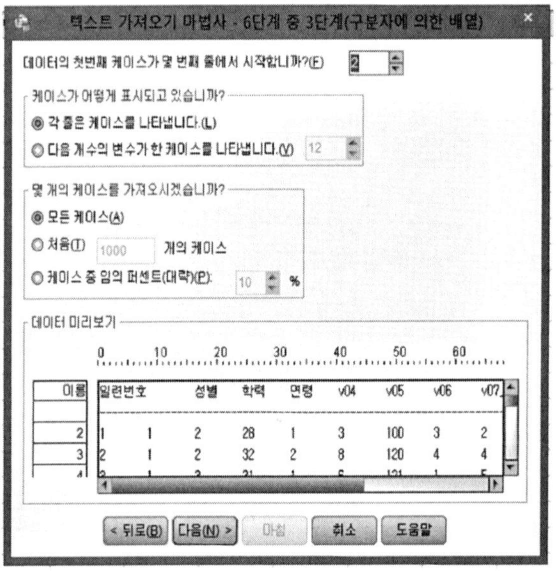

[그림 4-16] 텍스트 가져오기 마법사 6단계 중 3단계

데이터 입력 시 하나의 사례에 해당하는 변수들을 어디부터 시작하고 몇 줄에 걸쳐 입력했는가를 **사례줄수**라고 한다. 예전에는 한 줄에 80글자 이내로만 입력해야 하는 제약이 있었지만 SPSS 25에서는 텍스트 파일의 글자 수에 대한 제약이 없다.

- **첫 번째 사례의 시작 줄** : 첫 번째 응답자에 해당하는 첫 번째 사례가 몇째 줄부터 시작하는지를 지정하는데 '데이터 미리보기'에서 보듯이 첫째 줄부터 시작되므로 1(기본값)을 사용한다.
- **한 사례의 줄 수** : 하나의 사례가 몇 줄에 걸쳐 입력되어 있는지를 의미하는데 1줄에 입력되어 있으면 1(기본값)을 사용한다. 가령 첫 번째부터 세 번째 줄이 하나의 사례이면 3을 입력한다.
- **가져올 사례 수를 지정** : 사례 수는 데이터에 입력된 모든 자료를 다 가져올 수도 있는데 다음과 같이 특정 사례 수만 선택해서 가져올 수도 있다.
  - **모든 케이스**(A) : 기본값으로 파일 내의 모든 사례를 가져옴
  - **처음**(T) **□개의 케이스** : 첫 사례로부터 □에 지정한 사례 수까지만을 불러옴
  - **케이스 중 임의 퍼센트(대략)**(P) **□%** : 전체 사례 중에서 □에 지정한 사례 수의 비율만큼만 불러옴

④ 텍스트 가져오기 마법사 6단계 중 4단계

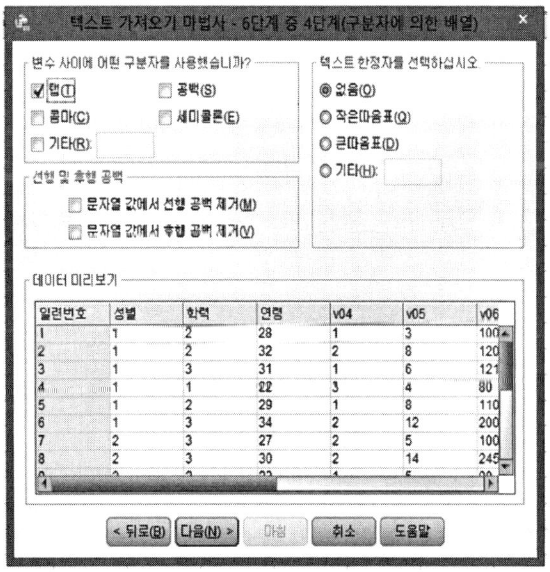

[그림 4-17] 텍스트 가져오기 마법사 6단계 중 4단계

변수 사이의 구분자에 의해 변수들을 분리해 주는 기능을 한다. 변수 사이의 구분자는 텍스트 데이터를 저장할 때 구분자로 사용한 방식이며 대표적인 것이 탭이나 콤마인데 고정너비로 배열을 선택할 경우, 비활성화 된다.

⑤ 텍스트 가져오기 마법사 6단계 중 5단계

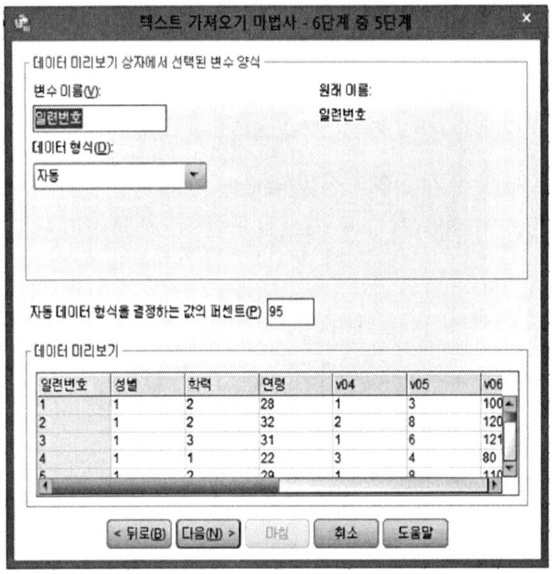

[그림 4-18] 텍스트 가져오기 마법사 6단계 중 5단계

각 변수의 변수명을 지정해 주는 작업을 하는 단계로서 마우스로 '데이터 미리보기'에서 열을 선택하고 '변수 이름(Y)'에서 원하는 변수명을 입력한다. 단, 다음과 같은 사항들에 유의해야 한다.

- 인구사회학적 특성인 성별, 연령, 학력은 중요한 변수들이므로 한글로 변수명을 지정하고 V04부터는 변수명을 설문지 번호와 동일하게 입력하는 것이 좋음
- V07은 5개의 하위 변수를 갖고 있으므로 주의해야 하는데 V07_1, V07_2, V07_3, V07_4, V07_5와 같은 방식으로 정하면 모두 동일 변수의 하위 변수인 것을 쉽게 알 수 있다. 단, 여기서 밑줄(_)을 이용하는 것은 하이픈(-)은 변수명에 사용할 수 없기 때문임
- 복수 응답이나 우선순위가 있을 때는 밑줄(_) 없이 V08a, V08b 또는 V081, V082와 같은 식으로 구분해서 표기하는 것도 좋음

⑥ 텍스트 가져오기 마법사 6단계 중 6단계

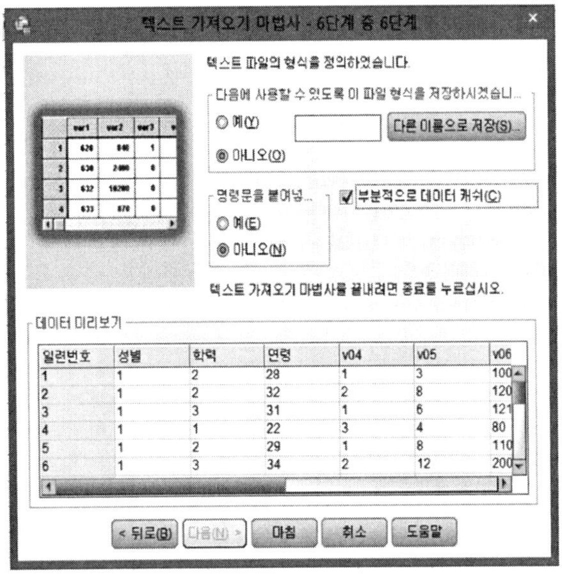

[그림 4-19] 텍스트 가져오기 마법사 6단계 중 6단계

마법사 1단계에서 보았던 사전 형식을 미리 지정할 수 있는 기능과 SPSS 25 명령어 창에 입력방법을 저장할 수 있다. 정기적으로 동일한 내용의 변수 정의를 반복하게 될 때는 이 두 가지 기능을 사용하면 아주 편하므로 마법사를 통하여 지정된 형식을 나중에 사용하기 위해서 저장하려면 '◉ 예(Y)'를 선택한 다음 '다른 이름으로 저장'을 선택해서 저장한다.

'명령문을 붙여넣...'의 '◉ 예(Y)'를 선택한 다음 '마침'을 클릭하면 명령어 창이 나타나면서 '데이터 가져오기'가 완료되지 않으므로 명령어 창에서 상위메뉴의 '실행(R)'을 선택한 후 '모두(A)'를 선택하면 완료된다.

모든 작업이 종료되면 '마침'을 클릭하고 데이터 편집기에 새로운 데이터가 나타나는데 이 새로운 데이터는 반드시 저장해야지만 다음에 다시 불러올 수 있다.

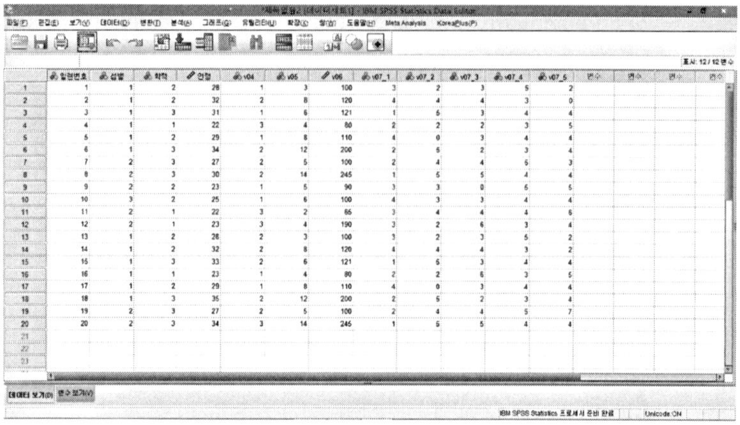

[그림 4-20] 텍스트 가져오기 마법사 결과 화면

3.2 데이터 편집기에 직접 입력

SPSS 25의 데이터 편집기에 코딩된 데이터를 입력하면 통계분석을 바로 할 수 있는 장점이 있지만 하나의 변수에 해당하는 데이터 값을 입력하면서 입력과 커서 이동이라는 두 가지 작업을 반복하다 보면 자칫 입력 오류가 발생할 수가 있으므로 설문지의 양이나 문항 수가 적고 단순할 때에 사용하는 것이 좋다.

직접 입력할 때 변수의 자릿수와 상관없이 셀 하나에 변수값 하나가 입력되므로 주의해야 한다. 코딩된 변수값을 입력할 때 01, 02, 03은 1, 2, 3으로 자동 변경되므로 신경 안 써도 되지만 한글에 입력할 경우는 자릿수가 매우 중요하다.

3.3 변수의 정의

변수의 정의는 var00001처럼 식별이 어려운 변수를 성별 등의 한글로 변수명을 지정하거나 설명을 붙여 보기 쉽게 해 준다. 변수값 설명도 붙이기가 매우 쉬우며, 결측값 처리도 해야 할 때, 데이터가 숫자로 입력된 것이 아니라 문자, 날짜 등 특수한 경우도 지정해 줄 수 있으므로 정확한 통계 처리와 편리한 결과 보고서 작성을 할 때 반드시 필요하다.

(1) 변수 보기 구성

변수를 정의하려면 데이터 편집기의 화면 아래 '변수 보기(V)' 탭을 선택한다. '변수 보기'는 다음과 같은 항목들로 구성되어 있다.

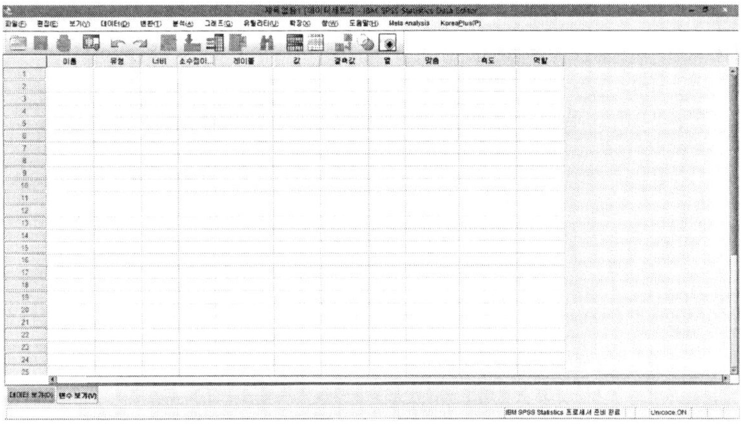

[그림 4-21] 데이터 편집기의 변수 보기

- **이름**(Name) : 변수명의 지정하는데 알파벳 64글자(한글 32글자) 이내로 지정하며, 변수명 중 특수문자(&, *, Ç 등)나 띄어쓰기는 사용하지 못하고, 숫자로 시작해도 안되지만 밑줄(_)과 마침표(.)는 사용 가능
- **유형**(Type) : 변수 유형과 자릿수를 지정하는데 숫자(기본값), 문자, 날짜 등 8가지가 있음
- **너비**(Width) : 변수 유형에서 지정한 자릿수
- **소수점이하자리**(Decimals) : 변수 유형에서 지정한 소수점 이하 자릿수
- **레이블**(Labcl) : 변수명에 대한 구체적인 설명과 내용을 입력
- **값**(Values) : 변수값에 내한 구체적인 설명과 내용을 입력
- **결측값**(Missing) : 무응답 자료에 대한 결측값을 지정
- **열**(Column) : 열 자릿수를 의미
- **맞춤**(Align) : 셀 내에서 변수와 데이터의 정렬방식을 지정
- **측도**(Measure) : 변수의 척도를 지정하는데 순서형과 명목형이 있음
- **역할**(Role) : 통계분석에는 사용하지 않고 데이터 모델링을 수행할 때 필요한 설정

(2) 여러 개의 변수를 한 번에 정의하기

여러 개의 변수를 정의할 때 복사해서 붙이거나 블록을 지정해서 붙이기를 하면 쉽게 여러 개의 변수를 정의할 수 있으므로 편리하다. 가령, v07_1부터 v07_5까지는 하위 변수들로서 변수값과 레이블이 '① 매우 만족'에서 '⑤ 매우 불만'까지 모두 같으므로 v07_1의 변수값과 레이블을 지정한 다음, 그 내용을 마우스로 선택한 후, 마우스의 우측 버튼을 클릭해서 '복사하기'를 선택한다. 그런 다음 v07_2부터 v07_5까지의 기준값을 마우스로 선택하여 블록을 지정한 후 마우스의 우측 버튼을 클릭해서 '붙여넣기'를 실행한다. 복사할 대상이 하나일 경우, 블록을 지정하지 않고 마우스 우측 버튼을 클릭해서 '붙여넣기'를 실행한다.

(3) 변수 설명과 값 레이블 확인 및 수정

SPSS 25에서 데이터를 입력할 때 변수의 정의를 모두 해 놓은 상태에서 입력하는 것이 편하다. 값 레이블 보기를 이용하면 숫자로 입력해도 값 레이블에 입력된 값은 한글로 나타나므로 어떤 변수값을 잘못 입력하였는지를 쉽게 확인할 수 있다. 또한, 잘못된 변수와 변수값의 확인, 값 레이블의 수정이 매우 편리하다.

3.4 입력 오류 수정

통계분석 작업 시 곤란을 겪는 일 가운데 하나가 잘못 입력된 데이터 때문에 발생하기 때문에 데이터의 정확한 입력은 매우 중요하다. 설문지의 자료를 입력한 다음 다시 한번 확인하여 데이터 입력의 정확성을 기해야 하는데 입력 오류의 수정은 통계분석을 수행하기 전에 최종점검 차원에서 활용해야 한다.

잘못 입력된 데이터를 찾으려면 빈도분석을 실행하는데 빈도분석 결과를 살펴보면서 입력 오류를 찾아야 한다. 설문지나 코드북에서 나올 수 없는 값을 찾기 위해 설문지나 코드북을 옆에 두고 빈도분석 결과를 검토한다.

잘못 입력한 변수값을 찾으면 변수와 변수값 그리고 개수를 기록해 놓는다. 만약 결측값을 지정하지 않았다면 0이나 9와 같은 결측값이 통계결과표에 나올 수 있지만 이것은 입력 오류가 아니다. 변수의 정의에서 결측값만 지정해 주면 해결되므로 그 이외의 것들을 찾아야 한다. 또한, 잘못 입력된 변수값들을 모두 찾은 다음, 해당 값들을 올바른 값으로 수정작업을 수행하고 파일을 저장한다.

Chapter 05

SPSS의 활용

1 케이스 핸들링[1] 예제 2.sav

1.1 케이스 식별

(1) 중복 케이스 식별

중복 케이스는 다음과 같은 이유로 발생한다.

- 실수로 동일한 케이스를 여러 번 입력하는 데이터 입력 오류
- 여러 케이스에서 공통 기본 ID 값을 공유하지만 보조 ID 값이 서로 다를 수 있음
- 여러 케이스가 동일한 케이스를 나타내지만 식별하는 변수 이외의 변수값이 서로 다를 경우

중복 케이스를 식별하려면 사용자가 원하는 모든 방식으로 중복을 정의하고 기본 및 중복 케이스를 자동으로 확인하기 위한 몇 가지 방식을 제어한다.

메뉴에서 '중복 케이스 식별(U)'을 클릭하면 그림 5-1과 같은 대화상자가 나타난다.

1) 데이타솔루션 컨설팅팀(2013). SPSS Statistics 데이터 핸들링, 데이타솔루션.

상위메뉴 〉 데이터(D) 〉 중복 케이스 식별(U)

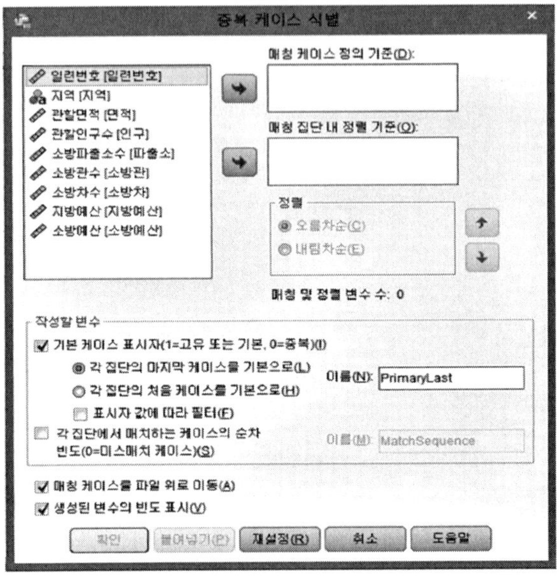

[그림 5-1] 중복 케이스 식별 대화상자

- **매칭 케이스 정의 기준**(D) : 선택된 모든 변수에 대해 해당 값이 매치하면 케이스가 중복된 것으로 간주하므로 여러 변수를 선택하여 중복을 찾을 수 있음
- **매칭 집단 내 정렬기준**(O) : 매치하는 케이스를 정의하는 변수를 기준으로 케이스가 자동 정렬된다. 매치하는 각 집단에서 케이스의 연속 순서를 정하기 위한 정렬 변수를 추가로 선택할 수 있음
  ① 각 정렬변수에 대해 오름차순이나 내림차순으로 정렬 가능
  ② 다중 정렬변수를 선택할 경우, 케이스가 목록에서 앞에 오는 변수 범주 내에서 각 변수별로 정렬이 됨
  ③ 목록 우측에 있는 상향 화살표 및 하향 화살표 단추를 사용하여 정렬기준 변수의 선택 가능
  ④ 정렬 순서는 매치하는 각 집단 내의 첫 번째 및 마지막 케이스를 결정한다. 즉, 선택적인 기본 표시자의 변수값을 결정

- **기본 케이스 표시자**(1=고유 또는 기본, 0=중복)(I) : 매치하는 케이스의 각 집단에서 기본 케이스로 식별되는 케이스와 모든 고유한 케이스에 대한 값이 1이고 각 집단에서 기본이 아니며 중복된 것으로 식별되는 케이스에 대한 값이 0인 변수를 작성
  ① 기본 케이스는 매치하는 각 집단에서 마지막 케이스이거나 첫 번째 케이스일 수 있다. 이것은 매치하는 집단 내의 정렬 순서에 따라 결정된다. 정렬변수를 지정하지 않으면 원래 파일 순서에 따라 각 집단 내의 케이스 순서가 결정됨
  ② 표시자 변수를 필터변수로 사용하면 기본이 아닌 중복 케이스를 데이터 파일에서 삭제하지 않고 필터 기능을 이용하여 보고서와 분석에서 제외할 수 있음
- **각 집단에서 매치하는 케이스의 순차 빈도**(0=미스매치 케이스)(S) : 매치하는 각 집단의 케이스에 대해 1부터 n까지 순차적으로 부여된 값을 사용하여 변수를 작성하는데 이 순서는 각 집단의 현재 케이스 순서를 기반으로 하며 정렬변수에 의해 정렬된 순서가 되고 정렬변수가 없는 경우는 데이터 파일 상의 순서가 됨
- **매칭 케이스를 파일 위로 이동**(A) : 매치하는 케이스의 모든 집단이 데이터 파일의 맨 위에 위치하도록 데이터 파일을 정렬하면 데이터 편집기에서 매치하는 케이스를 시각적으로 쉽게 조사할 수 있음
- **생성된 변수의 빈도 표시**(V) : 생성된 변수의 각 값에 대한 빈도표를 작성
- **결측값** : 숫자로 된 변수의 경우 시스템-결측값은 다른 모든 값처럼 취급된다. 식별자 변수에 대한 시스템-결측값이 있는 케이스는 해당 변수에 대한 매치값이 있는 것으로 취급된다. 문자변수의 경우, 식별자 변수에 대한 값이 없는 케이스는 해당 변수에 대한 매치값이 있는 것으로 취급됨

(2) 특수 케이스 식별

특수 케이스 식별은 이상점 탐지 프로시저를 사용하는데 이 프로시저는 군집된 집단의 표준편차를 기반으로 특수 케이스를 찾으며 추정 데이터 분석단계 이전에 탐색적 데이터 분석단계에서 데이터 탐색 목적으로 특수 케이스를 발견할 수 있도록 설계된다. 이 알고리즘은 일반적으로 예외 케이스를 발견하기 위해 설계된다.

메뉴에서 '특수 케이스 식별(I)'을 클릭하면 그림 5-2와 같은 대화상자가 나타난다.

상위메뉴 〉 데이터(D) 〉 특수 케이스 식별(I)

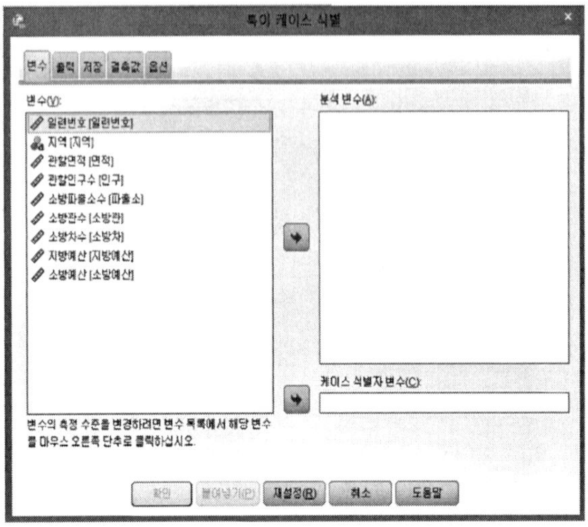

[그림 5-2] 특수 케이스 식별 대화상자

분석 변수를 적어도 한 개 이상 선택하고 옵션으로 케이스 식별자 변수를 선택하고 '출력' 탭의 대화상자를 이용하여 다양한 출력방법을 선택할 수 있다.

- **특수 케이스 및 특수 케이스로 간주되는 이유 표시**(L) : 이 옵션은 3가지 테이블이 생성되며, 모든 테이블은 비정상 지수가 내림차순으로 정렬됨
  ① **비정상 케이스 지수 목록** : 특수하다고 식별된 케이스를 나타내고 비정상 지수값을 함께 나타냄
  ② **비정상 케이스 피어 ID 목록** : 피어 동등 집단 ID 별로 특수 케이스와 피어 크기, 피어 크기 백분율 등 집단에 관한 정보를 함께 나타냄
  ③ **비정상 케이스 원인 목록** : 원인변수, 변수 영향 값, 변수값, 변수의 중심값을 나타냄
- **동등 집단 기준**(E) : 연속형 변수나 범주형 변수가 분석에 사용되었을 때, 각각 연속형 변수 중심과 범주형 변수 중심을 표시한다. 연속형 변수 테이블은 각 동등 집단별 평균과 표준편차를 나타내고 범주형 변수는 최빈값, 빈도, 빈도 백분율을 나타낸다. 연속형 변수의 평균과 범주형 변수의 최빈값은 분석에서 중심값으로 사용됨
- **비정상 지수**(A) : 비정상 지수 요약표는 비정상 지수 케이스의 최소값, 평균값 등 기술통계량을 나타냄

- **분석 변수에 의한 원인 발생**(S) : 요약표는 원인 발생의 빈도와 빈도 백분율을 나타내고 각 변수의 영향력을 기술통계량으로 나타낸다. 옵션 탭에서 원인의 최대 숫자가 0으로 설정되었다면 '분석 변수에 의한 원인 발생' 옵션은 사용할 수 없음
- **처리된 케이스**(C) : 요약표는 활성 데이터의 각 피어 집단별로 분석에 포함되거나 포함되지 않은 모든 케이스의 수와 백분율을 요약하여 나타냄

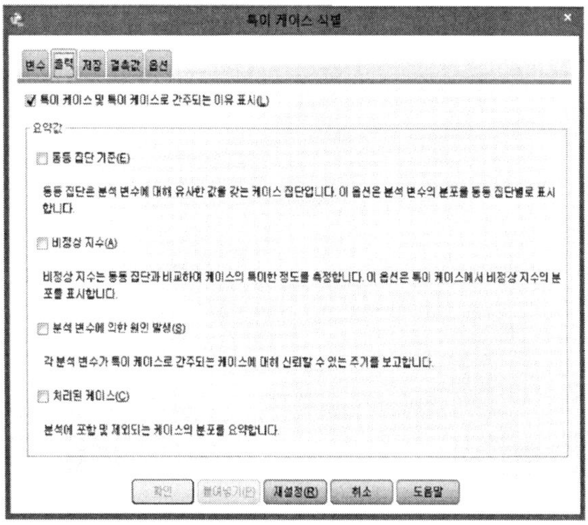

[그림 5-3] 특수 케이스 식별 : 출력의 대화상자

'저장' 탭의 대화상자를 이용하여 저장할 변수 등을 지정할 수 있다.

- **변수 저장** : 그룹에서 통제변수는 활성 데이디에서 모델에 사용된 변수를 저장할 수 있으며, 저장할 변수에 동일한 이름을 가진 기존 변수를 대체할 수 있도록 선택 가능
  ① **비정상 지수**(A) : 특별한 명칭을 가진 각 케이스 별로 비정상 지수 값을 저장
  ② **동등 집단**(E) : 각 동등 집단에 대해 피어그룹 ID, 케이스 빈도 및 크기를 각 루트 이름으로 저장
  ③ **원인**(S) : 각 원인에 대해 루트 이름을 가진 원인변수를 저장한다. 원인변수는 변수명, 원인 변수값, 동등 집단 기준 및 원인변수의 영향력 측도를 저장
- **모형 파일 내보내기** : 모델을 XML 형태로 저장 가능

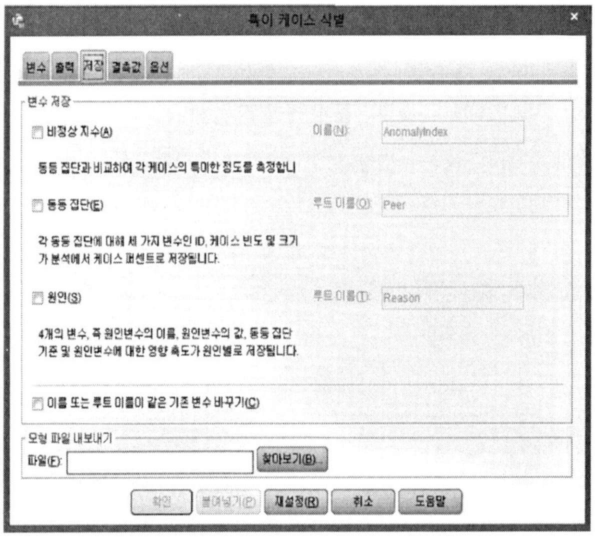

[그림 5-4] 특수 케이스 식별 : 저장의 대화상자

'결측값' 탭의 대화상자를 이용해 사용자-결측값과 시스템-결측값을 다루는 데 사용하고 분석에서 결측값 제외나 포함 여부를 선택할 수 있다.

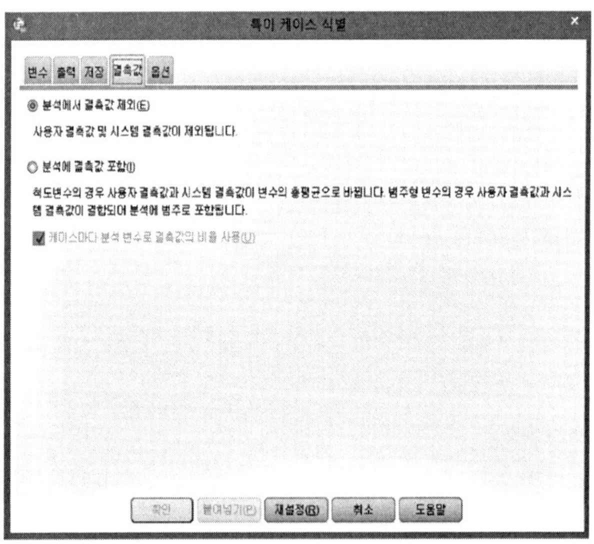

[그림 5-5] 특수 케이스 식별 : 결측값의 대화상자

- **분석에서 결측값 제외(E)** : 분석에서 제외된 결측값의 케이스가 제외됨
- **분석에 결측값 포함(I)** : 연속형 변수의 결측값은 전체의 평균으로, 범주형 변수의 결측값은 하나의 범주로 결합하여 분석에 사용된다. 옵션으로 각 케이스 별로 결측값의 비율을 나타내는 변수를 생성하여 사용 가능

'옵션' 탭의 대화상자를 이용해 비정상 목록에 포함된 변수의 수를 결정한다.

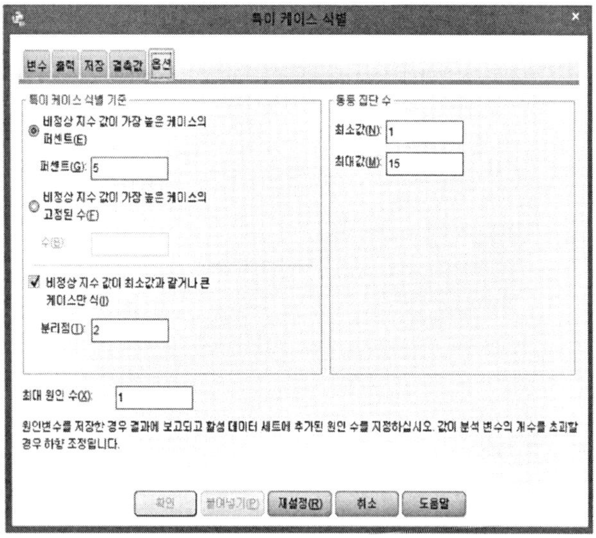

[그림 5-6] 특수 케이스 식별 : 옵션의 대화상자

- **특이 케이스 식별 기준** : 비정상 목록에 각 기준에 따라 얼마나 많은 케이스가 포함될 수 있는지 설정
  ① 비정상 지수 값이 가장 높은 케이스의 퍼센트(E) : 100 또는 그 이하의 양수를 조건으로 지정
  ② 비정상 지수 값이 가장 높은 케이스의 고정된 수(F) : 분석에 사용된 전체 케이스의 수와 동일하거나 그 이하인 양의 정수를 조건으로 지정
  ③ 비정상 지수 값이 최소값과 같거나 큰 케이스만 식별(I) : 최소값 이상의 비정상 지수 값을 가진 케이스를 식별하는 기능으로 양수 값만 입력 가능하다. 만약 비정상 지수 값이 분리점보다 같거나 크다면 그 케이스를 비정상 케이스로 지정한다. 이 옵션은 '비정상 지수 값이 가장 높은 케이스의 퍼센트'와 '비정상 지수 값이 가장 높은 케이스의 고정된 수' 옵션과 함께 사용할 수 있음

- **동등 집단 수** : 프로시저는 지정된 최소값과 최대값 사이에서 동등 집단의 가장 큰 수를 찾는다. 입력 값은 양의 정수이고, 최소값은 최대값을 초과할 수 없다. 입력 값과 같을 경우, 프로시저는 동등 집단에서 고정된 수로 가정
- **최대 원인 수** : 원인은 변수명, 원인변수 값, 동등 집단 기준 및 원인변수의 영향력 측도로 구성되고 양의 정수만 입력 가능하다. 만약 이 값이 분석 변수의 수와 같거나 초과하면 모든 변수가 출력됨

1.2 케이스 정렬

해당 데이터 파일의 케이스(행)를 여러 가지 정렬변수 값에 따라 정렬시킬 수 있으며 오름차순이나 내림차순으로 정렬시킬 수도 있다. 메뉴에서 '케이스 정렬'을 클릭하면 그림 5-7과 같은 대화상자가 나타난다.

상위메뉴 〉 데이터(D) 〉 케이스 정렬(O)

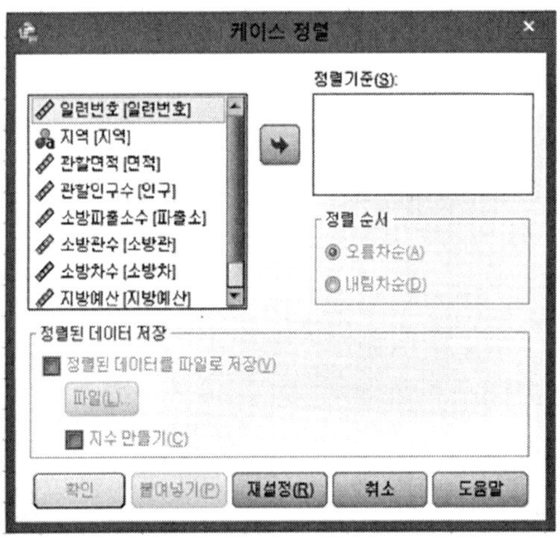

[그림 5-7] 케이스 정렬 대화상자

- **정렬기준**(S) : 정렬시킬 변수를 하나 이상 선택한다. 데이터 파일은 정렬변수 값을 기준으로 하여 정렬되며 다중 정렬변수를 선택할 때는 케이스가 정렬목록에서 선행하는 변수 범주 내에서 각 변수값 별로 정렬됨
- **정렬순서** : 로케일(locale)에 따라 정의된 순서를 기준으로 하며 이 순서는 문자 코드의 숫자값 순서와 다를 수도 있다. 기본값 로케일은 운영 체제 로케일이며 편집

메뉴에서 옵션 대화상자를 열고 이 대화상자의 일반 탭에 있는 언어 설정을 사용하여 로케일을 제어할 수 있다. 정렬기준 변수는 각각 다른 옵션을 선택할 수 있음

1.3 케이스 선택

케이스 선택은 변수와 복잡한 표현식을 포함하는 조건에 기초한 케이스의 하위집합을 선택하는 여러 가지 방법을 제공하는데 하위집합을 정의하기 위한 조건은 변수값과 범위, 날짜 및 시간 범위, 케이스(열) 번호, 산술 계산, 논리 계산, 함수 등을 포함한다.

메뉴에서 '케이스 선택'을 클릭하면 그림 5-8과 같은 대화상자가 열린다.

상위메뉴 〉 데이터(D) 〉 케이스 선택(S)

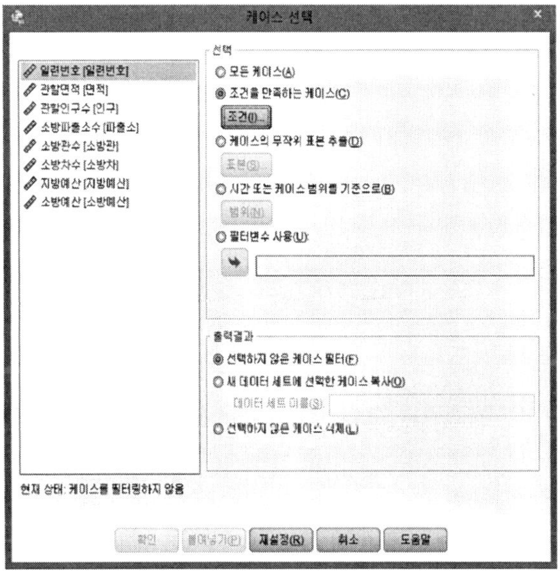

[그림 5-8] 케이스 선택 대화상자

'선택' 항목에는 다음과 같은 하위 조건들이 포함된다.

- **모든 케이스**(A) : 케이스 필터링을 취소하고 모든 케이스를 사용
- **조건을 만족하는 케이스**(C) : 케이스를 선택하기 위해 조건식을 사용한다. 만일 조건식의 결과가 '참'이라면 케이스는 선택되고, 결과가 '거짓'이거나 '결측'이라면 케이스는 선택되지 않는다. '조건을 만족하는 케이스'를 체크하고 '조건(I)' 버튼을 클

릭하면 그림 5-9와 같은 대화상자가 나타남

① 조건식의 결과가 '참'이라면 케이스는 선택된 하위집합에 포함됨

② 조건식의 결과가 '거짓'이라면 케이스는 선택된 하위집합에 포함되지 않음

③ 대부분의 조건식은 6개의 관계 연산자(<, >, <=, >=, =, ~=) 중 하나 이상을 사용

④ 조건식은 변수명, 상수, 산술 연산자, 숫자나 기타 함수, 논리적 변수, 관계형 연산자를 포함

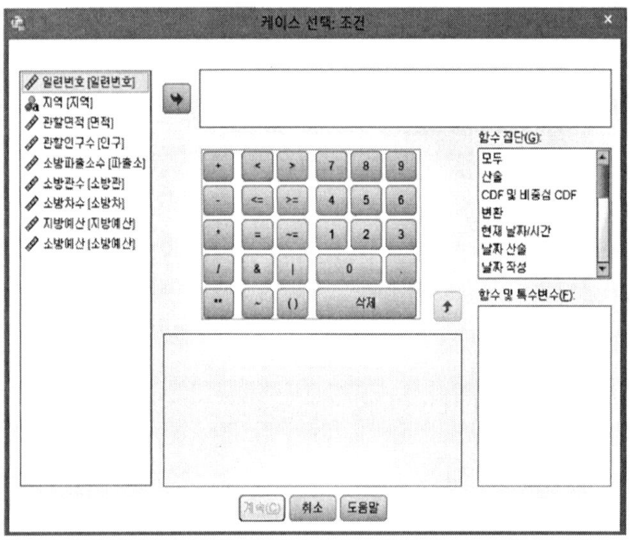

[그림 5-9] 케이스 선택 조건 대화상자

- **케이스의 무작위 표본 추출**(D) : 근사한 백분율이나 정확한 케이스의 수에 근거해 무작위 표본을 선택한다. 케이스의 '무작위 표본 추출'을 선택하고 '표본(S)' 버튼을 클릭하면 그림 5-10과 같은 대화상자가 나타나는데 표본은 동일한 케이스가 한 번 이상 선택될 수 없음

  ① **대략**(A) : 설정한 케이스의 백분율에 따라 대략적으로 무작위로 표본을 추출한다. 이 절차는 각 케이스에 대해 독립적인 '의사-난수'를 생성하므로 선택된 케이스의 백분율은 설정한 백분율과 대략 근사할 뿐이다. 데이터 파일에 많은 케이스가 있을수록 설정한 백분율과 선택된 케이스의 백분율은 비슷해짐

  ② **정확하게**(E) : 사용자가 케이스의 수를 설정한다. 표본이 생성되도록 가져올 케

이스 개수를 설정하는데 이 개수는 데이터 파일의 전체 케이스의 수보다는 작아야 한다. 만일 이 개수가 전체 데이터의 케이스 개수를 초과하면 표본은 사용자가 설정한 개수보다 적은 케이스를 포함

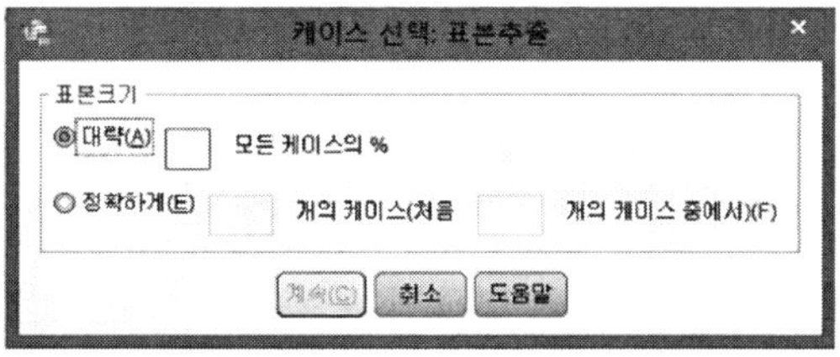

[그림 5-10] 케이스 선택 표본추출 대화상자

- **시간 또는 케이스 범위를 기준으로**(B) : 케이스 개수의 범위나 날짜/시간의 '범위(N)'에 기초해 케이스를 선택하는데 사전에 정의된 날짜/시간 변수의 유무에 따라 다른 대화상자가 나타난다. 케이스의 범위는 데이터 편집기에서 보이는 행 번호에 기초하고 날짜와 시간 범위는 날짜/시간이 정의가 된 시계열 데이터에서만 사용이 가능하다. 날짜나 시간의 정의는 '데이터(D)' 메뉴의 '날짜 및 시간 정의(E)'를 이용함
- **필터변수 사용**(U) : 데이터 파일에서 선택된 숫자형 변수를 필터 변수로 사용하는데 필터 변수에서 0이나 결측이 아닌 케이스들이 선택됨

'출력결과' 항목에는 다음과 같은 하위 조건들이 포함된다.

- **선택하지 않은 케이스 필터**(F) : 선택되지 않은 케이스들은 분석에서 제외되지만 데이터 셋(set)에는 남아있다. 필터링을 해제(대화상자에서 '모든 케이스(A)'를 선택)하면 선택되지 않은 케이스를 이후의 과정에서는 사용할 수 있다. 무작위 표본이나 조건식을 이용해 케이스를 선택했다면 선택된 케이스에서는 1, 선택되지 않은 케이스에서는 0의 값을 갖는 'filter_$'로 이름이 붙은 변수를 생성
- **새 데이터 세트에 선택한 케이스 복사**(O) : 원본 데이터 셋은 아무런 영향을 받지 않고 그대로 남긴 채 선택된 케이스는 새로운 데이터 셋에 복사된다. 선택되지 않은 케이스는 새로운 데이터 셋에 포함되지 않고 원본 데이터 셋에 남아 있음
- **선택하지 않은 케이스 삭제**(L) : 선택되지 않은 케이스를 데이터 셋에서 삭제한다. 삭제된 케이스는 저장하지 않고 파일을 닫은 다음 다시 파일을 열 경우에만 복구될 수 있다. 변환된 파일을 저장하면 케이스는 영구적으로 삭제됨

1.4 가중 케이스

'데이터(D)' 메뉴에서 '가중 케이스(W)'를 사용하면 케이스에 서로 다른 가중(가상 복제 사용)을 지정하여 통계분석을 수행할 수 있는데 가중 변수값은 데이터 파일의 단일 케이스들이 나타내는 관측값의 수를 가리킨다. 가중 변수에서 0, 음수, 결측값 등이 있는 케이스는 분석 시 제외되며 분수값도 유효하다. 분수는 의미있는 경우에만 사용하며 대부분이 케이스를 표로 나타낼 수 있을 때 사용한다.

가중 케이스 기능을 수행하면 그림 5-11과 같은 대화상자가 나타난다.

상위메뉴 > 데이터(D) > 가중 케이스(W)

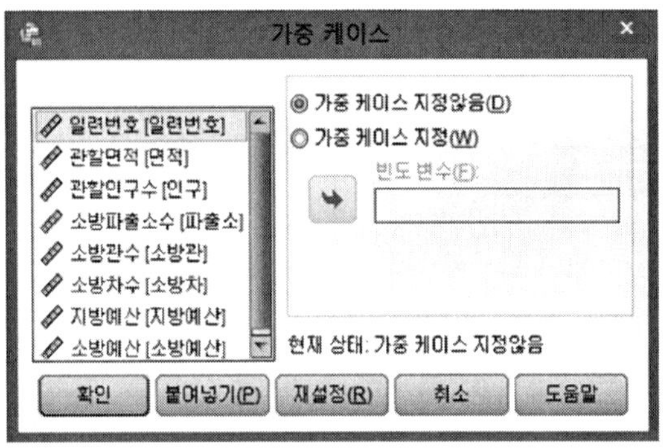

[그림 5-11] 가중 케이스 대화상자

- **가중 케이스 지정않음**(D) : 가중 케이스 기능을 사용하지 않음
- **가중 케이스 지정**(W) : 빈도변수의 값이 케이스 가중값으로 사용됨

일단 가중변수를 적용하면 다른 가중변수를 선택하거나 가중 작업을 해제할 때까지 계속 적용된다. 가중된 데이터 파일을 저장하면 가중 정보가 데이터 파일에 함께 저장되고 언제든지 해제할 수 있으며 해당 파일을 가중 형식으로 저장한 다음에도 해제할 수 있다. 교차분석에서의 가중값 교차분석 프로시저에는 케이스 가중값을 처리할 수 있는 몇 가지 옵션이 있다. 산점도와 히스토그램의 가중값 산점도와 히스토그램에는 케이스 가중을 설정하거나 해제할 수 있는 옵션이 있지만 가중변수에 대한 음수값이나 0, 결측값 등이 있는 케이스에는 적용되지 않는다. 이런 케이스는 도표에서 가중 작업을 해제하는 경우에도 도표에서 제외된다.

② 변수 계산2) 예제 2.sav

분석을 수행하기 전에 현재 보유한 데이터를 바로 이용하는 것보다는 여러 가지 변수들을 이용하여 새로운 변수를 생성하는 경우가 매우 많다. 변수 계산은 분석에 적합하도록 새로운 변수를 생성하는 기능으로서 다음과 같은 작업을 할 수 있다.

- 기존의 변수들을 이용해서 일련의 계산식에 의해 변수를 생성
- 여러 가지 분포를 사용한 유의확률과 통계량 및 난수 계산
- 여러 조건에 따라 다른 값을 계산
- SPSS Statistics 함수를 사용한 데이터 변환

'변환(T)' 메뉴에서 '변수 계산(C)'을 클릭하면 다음과 같은 대화상자가 나타난다.

상위메뉴 〉 변환(T) 〉 변수 계산(C)

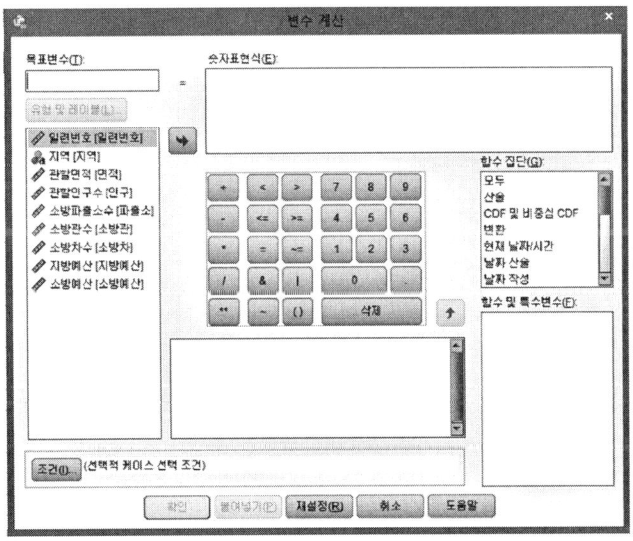

[그림 5-12] 변수 계산 대화상자

2) 데이타솔루션 컨설팅팀(2013). SPSS Statistics 데이터 핸들링, 데이타솔루션.

- **목표변수**(T) : 새롭게 생성할 변수명을 입력
- **유형 및 레이블**(L) : 목표변수에 변수명을 입력하면 활성화되며 새로 생성된 변수의 유형과 레이블을 설정할 수 있음
  ① **레이블** : 새롭게 생성된 변수에 대한 설명을 설정하는 옵션
    ㉠ **레이블**(L) : 사용자가 직접 변수에 대한 설명을 입력하는 옵션으로서 255 byte를 사용할 수 있음
    ㉡ **표현식을 레이블로 사용**(U) : 표현식을 레이블로 사용하는 옵션으로서 110byte까지 사용 가능
  ② **유형** : 새롭게 생성된 변수에 대한 유형을 저장하는 옵션으로 기본값은 숫자형임
    ㉠ **숫자**(N) : 숫자형 변수를 설정
    ㉡ **문자**(S) : 문자형 변수를 설정
- **숫자표현식**(E) : 유형을 문자형으로 설정한 경우에는 '문자표현식'으로 변경된다. 새로 생성하고자 하는 변수를 표현하는 식을 입력한다. 숫자형인 경우는 수식을, 문자형인 경우는 문자표현식을 입력하며 표현식 및 변수는 직접 입력할 수도 있고 함수 및 특수변수 목록에서 선택하여 작성할 수도 있음
- **함수 집단**(G) : SPSS Statistics에서 지원하는 함수들을 특성에 따라 집단으로 구분한다. 함수 집단 목록에서 특정 함수 집단을 선택하면 아래의 '함수 및 특수변수'란에서 집단에 속하는 SPSS Statistics 함수목록이 나타나며 이를 선택하여 숫자/문자 표현식을 작성
- **함수 및 특수변수**(F) : '함수 집단'을 선택해서 나타난 SPSS Statistics 함수를 선택해 변수 계산을 할 수 있으며 함수를 선택하면 좌측 빈 칸에 해당함수에 대한 설명을 볼 수 있음
- **조건**(I) : 특정한 조건에 해당하는 개체에 대해서만 변수 생성을 하고자 할 때 조간을 입력하기 위한 옵션이며 조건에 해당하지 않은 개체는 결측값으로 처리됨
  ① **모든 케이스 포함**(A) : 조건을 주지 않고 모든 개체에 적용할 경우에 선택하며 기본값은 이 옵션이 선택되어 있음
  ② **다음 조건을 만족하는 케이스 포함**(F) : 조건을 적용하기 위해 선택하는 옵션으로 선택하면 아래의 입력창이 활성화되며 입력방법은 변수 계산 대화상자의 '숫자표현식'에서와 동일

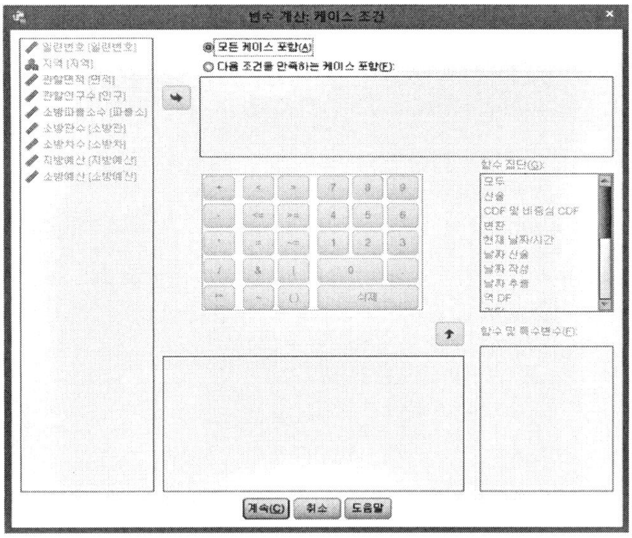

[그림 5-13] 변수 계산 케이스 조건 대화상자

③ 코딩 변경 예제 2.sav

3.1 같은 변수로 코딩변경

기존에 입력된 데이터 값을 코딩변경을 이용해 수정할 수 있는데 이 기능은 데이터 값을 범주별로 축약하거나 결합시키는 데 유용하다. 데이터 상에 존재하는 기존의 변수로 코딩변경을 할 수도 있고 기존의 변수를 이용해 코딩변경의 결과를 값으로 갖는 새로운 변수를 추가할 수도 있다.

숫자형과 문자형 변수를 코딩변경할 수 있는데 만일 여러 개의 변수를 선택하는 경우, 변수들은 모두 동일한 유형이어야 하고 숫자형과 문자형을 한 번에 코딩변경할 수는 없다.

'변환(T)' 메뉴에서 '같은 변수로 코딩변경(S)'을 선택하면 그림 5-14와 같은 대화상자가 나타난다.

상위메뉴 〉 변환(T) 〉 같은 변수로 코딩변경(S)

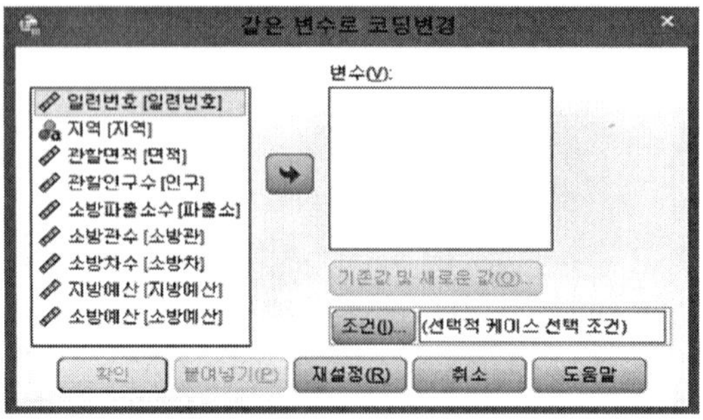

[그림 5-14] 같은 변수로 코딩변경 대화상자

코딩변경을 위해 변수목록 창에서 대상이 되는 변수를 선택한 다음 더블클릭하거나 화살표 버튼을 클릭해 '변수(V)' 창으로 선택할 수 있다. 출력된 변수를 정의하고 난 다음 코딩변경될 값을 정의하기 위해 '기존값 및 새로운 값(O)' 버튼을 클릭한다.

그림 5-15는 기존값 및 새로운 값을 정의하기 위한 대화상자이다. 값에 대한 세부 사항은 주 대화상자에서 선택한 변수의 유형과 같은 종류의 데이터 유형이어야 한다.

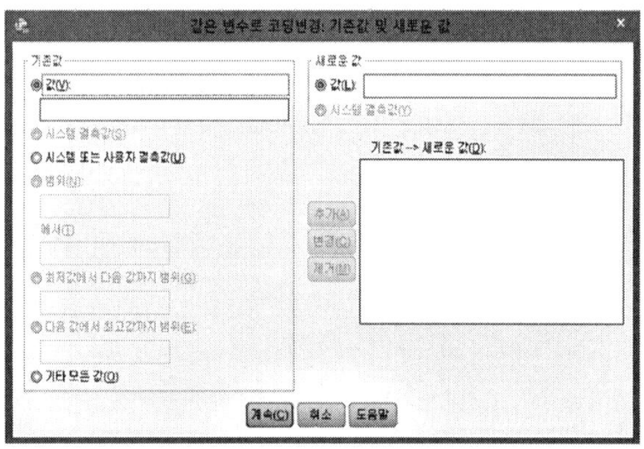

[그림 5-15] 같은 변수로 코딩변경 기존값 및 새로운 값 대화상자

- **기존값** : 코딩변경될 값들을 정의하며 하나의 일정한 값, 일정 범위의 값, 결측값들이 코딩변경될 수 있다. 문자형 변수를 코딩변경할 때는 '시스템 결측값'과 '범위'를 선택할 수 없음
  ① **값**(V) : 새로운 값으로 코딩변경될 기존값을 입력한다. 값은 숫자형이나 문자형으로 동일한 유형이어야 함

② **시스템-결측값(S)** : 기존에 정의된 유형과 다른 유형의 값이 입력되어 있거나 숫자형 변수에 결측값이 있거나, 변환 결과값이 정의되지 않을 경우, 프로그램에 의해 할당되는 값이다. 숫자형 시스템-결측값은 온점(.)으로 표시된다. 문자형 변수는 어떤 문자로 입력되더라도 규칙에 어긋나지 않으므로 시스템-결측값을 갖지 않음

③ **시스템 또는 사용자 결측값(U)** : 사용자 결측값으로 정의되었거나 알 수 없는 값 또는 점(.)으로 표시되는 시스템-결측값을 의미

④ **범위(N)** : 입력한 값 사이의 범위를 포함하며 문자형 변수에는 사용할 수 없다. 범위 내의 사용자 결측값도 포함됨

⑤ **기타 모든 값(O)** : '기존값 및 새로운 값'의 정의에서 포함되지 않는 모든 값을 의미한다. '기존값 → 새로운 값'의 목록에서는 'ELSE'로 나타남

- **새로운 값** : 각각의 기존값이나 범위를 하나의 값으로 코딩변경 한다. '새로운 값'에는 일정한 값을 입력할 수도 있고 시스템-결측값을 할당할 수도 있음

① **기준값(L)** : 하나 이상의 기존값이 코딩변경될 값을 의미

② **시스템-결측값(Y)** : 특정한 기존값을 시스템-결측값으로 코딩변경 한다. 시스템-결측값은 계산에서 사용되지 않으며, 시스템-결측값을 포함하는 케이스는 여러 프로시저에서 제외된다. 문자형 변수에는 사용할 수 없음

- **기존값→새로운 값(D)** : 변수들을 코딩변경하기 위해 사용될 세부사항들의 목록을 확인할 수 있다. 목록은 기존값의 세부사항에 기초해 값, 결측값, 범위, 기타 순으로 자동으로 정렬된다. 만일 항목에 있는 세부사항을 변경하면 항목을 자동으로 재정렬하며 필요한 경우 순서를 유지할 수 있다. '기존값 및 새로운 값'을 정의한 후 일부 케이스만을 선택하기 위한 조건식을 정의할 수 있음

3.2 다른 변수로 코딩변경

다른 변수로 코딩변경 메뉴를 이용해 새로운 변수에 기존의 변수값을 재할당하거나 기존값의 범위를 새로운 값으로 축약할 수 있다.

숫자형과 문자형 변수를 코딩변경할 수 있으며, 숫자형을 문자형 변수로 또는 반대로 코딩변경할 수 있다. 만일 여러 개의 변수를 선택하는 경우, 변수들은 모두 동일한 유형이어야 하며 숫자형과 문자형을 한 번에 코딩변경할 수는 없다.

메뉴에서 '다른 변수로 코딩변경(R)'을 실행하면 그림 5-16과 같은 대화상자가 나타난다.

상위메뉴 〉 변환(T) 〉 다른 변수로 코딩변경(R)

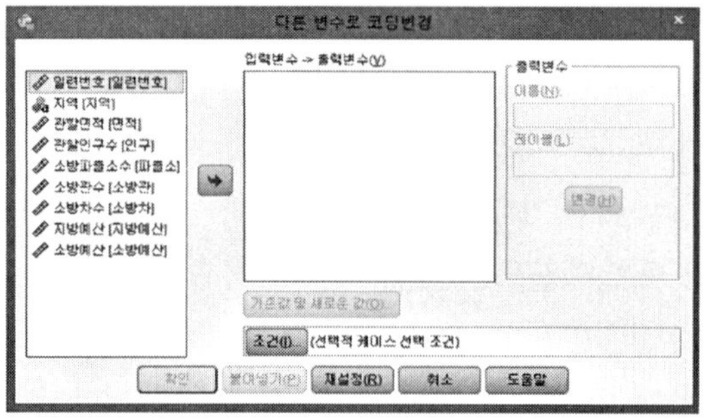

[그림 5-16] 다른 변수로 코딩변경 대화상자

코딩변경을 위해 변수목록 창에서 대상이 되는 변수를 선택해 더블클릭하거나 화살표 버튼을 이용해 '입력변수 → 출력변수(V)' 창으로 옮긴다. 입력될 변수가 선택되면 출력변수의 이름을 정의하고 '바꾸기' 버튼을 클릭해 출력변수를 확정한다. 출력될 변수를 정의하고 난 후 코딩변경 될 값을 정의해주기 위해 '기존값 및 새로운 값(O)' 버튼을 클릭하면 그림 5-17과 같은 대화상자가 나타난다.

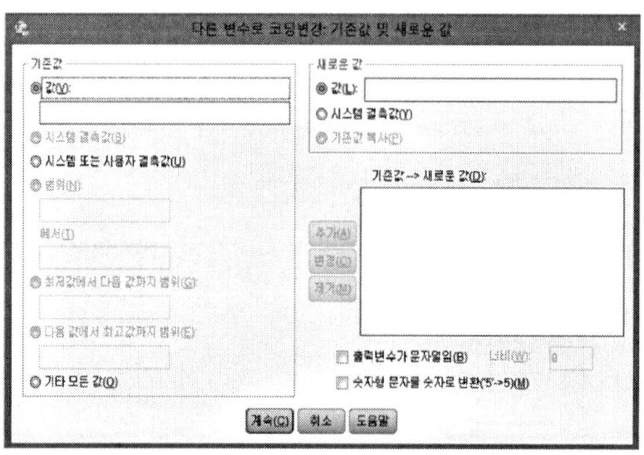

[그림 5-17] 다른 변수로 코딩변경 기존값 및 새로운 값 대화상자

- **기존값** : 코딩변경될 값들을 정의하며 하나의 일정한 값, 일정 범위의 값, 결측값들이 코딩변경될 수 있다. 문자형 변수를 코딩변경 하고자 할 때는 '시스템-결측값'이나 '범위'를 선택할 수 없다. 기존값은 원본 데이터의 변수와 같은 유형을 가져야 한다. '범위'는 해당 범위의 끝 숫자와 범위 내의 사용자 결측값을 포함함
  ① **값**(V) : 새로운 값으로 코딩이 변경되는 개별 기존값이며 이 값은 코딩변경될 변수와 데이터 유형(숫자 또는 문자열)이 같아야 함
  ② **시스템 결측값**(S) : 지정한 형식에 따라 데이터에 값을 정의하지 않을 때나 숫자 필드가 비어 있을 때 또는 변환 명령으로 작성한 값이 정의되지 않을 때 프로그램에서 할당된 값이다. 숫자 시스템 결측값은 마침표로 표시되며, 문자열 변수에는 모든 문자를 사용할 수 있으므로 문자열 변수에는 시스템 결측값이 없음
  ③ **시스템 또는 사용자 결측값**(U) : 사용자 결측값으로 정의되었거나 알 수 없는 시스템 결측값으로 할당된 값을 갖는 관측값이며 이 값은 마침표(.)로 표시
  ④ **범위**(N) : 값이 포함되는 범위로서, 문자열 변수에는 사용할 수 없으며 범위 내 사용자 결측값도 포함됨
  ⑤ **기타 모든 값**(O) : 기존값 → 새로운 값 목록의 지정 사항 중 하나에 포함되지 않는 나머지 모든 값이며, 이 값은 기존값 → 새로운 값 목록에서 ELSE로 표시됨
- **새로운 값** : 각각의 기존값이나 범위를 하나의 값으로 코딩변경 한다. 새로운 값은 숫자형이거나 문자형일 수 있음
  ① **값**(L) : 하나 이상의 기존값이 다시 코딩되는 값으로서 이 값은 기존값과 데이터 유형(숫자 또는 문자열)이 같아야 함
  ② **시스템-결측값**(Y) : 지정된 기존값을 시스템 결측값에 기록한다. 시스템 결측값은 계산에 사용되지 않고 시스템 결측값이 있는 케이스는 여러 프로시서에서 제외된다. 문자열 변수에는 사용할 수 없음
  ③ **기존값 복사**(P) : 기존값을 유지하며, 일부 값의 코딩을 변경할 필요가 없을 경우, 이 방법을 사용하여 기존값을 포함시킨다. 지정하지 않은 기존값은 새 변수에 포함되지 않고 이러한 값을 가진 케이스에는 새 변수에 대한 시스템 결측값이 할당됨
- **기존값 → 새로운 값** : 변수들을 코딩변경하기 위해 사용될 세부사항들의 목록을 확인할 수 있다. 목록은 기존값의 세부사항에 기초해 값, 결측값, 범위, 기타 순으로 자동정렬 된다. 만약 항목에 있는 세부사항을 변경하면 항목을 자동으로 재정

렬하며 필요한 경우 순서를 유지할 수 있음

- **출력변수가 문자열임**(B) : 새로 코딩변경된 변수를 문자열(문자숫자형) 변수로 정의하며 기존 변수는 숫자 또는 문자열일 수 있음
- **숫자형 문자를 숫자로 변환**(M) : 숫자가 포함된 문자열 값을 숫자 값으로 변환한다. 숫자 외의 값 또는 선택적 부호(+ 또는 -)가 포함된 문자열에는 시스템 결측값이 할당됨

3.3 자동 코딩변경

'자동 코딩변경'을 이용해 문자나 숫자형의 값을 연속형 정수로 변환할 수 있다. 범주코드가 순차적이지 않을 때, 결과로 나온 빈 셀은 여러 프로시저에 대해 성능을 감소시키고 메모리 사용을 증가시킨다. 또한, 프로시저는 문자형 변수를 사용할 수 없는 경우도 있고 어떤 경우, 요소 단계에서 연속적인 정수값을 요구하기도 하므로 연속형 정수로 범주화된 변수가 필요한 경우가 많다.

'자동 코딩변경'으로 생성된 새로운 변수는 기존 변수에서 정의된 변수 설명을 유지할 수 있다. 코딩변경된 값의 변수 설명을 정의하지 않은 경우, 기존 변수의 설명값이 사용된다.

문자형 변수는 알파벳순으로 코딩변경 되며, 대문자가 소문자보다 앞에 온다.

결측값들은 비결측값들의 순서를 유지한 채 비결측값보다 높은 값을 갖는 결측값으로 코딩변경 된다.

메뉴에서 '자동 코딩변경(A)'을 실행하면 그림 5-18과 같은 대화상자가 나타난다.

- **모든 변수에 동일한 코딩변경 체계 사용**(U) : 이 옵션을 사용하면 자동 코딩변경 체계 하나를 선택된 모든 변수에 적용하여 모든 새 변수에 대한 일관된 코딩 체계를 작성할 수 있으며, 이 옵션을 선택하면 다음 규칙 및 제한이 적용됨
  ① 모든 변수는 같은 유형(숫자 또는 문자)이어야 함
  ② 순차 정수로 코딩변경할 값의 정렬된 순서를 작성하는 데는 모든 선택된 변수에 대한 모든 관측값이 사용됨
  ③ 새 변수에 대한 사용자 결측값은 정의된 사용자 결측값이 포함된 목록의 첫 번째 변수를 기반으로 하며, 시스템-결측값을 제외한 기타 원래 변수의 다른 모든 값은 유효한 것으로 취급됨

상위메뉴 〉 변환(T) 〉 자동 코딩변경(A)

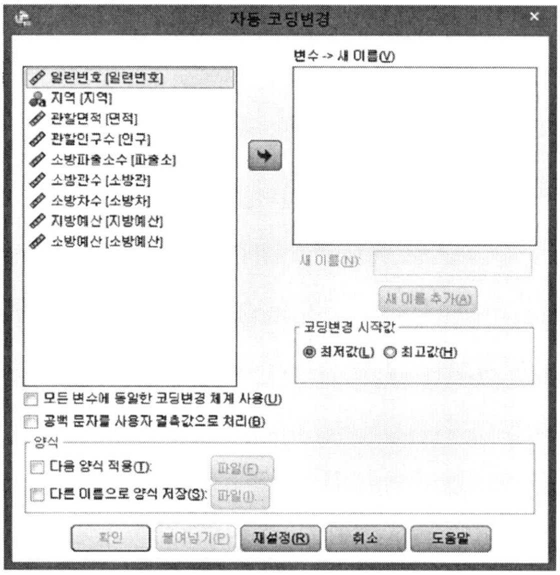

[그림 5-18] 자동 코딩변경 대화상자

- **공백 문자를 사용자 결측값으로 처리**(B) : 문자열 변수의 경우 빈 값이나 null 값을 시스템-결측값으로 취급하는데 이 옵션은 빈 문자를 가장 높은 비결측값보다 더 높은 사용자 결측값으로 자동 코딩변경함
- **템플리트** : 자동 코딩변경 체계를 템플리트 파일에 저장한 다음 이를 다른 변수나 다른 데이터 파일에 적용할 수 있음
  ① **다음 템플리트 적용**(T) : 이전에 저장했던 자동 코딩변경 템플리트를 코딩변경하기 위해 선택한 변수에 적용한다. 변수에서 추가로 발견된 값은 모두 도표의 끝에 추가되고 기존에 저장했던 도표에 들어 있는 원래 값과 자동 코딩변경된 값 사이의 관계는 계속 유지됨
    ㉠ 자동 코딩변경하기 위해 선택한 변수는 모두 유형(숫자 또는 문자)이 같아야 하고 이 유형은 템플리트에 정의된 유형과 일치해야 함
    ㉡ 템플리트에는 사용자 결측값에 대한 정보가 포함되지 않는다. 대상 변수에 대한 사용자 결측값은 정의된 사용자 결측값이 포함된 원래 변수목록의 첫 번째 변수를 기반으로 한다. 시스템-결측값을 제외한 기타 원래 변수의 다

른 모든 값은 유효한 것으로 취급됨

㉢ 템플리트의 값 매핑이 먼저 적용되며, 나머지 값은 모두 템플리트에 있는 마지막 값보다 더 높은 값으로 코딩변경된다. 사용자 결측값은 (정의된 사용자 결측값이 포함된 목록의 첫 번째 변수를 기준으로) 유효한 마지막 값보다 더 높은 값으로 코딩변경됨

㉣ 자동 코딩변경할 변수를 여러 개 선택한 경우에는 템플리트가 먼저 적용된 후에 선택된 변수에서 발견한 다른 모든 값에 대해 결합된 공통 자동 코딩변경이 적용되므로 결국에는 선택된 모든 변수에 대해 하나의 공통 자동 코딩변경 체계가 작성됨

② **다른 이름으로 템플리트 저장**(S) : 선택한 변수에 대한 자동 코딩변경 체계를 외부 템플리트 파일에 저장함

㉠ 템플리트에는 원래 비결측값을 코딩변경된 값에 매핑시키기 위한 정보가 포함됨

㉡ 템플리트에는 비결측값에 대한 정보만 저장되고 사용자 결측값 정보는 유지되지 않음

㉢ 코딩변경할 변수를 여러 개 선택했지만 모든 변수에 대해 동일한 자동 코딩변경 체계를 사용하도록 선택하지 않았거나 자동 코딩변경의 일부로 기존의 템플리트를 적용하지 않는 경우 템플리트는 목록에 있는 첫 번째 변수를 기준으로 함

㉣ 코딩변경할 변수를 여러 개 선택하고 모든 변수에 동일한 코딩변경 체계 사용을 선택하거나 템플리트 적용을 선택한 경우 템플리트에는 모든 변수에 대해 결합된 자동 코딩변경 체계가 포함됨

4 파일 핸들링 예제 2.sav

4.1 데이터 전치

데이터 전치로 케이스(행)가 변수가 되고 변수(열)가 케이스가 될 수 있도록 원래 데이터 파일의 행과 열이 바뀐 새 데이터 파일을 작성한다. 데이터 전치는 자동으로 새로운 변수명을 작성하고 새로운 변수명 목록을 표시한다.

메뉴의 '데이터(D)'에서 '전치(N)'를 선택하면 그림 5-19와 같은 대화상자가 나타난다.

상위메뉴 〉 데이터(D) 〉 전치(N)

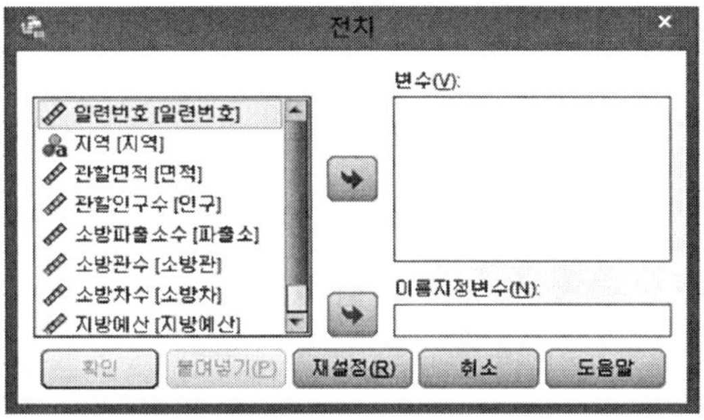

[그림 5-19] 데이터 전치 대화상자

- **변수**(V) : 전치시키고자 하는 변수를 선택
- **이름지정변수**(N) : 진치된 새로운 네이너들에 대한 변수명으로 사용할 변수를 선택함(이름지정변수를 지정하지 않고 확인을 클릭하면 자동으로 새로운 변수명을 생성)

4.2 파일합치기

(1) 케이스 추가

SPSS Statistics의 '케이스 추가(C)'는 포함된 변수(열)는 같지만 케이스(행)는 서로 다른 SPSS Statistics 형식 데이터 파일이 있는 경우, 활성 데이터에 다른 데이터의 케이스를 추가하는 기능이다.

메뉴의 '데이터(D)'에서 '파일합치기(G)▶케이스 추가(C)'를 선택하면 그림 5-20과 같은 대화상자가 나타난다.

상위메뉴 〉 데이터(D) 〉 파일합치기(G) 〉 케이스 추가(C)

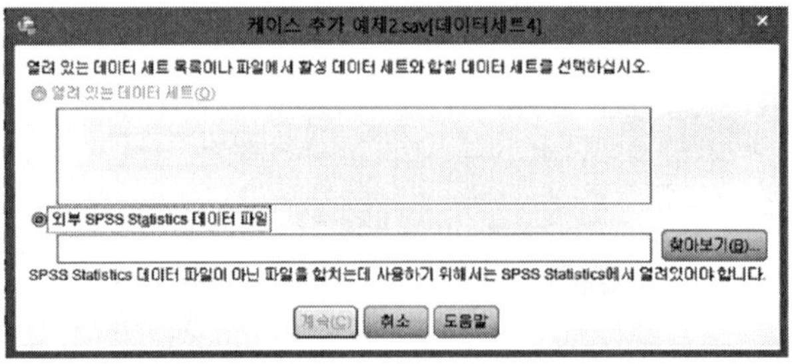

[그림 5-20] 파일합치기▶케이스 추가 대화상자

- **열려 있는 데이터 파일**(O) : 활성 데이터에 케이스를 추가하는 대상이 현재 열려 있는 파일인 경우 사용
- **외부 SPSS Statistics 데이터 파일** : 활성 데이터에 케이스를 추가하는 대상이 외부에 저장되어 있는 파일인 경우에 사용
- **대응되지 않은 변수**(U) : 새로 합친 데이터 파일로부터 제외될 변수이다. 활성 데이터 세트의 변수는 별표(*)로 구분되며 다른 데이터 세트의 변수는 덧셈 부호(+)로 구별한다. 기본적으로 이 목록에는 다음 내용이 들어 있음
  ① **다른 파일의 변수 이름과 일치하지 않는 각 데이터 파일의 변수** : 대응하지 않은 변수를 대응시켜서 새로 합친 파일에 포함시킴
  ② **한 파일에는 숫자변수로 다른 파일에는 문자열 변수로 정의된 변수** : 숫자변수는 문자열 변수와 합칠 수 없음
  ③ **자리수가 다른 문자열 변수** : 두 데이터 파일에서 문자열 변수의 자리수가 같아야 함
- **새로운 활성 데이터 세트의 변수**(V) : 새로 합친 데이터 세트에 포함될 변수이다. 기본적으로 변수 이름과 데이터 유형(숫자변수 또는 문자열 변수)이 일치하지 않는 모든 변수가 목록에 포함됨
  ① 합친 파일에 포함시키지 않으려면 목록에서 변수를 삭제할 수 있음
  ② 합친 파일에 있는 대응되지 않은 변수에는 해당 변수가 없는 파일에서 비롯된 케이스에 대한 결측 데이터가 들어 있음
- **케이스 소스를 표시할 변수 이름**(I) : 각 케이스의 소스 데이터 파일을 나타낸다. 이 변수는 활성 데이터 세트로부터 추출한 케이스에 0 값을 가지며 외부 데이터

파일로부터 추출한 케이스에 대해 1 값을 가짐

- **대응되지 않은 변수 선택 방법**
  ① 대응되지 않은 변수 목록에서 변수를 클릭
  ② 목록의 다른 변수를 Ctrl과 함께 마우스로 클릭(Ctrl 키를 누르고 동시에 왼쪽 마우스를 클릭)
  ③ 대응을 클릭하여 새로운 활성 데이터 세트의 변수목록으로 대응 변수를 옮기고 활성 데이터 세트의 변수명은 합친 파일에서도 변수명으로 사용됨

(2) 변수 추가

SPSS Statistics의 '변수 추가(V)'는 포함된 케이스(행)는 같지만 변수(열)는 서로 다른 SPSS Statistics 형식 데이터 파일이 있는 경우, 활성 데이터에 다른 데이터의 변수를 추가하는 기능이다.

- 케이스는 두 데이터 파일에 같은 순서로 정렬되어야 함
- 여러 기준 변수를 케이스에 맞추려면 두 가지 데이터 파일은 기준 변수의 오름차순에 따라 정렬되어야 함
- 활성 데이터 파일에서 중복된 변수명이 있는 두 번째 데이터 파일의 변수명은 이런 변수에 중복된 정보가 있는 것으로 가정하기 때문에 기본값으로 제외됨

메뉴의 '데이터(D)'에서 '파일합치기(G)▶변수 추가(V)'를 선택하면 그림 5-21과 같은 대화상자가 나타난다.

상위메뉴 〉 데이터(D) 〉 파일합치기(G) 〉 변수 추가(V)

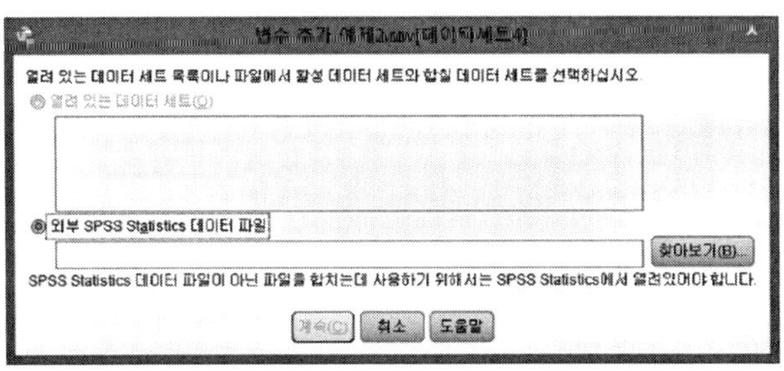

[그림 5-21] 파일합치기▶변수 추가 대화상자

- **열려 있는 데이터 파일(O)** : 활성 데이터에 변수를 추가할 대상이 현재 열려 있는 파일인 경우 사용
- **외부 SPSS Statistics 데이터 파일** : 활성 데이터에 변수를 추가할 대상이 외부에 저장되어 있는 파일인 경우에 사용
- **제외된 변수(E)** : 새로 합친 데이터 파일로부터 제외될 변수이다. 기본적으로 이 목록에는 활성 데이터 파일의 변수와 이름이 중복된 다른 데이터 파일의 변수가 들어 있다. 활성 데이터 파일의 변수는 별표(*)로 구분되고 다른 데이터 파일의 변수는 덧셈 부호(+)로 구별한다. 합친 파일에 중복된 이름을 가진 제외된 변수를 포함시키려면 이름을 바꾸고 변수목록에 추가해야 함
- **새 활성 데이터 파일(N)** : 새로 합친 데이터 파일에 포함될 변수이다. 기본적으로 두 데이터 파일에서 고유한 변수명은 모두 이 목록에 포함됨
- **케이스 소스를 표시할 변수명(I)** : 각 케이스의 소스 데이터 파일을 나타낸다. 이 변수는 작업 데이터 파일로부터 추출한 케이스는 0 값을 가지며 외부 데이터 파일로부터 추출한 케이스는 1 값을 가짐
- **키 변수에서 일치하는 사례** : 두 파일을 결합할 때 기준 변수에 대한 설정을 하는 옵션으로서 이 옵션을 선택해야 '기준 변수'와 기타 옵션을 선택할 수 있음
- **기준 변수(V)** : 한 데이터 파일의 일부 케이스에 다른 데이터 파일과 일치하는 케이스가 없을 때(즉, 일부 케이스가 한 데이터 파일에 없는 경우)는 기준 변수를 사용하여 두 데이터 파일의 케이스를 구별하고 일치 여부를 확인하고 표 검색 파일의 기준 변수를 사용할 수도 있음
  ① 기준 변수는 두 데이터 파일에서 모드 같은 이름을 가져야 함
  ② 두 데이터 파일은 모두 기준 변수의 오름차순으로 정렬되어야 하며 기준 변수 목록의 변수 순서는 그 정렬 순서와 같아야 함
  ③ 기준 변수에 대해 일치되지 않는 케이스가 있는 경우 처리할 수 있는 세 가지 방법이 있음

4.3 데이터 통합

데이터 통합을 통해 활성 데이터 파일의 케이스 집단을 단순 케이스로 통합하고 통합된 데이터가 들어 있는 활성 데이터 파일에서 새로운 변수를 만들거나 새 통합 데이터 파일을 만들 수 있다. 케이스는 하나 이상의 집단 변수값을 기준으로 통합된다.

메뉴의 '데이터(D)'에서 '데이터 통합(A)'을 선택하면 그림 5-22와 같은 대화상자가 나타난다.

상위메뉴 〉 데이터(D) 〉 데이터 통합(A)

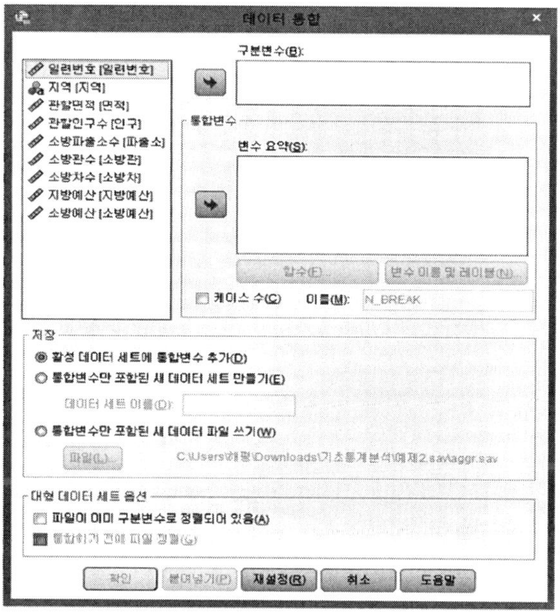

[그림 5-22] 데이터 통합 대화상자

- **구분변수**(B) : 케이스들은 구분변수의 값을 기준으로 분류되는데 구분변수 값으로 이루어진 각각의 고유한 조합을 통해 그룹이 정의된다. 통합된 새 데이터 파일을 작성하는 경우 모든 구분변수는 기존의 해당 이름 및 사전 정보를 그대로 유지한 채 새 파일에 저장되며 구분변수는 지정된 경우 숫자변수 또는 문자열 변수임

■ **통합변수** : 새 통합변수를 작성하는 데는 통합 함수와 함께 소스 변수가 사용되며, 통합변수 이름 다음에는 선택적 변수 레이블, 통합 함수 이름, 괄호로 묶인 소스 변수 이름 등이 온다. 새로운 변수 이름으로 기본값 통합변수 이름을 대체하고 변수 설명 레이블을 표시하며 통합 데이터 값 계산에 사용된 함수를 바꿀 수 있고 각 구분 그룹마다 케이스 수를 포함한 변수를 작성할 수 있음

① **변수 요약**Ⓢ : 통합할 요약 변수를 지정

② **함수**Ⓕ : '변수 요약'을 지정하면 활성화 된다. 이 버튼을 클릭하면 '통합변수'에 대해 다양한 함수를 설정할 수 있는 함수 대화상자가 나타나는데 이 대화상자를 통해 사용할 함수를 지정하여 '데이터 통합' 대화상자의 '통합변수' 목록에서 선택한 변수에 대한 통합 데이터 값을 계산함

③ **변수 이름 및 레이블**Ⓝ : 새로운 변수명으로 디폴트 통합변수명을 대체하고 구체적인 변수설명을 표시하며 통합 데이터 값 계산에 사용된 함수를 바꿀 수 있다. 이 기능도 '변수 요약'을 지정하면 활성화 됨

④ **케이스 수**Ⓒ **및 이름**Ⓜ : 각 구분 집합마다 '케이스 수'를 포함한 변수를 작성할 수 있음

■ **통합 결과 저장** : 통합변수를 활성 데이터 세트에 추가하거나 통합된 새 데이터 파일을 작성할 수 있음

① **활성 데이터 세트에 집계변수 추가**Ⓓ : 통합 함수에 기반한 새 변수가 활성 데이터 세트에 추가됨. 데이터 파일 자체는 통합되지 않으며 구분변수의 값이 동일한 각 케이스는 새 통합변수에 대한 값도 서로 같게 설정됨

② **통합변수만 포함된 새 데이터 세트 만들기**Ⓔ : 통합 데이터를 현재 세션에서 새로운 데이터 세트로 저장하는데 이 파일에는 통합 케이스를 정의하는 구분변수와 통합 함수로 정의된 모든 통합변수가 포함되고 활성 데이터 세트는 영향을 받지 않음

③ **통합변수만 포함된 새 데이터 파일 쓰기**Ⓦ : 통합 데이터를 외부 데이터 파일로 저장하는데 이 파일에는 통합 케이스를 정의하는 구분변수와 통합 함수로 정의된 모든 통합변수가 포함되고 활성 데이터 세트는 영향을 받지 않음

■ **대형 데이터 세트 옵션** : 데이터 파일이 매우 큰 경우 데이터를 미리 정렬한 다음 통합하는 것이 더 효율적일 수 있음

① **파일이 이미 구분변수로 정렬되어 있음**(A)

㉠ 데이터가 이미 구분변수 값별로 정렬되어 있다면 이 옵션을 통해 프로시저를 더 빠르게 실행하고 기억 작용 사용을 줄일 수 있는데 이 옵션은 주의해서 사용해야 함

㉡ 데이터 통합 프로시저에 지정된 구분변수와 같은 순서에 따라 구분변수의 값을 기준으로 데이터를 정렬해야 함

㉢ 활성 데이터 세트에 변수를 추가하는 경우 이 옵션은 데이터가 구분변수의 오름차순 값으로 정렬되어 있는 경우에만 선택해야 함

② **통합하기 전에 파일 정렬**(G) : 대형 데이터 파일에서 드물게 발생하는 경우로 통합에 앞서 데이터 파일을 구분변수 값별로 정렬해야 하는데 이 옵션은 기억 작용이나 성능상의 문제가 발생하지 않는 한 사용하지 않는 것이 좋음

4.4 파일 분할

파일 분할 기능은 특정 변수의 집단(범주)별로 분석을 실시하기 위하여 사용하는 기능이다. 즉, 특정 변수의 집단(범주)별로 데이터를 분할한다.

메뉴의 '데이터(D)'에서 '파일분할(F)'를 선택하면 그림 5-23과 같은 대화상자가 나타난다.

상위메뉴 〉 데이터(D) 〉 파일분할(F)

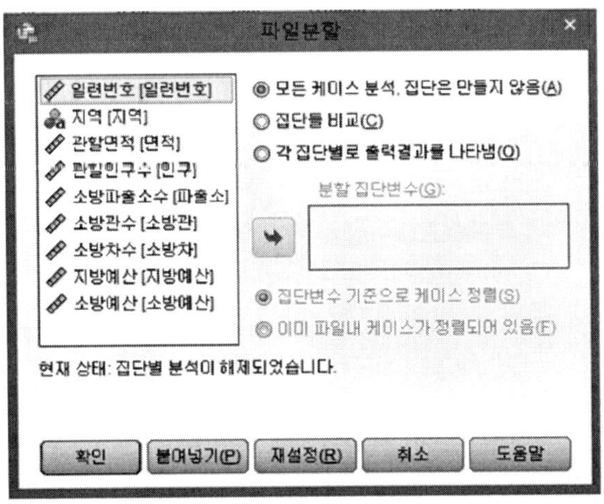

[그림 5-23] 파일분할 대화상자

- **모든 케이스 분석, 집단은 만들지 않음**(A) : 파일 분할을 사용하지 않는 경우 선택
- **집단들 비교**(C) : 분할 파일 그룹은 비교를 위해 함께 표시되는데 피벗 테이블에서 단일 피벗 테이블이 작성되고 각 분할 파일 변수가 테이블 차원 간에 이동될 수 있다. 도표의 경우 각 분할 파일 그룹에 대해 별도의 도표가 작성되고 뷰어에 이들 도표가 함께 표시됨
- **각 집단별로 출력결과를 나타냄**(O) : 각 프로시저의 결과는 분할 파일 그룹에 따라 별도로 표시됨

P/A/R/T 03

통계분석 방법

통계분석 방법의 조건과 사용 목적

통계방법	자료 및 척도	사용목적
빈도분석	모든 척도(주로 이산변수)	각 변수의 평균값, 중앙값, 최빈값, 표준편차, 변량, 최소값, 최대값 등을 구할 수 있으며, 사분편차, 첨도와 왜도까지 구할 때 사용
기술 통계량	등간, 비율척도(연속변수)	표본의 크기, 평균, 최소값, 최대값, 표준편차, 변량, 범위, 총합, 평균의 오차 등과 같은 다양한 변수들의 통계량들을 하나의 표에 요약된 형태로 구하거나 정규분포성의 검정 및 각 변수값을 표준화할 때 사용
교차분석	명목, 서열척도	범주형 변수를 분석하기 위해 두 변수 간의 독립성과 관련성을 분석할 때 사용
다중반응	범주형, 이분형자료	하나의 질문에 여러 개의 응답 결과가 나와 있는 경우로서 다중응답을 처리할 때 사용
평균분석	독립 : 명목, 서열척도 종속 : 등간, 비율척도	여러 개의 소집단으로 구성된 전체 집단에서 소집단의 평균과 표준편차를 근거로 두 집단의 평균 차이의 유의성을 검정할 때 사용
카이제곱	명목, 서열척도	귀무가설을 기초로 기대빈도를 계산하여 두 개 이상의 자료 집단의 관찰빈도가 통계적으로 유의미하게 나오는지를 측정할 때 사용
T 검정	독립 : 두 개 범주로 된 척도 종속 : 등간척도 이상	두 집단 간의 차이가 있는가를 검정하는 통계적 기법으로서 표집분포가 정상분포를 이루고 있지 않을 경우, 소표본 이론에 기초한 t-분포를 기반으로 하여 모수값의 추정과 가설을 검정할 때 사용
상관분석	서열척도 이상	독립변수를 변하시켰을 때, 종속변수가 어떻게 변하는지 그 변화의 정도와 방향을 예측할 때 사용
요인분석	양적척도, 등간척도와 유사한 형태의 서열척도	변수 간의 상관관계를 이용하여 관찰된 변수에 근거하여 직접 관찰할 수 없는 요인을 확인하기 위한 것이며, 여러 변수로 측정된 자료들을 소수의 몇 가지 요인으로 묶어서 새로운 변수로 단순화할 때 사용
신뢰성 분석	등간척도 이상	연구자가 측정하고자 하는 개념을 얼마나 연구 목적에 적합한 측정 도구를 만들어 측정하였는가를 평가
일원변량 분석	독립 : 두 개 이상의 범주로 정의되는 명목척도(1개) 종속 : 등간척도 이상(1개)	단일 독립변수에 대한 종속변수의 평균 차이를 검정할 때 사용
이원변량 분석	독립 : 범주형자료 또는 이산적자료(2개 이상) 종속 : 등간척도 이상(1개)	두 개 이상의 독립변수에 따른 종속변수의 평균 차이를 검정할 때 사용

통계방법	자료 및 척도	사용목적
공변량 분석	독립 : 두 개 이상의 범주로 정의되는 명목척도(1개 이상) 종속 : 등간척도 이상(1개)	종속변수에 대한 외생변수들의 효과를 설명하거나 제거하고자 할 때 또는 독립변수를 조작하여 종속변수에 어떤 영향을 미치는가를 연구하고자 할 때 사용
다변량 분석	독립 : 두 개 이상의 범주로 정의되는 명목척도(1개 이상) 종속 : 등간척도 이상(2개 이상)	종속변수가 두 개 이상인 경우, 여러 모집단의 평균을 동시에 비교하거나 독립변수에 따른 종속변수들의 변화를 동시에 고려한 종합된 값의 차이를 검정할 때 사용
정준상관 분석	등간척도 이상	두 개 이상의 변수로 구성된 종속변수와 두 개 이상으로 구성된 독립변수 간의 관계를 살펴보는 기법으로 각 집단 내에 있는 변수들의 상관관계를 이용하여 변수들을 선형 결합한 식을 도출하고 이렇게 도출된 식을 이용하여 관련성을 분석할 때 사용
단순회귀 분석	등간척도 이상	독립변수가 1개일 때, 독립변수의 변화로부터 종속변수의 변화를 예측할 때 사용
다중회귀 분석	등간척도 이상	독립변수가 2개 이상일 때, 독립변수의 변화로부터 종속변수의 변화를 예측할 때 사용
로지스틱 회귀분석	종속 : 이분형자료	이분형자료를 갖는 범주형 종속변수와 여러 가지 독립변수와의 관계를 알아보고자 할 때 사용
군집분석	모든 척도	각 개체의 유사성을 측정하여 유사성이 높은 대상 군집을 분류하고, 같은 군집에 속한 대상들의 유사성과 서로 다른 군집에 속한 대상 간의 상이성을 규명할 때 사용
판별분석	독립 : 양적변수 종속 : 질적변수	집단을 구분하는 데 있어 영향을 미치는 독립변수를 검출하고, 독립변수에 의해 분석대상의 자료를 몇 개의 동질적인 집단으로 세분하여 집단별 특성을 분석할 때 사용
정규성 검정 분석	서열척도 이상	수집된 자료가 정규분포를 따르는지 여부를 검정하는 것으로서 검정결과를 바탕으로 프로세스 및 자료의 이상 유무, 적용이 가능한 통계기법을 선정할 때 사용
비모수통계 분석	서열척도 이상	T-검정이나 변량분석을 사용할 수 있는 등간척도 이상으로 구성된 종속변수가 아닌, 서열척도로 종속변수가 구성되어 있을 때, 또는 등간성이 의심되거나 정규분포성을 얻지 못할 때, 순위를 통하여 변수 간의 차이를 비교할 때 사용
다차원 척도법	모든 척도	여러 개체를 대상으로 몇 개의 특성변수를 측정한 후에 이 변수들을 이용하여 개체들 사이의 거리 또는 비유사성을 측정하고, 이를 이용하여 개체들을 2차원 또는 3차원 공간상의 점으로 표현할 때 사용

Chapter 06

빈도분석[1)2)3)]

1 빈도분석의 개요

빈도분석(Frequency analysis)은 설문조사 결과에 대한 중요한 기초정보를 간편하게 알려준다. 한 변수 내의 각 범주들에 속해 있는 사례(응답자 수, 케이스)들이 얼마인지를 알려주는 것이며, 이들 각 사례수가 전체 응답자 중에 차지하고 있는 백분율을 동시에 보여준다. 보고서를 작성할 때도 빈도와 백분율을 함께 제시하는 것이 좋다. 빈도분석은 척도에 상관없이 모든 변수에 사용할 수 있는 가장 기본이 되는 분석이지만 등간척도와 비율척도로 구성된 변수의 경우, 적절한 구간으로 코딩변경을 한 다음에 사용하면 더 좋다.

빈도분석은 실문 조사 후, 입력된 분산되고 체계적이지 않은 원자료를 요약 및 정리하는 기능이 있으며, 평균과 표준편차도 구할 수 있는 기술통계의 한 방법이다.

빈도분석을 통한 분포의 특성을 나타내는 주는 통계값과 결과는 다음과 같다.

- 빈도, 백분율, 누적백분율을 나타내는 빈도표
- 중심경향값으로 평균, 중앙값, 최빈값
- 분산도로 범위, 분산, 표준편차

1) 우수명(2018). 마우스로 잡는 24.0 SPSS, 양서원.
2) 성태제(2007). SPSS/AMOS를 이용한 알기 쉬운 통계분석, 학지사.
3) 데이터솔루션 컨설팅팀(2013). SPSS Statistics 기술통계와 상관분석, 데이타솔루션.

■ 자료의 특성을 도식화하는 그래프(막대형 차트, 원형 차트, 히스토그램)

변수의 특성에 따라 선별적으로 통계값을 구할 수 있다. 즉, 범주형 변수인 경우에는 각 변수에 대한 빈도표와 막대형 차트, 원형 차트를 통해 빈도분석을 수행하는 반면, 연속변수인 경우에는 변수의 단위에 따라 빈도표를 구할 수도 있다. 일반적으로 중심경향, 분산도, 히스토그램을 통해서 변수의 분포를 확인하는 데 이용한다.

2 빈도분석의 실행 예제 2.sav

2.1 범주형 변수의 빈도분석

질적 변수인 범주형 변수의 경우, 빈도분석을 통해 각 변수에 대한 응답의 특성을 분석할 수 있다.

'**분석**(A)' 메뉴에서 '**기술통계량**(E)'을 선택하고 '**빈도분석**(F)'을 클릭하면 그림 6-1과 같은 대화상자가 나타난다.

상위메뉴 〉 분석(A) 〉 기술통계량(E) 〉 빈도분석(F)

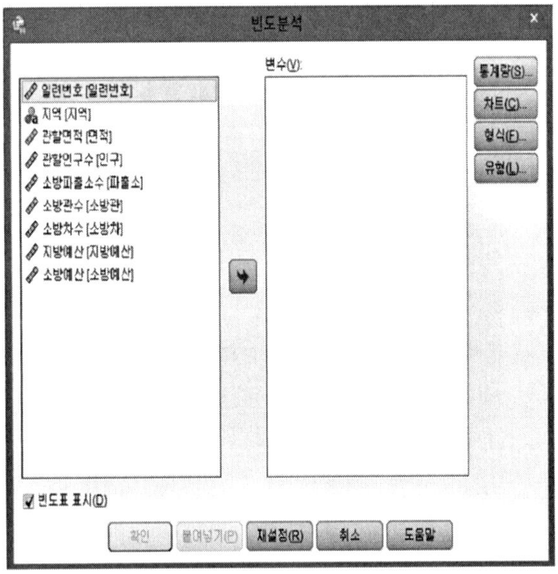

[그림 6-1] 빈도분석 대화상자

좌측에 나열된 변수 중에서 빈도분석을 수행하고자 하는 질적 변수나 범주형 변수를 선택한다. 기본설정값은 빈도표가 출력되도록 선택되어 있지만 빈도표가 필요 없으면 '**빈도표 표시**(D)' 옵션을 해제한다.

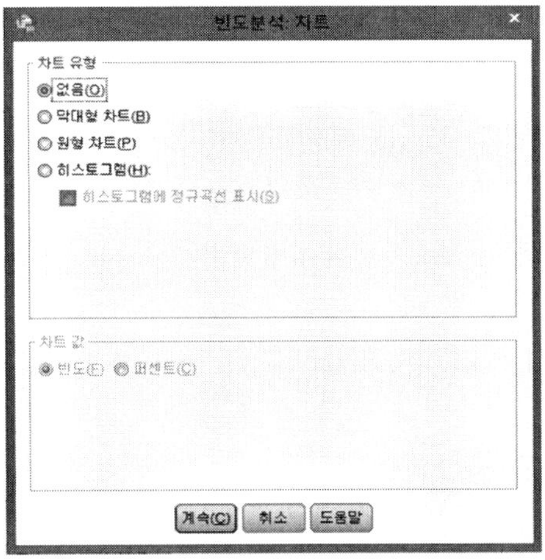

[그림 6-2] 빈도분석 차트 대화상자

'**차트**(C)'를 클릭하면 그림 6-2와 같은 대화상자가 열리고 '**차트 유형**'에서 '**막대형 차트**(B)', '**원형 차트**(P)', '**히스토그램**(H)'을 선택할 수 있는데 기본설정값은 '없음(O)'이다. 범주형 변수일 때는 막대형 차트나 원형 차트를 선택하고 '**차트 값**'에서 '빈도(F)'나 '퍼센트(C)'를 선택한다.

'**형식**(F)'을 클릭하면 그림 6-3과 같은 대화상자가 나타나고 분석 결과를 출력할 때 빈도표와 수직축 형식을 지정할 수 있다.

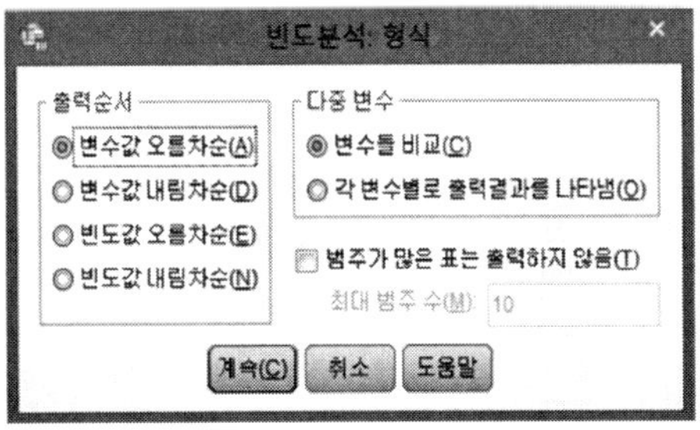

[그림 6-3] 빈도분석 형식 대화상자

'**출력순서**' 옵션을 통해 빈도표를 데이터의 실제 값이나 값의 개수(발생 빈도)에 따라 내림차순이나 오름차순으로 정렬할 수 있지만 히스토그램이나 백분위수가 필요할 때는 빈도분석에서 해당 변수를 양적 변수로 가정하여 값을 오름차순으로 표시한다.

- **변수값 오름차순**(A) : 변수값이 작은 것부터 큰 순서로 정리(기본설정값)
- **변수값 내림차순**(D) : 변수값이 큰 것부터 작은 순서로 정리
- **빈도값 오름차순**(E) : 빈도수가 작은 것부터 큰 순서로 정리
- **빈도값 내림차순**(N) : 빈도수가 큰 것부터 작은 순서로 정리

다중 변수에 대한 통계표를 작성할 때는 '**다중 변수**' 옵션에서 단일 테이블(변수 비교)에 모든 변수를 표시하거나 각 변수(각 변수별로 결과를 나타냄)에 대해 개별 통계표를 표시하도록 선택할 수 있다. '**범주가 많은 표는 출력하지 않음**(T)' 옵션으로 지정한 수 이상의 값은 표에 출력되지 않도록 할 수 있다.

2.2 연속형 변수의 빈도분석

양적 변수의 경우, 빈도분석보다는 중심경향값이나 분산도를 분석하여 자료의 특성을 파악하는 것이 일반적이다.

'**분석**(A)' 메뉴에서 '**기술통계량**(E)'을 선택하고 '**빈도분석**(F)'을 클릭하면 그림 6-1과 같은 대화상자가 나타난다.

상위메뉴 〉 분석(A) 〉 기술통계량(E) 〉 빈도분석(F)

좌측에 나열된 변수 중에서 빈도분석을 수행하고자 하는 양적 변수를 선택한다. 기본설정값은 빈도표가 출력되도록 선택되어 있지만 빈도표가 필요 없으면 '빈도표 표시(D)' 옵션을 해제한다.

'**통계량**(S)'을 선택하면 그림 6-4와 같은 대화상자가 열리며, 각각의 통계량 중에서 하나 이상을 선택할 수 있다.

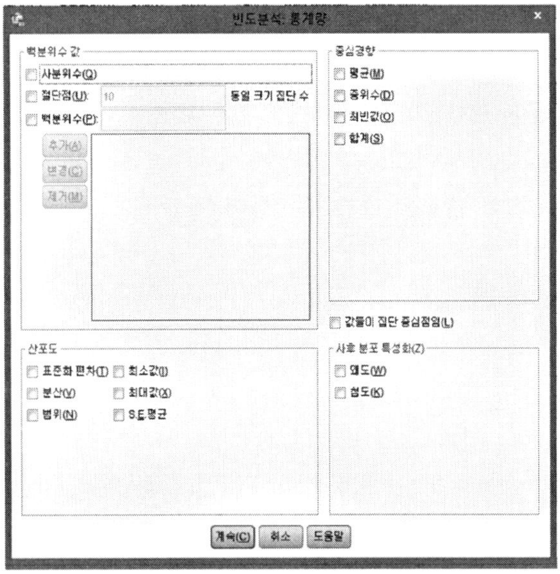

[그림 6-4] 빈도분석 통계량 대화상자

- **백분위수 값** : 특정 퍼센트는 위에 있고 다른 퍼센트는 아래에 있도록 정렬된 데이터를 그룹으로 나누는 양적 변수값을 말함
  ① **사분위수**(Q) : 자료를 서열화했을 때 25, 50, 75%에 해당하는 값
  ② **절단점**(U) : N개의 집단으로 동일하게 나누었을 때 각 집단의 경계에 해당하는 값으로서 기본설정값은 10이지만 다양한 집단 수를 지정할 수 있음
  ③ **백분위수**(P) : 1~100까지 지정하는 백분위수로서 원하는 백분위수를 입력하고 '추가(A)' 버튼을 클릭함
- **중심경향** : 분포 위치를 설명하는 통계에는 평균, 중위수, 최빈값, 모든 값 합계 등이 포함됨
  ① **평균**(M) : 중심경향에 대한 측도로서 합계를 케이스 수로 나눈 산술 평균값임
  ② **중위수**(D) : 전체 케이스의 절반이 위 아래에 해당되는 값으로 제50 백분위수이다. 케이스 수가 짝수인 경우, 중위수는 케이스를 오름차순이나 내림차순으로 정렬했을 때 중간에 있는 두 개의 케이스의 평균이다. 중위수는 평균과 달리 중심을 벗어난 값에는 영향을 받지 않는 중심경향 측도이며, 상한 극단값 또는 하한 극단값에 따라 달라질 수 있음
  ③ **최빈값**(O) : 가장 자주 발생하는 값으로서 여러 값에서 최대 발생 빈도를 공유

하는 경우 각각을 최빈값이라고 한다. 빈도분석 프로시저는 여러 최빈값 중에서 가장 작은 최빈값만 보고함

④ **합계**(S) : 비결측값을 갖는 전체 케이스 값의 총계임

- **산포도** : 데이터에 분포되어 있는 변동의 양을 측정하는 통계에는 표준편차, 분산, 범위, 최소값, 최대값, 평균의 표준오차 등이 있음

① **표준화 편차**(T) : 평균에 대한 산포 측도이다. 정규분포에서 케이스의 68%는 평균의 표준편차 내에 있으며 케이스의 95%는 2배 표준편차 내에 있다. 예를 들어, 평균연령이 45세이고 표준편차가 10인 경우 정규분포 내에서 95% 케이스는 25세와 65세 사이에 있음

② **분산**(V) : 평균에 대한 산포 측도로, 평균으로부터의 제곱합 편차를 케이스 수에서 1을 뺀 값으로 나눈 값과 같으며 분산은 변수 자체의 제곱 단위로 측정됨

③ **범위**(N) : 숫자변수의 가장 큰 값과 가장 작은 값의 차이로 최대값에서 최소값을 뺀 값을 의미

④ **최소값**(I) : 숫자변수의 가장 작은 값

⑤ **최대값**(X) : 숫자변수의 가장 큰 값

⑥ **평균의 표준오차**(E) : 동일 분포로부터 선택한 표본 간에 발생할 수 있는 평균값의 차이에 대한 측도로서 이 값을 사용하여 관측 평균과 가설 값을 간략하게 비교할 수 있다. 즉, 표준오차에 대한 차이 비율이 -2보다 작거나 +2보다 큰 경우 두 값이 다르다고 판단할 수 있음

- **사후분포 특성화**(Z) : 첨도와 왜도는 분포의 형태와 대칭을 설명하는 통계인데 표준오차와 함께 표시됨

① **왜도**(W) : 분포의 비대칭성에 대한 측도인데 정규분포는 대칭이므로 왜도 값이 0이고 양의 왜도가 많은 분포는 오른쪽이 길다. 유의한 음의 왜도를 가지는 분포에는 왼쪽으로 긴 꼬리가 나타난다. 왜도값이 표준오차의 두 배를 넘는 것은 대칭에서 벗어난 정도를 나타냄

② **첨도**(K) : 이상값이 있는 정도에 대한 측도로서 정규분포의 경우 첨도 통계값은 0이다. 양의 첨도는 데이터가 정규분포보다 극단적인 이상값을 나타냄을 표시하며, 음의 첨도는 데이터가 정규분포보다 극단적인 이상값을 나타냄을 표시

'**차트**(C)'를 클릭하면 그림 6-2와 같은 대화상자가 열리고 연속형 변수인 경우에는 '차트 유형'에서 '히스토그램'을 선택한다.

3 빈도분석의 결과

3.1 범주형 빈도분석의 결과 해석 예제 3.sav

결측값이 없는 자료인 경우 퍼센트와 유효 퍼센트가 동일하므로 어떤 것을 사용해도 무방하지만 결측값이 있는 자료일 때 퍼센트는 결측값을 합계에 포함시키므로 결측값을 고려하고 싶지 않을 때는 유효 퍼센트를 사용한다.

[표 6-1] 성별 빈도표

	빈도	퍼센트
남자	156	31.2
여자	344	68.8
합계	500	100.0

전체 조사대상은 500명이고 이 가운데 남자는 156명으로 31.2%이며, 여자는 344명으로 68.8%이다. 표의 내용이 간단할 경우에는 표를 제시하지 않고 서술하여도 상관없다.

3.2 연속형 빈도분석의 결과 해석 예제 5.sav

[표 6-2] 분석 결과 1. 교과 내용의 빈도표

		빈도	퍼센트	유효 퍼센트	누적 퍼센트
유효	10.00	3	.8	.8	.8
	11.00	2	.6	.6	1.4
	12.00	10	2.8	2.8	4.2
	13.00	17	4.7	4.7	8.9
	14.00	14	3.9	3.9	12.8
	15.00	21	5.8	5.8	18.7
	16.00	23	6.4	6.4	25.1
	17.00	18	5.0	5.0	30.1
	18.00	29	8.1	8.1	38.2
	19.00	41	11.4	11.4	49.6
	20.00	36	10.0	10.0	59.6
	21.00	35	9.7	9.7	69.4
	22.00	26	7.2	7.2	76.6
	23.00	43	12.0	12.0	88.6
	24.00	30	8.4	8.4	96.9
	25.00	11	3.1	3.1	100.0
	전체	359	100.0	100.0	

[표 6-3] 분석 결과 2. 교과 내용의 통계량

N	유효	359
	결측	0
평균		19.1922
표준화 평균 오차		.19119
중위수		20.0000
최빈값		23.00
표준화 편차		3.62245
분산		13.122
왜도		-.415
표준화 왜도 오차		.129
첨도		-.695
표준화 첨도 오차		.257
범위		15.00
최소값		10.00
최대값		25.00
합계		6890.00
백분위수	25	16.0000
	30	17.0000
	50	20.0000
	70	22.0000
	75	22.0000

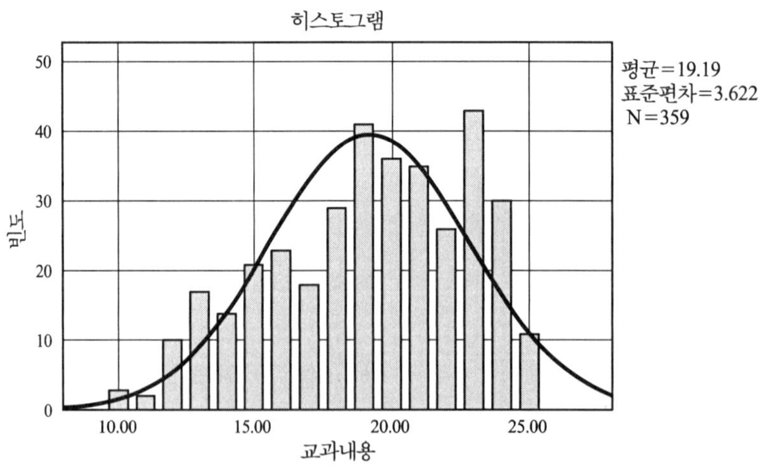

[그림 6-5] 교과 내용의 히스토그램

Chapter 07

기술통계[1)2)3)]

1 기술통계의 개요

기술통계(Descriptive statistics) 프로시저는 변수에 대한 일변량 요약 통계량을 보여준다. 즉, 주어진 자료를 요약해 주는 통계량을 계산하고 표준화하기 위하여 사용되는데 기술통계분석 결과는 빈도분석의 통계량과 거의 유사하지만 빈도분석은 주로 질적 변수의 분석에 사용되고 기술통계분석은 양적 변수를 분석하는 데 사용된다는 차이점이 있다.

평균과 표준화 편차는 등간 · 비율척도의 정보를 가장 잘 요약해 주는 기능으로서 기초적이지만 매우 중요하다. 기술통계분석을 이용해 정규분포성을 검정할 수도 있으며 각 변수값을 표준화할 수도 있다. 이 표준화된 값은 하나의 변수로 데이터 편집기에 저장할 수도 있다. 저장된 표준화 값을 이용하여 도표를 그릴 수 있으며, 표준화 변수가 변수목록에 추가되어 분석에 사용할 수 있다. 비교하려는 두 변수의 측정단위가 다를 경우, 표준화 값을 계산하면 단위와 무관한 시각적인 비교가 가능하다.

1) 데이타솔루션 컨설팅팀(2013). SPSS Statistics 기술통계와 상관분석, 데이타솔루션.
2) 우수명(2018). 마우스로 잡는 24.0 SPSS, 양서원.
3) 성태제(2007). SPSS/AMOS를 이용한 알기 쉬운 통계분석, 학지사.

기술통계분석에 이용하는 변수는 정규 이론에 근거한 연속형 변수를 가정하며, 범주형 변수나 심각한 좌우 비대칭인 변수는 피하는 것이 좋다. **리커트 척도(Likert scale)** 중 5점 척도의 경우, 서열척도이지만 일반적으로 등간척도로 가정하여 기술통계분석에도 이용한다.

SPSS Statistics의 기술통계분석은 데이터가 갖고 있는 특성을 파악할 수 있도록 데이터의 중심경향을 나타내는 **평균(mean)**, 산포의 정도를 나타내는 **분산(variance)** 그리고 분포의 형태를 나타내는 **왜도(skewness)**와 **첨도(kurtosis)** 등의 통계량을 제공한다.

2 기술통계의 실행 예제 2.sav

2.1 기술통계분석의 실행

기술통계의 분석방법은 빈도분석의 실행방법과 유사한데 가장 먼저, 상위메뉴의 '분석(A)'에서 '기술통계량(E)'의 '기술통계(D)'를 선택하면 그림 7-1과 같은 대화상자가 나타난다.

상위메뉴 〉 분석(A) 〉 기술통계량(E) 〉 기술통계(D)

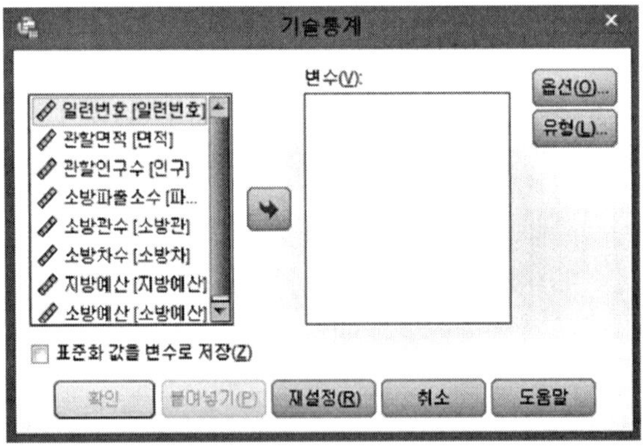

[그림 7-1] 기술통계분석 대화상자

대화상자에서 기술통계분석을 수행할 변수들을 이동한 다음 옵션을 선택하는데, 변수들은 평균을 구할 수 있는 등간, 비율척도 변수이어야 한다. 예를 들어, 성별, 학력, 직위 등은 명목이나 서열척도이므로 평균을 구하는 것이 큰 의미가 없으며, 연령, 경력, 급여와 같은 변수들은 비율척도이므로 평균을 구하는 것이 의미 있다. 간혹 만족도와 같은 변수는 5점 리커트 척도이므로 원칙적으로 서열척도라서 평균을 구할 수 없지만, 사회과학 분야에서는 관습적이거나 편의상 4점이나 5점 척도의 평균을 구하기도 하는데 5점 척도의 경우, 정규분포와 결과의 해석에만 유의하면 크게 문제가 없는 것으로 간주한다.

2.2 기술통계분석의 옵션

그림 7-1의 대화상자에서 '옵션(O)'을 클릭하면 그림 7-2와 같은 대화상자가 나타나며, 분석하고자 하는 목적에 맞게 옵션을 선택하면 된다.

- **평균**(M) 및 **합계**(S) : 평균이나 산술평균이 기본적으로 표시됨
- **산포도** : 데이터의 산포도나 변동을 측정하는 통계에는 표준화 편차, 분산, 범위, 최소값, 최대값, 평균의 표준오차가 포함됨
  ① **표준화 편차**(T) : 평균에 대한 산포 측도로서 정규분포에서 케이스의 68%는 평균의 표준화 편차 내에 있으며 케이스의 95%는 2배 표준화 편차 내에 있음
  ② **분산**(V) : 평균에 대한 산포 측도로, 평균으로부터의 제곱합 편차를 케이스 수에서 1을 뺀 값으로 나눈 값과 같으며, 분산은 변수 자체의 제곱 단위로 측정됨
  ③ **범위**(R) : 숫자변수의 가장 큰 값과 가장 작은 값의 차이로 최대값에서 최소값을 뺀 값을 의미
  ④ **최소값**(N) : 숫자변수의 가장 작은 값
  ⑤ **최대값**(X) : 숫자변수의 가장 큰 값
  ⑥ **평균의 표준오차**(E) : 동일 분포로부터 선택한 표본 간에 발생할 수 있는 평균값의 차이에 대한 측도인데 이 값을 사용하여 관측 평균과 가설 값을 간략하게 비교할 수 있다. 즉, 표준화 오차에 대한 차이 비율이 -2보다 작거나 +2보다 큰 경우 두 값이 다르다고 판단할 수 있음

■ **사후 분포 특성화**(Z) : 첨도와 왜도는 분포의 형태와 대칭의 특성을 나타내는 통계로 표준오차와 함께 표시됨

① **첨도**(K) : 이상값이 있는 정도에 대한 측도로서 정규분포의 경우 첨도는 0이다. 양의 첨도는 데이터가 정규분포보다 극단적인 이상값을 나타냄을 표시하며, 음의 첨도는 데이터가 정규분포보다 극단적인 이상값을 나타냄을 표시함

② **왜도**(W) : 분포의 비대칭성에 대한 측도로서 정규분포는 대칭이므로 왜도는 0이다. 양의 왜도가 많은 분포는 오른쪽이 길고 유의한 음의 왜도를 가지는 분포에는 왼쪽으로 긴 꼬리가 나타난다. 왜도가 표준화 오차의 두 배를 넘는 것은 대칭에서 벗어난 정도를 나타냄

■ **표시 순서** : 기본적으로 변수는 변수목록에서 선택한 순서대로 표시되고 선택적으로 변수를 문자순 또는 오름차순이나 내림차순으로 출력할 수 있음

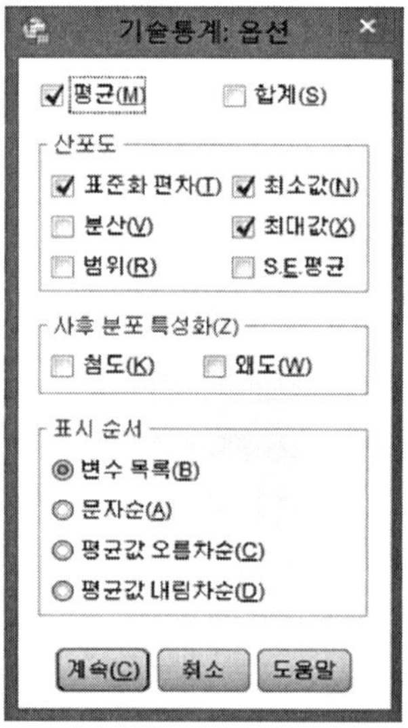

[그림 7-2] 기술통계분석 옵션 대화상자

3 기술통계의 결과

3.1 기술통계의 결과 해석

기술통계분석을 수행하면 표 7-1과 같은 기술통계량 표를 구할 수 있다.

[표 7-1] 기술통계량

	N	최소값	최대값	평균	표준편차
관할면적	16	501.38	19025.32	5671.7469	6274.30751
관할인구수	16	552297	10206851	3024187.38	2907554.566
소방파출소수	16	19	152	51.31	35.443
소방관수	16	331	3041	1110.69	795.442
소방차수	16	136	1071	416.81	268.380
지방예산	16	838992	14565801	3155176.75	3414819.745
소방예산	16	38742	365958	107801.94	89740.654
유효 N(목록별)	16				

선택한 변수에 대한 응답자 수 또는 분석대상의 개수(N), 최소값, 최대값, 평균, 표준화 편차가 각각 얼마인지 보여준다. 유효 N(목록별)은 모든 사례에 유효한 분석대상의 개수를 의미한다. 예를 들면, 소방관 수의 경우, 분석대상은 모두 16곳이며, 최소값은 331명, 최대값은 3,041명이다. 평균은 1,110.69명이고, 표준화 편차는 795.442이다.

3.2 표준화된 값의 변수 저장

표준화는 표준화된 평균편차를 말하는데 사례수와 평균값이 다른 두 집단의 경우에는 표준회 편치나 평균편치가 어느 한쪽이 크거나 작은 것만으로 두 집단의 크기를 크다 작다고 규정할 수 없다. 즉, 두 집단의 사례수와 평균이 다를 경우, 어느 집단의 분산이 더 심한지 알 수 없으며, 이런 경우, 그 집단의 평균을 0, 분산을 1로 만들어주는 평균편차를 표준화한다. 그러면 서로 다른 집단 간의 분산의 크기를 이용해 평균의 크기를 비교할 수 있다. 예를 들어, 2m와 5ft에서 5ft가 숫자가 크다고 해서 더 크다고 말할 수 없는데 이는 단위가 서로 다르기 때문이다. 이들을 쉽게 비교하려면 단위환산을 이용하는데 1ft는 0.3048m이므로 5ft는 1.524m가 되고 5ft보다 2m가 더 크다는 것을 알 수 있다. 따라서 표준화는 평균과 분산을 0과 1로 만들어 줌으로써 상대적인 비교를 쉽게 해준다.

기술통계분석의 옵션 중 '**표준화 값을 변수로 저장**(Z)'을 선택하면, 통계분석이 실행된 이후에 그림 7-3과 같이 데이터 편집기에 표준화 값이 변수로 저장된다.

표준화 값이 변수로 저장된 결과를 살펴보면, 면적의 경우 Z면적으로 앞에 Z가 붙어서 표준화 변수라는 것을 나타내며 개별값의 평균이 0이므로 0보다 큰가 작은가에 따라 각 개별값이 평균보다 큰지 작은지도 알 수 있다.

표준화 값은 **표준점수**라고 하는데 표준점수가 +1.96보다 크거나 -1.96보다 작으면 극단값으로 상하위 5%를 이루고 있는 것을 의미한다. p값을 산출할 때도 이와 같은 원리를 이용한다. 사례수가 적은 일부 데이터의 경우, 표준점수가 ±3보다 큰 값이 나오면 극단값으로 보고 전체 평균값을 왜곡시킬 수 있기 때문에 이를 케이스 선택을 이용하여 제거하기도 한다.

$$Z = \frac{X_i - \overline{X}}{\sigma} \tag{7-1}$$

여기서, Z는 표준점수, X_i는 개별값, $\overline{X}$는 평균, σ는 표준화 편차이다.

만약 평균이 100이며 표준화 편차가 20인 집단에서 개별값 120의 표준점수는 (120−100)/20=1이며, 개별값이 80인 경우 (80−100)/20=−1이다.

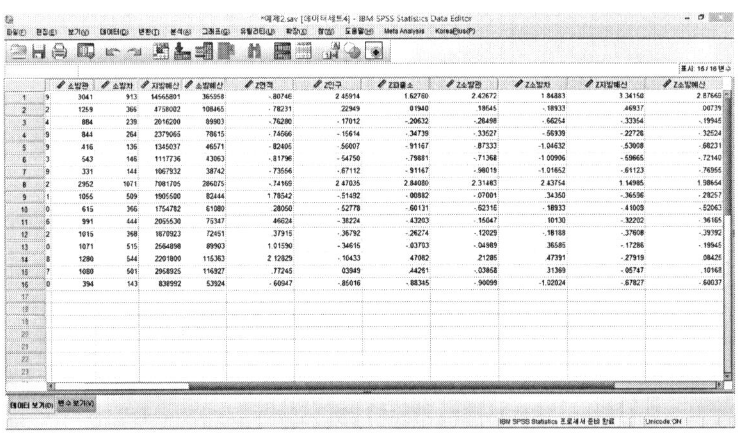

[그림 7-3] 기술통계분석의 표준화된 변수

Chapter 08

교차분석[1)2)]

1 교차분석의 개요

빈도분석은 하나의 변수에 대한 빈도와 비율(%)을 알 수 있을 뿐이지만 **교차분석(Cross tabs)**은 두 개의 변수를 동시에 교차하는 교차 표로 만들어 각각에 해당하는 빈도와 비율에 대한 경우의 수까지 모두 구할 수 있다.

교차분석 프로시저는 두 개 또는 그 이상의 범주형(명목 또는 서열형) 변수 간의 관련 정도를 측정하고 이에 대한 다양한 검정을 제공한다. 교차 표의 구조는 검정이나 측정에 사용할 변수와 그 범주의 수에 따라 결정된다.

교차분석은 독립변수와 종속변수가 모두 명목, 서열척도일 때 사용하는 것이 일반적이다. 특히 비교 대상인 종속변수가 등간, 비율척도일 때 집단별 평균 분석을 사용하고, 평균을 구할 수 없는 척도인 명목, 서열척도인 경우, 교차분석을 사용하는 것이 좋다.

1) 데이타솔루션 컨설팅팀(2013). SPSS Statistics 기술통계와 상관분석, 데이타솔루션.
2) 우수명(2018). 마우스로 잡는 24.0 SPSS, 양서원.

통계량과 결합도는 2차 표에 대해서만 계산되며, 하나 이상의 레이어 변수를 선택하면 레이어 변수의 범주마다 분리된 교차 표가 작성된다. 즉, 교차 분석표 프로시저를 사용하면 이원배치표와 다원 배치표를 만들고 이원배치표에 대한 다양한 검정과 연관 측도를 사용할 수 있다. 테이블의 구조와 범주 정렬 여부에 따라 사용할 검정이나 측도가 결정된다.

교차 분석표 통계와 연관 측도는 이원배치표에 대해서만 계산된다. 행, 열, 레이어 요인(제어변수) 등을 지정하면 각 레이어 요인 값(또는 둘 이상의 제어변수에 대한 값 조합)에 대해 결합한 통계와 측도의 패널을 작성하게 된다. 예를 들어, 성별이 생활(흥미진진, 평범, 무미건조)에 대해 기혼(예, 아니오) 테이블에 대한 레이어 요인인 경우, 여자에 대한 이원배치표 결과가 남자에 대한 이원배치표와는 별도로 분리되어 계산되고 여자에 대한 이원배치표는 남자에 대한 이원배치표 다음에(역으로도 해당) 패널로 인쇄된다.

교차 분석표 데이터 고려 사항은 다음과 같다.

- **데이터** : 각 테이블 변수의 범주를 정의하려면 숫자값이나 문자열 변수(8바이트 이내)값을 사용한다. 예를 들어, 성별의 경우 데이터를 1과 2 또는 남자와 여자로 코딩할 수 있음
- **가정** : 일부 통계와 측도는 통계의 구분에 논의된 대로 정렬된 범주(순서 데이터)나 양적인 값(구간 데이터나 비율 데이터)을 가정한다. 그 밖에 통계와 측도는 테이블 변수에 정렬되지 않은 범주(명목 데이터)가 있을 때 유효하다. 카이제곱 통계(파이 및 Cramér의 V, 분할계수 등)에서는 데이터가 다항분포에서 비롯된 무작위 표본이어야 함

2 교차분석의 실행 예제 7.sav

상위메뉴의 '분석(A)'에서 '기술통계량(E)'의 '교차분석(C)'을 선택하면 그림 8-1과 같은 대화상자가 나타난다.

상위메뉴 〉 분석(A) 〉 기술통계량(E) 〉 교차분석(C)

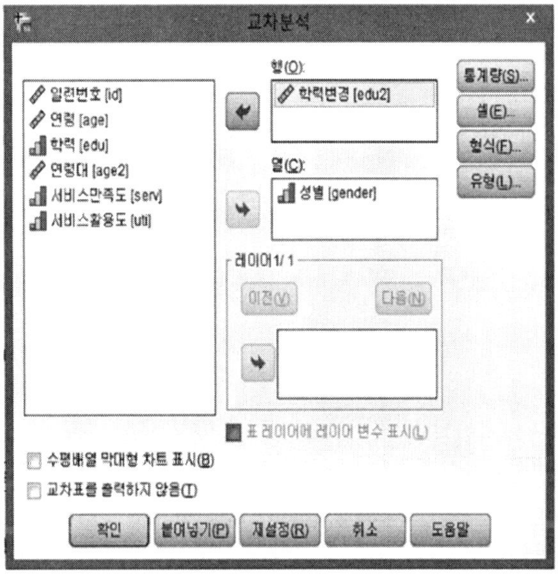

[그림 8-1] 교차분석 대화상자

변수목록에서 교차분석을 할 변수들을 선택해서 '행(O)'에는 종속변수를, '열(C)'에는 독립변수를 이동한다. 하지만 교차분석에서 비교할 두 변수는 반드시 인과관계(독립변수와 종속변수)가 아니어도 상관없으며, 행이나 열에는 여러 개의 변수를 보낼 수도 있고 모두 한 번에 통계 처리할 수 있다. 하지만 열의 경우, 가로로 나타낼 수 있는 변수값이 5~6개 정도일 때, 보기가 편리하므로 독립변수의 값들이 6개 이상이면 독립변수를 행으로 보내는 것이 편리할 수도 있다. 이런 방식은 제한적으로 적용될 수 있는데 '수평 배열 막대형 차트 표시(B)'를 선택하여 교차분석을 시행할 경우, 수평 배열 막대형 차트가 자동으로 표시된다.

대화상자에 나와 있는 항목들은 다음과 같다.

- **레이어** : 하나 이상의 레이어 변수를 선택하면 각 레이어 변수(제어변수)의 범주마다 분리된 교차 분석표가 작성된다. 예를 들어, 행 변수와 열 변수가 하나씩 있고 레이어 변수에 범주가 둘 있을 때, 레이어 변수의 범주마다 이원배치표가 작성된다. 제어변수의 다른 레이어를 작성하려면 다음을 클릭한다. 첫 번째 레이어 변수 범주에 두 번째 레이어 변수가 조합되고 두 번째 레이어 변수 범주에 세 번째 레이어 변수가 조합되는 등의 각 조합의 경우마다 하위 테이블이 생성된다. 통계와 연관 측도가 필요한 경우에는 이원배치 하위 테이블에만 적용됨
- **수평 배열 막대형 차트 표시**(B) : '열(C)'에 있는 변수를 독립변수(기준)로 하여, '행(O)'에 있는 변수의 수평 배열 막대형 차트를 출력함
- **교차표를 출력하지 않음**(T) : 각종 통계량만 구할 때 편리한데 교차 분석표가 출력되지 않음
- **통계량**(S) : 통계량, 카이제곱(χ^2), 상관관계 등 각종 통계량을 구함
- **셀**(E) : 교차 분석표의 각 셀에 출력될 빈도와 기대빈도, 행 · 열 · 전체 비율을 선택하는 옵션
- **형식**(F) : 행에 출력되는 비율의 순서를 오름차순, 내림차순으로 정리해 줌
- **유형**(L) : 교차 분석표의 유형을 정의하는 옵션

'통계량(S)' 버튼을 클릭하면 그림 8-2와 같은 대화상자가 나타나며, 각 옵션의 기능은 다음과 같다.

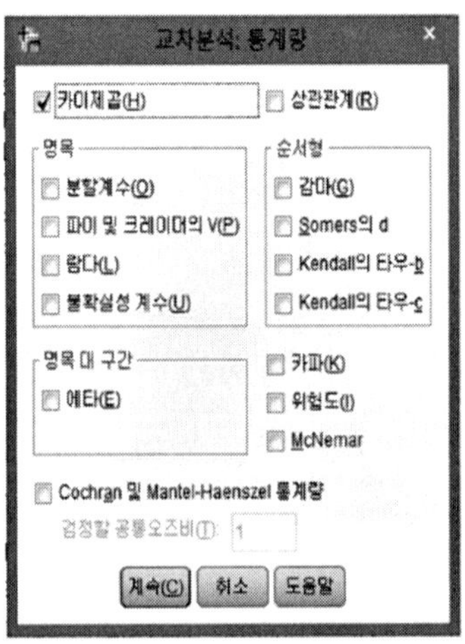

[그림 8-2] 교차분석 통계량 대화상자

- **카이제곱**(H) : 행 두 개와 열두 개가 있는 테이블의 경우, 카이제곱을 선택하여 Pearson 카이제곱, 우도비 카이제곱, Fisher의 정확 검정 및 Yates의 수정 카이제곱(연속수정)을 계산할 수 있다. 2 × 2 테이블의 경우 Fisher의 정확 검정은 더 큰 테이블의 결측 행이나 열로 이루어지지 않은 테이블에 5보다 작은 기대빈도를 가지는 셀이 있을 때 계산된다. Yates의 수정 카이제곱은 다른 모든 2 × 2 테이블에 대해 계산된다. 임의의 수의 행과 열이 있는 테이블에서는 카이제곱을 선택하여 Pearson 카이제곱과 우도비 카이제곱을 계산한다. 두 테이블 모두 변수가 양적인 경우, 카이제곱으로 선형 대 선형 연관 검정을 수행할 수 있음
- **상관관계**(R) : 행과 열에 정렬된 값이 있는 테이블의 경우 상관을 통해 Spearman의 상관계수, rho(숫자 데이터만 사용)를 작성할 수 있다. Spearman의 rho는 순위 순서 간 연관 측도이다. 두 테이블 변수(요인)가 양적인 경우, 상관을 통해 Pearson 상관계수, r, 변수 간 선형 연관 측도를 작성함
- **명목** : 명목 자료(고유한 순서가 없는 데이터)에서는 분할계수, 파이(계수)와 Cramér의 V, 람다(대칭 및 비대칭 람다와 Goodman과 Kruskal의 타우), 불확실성 계수 등을 선택할 수 있음
  ① **분할계수**(O) : 카이제곱을 기반으로 한 연관 측도이다. 값 범위는 0에서 1 사이이며 0은 행 변수와 열 변수 간과 연관이 없음을 나타내고 1에 가까운 값은 변수 간에 높은 연관이 있음을 나타내는데 가능한 최대값은 테이블의 행 수와 열 수에 따라 달라짐
  ② **파이 및 크레이머의 V**(P) : 파이는 카이제곱 통계량을 표본 결과로 나누고 그 결과의 제곱근을 구하는 연관 측도에 기반한 카이제곱으로서 Cramer의 V는 카이제곱을 기반으로 한 연관 측도임
  ③ **람다**(L) : 독립변수의 값이 종속변수의 값을 예측하는 데 사용될 때 오차 내 비례 축소를 반영하는 연관 측도로서 값 1은 독립변수가 종속변수를 완전하게 예측한다는 의미이고, 값 0은 독립변수가 종속변수를 예측하는 데 도움이 되지 않는다는 의미임
  ④ **불확실성 계수**(U) : 하나의 변수값이 다른 변수값을 예측하는 데 사용될 때 오차 내 비례 축소를 나타내는 연관 측도이다. 예를 들어, 값 0.83은 다른 변수값을 예측하는 데 하나의 변수 정보가 오차를 83%까지 축소한 것을 나타낸다. 프로그램에서는 불확실성 계수의 대칭 버전과 비대칭 버전을 모두 계산함

- **순서형** : 행과 열이 모두 정렬된 값을 가질 때 해당 테이블에서는 감마(2원 배치표에 대해 0차 감마, 3원 배치표에서 10원 배치표에 대한 조건 감마), Kendall의 타우-b, Kendall의 타우-c 등을 선택한다. 행 범주로부터 열 범주를 예측할 때는 Somers의 d를 선택함
  ① **감마**(G) : 범위가 -1에서 1 사이인 두 순서변수 간 연관의 대칭적 측도이다. 값이 절대값 1에 가까우면 두 변수 간의 관계가 강함을 나타내며 0에 가까울수록 관계가 적거나 없음을 의미한다. 2원 배치표의 경우 0차 감마가, 3원 배치 이상의 테이블에서는 조건부 감마가 표시됨
  ② **Somers의 d**(S) : 범위가 -1부터 1까지인 두 개의 순서변수 사이의 연관 측도이다. 절대값 1에 가까울수록 두 변수 사이의 연관 정도가 높음을 의미하고, 0에 가까울수록 변수 사이의 관계가 적거나 없음을 의미한다. Somers의 d는 독립변수에 대해 동률이 아닌 대응 수가 포함된 경우에만 달라지는 감마의 비대칭 확장이며, 이 통계의 대칭 버전도 계산됨
  ③ **Kendall의 타우-b**(b) : 동률을 고려하는 순서변수나 순위변수에 대한 비모수 상관 측도이다. 계수의 부호는 관계의 방향을 나타내고 이에 대한 절대값은 강도를 나타낸다. 이때 절대값이 클수록 관계가 더 강력하며, 가능한 값의 범위는 -1부터 1까지이지만 -1 또는 +1 값은 제곱표에서만 구할 수 있음
  ④ **Kendall의 타우-c**(c) : 동률을 무시하는 순서변수에 대한 비모수 연관 측도이다. 계수의 부호는 관계의 방향을 나타내고 이에 대한 절대값은 강도를 나타낸다. 이때 절대값이 클수록 관계가 더 강력하며, 가능한 값의 범위는 -1부터 1까지이지만 -1 또는 +1 값은 제곱표에서만 구할 수 있음
- **명목 대 구간** : 하나의 변수가 범주형이고 다른 변수가 양적일 때 에타를 선택하는데 범주형 변수는 숫자로 코딩되어야 함
  ① **에타**(E) : 0과 1 사이에 존재하는 연관 측도로서, 0은 행 변수와 열 변수 간과 연관이 없음을 나타내고 1에 가까울수록 연관 정도가 높음을 의미
  ② 에타는 구간 척도(예: 수입)에 대해 측정된 종속변수와 범주(예: 성별)의 수가 제한된 독립변수에 적합하다. 두 에타 값이 계산되는데, 하나는 행 변수를 구간변수로 처리하고 다른 하나는 열 변수를 구간변수로 처리함

- **카파**(K) : Cohen의 kappa는 같은 오브젝트에 대해 평가를 하는 두 등급 평가자의 평가 동의 정도를 측정한다. 값 1은 완전 동의를 나타내고 값 0은 동의의 여지가 없음을 나타낸다. Kappa는 행 및 열값이 동일한 척도를 나타내는 제곱표를 기반으로 한다. 하나의 변수에 대한 관측값은 있지만 다른 변수에 대한 관측값은 없는 셀에는 개수 0이 지정된다. 두 개 변수에 대한 데이터 저장 유형(문자열 또는 숫자)이 같지 않을 경우, Kappa가 계산되지 않는다. 문자열 변수의 경우 두 개 변수 모두 정의된 길이가 같아야 함
- **위험도**(I) : 2×2 테이블의 경우, 요인의 존재와 이벤트 발생 간의 연관 강도에 대한 측도이다. 통계의 신뢰구간에 값 1이 포함되어 있으면 요인이 이벤트와 관련되어 있지 않음을 나타낸다. 요인 발생이 드문 경우 오즈비를 상대적 위험의 추정값으로 사용할 수 있음
- **McNemar**(M) : 관련된 두 이분형 변수에 대한 비모수 검정을 수행한다. 카이제곱 분포를 사용하여 반응 변화를 검정하는데 이 검정은 "전후" 계획에서 실험 개입에 따른 반응의 변화를 파악하는 데 유용하며, 더 큰 제곱표에 대해서는 대칭에 대한 McNemar-Bowker 검정이 보고됨
- **Cochran 및 Mantel-Haenszel 통계량**(a) : Cochran 및 Mantel-Haenszel 통계는 하나 이상의 레이어(제어) 변수에 의해 정의되는 공분산 패턴의 조건에 따라 요인변수와 이분형 반응변수 간의 독립성 검정에 사용할 수 있다. 다른 통계는 단계별로 계산되지만, Cochran 및 Mantel-Haenszel 통계는 모든 레이어에 대해 한 번만 계산됨

'셀(E)' 버튼을 클릭하면 그림 8-3과 같은 대화상자가 나타나는데 유의한 카이제곱 검정의 데이터에서 패턴을 확인하기 위해 교차 분석표 프로시저로 관측빈도와 기대빈도 간 차이를 측정하는 잔차의 세 가지 유형과 기대빈도를 표시한다. 테이블의 각 셀에는 선택한 빈도, 퍼센트, 잔차의 조합이 포함되어 있다.

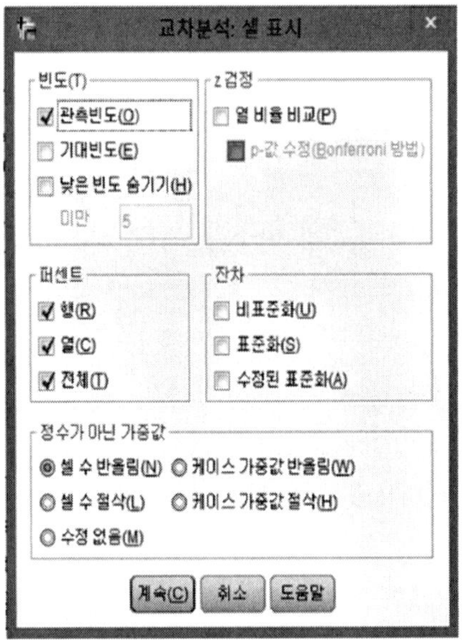

[그림 8-3] 교차분석 셀 대화상자

- **빈도**(T) : 행 변수와 열 변수가 서로 독립된 상태일 때 실제로 관측된 케이스 수와 기대된 케이스 수를 의미한다. 지정된 정수보다 작은 수를 숨기도록 선택할 수 있다. 숨겨진 값은 〈N으로 표시되며 여기서 N은 지정된 정수이다. 0 값이 허용되어 숨겨진 수가 없도록 지정한 경우라도 지정된 정수는 2와 같거나 그 이상이어야 함
  ① **관측빈도**(O) : 교차분석에 이용된 빈도수(응답자 수)로 기본 설정
  ② **기대빈도**(E) : 영가설이 맞을 때 기대되는 빈도
  ③ **낮은 빈도 숨기기**(H) : 특정값보다 작으면 표에서 숨기는 것을 의미
- **Z 검정**
  ① **열 비율 비교**(P) : 이 옵션은 열 비율의 쌍대 비교를 계산하고 지정된 행에 대해 유의적으로 다른 대응 열을 나타낸다. 유의차가 아래 첨자를 사용하여 APA 스타일 형식으로 교차 분석표에 나타나고 0.05 유의수준에서 계산된다. 참고로 관측 빈도나 열 퍼센트를 선택하지 않고 이 옵션이 지정된 경우, 관측 빈도는 열 비율 검정결과를 나타내는 APA 스타일의 아래 첨자로 교차 분석표에 포함됨
  ② **P-값 수정**(Bonferroni 방법) : 열 비율의 쌍대 비교는 다중비교가 행해지는 사건에 대한 관측 유의수준을 조정하는 Bonferroni 수정을 사용함

- **퍼센트** : 퍼센트는 행 가로 방향으로나 열 세로 방향으로 추가될 수 있다. 표(하나의 레이어)에 나타난 총 케이스 수의 퍼센트도 사용할 수 있는데 참고로 작은 수 숨기기가 빈도 그룹에서 선택된 경우, 숨겨진 수와 연관된 퍼센트도 숨겨짐
  ① **행**(R) : 행의 백분율, 교차분석 시 가로로 합계가 100%가 됨
  ② **열**(C) : 열의 백분율, 교차분석 시 세로로 합계가 100%가 됨
  ③ **전체**(T) : 전체 빈도 대비 각 셀의 백분율을 출력
- **잔차** : 원래의 비표준화 잔차로 인해 관측값과 기대값 간의 차이가 나타나는데 표준화 잔차와 수정된 표준화 잔차도 사용할 수 있음
  ① **비표준화**(U) : 관측값과 기대값 간 차이이다. 기대값은 두 변수 간과 관계가 없는 경우, 셀에 기대한 케이스 수이다. 행 변수와 열 변수가 서로 독립적인 경우, 잔차가 양수이면 셀에 예상보다 많은 케이스가 있음을 의미
  ② **표준화**(S) : 표준편차의 추정값으로 나눈 잔차이다. Pearson 잔차라고도 하는 표준화 잔차는 평균이 0이고 표준편차가 1이 됨
  ③ **수정된 표준화**(A) : 셀의 잔차(관측값에서 기대값을 뺀 값)를 표준오차의 추정값으로 나눈 값이다. 결과로 나타나는 표준화 잔차는 평균보다 높거나 낮은 표준편차 단위로 표현됨
- **정수가 아닌 가중값** : 셀 수는 각 셀에 있는 케이스의 수를 나타내기 때문에 일반적으로 정수값이다. 데이터 파일이 분수 값(예: 1.25)이 있는 가중변수로 가중된 경우에는 셀 수가 분수값이 될 수도 있다. 셀 수를 계산하기 전이나 후에 절삭 또는 반올림하거나 테이블 표시와 통계 계산 모두에 분수 셀 수를 사용할 수 있음
  ① **셀 수 반올림**(N) : 케이스 가중값은 그대로 사용하지만, 셀의 누적 가중값은 통계를 계산하기 전에 반올림
  ② **셀 수 절삭**(L) : 케이스 가중값은 그대로 사용하지만, 통계를 계산하기 전에 셀의 누적 가중값을 절삭
  ③ **케이스 가중값 반올림**(W) : 케이스 가중값을 사용하기 전에 반올림
  ④ **케이스 가중값 절삭**(H) : 케이스 가중값을 사용하기 전에 절삭
  ⑤ **수정 없음**(M) : 케이스 가중값을 있는 그대로 사용하고 부분 셀 수를 사용하지만, 표본추출 및 검정에서만 사용할 수 있는 정확한 통계를 요청하면 정확한 검정 통계량을 계산하기 전에 셀의 누적 가중값을 절삭 또는 반올림함

3 교차분석의 결과

3.1 교차분석의 결과 해석

교차분석을 실행하면 표 8-1과 같은 유의미한 빈도(응답자)와 결측값이 얼마인지를 알려주는 케이스 처리 요약이 가장 먼저 출력된다.

[표 8-1] 케이스 처리 요약

	케이스					
	유효		결측		전체	
	N	퍼센트	N	퍼센트	N	퍼센트
학력 * 성별	604	99.2%	5	0.8%	609	100.0%

표 8-2는 교차 분석표로서 표의 왼쪽 세로축에는 행으로 이동했던 변수인 학력이 있으며, 표의 상단 가로축에는 열로 이동했던 변수인 성별이 있고 표의 아래쪽과 오른쪽에는 전체가 있다.

학력이 고등학교 졸업 이하인 사람은 모두 102명이며, 16.9%이다. 전체 응답자 604명 중이며, 성별의 오른쪽 전체에 있다. 전문대학 졸업인 사람은 276명으로 45.7%, 대학교 이상은 226명으로 37.4%이다.

성별이 남자인 경우는 표의 아래쪽 전체를 보면 알 수 있듯이 421명으로 전체 604명의 69.7%이다.

빈도는 각각 응답한 빈도(인원수)가 얼마인지 알려준다. 남자이면서 고졸 이하 학력인 사람은 81명, 남자면서 전문대학 학력인 사람은 202명, 남자면서 대학교 이상 학력인 사람은 138명, 여자면서 대학교 이상 학력인 사람은 88명 등 각 셀에 해당하는 인원수가 몇 명인지 알려준다.

학력 중 %는 학력의 %를 나타내는데 셀에서 행을 선택한 경우, 학력 중 %라는 결과가 출력되고, 성별 중 %는 성별의 %를 나타내는데 셀에서 열을 선택한 경우, 성별 중 %라는 결과가 출력된다. 그리고 전체 %는 총 빈도 대비 비율을 나타낸다. 셀에서 전체를 선택한 경우, 전체 %라는 결과가 출력된다. 교차분석을 할 경우, 독립변수에 해당하는 열 퍼센트 옵션만 선택하는 것이 좋다. 예를 들면, 성별(독립변수)에 따라 학력(종속변수)의 분포를 알고 싶을 때, 셀에서 '열(C)'만을 선택하면 성별 중 %만 결과에서 출력되는데 보다 쉽게 성별(독립변수)의 분포를 알 수 있으므로 더 편리하다.

[표 8-2] 교차 분석표

			성별		전체
			남자	여자	
학력	고등학교 이하	빈도	81	21	102
		학력 중 %	79.4%	20.6%	100.0%
		성별 중 %	19.2%	11.5%	16.9%
		전체 중 %	13.4%	3.5%	16.9%
	전문대학	빈도	202	74	276
		학력 중 %	73.2%	26.8%	100.0%
		성별 중 %	48.0%	40.4%	45.7%
		전체 중 %	33.4%	12.3%	45.7%
	대학교 이상	빈도	138	88	226
		학력 중 %	61.1%	38.9%	100.0%
		성별 중 %	32.8%	48.1%	37.4%
		전체 중 %	22.8%	14.6%	37.4%
전체		빈도	421	183	604
		학력 중 %	69.7%	30.3%	100.0%
		성별 중 %	100.0%	100.0%	100.0%
		전체 중 %	69.7%	30.3%	100.0%

3.2 세 변수 이상의 교차분석

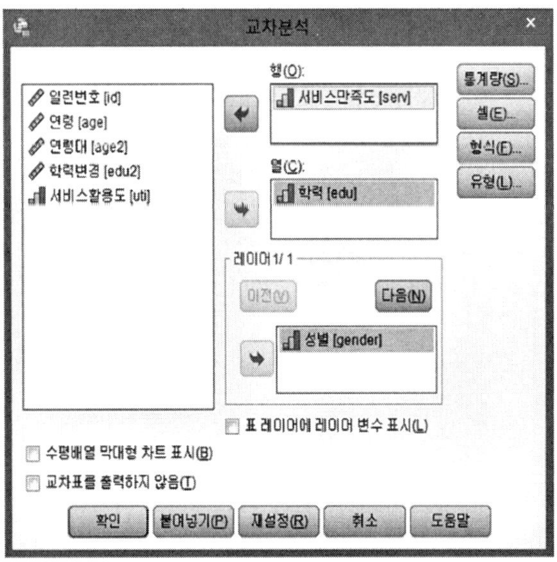

[그림 8-4] 교차분석 대화상자에서 레이어의 활용

교차분석을 통해 성별로 학력에 따른 서비스 만족도 분포를 알고 싶으면, 상위메뉴의 '데이터(D)'에 있는 '케이스 선택(S)'을 이용해 성별을 남자로 조건문을 지정한 다음, 학력과 직위를 교차분석하고 다시 상위메뉴의 '데이터(D)'에 있는 '케이스 선택(S)'을 이용해 성별을 여자로 선택하고 학력과 서비스 만족도를 교차분석하는 방법이 있지만, 너무 복잡하고 번거롭다. 이럴 때는 대화상자에서 '레이어 1/1'의 기능을 이용하는 것이 편리한데 그림 8-4와 같이 서비스 만족도를 '행(O)'으로, 학력을 '열(C)'로, 성별은 '레이어'로 이동한 다음 옵션을 선택하고 실행하면 세 변수 이상의 교차 분석표를 구할 수 있다.

Chapter 09

평균분석

1 평균분석의 개요[1]

평균분석(Means analysis)은 독립변수의 각 항목별로 종속변수의 평균이 얼마인지 알아볼 수 있다. 예를 들면 성별에 따른 직장만족도의 차이가 있는지 알고 싶을 때, 남자와 여자의 직장만족도 평균과 표준화 편차를 구해서 비교할 수 있다. 물론 상위메뉴의 '데이터(D)'에 있는 '케이스 선택(S)'에서 조건을 통해 남자와 여자의 평균 직장만족도를 두 번 계산하는 작업을 이용할 수도 있지만 매우 번거로운 작업이다.

집단별 평균분석은 비교하고자 하는 종속변수가 등간, 비율척도인 경우, 또는 5점 리커트 척도처럼 등간척도로 가정된 척도이어야만 사용할 수 있다. 종속변수가 학력이나 성별처럼 평균을 구할 수 없는 척도라면 교차분석을 이용해야 한다.

성별에 따른 직장만족도 평균의 차이가 정말 모집단의 평균 차이인지 아닌지 가설검정을 하는 것은 T 검정이나 분산분석(변량분석, ANOVA) 등의 통계 분석방법으로 알아낼 수 있다.

평균의 비교에 대해 추가적으로 살펴보면 다음과 같이 구분할 수 있다.

- **독립표본 T 검정** : 독립된 두 집단에 대한 특정한 한 변수의 평균을 비교하고자 할 때 T 검정을 사용할 수 있다. 예를 들어, 남자와 여자는 '성별'이라는 변수에 의해

1) 데이타솔루션 컨설팅팀(2013). SPSS Statistics 초보자 가이드, 데이타솔루션.

두 개의 독립된 집단으로 볼 수 있으며, 남자와 여자의 직장만족도의 평균이 같은지를 판단하는 T 검정을 수행할 수 있다.

- **대응표본 T 검정** : 동일한 개체의 두 개 관측값이 있거나 동일한 개체는 아니지만 하나의 관측값이 다른 관측값과 밀접한 관계가 있는 경우의 데이터를 대응표본이라고 한다. 예를 들어 특강을 수강하기 전의 성적과 수강한 다음의 성적을 비교한다든지 하는 경우가 해당한다.
- **일표본 T 검정** : 대졸 이상의 학력을 가진 사람들의 어학성적이 국가 평균 어학성적과 같은지를 검정할 수 있다. 대졸 이상의 학력을 가진 사람들의 케이스를 선택한 다음 일표본 T 검정 프로시저를 사용하여 어학성적을 검정값 80(국가 평균 어학성적)과 비교한다.
- **일원배치 분산분석** : 교육수준 변수에 의해 3개의 독립된 집단으로 나눌 수 있다. 일원배치 분산분석 프로시저를 사용하여 이런 3개 독립 집단 간에 어학성적이 유의한 차이가 있는지를 검정할 수 있다.

2 집단별 평균분석의 실행 예제 5.sav

독립변수의 각 집단별로 종속변수의 평균을 비교할 때, 상위메뉴의 '분석(A)'에서 '평균 비교(M)'을 선택하고 하위 메뉴의 '평균분석(M)'을 클릭하면 그림 9-1과 같은 대화상자가 나타난다.

상위메뉴 〉 분석(A) 〉 평균 비교(M) 〉 평균분석(M)

[그림 9-1] 평균분석 대화상자

'종속변수(D)'에 '업무실적'을 이동하고 '독립변수'에 '성별'을 이동한 다음, '옵션(O)'에서 평균, 케이스 수, 표준편차를 선택한 후 분석을 실행한다. 분석 결과를 살펴보면, 표 9-1과 같은 '케이스 처리 요약' 표가 나타나는데 통계 분석에 사용된 케이스 수와 결측값을 알 수 있다.

[표 9-1] 케이스 처리 요약

	케이스					
	유효		결측		전체	
	N	퍼센트	N	퍼센트	N	퍼센트
업무실적 * 성별	359	100.0%	0	0.0%	359	100.0%

표 9-2의 보고서를 보면, 위쪽에 '업무실적'이라고 표시된 것은 종속변수가 '업무실적'임을 알려주며, 표 안의 성별은 독립변수임을 나타낸다.

남자의 경우, 평균 업무실적이 8.1379이며 표준편차는 1.4109이고 응답자는 203명임을 알 수 있고 여자는 평균 업무실적이 8.5833이며 표준편차는1.36764이고 응답자는 156명임을 알 수 있다. 전체의 경우, 평균 업무실적은 8.3315이며 표준편차는 1.40783이고 응답자는 359명임을 알 수 있으므로 여자가 남자보다 평균 업무실적이 약 0.4454 정도 높은 것을 알 수 있다.

[표 9-2] 보고서

업무실적

성별	평균	N	표준편차
남자	8.1379	203	1.41095
여자	8.5833	156	1.36764
전체	8.3315	359	1.40783

③ 데이터 탐색을 통한 평균비교[2)]

데이터 탐색은 그래프와 함께 평균을 비교할 수 있는 유용한 메뉴이다. 독립변수의 각 집단별로 종속변수의 평균, 95% 신뢰구간, 중앙값, 변량, 표준편차, 첨도와 왜도 등의 정보를 한눈에 보여주며, 상자도표를 통해 두 집단의 평균과 편차를 바로 비교할 수 있다.

상위메뉴의 '분석(A)'에서 '기술통계량(E)'의 '데이터 탐색(E)'을 선택하면 그림 9-2와 같은 대화상자가 나타난다.

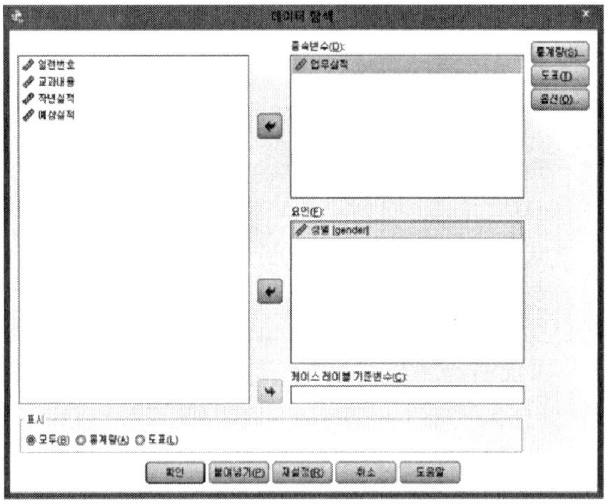

[그림 9-2] 데이터 탐색 대화상자

요인에 명목, 서열척도로 된 독립변수를 선택하고, 종속변수에는 등간, 비율척도로 된 종속변수를 선택한다. 표시는 통계량과 도표 중 하나를 선택할 수 있으며 대화상자 아래쪽의 기본값은 '모두'이다.

2) 우수명(2018). 마우스로 잡는 24.0 SPSS, 양서원.

[표 9-3] 기술통계량

<table>
<tr><th></th><th></th><th colspan="2">성별</th><th>통계량</th><th>표준화 오류</th></tr>
<tr><td rowspan="28">업무실적</td><td rowspan="14">남자</td><td colspan="2">평균</td><td>8.1379</td><td>.09903</td></tr>
<tr><td rowspan="2">평균의 95% 신뢰구간</td><td>하한</td><td>7.9427</td><td></td></tr>
<tr><td>상한</td><td>8.3332</td><td></td></tr>
<tr><td colspan="2">5% 절사평균</td><td>8.1752</td><td></td></tr>
<tr><td colspan="2">중위수</td><td>8.0000</td><td></td></tr>
<tr><td colspan="2">분산</td><td>1.991</td><td></td></tr>
<tr><td colspan="2">표준화 편차</td><td>1.41095</td><td></td></tr>
<tr><td colspan="2">최소값</td><td>5.00</td><td></td></tr>
<tr><td colspan="2">최대값</td><td>10.00</td><td></td></tr>
<tr><td colspan="2">범위</td><td>5.00</td><td></td></tr>
<tr><td colspan="2">사분위수 범위</td><td>2.00</td><td></td></tr>
<tr><td colspan="2">왜도</td><td>-.407</td><td>.171</td></tr>
<tr><td colspan="2">첨도</td><td>-.921</td><td>.340</td></tr>
<tr><td colspan="2">평균</td><td>8.5833</td><td>.10950</td></tr>
<tr><td rowspan="14">여자</td><td rowspan="2">평균의 95% 신뢰구간</td><td>하한</td><td>8.3670</td><td></td></tr>
<tr><td>상한</td><td>8.7996</td><td></td></tr>
<tr><td colspan="2">5% 절사평균</td><td>8.7194</td><td></td></tr>
<tr><td colspan="2">중위수</td><td>9.0000</td><td></td></tr>
<tr><td colspan="2">분산</td><td>1.870</td><td></td></tr>
<tr><td colspan="2">표준화 편차</td><td>1.36764</td><td></td></tr>
<tr><td colspan="2">최소값</td><td>4.00</td><td></td></tr>
<tr><td colspan="2">최대값</td><td>10.00</td><td></td></tr>
<tr><td colspan="2">범위</td><td>6.00</td><td></td></tr>
<tr><td colspan="2">사분위수 범위</td><td>2.00</td><td></td></tr>
<tr><td colspan="2">왜도</td><td>-1.327</td><td>.194</td></tr>
<tr><td colspan="2">첨도</td><td>2.018</td><td>.386</td></tr>
</table>

표 9-3은 기술통계량을 나타내는 표이다. 업무실적에 대하여 남성과 여성별로 각각 평균을 포함한 기술통계량의 정보들이 구분된 상태로 정리되어 있다. 남성의 경우 평균은 8.1379이며, 평균의 95% 신뢰구간은 모집단의 분포에서 7.9427부터 8.3332까지일 확률이 95%라는 의미이다.

■ 5% 절사평균은 신뢰구간 밖에 있는 5% 극단값을 삭제하고 수정된 평균으로 8.1752이다.
■ 중위수는 분포 중 중앙에 위치한 값으로 8.0000이다.
■ 분산은 1.991이며 표준화 편차는 제곱과 같다.
■ 사분위수 범위는 25%와 75% 사이 값의 범위를 의미한다.
■ 왜도는 정규분포 곡선에서 좌우로 기울어진 정도를 의미하며, -.407은 오른쪽으로 약간 기울어졌음을 나타낸다.
■ 첨도는 정규분포 곡선에서 0을 기준으로 위나 아래로 평평하거나 뾰족한 정도를 의미하며 -.921은 거의 정규분포이지만 - 값으로 약간 평평한 상태이다.

그림 9-3은 **상자도표(Boxplot)**인데 안의 상자는 정규분포곡선에서 평균의 95% 신뢰구간 안에 들어있는 값의 범위이며, 상자 밖의 상하로 나타난 선은 최고값과 최소값 중 평균의 95% 신뢰구간을 벗어나는 5%의 극단값을 보여준다. 상자 안에 있는 선은 평균값을 의미한다.

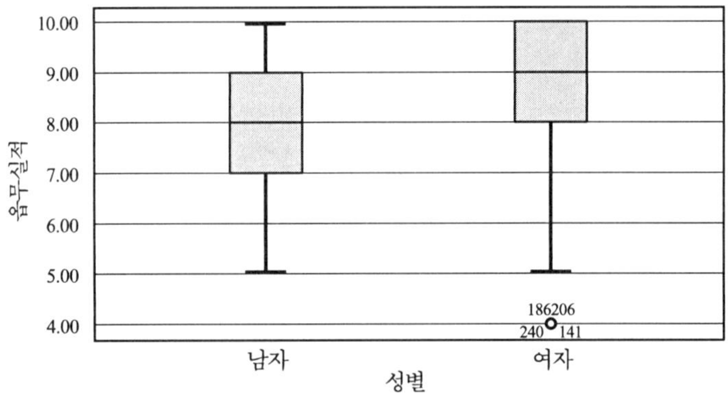

[그림 9-3] 데이터 탐색 상자도표

Chapter 10

다중반응[1)2)3)]

1 다중반응 분석의 개요

설문 조사 시 때때로 하나의 문항에 대해 2개 이상의 응답을 요구하는 경우가 있다. **다중반응(Multiple response)**은 하나의 질문에 여러 개의 응답(복수 선택)이 있는 경우인데 다중반응을 분석하는 것은 두 가지 방법이 있다.

- 범주 개수만큼의 변수를 생성하여 해당 범주를 선택했으면 선택(1)과 비선택(2)으로 코딩 · 입력하는 **이분형(dichotomies)**
- 선택한 수만큼 변수를 생성하여 선택된 범주의 변수값만 코딩 · 입력하는 **범주형(categories)**

하지만 우선순위를 주었을 때는 일반적인 방법으로 다중반응을 구할 수 없기 때문에 이럴 때는 1순위, 2순위 등 우선순위에 **가중값(weight)**을 부여해서 계산한다. 예를 들어, 선호하는 취미활동이 1순위에서는 등산 7명, 요리 3명이 응답하고 2순위에서는 등산이 2명, 요리가 8명이 응답했다고 할 때, 등산의 총 응답자는 9명으로 요리 11명보다 적은 인원이지만 1순위 응답자가 6명으로 요리의 4명보다 많기 때문에 이런 경

1) 데이타솔루션 컨설팅팀(2013). SPSS Statistics 표와 보고서, Maps, 데이타솔루션.
2) 우수명(2018). 마우스로 잡는 24.0 SPSS, 양서원.
3) 성태제(2007). SPSS/AMOS를 이용한 알기 쉬운 통계분석, 학지사.

우, 1순위에 가중값을 부여한다. 가중값은 연구자에 따라 다르게 지정하기도 하며, 변수의 중요성에 따라 다른 수준의 가중값이 부여되기도 한다.

우선 1순위 빈도에 대한 200%의 가중값을 부여하면, 등산은 7명×2(200%)=14점이 되며, 요리는 3명×2(200%)=6점이 된다. 다음은 2순위 빈도에 대한 100%의 가중값을 부여하면 등산은 2명×1(100%)=2점이 되며, 요리는 8명×1(100%)=8점이 된다. 등산과 요리 각각의 가중값 점수를 합산하면 등산은 16점이고 요리는 14점이 되므로 최종 종합점수에서 등산에 대한 선호도가 요리보다 높은 것을 확인할 수 있다. 단. 이런 가중값을 부여하는 비율은 연구자의 타당성 있는 근거나 순위의 중요성을 부각시킬 경우, 다르게 주어질 수 있다.

최근에는 전통적인 가중값 사용법의 객관성이나 이론적 근거의 부족 때문에 1순위 빈도 결과와 다중반응 빈도 결과를 함께 비교하는 방법을 많이 사용한다. 이 방법에서 중요도는 1순위 빈도로, 대중성은 다중반응 빈도로 파악할 수 있기 때문에 두 가지 관점에서 최종적인 결론을 내릴 수 있는 장점이 있다.

2 다중반응 분석의 실행

2.1 범주형 자료의 분석 예제 3.sav

분석을 실행하기에 앞서 먼저 **변수군 정의(define set)**를 해야 하는데 변수군 정의는 다중반응 분석에 사용될 하위 변수들을 지정해 주는 메뉴이다. 따라서 변수군 정의가 끝나야만 다중반응 분석을 수행할 수 있다.

상위메뉴의 '분석(A)'에서 '다중반응(U)'의 '변수군 정의(D)'를 선택하면 그림 10-1과 같은 대화상자가 열린다.

상위메뉴 〉 분석(A) 〉 다중반응(U) 〉 변수군 정의(D)

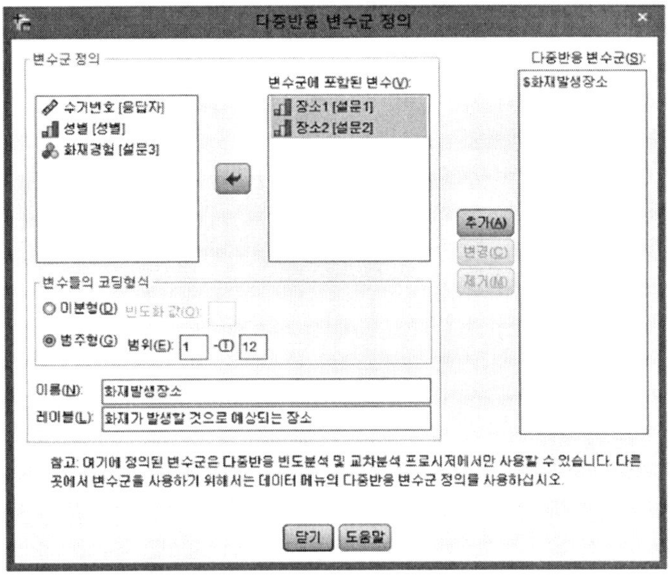

[그림 10-1] 다중반응 변수군 정의 대화상자

다중반응 변수군 정의 프로시저로 기본 변수를 다중 이분형이나 다중 범주형으로 그룹화하여 빈도표와 교차 분석표를 구할 수 있다. 다중반응 변수군을 20개까지 정의할 수 있는데 각 변수군의 이름은 고유한 이름이어야 한다. 변수군을 삭제하려면 다중반응 변수군 목록에서 삭제할 변수군을 선택하고 제거를 클릭한다. 변수군을 바꾸려면 목록에서 선택한 다음 변수군 정의 특성을 수정하고 바꾸기를 클릭한다.

기본 변수를 이분형이나 범주형으로 코딩할 수 있다. 이분형 변수를 사용하려면 이분형을 선택하여 다중 이분형을 작성한다. 개수화 값에 대해 정수값을 입력하는데 개수화 값의 발생이 한 번 이상인 변수는 다중 이분형의 범주가 된다. 범주형을 선택하여 성분 변수와 값 범위가 같은 다중 범주형을 작성한다. 다중 범주형의 범주에 대한 최소 및 최대 범위 값에 해당하는 정수값을 입력한다. 프로시저에서는 모든 성분 변수의 포함 범위에 서로 다른 정수값의 총계를 내는데 빈 범주는 표에 포함되지 않는다.

각 다중반응 변수군에 고유 이름을 7자까지 할당할 수 있으며, 프로시저에는 할당한 변수명 앞에 달러 부호($)가 붙는데 casenum, sysmis, jdate, date, time, length 및 width는 예약된 이름으로 사용할 수 없다. 다중반응 변수군의 이름은 다중반응 프로시저에서만 사용되므로 다른 프로시저에서는 참조할 수 없으며, 선택적으로 다중반응 변수군에 대한 변수 설명 레이블을 입력할 수 있고 레이블은 최대 40자까지 사용할 수 있다.

다중반응으로 처리할 변수 '장소1'과 '장소2' 변수를 '변수군에 포함된 변수(V)'로 이동하고 나서 '변수들의 코딩형식'에서 '범주형(G)'을 선택하고 '범위(E)'에 최소값 1부터 최대값 12까지를 입력한 다음 '이름(N)'과 '레이블(L)'에 원하는 내용을 기재하고 '추가(A)' 버튼을 클릭한다. 끝으로 '닫기' 버튼을 클릭하면 다중반응 변수군 정의 작업이 모두 완료되는데 이때 변수명은 띄어쓰기를 하면 안 된다.

상위메뉴의 '분석(A)'에서 '다중반응(U)'을 선택하면 앞서와 달리 '변수군 정의(D)' 아래에 '빈도분석(F)'과 '교차분석(C)'을 선택할 수 있는데 여기서는 '빈도분석(F)'을 선택하면 그림 10-2와 같은 대화상자가 나타난다.

상위메뉴 〉 분석(A) 〉 다중반응(U) 〉 빈도분석(F)

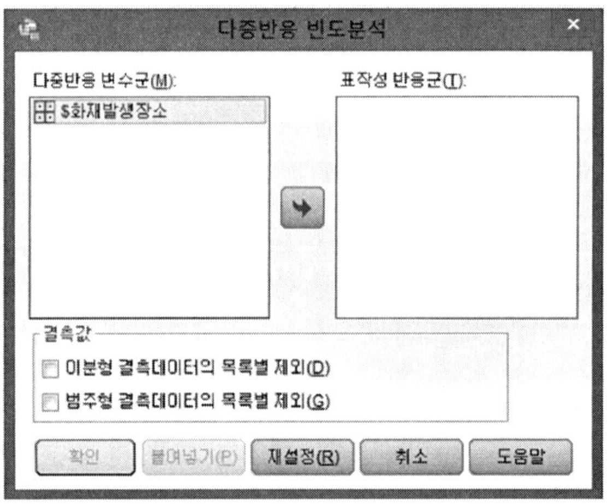

[그림 10-2] 다중반응 빈도분석 대화상자

다중 이분형에서는 결과에 나타난 범주 이름이 그룹의 기본 변수로 정의된 변수 레이블에서 비롯된다. 변수 레이블이 정의되지 않은 경우에는 변수명을 레이블로 사용한다. 다중 범주형에서는 범주 레이블이 그룹의 첫 번째 값 레이블에서 비롯된다. 첫 번째 변수에 대해 누락된 범주가 그룹의 다른 변수에 대해 표시될 때는 결측 범주에 대한 값 레이블을 정의한다.

■ **결측값** : 결측값이 있는 케이스는 표-대-표 기준에서는 제외된다. 선택적으로 다음 중 하나 또는 모두를 선택할 수 있다.

① **이분형 결측데이터의 목록별 제외**(D) : 다중 이분형의 표 작성으로부터 임의의 변수에 대한 결측값이 있는 케이스는 제외한다. 이분형 변수군으로 정의된 다중반응 변수군에만 적용되며, 기본적으로 케이스는 다중 이분형의 성분 변수에 개수화 값이 없을 때 결측된 것으로 간주된다. 일부 변수에 대한 결측값이 있는 케이스는 하나 이상의 변수에 개수화 값이 있을 경우, 그룹의 표 작성 작업에 포함됨

② **범주형 결측데이터의 목록별 제외**(G) : 다중 범주형의 표 작성에서 임의의 변수에 대한 결측값이 있는 케이스는 제외되며, 범주형 변수군으로 정의된 다중반응 변수군에만 적용된다. 기본적으로 케이스는 다중 범주형의 성분 변수에 지정한 범위 내 유효한 값이 없을 때 결측된 것으로 간주됨

'다중반응 변수군(M)'에서 '$화재발생장소'를 선택해서 '표작성 반응군(T)'로 이동시킨 다음 '확인' 버튼을 클릭한다.

다중반응의 결과는 표 10-1과 같은 케이스 요약과 표 10-2의 통계 결과로 나타난다.

[표 10-1] 다중반응 범주형 자료 분석의 케이스 요약

	케이스					
	유효		결측		전체	
	N	퍼센트	N	퍼센트	N	퍼센트
$화재발생장소[a]	500	100.0%	0	0.0%	500	100.0%

a) 범수형 변수 집단

■ 유효 : 유효 응답 사례 수, 다중반응 분석에 사용된 사례 수로 500명이다.

■ 결측 : 결측 응답 사례 수, 다중반응에 어떤 하나라도 응답하지 않은 사례 수로 0명이다.

[표 10-2] 다중반응 범주형 자료 분석의 통계 결과

		반응 N	반응 퍼센트	케이스 중 %
화재가 가장 많이 발생할 것으로 예상되는 장소[a]	주택	115	11.5%	23.0%
	차량	117	11.7%	23.4%
	공장	81	8.1%	16.2%
	음식점	56	5.6%	11.2%
	점포	58	5.8%	11.6%
	창고	100	10.0%	20.0%
	사업장	54	5.4%	10.8%
	숙박시설	109	10.9%	21.8%
	학교	151	15.1%	30.2%
	선박	43	4.3%	8.6%
	시장	29	2.9%	5.8%
	기타	87	8.7%	17.4%
전체		1000	100.0%	200.0%

a) 범주형 변수 집단

전체와 반응의 N(사례 수)이 교차되는 값을 보면, 1,000으로 나와 있는데 이는 500명이 1,000개를 응답한 것을 나타낸다. 전체와 케이스 중 %의 백분율을 보면 200.0%로 나오는데 이는 응답률로 1인당 2개를 응답했다는 것을 나타낸다.

2.2 이분형 자료의 분석 예제 8.sav

공무원 임용시험 준비를 위해 필요한 학습 내용인지 아닌지를 묻는 질문에 대해서 선택이면 '1'로 미선택이면 '0'으로 입력되어 있다.

범주형 자료의 분석과 마찬가지로 분석을 실행하기에 앞서 먼저 **변수군 정의(define set)**를 해야 한다. 상위메뉴의 '분석(A)'에서 '다중반응(U)'의 '변수군 정의(D)'를 선택하면 그림 10-1과 같은 대화상자가 열린다.

상위메뉴 〉 분석(A) 〉 다중반응(U) 〉 변수군 정의(D)

다중반응으로 처리할 변수 '공무원준비' 변수를 '변수군에 포함된 변수(V)'로 이동하고 나서 '변수들의 코딩형식'에서 '이분형(D)'을 선택하고 '빈도화 값(O)'에 선택에 해당하는 1을 입력한 다음 '이름(N)'과 '레이블(L)'에 원하는 내용을 기재하고 '추가(A)' 버튼을 클릭한다. 끝으로 '닫기' 버튼을 클릭하면 다중반응 변수군 정의 작업이 모두 완료된다.

상위메뉴의 '분석(A)'에서 '다중반응(U)'을 선택하면 앞서와 달리 '변수군 정의(D)' 아래에 '빈도분석(F)'과 '교차분석(C)'을 선택할 수 있는데 여기서는 '빈도분석(F)'을 선택하면 그림 10-2와 같은 대화상자가 나타난다.

상위메뉴 〉 분석(A) 〉 다중반응(U) 〉 빈도분석(F)

'다중반응 변수군(M)'에서 '$공무원준비'를 선택해서 '표작성 반응군(T)'로 이동시킨 다음 '확인' 버튼을 클릭한다. 결과 해석은 범주형 자료의 분석과 동일하다.

[표 10-3] 다중반응 이분형 자료 분석의 통계 결과

		반응		케이스 중 %
		N	퍼센트	
공무원 임용시험 준비에 필요한 학습 내용[a]	어학교육	10	16.7%	50.0%
	설비교육	7	11.7%	35.0%
	실무교육	9	15.0%	45.0%
	체력단련	10	16.7%	50.0%
	공학기초	5	8.3%	25.0%
	법학기초	9	15.0%	45.0%
	행정기초	10	16.7%	50.0%
전체		60	100.0%	300.0%

a) 값 1을(를) 가지는 이분형 변수 집단이다.

표 10-3의 통계 결과를 살펴보면, 다중반응은 20명이 60개를 응답하였기 때문에 응답률은 300%, 즉 1인당 평균 3개씩이며 어학교육, 체력단련, 행정기초는 10명, 실무교육과 법학기초는 9명, 설비교육은 7명, 공학기초는 5명이 선택했다.

응답 기준 백분율을 보면, 어학교육, 체력단련, 행정기초는 16.7%임을 나타내고 케이스 중 %를 보면, 어학교육, 체력단련, 행정기초는 50%가 응답한 것을 의미한다.

2.3 다중반응 교차분석

다중반응 교차분석을 수행하기에 앞서 다중반응 빈도분석과 마찬가지로 변수군 정의를 먼저 수행해야만 한다. 변수군 정의가 완료되면 상위메뉴의 '분석(A)'에서 '다중반응(U)'을 선택하면 앞서와 달리 '변수군 정의(D)' 아래에 '빈도분석(F)'과 '교차분석(C)'을 선택할 수 있는데 여기서는 '교차분석(C)'을 선택하면 그림 10-3과 같은 대화상자가 나타난다.

상위메뉴 〉 분석(A) 〉 다중반응(U) 〉 교차분석(C)

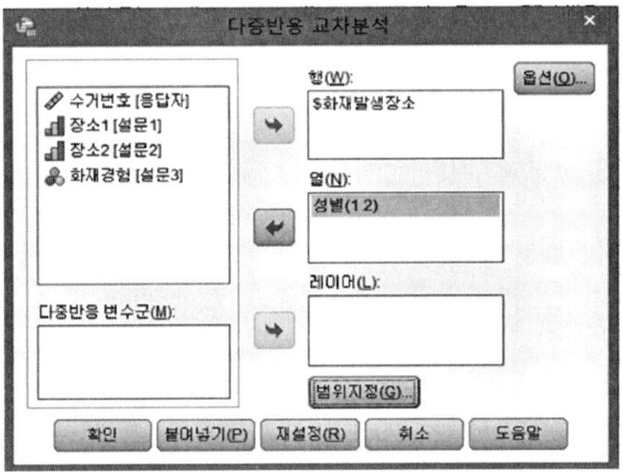

[그림 10-3] 다중반응 교차분석 대화상자

다중반응의 교차분석은 교차분석과 거의 유사하지만 T 검정 독립변수처럼 변수의 범위를 설정해 주어야 한다. 예를 들면, 성별에 따라 화재가 발생할 장소의 다중반응을 교차분석할 경우, 다중반응으로 만들어진 변수의 경우, 범위를 지정할 필요는 없지만 일반 변수인 성별의 변수값 1, 2를 '범위 지정(G)'에서 최소값과 최대값으로 지정해 주어야 한다.

'옵션(O)' 버튼을 클릭하면 그림 10-4와 같은 '옵션' 대화상자가 나타난다.

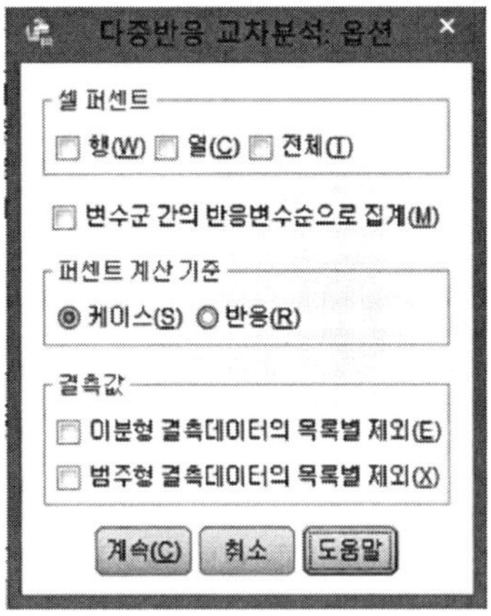

[그림 10-4] 다중반응 교차분석 옵션 대화상자

- **셀 퍼센트** : 셀 개수는 항상 표시된다. 행 퍼센트(W), 열 퍼센트(C), 두 가지 방법의 테이블(전체) 퍼센트(T) 등을 선택하여 표시할 수 있다.
- **퍼센트 계산 기준** : 셀 퍼센트를 케이스(S)(또는 반응자)에 대한 기준으로 삼을 수 있다. 다중 범주형에 대해 변수 일치를 선택할 때는 이렇게 할 수 없다. 셀 퍼센트를 반응(R)에 대한 기준으로 삼을 수 있다. 다중 이분형에서는 반응 수가 케이스에 대한 개수화 값 수와 같다. 다중 범주형에서는 반응 수가 지정 범위 내 값의 수와 같다.
- **결측값** : 다음 중 하나 또는 모두를 선택할 수 있다.
  ① **이분형 결측데이터의 목록별 제외**(E) : 다중 이분형의 표 작성으로부터 임의의 변수에 대한 결측값이 있는 케이스는 제외한다. 이분형 변수군으로 정의된 다중 응답 변수군에만 적용된다. 기본적으로 케이스는 다중 이분형의 성분 변수에 개수화 값이 없을 때 결측된 것으로 간주된다. 일부 변수에 대한 결측값이 있는 케이스는 하나 이상의 변수에 개수화 값이 있을 때 그룹 표에 포함됨
  ② **범주형 결측데이터의 목록별 제외**(X) : 다중 범주형의 표 작성에서 임의의 변수에 대한 결측값이 있는 케이스는 제외된다. 범주형 변수군으로 정의된 다중 응답 변수군에만 적용된다. 기본적으로 케이스는 다중 범주형의 성분 변수에 지정한 범위 내 유효한 값이 없을 때 결측된 것으로 간주됨

기본적으로 두 다중 범주형으로 교차 분석표를 수행할 때 프로시저에서는 두 번째 그룹의 각 변수와 함께 첫 번째 그룹의 각 변수를 교차분석하고 각 셀에 대한 개수를 합한다. 따라서 일부 반응은 테이블에 두 번 이상 나타날 수 있으며, 다음 옵션을 선택할 수 있다.

- 변수군 간의 반응변수 순으로 통합 : 첫 번째 그룹의 첫 번째 변수와 두 번째 그룹의 첫 번째 변수를 대응시키고 첫 번째 그룹의 두 번째 변수와 두 번째 그룹의 두 번째 변수, 이런 식으로 대응시킨다. 이 옵션을 선택한 경우, 프로시저에서는 반응자보다는 반응에 대한 셀 퍼센트를 기준으로 한다. 다중 이분형 또는 기본 변수에 대해서는 대응을 사용할 수 없다.

표 10-4의 다중반응 교차 분석표를 살펴보면, 퍼센트 계산기준 중 응답자 수를 기준으로 한 것이며, 일반적인 교차분석의 결과 해석과 동일하다.

케이스 요약에서는 결측값이 없으므로 500명이 모두 유효 사례 수인 것으로 확인할 수 있다.

학교의 경우, 남자가 156명 중 45명으로 28.8%이다. 여자의 경우, 344명 중 106명으로 30.8%이다. 따라서 학교를 선택한 응답자는 총 500명 중 151명으로 전체 응답자의 30.2%를 차지하고 있다.

[표 10-4] 다중반응 교차 분석표

			반응		케이스 중 %
			N	퍼센트	
화재가 가장 많이 발생할 것으로 예상되는 장소[a)]	주택	빈도	34	81	
		성별 중 %	21.8%	23.5%	
		전체 중 %	6.8%	16.2%	
	차량	빈도	38	79	
		성별 중 %	24.4%	23.0%	
		전체 중 %	7.6%	15.8%	
	공장	빈도	24	57	
		성별 중 %	15.4%	16.6%	
		전체 중 %	4.8%	11.4%	
	음식점	빈도	22	34	
		성별 중 %	14.1%	9.9%	
		전체 중 %	4.4%	6.8%	

			반응		케이스 중 %
			N	퍼센트	
화재가 가장 많이 발생할 것으로 예상되는 장소[a)]	점포	빈도	15	43
		성별 중 %	9.6%	12.5%
		전체 중 %	3.0%	8.6%
	창고	빈도	38	62
		성별 중 %	24.4%	18.0%
		전체 중 %	7.6%	12.4%
	사업장	빈도	20	34
		성별 중 %	12.8%	9.9%
		전체 중 %	4.0%	6.8%
	숙박시설	빈도	38	71
		성별 중 %	24.4%	20.6%
		전체 중 %	7.6%	14.2%
	학교	빈도	45	106
		성별 중 %	28.8%	30.8%
		전체 중 %	9.0%	21.2%
	선박	빈도	13	30
		성별 중 %	8.3%	8.7%
		전체 중 %	2.6%	6.0%
	시장	빈도	6	23
		성별 중 %	3.8%	6.7%
		전체 중 %	1.2%	4.6%
	기타	빈도	19	68
		성별 중 %	12.2%	19.8%
		전체 중 %	3.8%	13.6%
전체		빈도	156	344
		전체 중 %	31.2%	68.8%

퍼센트 및 합계는 빈응자수를 기준으로 한다.
a) 범주형 변수 집단

3 다중반응 분석의 도표 작성 예제 3.sav

SPSS 프로그램은 상위메뉴의 '데이터(D)'에서 '다중반응 변수군 정의(M)'를 이용해 다중반응 결과를 도표로 작성할 수 있다.

'다중반응 변수군 정의(M)' 대화상자를 살펴보면 일반적인 다중반응 변수군 정의처럼 정의하는데 우선 다중반응에 해당하는 '장소1'과 '장소2'를 이동한 다음 범주형 자료를 선택하고 변수명과 설명을 입력한 후 '추가(A)' 버튼을 클릭한다.

상위메뉴 〉 데이터(D) 〉 다중반응 변수군 정의(M)

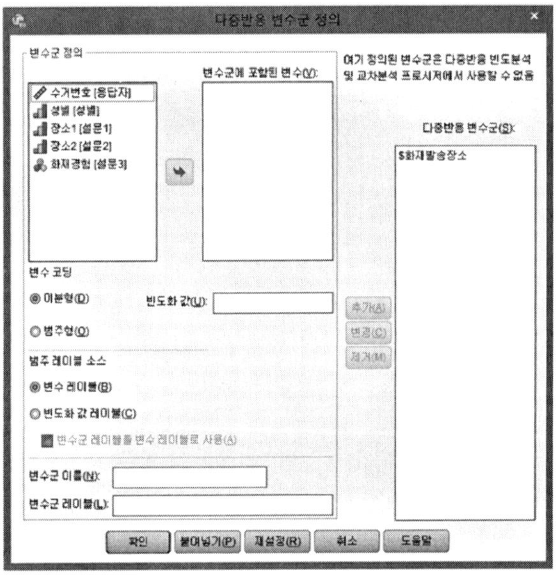

[그림 10-5] 다중반응 변수군 정의 대화상자

다중반응 변수군 정의를 마치면 출력결과 창에 표 10-5와 같은 형태로 다중반응 변수군 정의가 수행되었다는 내용이 나타난다.

[표 10-5] 다중반응 변수군

이름	레이블	코드화 형식	빈도화 값	데이터 유형	기본 변수
$화재발생장소	화재가 많이 발생할 것으로 예상되는 장소	범주	해당 없음	숫자	장소1 장소2

다중반응 변수군 정의가 완성되면 상위메뉴의 '그래프(G)'에서 '차트 작성기(C)'를 선택하고 나서 왼쪽 변수들의 맨 아래로 내려가 다중반응 변수군 정의로 만들어진 변수인 '$화재발생장소'를 선택하면 아래 범주들에 범주들이 나타난다.

상위메뉴 〉 그래프(G) 〉 차트 작성기(C)

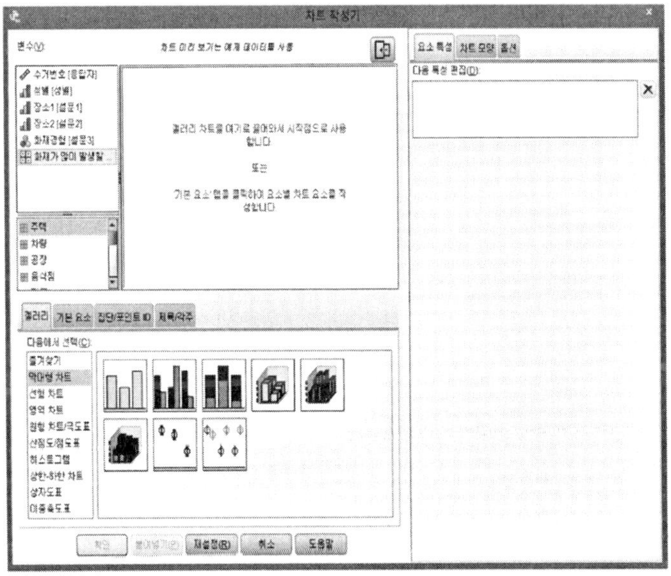

[그림 10-6] 차트 작성기 대화상자

다음은 왼쪽 아래에서 원하는 그래프 종류를 선택해서 상단으로 이동한 다음 왼쪽에 있던 '$화재발생장소'를 마우스로 드래그하여 X축으로 이동시킨 다음 '확인' 버튼을 클릭하면 그림 10-7과 같은 다중반응 변수의 빈도분석 막대형 차트가 나타난다.

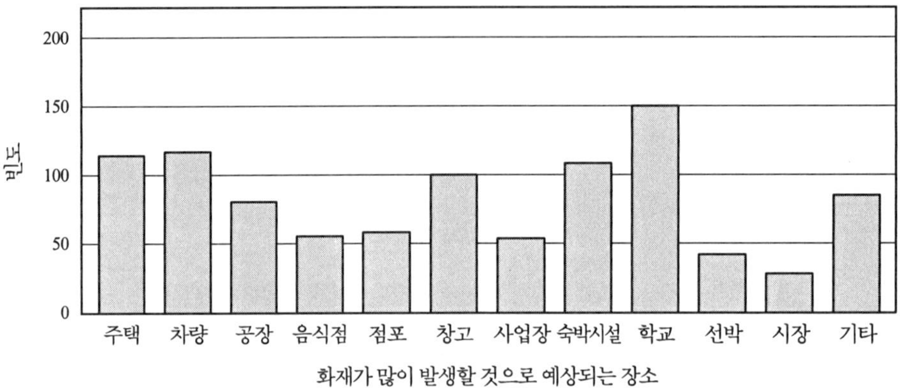

[그림 10-7] 다중반응 변수의 빈도분석 막대형 차트

Chapter 11

카이제곱

1 카이제곱의 개요[1)]

1.1 카이제곱

카이제곱(χ^2) 검정은 두 가지 이상의 질적 변수로 범주형 변수를 분석하기 위한 통계적 방법이다. 예를 들어, 성별에 따른 색상의 선호도, 인종에 따른 눈동자 색 등을 연구할 때 이용한다. 질적 변수인 한 변수의 범주에 따른 다른 변수의 빈도와 비율은 **교차 분석표**로 작성하고 모집단에서 집단 간의 차이가 있는지를 분석하기 위하여 사용하는데 이를 **교차분석**이라고도 한다. 또한, 카이제곱 검정은 하나의 모집단에서 한 표본을 추출하여 상관관계를 검정하는 데 사용할 수 있다.

카이제곱 분포를 사용하여 통계적 검정을 실행할 때 기본 가정은 다음과 같다.

- 종속변수가 명목변수에 의한 질적변수이거나 최소한 범주변수이어야 한다. 예를 들어, 성별이나 인종, 또는 자동차 유형 등을 들 수 있다. 또한, 연속변수를 어떤 목적 하에 비연속변수로 변환한 범주변수의 예로서 지능지수에 따른 집단 구분으로 우수아, 보통아, 저능아 또는 수입에 따른 집단 구분으로 고소득층, 중산층, 저소득층 등을 들 수 있음

1) 성태제(2007). SPSS/AMOS를 이용한 알기 쉬운 통계분석. 학지사.

- 관찰빈도와 기대빈도가 5보다 작은 셀이 전체 셀 수의 20% 이하이어야 한다. 각 범주에 포함된 빈도를 **관찰빈도(obtained frequency)**라 하고 영가설이 참일 때 각 범주에 기대되는 빈도를 **기대빈도(expected frequency)**라고 함
- 각 셀에 떨어져 있는 빈도는 각각 독립적이어야 한다. 예를 들어, 인종별로 분류하고 눈동자의 색으로 분류할 때 동일인이 각기 중복되는 일이 없어야 한다. 즉, 어떤 셀에 해당된 사례는 다른 셀에 해당된 사례와 상관없는 독립적 관계이어야 한다. 따라서 중복응답 문항의 경우에는 카이제곱 검정을 적용할 수 없음

위의 세 가지 기본 가정이 충족되지 않은 상태에서 카이제곱 검정을 사용하는 경우가 자주 있는데 주의해야만 한다.

1.2 카이제곱의 사용 목적

동질성 연구는 여러 모집단으로부터 각각의 표본을 추출하여 각 모집단의 속성이 유사한가를 검정하는 데 목적이 있으며, 상관성 연구는 한 모집단에서 하나의 표본을 추출하여 표본의 각 사례에서 두 변수를 관찰하여 두 변수가 서로 관계가 있는지를 검정하는 방법이다. 동질성 연구나 상관성 연구 모두 동일한 변수로 측정되지만 차이점을 살펴보면, 동질성 연구는 연구의 목적상 여러 개의 모집단에서 각각의 표본을 추출하며, 상관성 연구는 한 모집단에서 하나의 표본을 추출하여 카이제곱 검정을 실시하는 것이다.

카이제곱 검정은 다음과 같은 경우에 사용한다.

- **단일표본의 카이제곱 검정** : 3개 이상의 질적 범주로 구성된 명목변수에서 각 범주의 관찰빈도와 영가설(또는 귀무가설)에 의한 기대빈도 사이에 유의미한 차이가 있는가를 검정하는 적합성 검정방법의 하나임
- **두 독립표본의 카이제곱 검정** : 주어진 자료가 명목변수인 비연속적(질적) 범주로 구성되었을 경우, 두 독립표본(집단) 간의 분포 차이의 유의도를 검정할 때 사용하는 비모수적 추리통계 방법을 말함
- 카이제곱 검정은 둘 이상의 독립표본의 경우에도 사용할 수 있음

1.3 카이제곱의 기본 원리

한 예로서, 조기유학에 대한 남녀 간의 의견 차이가 있는지를 연구하고자 할 때 남녀 각각 100명을 추출하여 찬 · 반 여부를 조사한 결과를 그림 11-1에 나타냈다.

		성별		
		남	여	
찬반여부	찬성	20	60	80
	반대	80	40	120
		100	100	

[그림 11-1] 조기유학 찬 · 성 여부에 대한 조사 결과

남자 100명 중 20명만 찬성하고 여자는 100명 중 60명이 찬성하였다. 비율을 검정하더라도 남자의 찬성 비율은 0.2이고 여자는 0.6이다. 전체적으로 볼 때, 200명 중 80명이 찬성하여 40%가 성별에 관계없이 조기유학을 찬성하였다. 영가설(조기유학에 대하여 찬성하는 남녀 비율이 같다)이 참이라면 남자도 40%에 해당하는 40명이 찬성해야 하고 여자도 40%에 해당하는 40명이 찬성해야 한다. 하지만 남자는 20명, 여자는 60명이 찬성하였다. 이 빈도를 관찰빈도라 하고 영가설 하에서 계산한 남자 40명, 여자 40명을 기대빈도라고 하는데 관찰빈도와 기대빈도의 차이가 없으면 이것은 영가설을 충족하며 그 차이값이 클수록 영가설을 기각하게 된다.

카이제곱 통계량은 다음과 같이 계산한다.

$$\chi^2 = \sum\sum \frac{(\text{관찰빈도} - \text{기대빈도})^2}{\text{기대빈도}} \quad (11\text{-}1)$$

1.4 가설검정의 원리

카이제곱의 검정방법은 카이제곱의 값과 자유도를 공식에 의거하여 산출한 다음 산출된 카이제곱의 값이 영가설 하에서 일어날 수 있는 확률을 확인하여 기각할 것인지 채택할 것인지 결정한다. 이런 독립성의 검정은 종속변수의 분포 차이의 비교를 통하여 영가설의 기각영역을 결정한다.

다음은 남자 100명, 여자 200명을 대상으로 가상으로 수입을 조사한 결과표이다.

[표 11-1] 교차 분석표(빈도/비율)

	남자	여자	합계
저소득층	20 20%	100 50%	120 40%
중산층	40 40%	50 25%	90 30%
고소득층	40 40%	50 25%	90 30%
합계	100 33.3%	200 66.7%	300 100%

두 독립표본의 카이제곱 검정의 공식에 위의 값을 대입하면 된다.

성별 수입분포의 2×3 유관표의 각 값을 식 11-1에 대입한다. 독립집단인 성별에 따라 각 수입의 비율의 차이가 크면 클수록 카이제곱 검정에서 유의미한 차이가 날 확률이 높아지며 이는 기대빈도와 관찰빈도의 차이와 비례한다.

먼저 기대빈도를 구해보면, 기대빈도는 독립집단 간 종속변수의 분포 차이가 없다는 영가설이 발생할 때 기대되는 빈도이다. 기대빈도대로 교차분석의 결과가 나왔다면 성별에 따라 수입의 분포 차이가 없다는 것을 의미한다.

기대빈도는 '(행의 합계 × 열의 합계) / 전체 합계'로 구한다.

기대빈도	남자	여자
저소득층	(120×100)/300=40	(120×200)/300=80
중산층	(90×100)/300=30	(90×200)/300=60
고소득층	(90×100)/300=30	(90×200)/300=60

식 11-1에 의거하여 관찰빈도에서 기대빈도를 뺀 값을 구해보면 다음과 같다.

관찰빈도 – 기대빈도	남자	여자
저소득층	20-40=-20	100-80=20
중산층	40-30=10	50-60=-10
고소득층	40-30=10	50-60=-10

관찰빈도에서 기대빈도를 뺀 값을 제곱하고 나서 각 셀의 기대빈도로 나누면 다음과 같이 된다.

(관찰빈도 - 기대빈도)^2/기대빈도	남자	여자	합계
저소득층	400/40 = 10	400/80 = 5	15
중산층	100/30 = 3.33	100/60 = 1.66	4.99
고소득층	100/30 = 3.33	100/60 = 1.66	4.99
합계	16.66	8.32	24.98

카이제곱은 합계 24.98이며, 카이제곱의 값이 크면 집단 간 차이가 유의미한 것으로서 영가설을 기각하고, 반대로 카이제곱의 값이 작으면 영가설을 채택한다. 카이제곱의 값과 자유도를 통하여 영가설의 기각 여부를 결정한다. **자유도**를 구하는 식은 식 11-2와 같으며 여기서, 자유도는 (2-1) × (3-1) = 2이다.

$$\text{자유도} = (r-1)\times(k-1) \qquad (11\text{-}2)$$

여기서, r은 행의 셀 수이며, k는 열의 셀 수이다.

유의수준(유의도, 근사 유의확률(양측검정), p(probability, 영가설 발생확률)) 또는 연구가설 인정 시 발생오류(1종 오류)를 결정하는 것이 카이제곱과 자유도이다. 이 두 가지 값은 통계 분석을 통하여 바로 볼 수 있다. 영가설은 '~의 차이가 없다', '동일한 집단이다', '같다'라고 잠정적 결론을 내리는 가설이며, 이의 반대개념은 '~의 차이가 있다', '다른 집단이다', '다르다'라고 잠정적 결론을 내리는 연구가설이다.

학계에서는 이런 유의수준(영가설을 기각할 경우의 오류로, 즉 영가설이 맞을 확률)이 0.05 미만, 즉 5% 미만일 때는 영가설을 틀린 것으로 가정하고 연구가설을 인정해도 별문제가 없는 것으로 간주한다. 그리고 유의수준이 0.01 미만일 때는 연구가설이 99.9% 이상 맞기 때문에 영가설을 틀린 것으로 인정해도 오류가 더 낮아 더 정확한 결론이 된다. 물론 오류는 없어지지 않는다. 그래서 p<0.05, p<0.01 등과 같이 연구자가 내린 결론의 오류가 발생할 확률을 제시하는 것이다.

영가설 기각기준을 10% 수준에서 정해도 된다. 단지, 그 경우에도 p<0.1이라고 정확하게 유의수준의 기준을 밝혀 오차의 수준을 알려줘야 한다.

1.5 카이제곱을 사용할 때 주의 사항

- **자유도가 1인 경우** : 전체 사례 수가 30보다 크면서 각 셀의 빈도가 5 이상일 때 적용가능하다. 만약 전체 사례 수가 30보다 적을 때는 2×2 유관표로 코딩변경 후 **피셔의 정확확률 검정법(Fisher' s exact test)**을 사용하거나 척도에 따라 명목이나 서열에 있는 독립성 검정을 사용하는 것이 좋음
- **자유도가 1보다 큰 경우** : 사례 수가 30보다 크면서 5 미만의 기대빈도의 셀이 전체 모든 셀의 20%보다 적고, 모든 셀에 1.00 이상의 기대빈도가 있다면 척도에 관계없이 카이제곱 검정법을 사용해도 무방
- **각 셀의 기대빈도가 5 미만인 경우** : 변수들의 범주를 묶거나 묶을 수 없는 질적 변수인 경우, **이항 검정법(Binominal test)**을 사용
- **비율척도에서 발생하는 실수** : 카이제곱을 사용하여 변수 간의 차이를 검정할 경우, 비율척도나 등간척도의 경우, 주의를 요한다. 위의 가정을 충분하게 충족시키면 되지만 자주 발생하는 실수가 연령, 경력 등과 같은 비율척도를 교차분석으로 분석하고 카이제곱을 사용하여 검정하는 경우이다. 연령을 예로 들면, 20세에서 60세까지 지역주민들을 대상으로 설문 조사를 할 때 변수값의 범위가 40이다. 즉, 카이제곱 교차 분석표의 셀이' 40 × 다른 변수의 범위'가 된다. 이런 경우, 표가 아무런 의미가 없을 수 있다. 연령과 같은 척도를 20대, 30대, 40대, 50대, 60대와 같이 연령대별로 코딩 변경한 후 다시 분석하는 것이 좋다. 이것도 표본 수에 비하여 범위가 넓다면 더 줄여야 함
- **해설 시의 주의** : 카이제곱은 분포의 차이에 의하여 독립적인지 아닌지를 검정한다. 주의할 경우, 연령대에 따라 학력분포를 살펴보면, 낮은 연령대에서 고학력이, 높은 연령대에서 저학력이 많이 나왔다고 해서 연령대가 낮아질수록 학력이 증가하는 경향이 있다는 설명은 하지 않는다. 즉, 카이제곱은 분포의 차이에 중심을 두고 분석하는 것으로 변수 간의 독립성을 검정하지만 상관성을 충분하게 반영하지 않는다. 이런 경우, 통계량 옵션에서 상관관계를 선택하여 상관관계분석을 실시하여 연령대와 학력의 상관성을 분석하는 것이 바람직하다. 즉, 분포의 차이를 중심으로 검정하는 카이제곱 분석의 보완으로 상관관계를 사용하는 것이다. 척도가 서열척도 이상인 경우에 특히 주의해야 함

② 카이제곱의 실행[2) 3)] 예제 7.sav

두 변수의 교차분석을 하며, 독립변수에 따른 종속변수의 분포 차이를 검정하기 위하여 카이제곱을 이용하는데 상위메뉴의 '분석(A)'에서 '기술통계량(E)'의 '교차분석(C)'를 선택하면 그림 11-2와 같은 대화상자가 나타난다.

상위메뉴 〉 분석(A) 〉 기술통계량(E) 〉 교차분석(C)

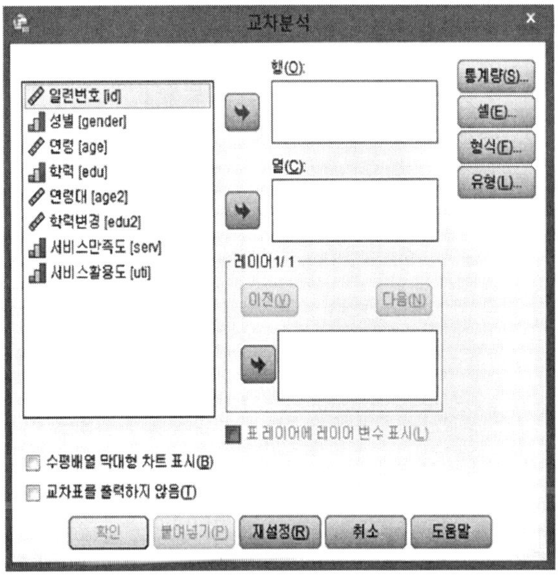

[그림 11-2] 교차분석의 대화상자

좌측 변수목록에서 독립변수를 선택하여 '열(C)'로, 종속변수를 선택하여 '행(R)'으로 이동시킨다. 성별에 따른 학력분포를 분석할 경우, 성별을 열로, 학력을 행으로 보낸다. 이때 행이나 열에는 72개 이상의 변수가 동시에 선택되어 통계처리 될 수 있으므로 여러 변수를 동시에 선택해서 실행해도 된다.

'통계량(S)'을 비롯해 '셀(E)', '형식(F)', '유형(L)'의 옵션에 대해서는 8장 교차분석에서 설명하였으므로 여기서는 생략한다.

---

2) 우수명(2018). 마우스로 잡는 24.0 SPSS, 양서원.
3) 이해평(2006) 재해통계학, 도서출판 동화기술.

3 카이제곱의 결과

(1) 학력과 성별의 카이제곱 검정

[표 11-2] 케이스 처리 요약

	케이스					
	유효		결측		전체	
	N	퍼센트	N	퍼센트	N	퍼센트
학력 * 성별	604	99.2%	5	.8%	609	100.0%

표 11-2의 케이스 처리 요약을 보면, 성별에 따라 학력의 분포 또는 성별과 학력의 교차분석에 사용된 자료는 609명으로 이 가운데 유의미한 자료는 604명이며, 무응답은 5명으로 0.8%임을 알 수 있다.

[표 11-3] 학력 * 성별 교차 분석표

			성별		전체
			남자	여자	
학력	고등학교 이하	빈도	81	21	102
		학력 중 %	79.4%	20.6%	100.0%
		성별 중 %	19.2%	11.5%	16.9%
		전체 %	13.4%	3.5%	16.9%
	전문대학	빈도	202	74	276
		학력 중 %	73.2%	26.8%	100.0%
		성별 중 %	48.0%	40.4%	45.7%
		전체 %	33.4%	12.3%	45.7%
	대학교	빈도	134	78	212
		학력 중 %	63.2%	36.8%	100.0%
		성별 중 %	31.8%	42.6%	35.1%
		전체 %	22.2%	12.9%	35.1%
	대학원 이상	빈도	4	10	14
		학력 중 %	28.6%	71.4%	100.0%
		성별 중 %	1.0%	5.5%	2.3%
		전체 %	.7%	1.7%	2.3%
전체		빈도	421	183	604
		학력 중 %	69.7%	30.3%	100.0%
		성별 중 %	100.0%	100.0%	100.0%
		전체 %	69.7%	30.3%	100.0%

표 11-3의 교차 분석표를 살펴보면, 성별에 따른 학력의 분포를 나타내고 있는데 해석은 교차분석에서 설명한 것과 동일하다. 우선, 성별 구성비를 보면 남자는 421명으로 69.7%를, 여자는 183명으로 30.3%를 차지하는 것으로 나타났다. 학력은 전문대학 졸업자가 276명으로 45.7%로서 가장 높은 비율을 차지하고 있으며, 다음으로는 대학교> 고등학교 이하> 대학원 이상 순인 것으로 나타났다. 따라서 표 8-2로부터 성별 학력에 대한 비율을 상세하게 분석할 수 있다.

[표 11-4] 학력 * 성별 카이제곱 검정

	값	자유도	근사 유의확률(양측검정)
Pearson 카이제곱	21.591[a)]	3	.000
우도비	20.629	3	.000
선형 대 선형결합	17.295	1	.000
유효 케이스 수	604		

a) 1 셀 (12.5%)은(는) 5보다 작은 기대 빈도를 가지는 셀이다. 최소 기대빈도는 4.24이다.

표 11-4는 카이제곱(Pearson Chi-Square) 검정에 대한 결과를 나타내고 있다.

- **Pearson 카이제곱(Chi-Square)** : 카이제곱 검정 결과를 알려준다. 카이제곱 값이 21.591이며, 정규분포곡선에서의 분포처럼 이 값은 카이제곱 분포에서 위치하고 있는 값이다. 21.591[a)]의 a)에 대한 설명은 표 하단에 있음
- **자유도(df, degree of freedom)** : 자유도는 (독립변수 범주의 수-1) × (종속변수 범주의 수-1)로 계산하며 성별 2개, 학력 4개에서 (2-1)×(4-1)=3이 구해짐
- **근사 유의확률(양측검정)(Asymp. Sig. (2-sided))** : p값으로 양측검정의 유의도이다. 유의도는 독립변수에 따라 종속변수의 분포 차이가 없다는 영가설을 기각할 경우, 유의해야 할 수준이며 즉, 영가설이 발생할 수 있는 확률이다. 영가설이 발생할 수 있는 확률이 0.000이므로 영가설이 나오지 않는 것으로 볼 수 있으며, 독립변수인 성별에 따라 종속변수 학력의 분포 차이가 있다고 결론을 내릴 수 있다. 이런 결론을 내릴 경우, 제1종 오류의 발생확률은 $p < 0.001$인 것이다. 따라서 여자의 학력이 남자의 학력보다 고학력자의 비율이 높은 것을 알 수 있음
- **가능도비 또는 우도비(Likelihood Ratio)** : 유의도 $p < 0.001$로 성별에 따라 학력의 분포는 종속적임

- **a. 1셀(12.5%)은(는) 5보다 작은 기대 빈도를 가지는 셀이다** : 기대빈도가 5보다 작은 셀이 1개이며, 이는 전체 셀의 12.5%에 해당하는 비율이다. 따라서 카이제곱의 결과는 신뢰할 수 있는 수준이다. 만약 기대빈도가 5보다 작은 경우의 비율이 20.0% 이상인 경우는 변수값의 코딩변경을 통하여 재조정한 후 검정을 해야 함
- **최소 기대빈도는 4.24이다** : 전체 셀 중에서 최소기대빈도의 값이 4.24라는 것을 알려줌

(2) 학력과 연령대의 카이제곱 검정

[표 11-5] 학력 * 연령대 교차 분석표

			연령대				전체
			20대 이하	30대	40대	50대 이상	
학력	고등학교 이하	빈도	3	15	32	52	102
		학력 중 %	2.9%	14.7%	31.4%	51.0%	100.0%
		연령대 중 %	2.3%	7.7%	20.9%	40.9%	16.9%
		전체 %	.5%	2.5%	5.3%	8.6%	16.9%
	전문대학	빈도	42	101	86	46	275
		학력 중 %	15.3%	36.7%	31.3%	16.7%	100.0%
		연령대 중 %	32.8%	51.5%	56.2%	36.2%	45.5%
		전체 %	7.0%	16.7%	14.2%	7.6%	45.5%
	대학교	빈도	81	72	32	27	212
		학력 중 %	38.2%	34.0%	15.1%	12.7%	100.0%
		연령대 중 %	63.3%	36.7%	20.9%	21.3%	35.1%
		전체 %	13.4%	11.9%	5.3%	4.5%	35.1%
	대학원 이상	빈도	2	8	3	2	15
		학력 중 %	13.3%	53.3%	20.0%	13.3%	100.0%
		연령대 중 %	1.6%	4.1%	2.0%	1.6%	2.5%
		전체 %	.3%	1.3%	.5%	.3%	2.5%
전체		빈도	128	196	153	127	604
		학력 중 %	21.2%	32.5%	25.3%	21.0%	100.0%
		연령대 중 %	100.0%	100.0%	100.0%	100.0%	100.0%
		전체 %	21.2%	32.5%	25.3%	21.0%	100.0%

학력과 연령의 교차분석을 수행하는 과정에서 연령의 범주가 너무 많기 때문에 신뢰도에 문제가 생길 수 있으므로 표 11-5와 같이 연령을 10년 간격으로 연령대별로 코딩변경을 수행하였다.

표 11-6은 카이제곱 검정에 대한 결과이다. 연령대에 따른 학력의 분포에 대한 카이제곱 검정을 살펴보면, 유의미한 차이가 있는 것으로 나타났지만 전체 16개의 셀 중에서 4개 셀의 기대빈도가 5보다 작은 것으로 나타났으며 이는 25.0%에 해당하는 비율로서 이런 경우 학력 또는 연령대를 코딩 변경하여 다시 카이제곱 검정을 수행해야 한다.

[표 11-6] 카이제곱 검정

	값	자유도	근사 유의확률(양측검정)
Pearson 카이제곱	131.128[a)]	9	.000
우도비	127.589	9	.000
선형 대 선형결합	89.242	1	.000
유효 케이스 수	604		

a) 4 셀 (25.0%)은(는) 5보다 작은 기대 빈도를 가지는 셀이다. 최소 기대빈도는 3.15이다.

학력을 코딩변경하기 위해서 대학과 대학원 이상을 같은 학력으로 포함시켜 대학교 이상으로 조정하였다. 표 11-7은 새로 코딩 변경한 연령대별 학력의 분포를 보여주고 있다. 교차 분석표에서 독립변수인 연령대를 기준으로 비율(연령대 중 %)을 보여주고 있기 때문에 해석이 편리하다. 20대의 경우, 대학교 이상의 학력에, 30대는 전문대학과 대학교 이상에, 40대는 전문대학교에, 50대 이상은 고등학교 이하와 전문대학에 높은 비율로 분포해 있음을 확인할 수 있다. 그리고 전체적으로는 전문대학에 비율이 높은 것으로 나타났다.

[표 11-7] 학력변경 * 연령대 교차 분석표

			연령대				전체
			20대 이하	30대	40대	50대 이상	
학력변경	고등학교 이하	빈도	3	15	32	52	102
		연령대 중 %	2.3%	7.7%	20.9%	40.9%	16.9%
	전문대학	빈도	42	101	86	46	275
		연령대 중 %	32.8%	51.5%	56.2%	36.2%	45.5%
	대학교 이상	빈도	83	80	35	29	227
		연령대 중 %	64.8%	40.8%	22.9%	22.8%	37.6%
전체		빈도	128	196	153	127	604
		연령대 중 %	100.0%	100.0%	100.0%	100.0%	100.0%

[표 11-8] 카이제곱 검정

	값	자유도	근사 유의확률(양측검정)
Pearson 카이제곱	125.282[a]	6	.000
우도비	122.994	6	.000
선형 대 선형결합	98.440	1	.000
유효 케이스 수	604		

a) 0 셀 (0.0%)은(는) 5보다 작은 기대 빈도를 가지는 셀이다. 최소 기대빈도는 21.45이다.

표 11-8은 카이제곱 검정에 대한 결과를 나타내고 있는데 앞서 분석한 학력에 대한 코딩 변경을 하지 않은 경우와 달리 기대빈도가 5보다 작은 셀이 한 개도 없는 것으로 나타났으므로 카이제곱 검정 결과는 신뢰할 수 있다. 따라서 연령대별로 학력의 차이가 없다는 영가설이 발생할 확률, 즉 유의도는 $p < 0.001$로 연령대별로 학력의 차이가 유의미한 것으로 나타났다.

(3) 2×2 유관표인 경우의 카이제곱 검정의 결과

성별에 따른 저학력, 고학력의 분포를 비교할 경우, 독립변수, 종속변수 모두 두 개의 집단이다. 이런 경우 자동으로 Fisher의 정확확률 검정 등이 제시된다.

[표 11-9] 카이제곱 검정

	값	자유도	근사 유의확률 (양측검정)	정확한 유의확률 (단측검정)	정확한 유의확률 (양측검정)
Pearson 카이제곱	12.765[a]	1	.000		
연속수정[b]	12.120	1	.000		
우도비	12.580	1	.000		
Fisher의 정확한 검정				.000	.000
선형 대 선형결합	12.744	1	.000		
유효 케이스 수	604				

a) 0 셀 (.0%)은(는) 5보다 작은 기대빈도를 가지는 셀이다. 최소 기대빈도는 68.47이다.
b) 2×2 표에 대해서만 계산됨

Fisher의 정확한 검정(Fisher' s exact test) : 가로 × 세로가 2×2인 유관표의 경우, 기존의 카이제곱 검정결과에 Fisher의 정확한 검정의 결과가 양측검정(2-side)과 단측검정(1-side)으로 나눠서 나타난다. 양측검정은 정확한 유의확률(양측검정)의 유의도를 확인해야 하며, 단측검정 시에는 정확한 유의확률(단측검정)을 보아야 한다. 모두 p〈0.001이므로 통계적으로 분포의 차이가 있음을 알려준다.

Chapter 12
상관분석[1)2)]

1 상관분석의 개요

1.1 상관분석의 정의

변수와 변수 간의 관계로 둘 또는 그 이상의 변수들에서 한 변수가 변함에 따라 다른 변수가 어떻게 변하는 것과 같은 변화의 연관성 정도, 변화의 크기의 정도와 방향을 **상관관계**(correlation)라고 한다. 따라서 **상관분석**(correlation analysis)은 독립변수를 변화시켰을 때, 종속변수가 어떻게 변하는지를 그 변화의 정도와 방향을 예측하여 일려주는 분석을 말한다. 상관분석은 모든 통계분석의 기본이 되며, 변수 간에 관련성이 없으면 다른 분석에서도 의미 있는 통계분석 결과를 얻을 수 없다.

상관관계는 한 변수의 **분산**(또는 **변량**) 중에서 다른 변수와 같이 변화하는 분산, 즉 **공분산**(또는 **공변량**)이 어느 정도 되는가에 따라 결정된다고 볼 수 있다. 변화하는 공변량이 클수록 직선에 가깝고 그러면 상관관계는 높아진다.

---

1) 이해평(2006). 재해통계학, 도서출판 동화기술.
2) 우수명(2018). 마우스로 잡는 24.0 SPSS, 양서원.

1.2 상관계수의 특성

상관계수는 변수 간 관계의 정도와 방향을 하나의 수치로 요약해 표시해 주는 지수로서, 이 관계의 정도는 0에서 1 사이의 절대값으로 나타낸다. 즉, 상관계수는 -1에서 0, 0에서 +1 사이의 값을 취한다. 이때 0에 가까울수록 상관관계는 낮아지며, 절대값 1에 가까울수록 상관관계는 높아진다.

변수 관계의 방향은 양(+)과 음(-)으로 표현하며, 관계의 방향에 따라 한쪽이 증가할 때 다른 쪽도 증가하는 관계, 즉 증감의 방향이 같은 경우, 양(+)의 상관관계가 있으며, 한쪽이 감소할 때, 다른 쪽이 증가하는 관계, 즉 증감의 방향이 반대인 경우, 음(-)의 상관관계가 있는 것으로 본다.

상관계수 값에 의한 결정은 대체로 표 12-1과 같은 영역을 선택하는데 사회과학 분야에서는 각종 조사 분석 시, 상관관계가 가설처럼 높게 나오지 않는 경우가 자주 있다. 낮은 상관관계, 즉 ±0.2부터 ±0.4 미만일지라도 사회과학 분야에서는 중요한 가치를 갖고 있을 경우가 많으므로 함부로 버려서는 안 되므로 해석과 조사결과의 가치에 따라 상관관계를 파악해야만 한다. 하지만 직접적인 연관성이 없는 것이 상관관계가 높다고 무조건 의미 있는 것으로 해석하는 것도 위험하며, 변수와 변수와의 관련성의 논리적 연관성도 무시할 수 없다.

[표 12-1] 상관계수 값의 결정

상관계수	상관관계 정도	상관계수	상관관계 정도
±0.8 이상 ±0.6~0.8 미만 ±0.4~0.6 미만	상관관계가 아주 높다. 상관관계가 높다. 상관관계가 다소 높다.	±0.2~0.4 미만 ±0.2 미만	상관관계가 있지만 낮다. 상관관계가 거의 없다.

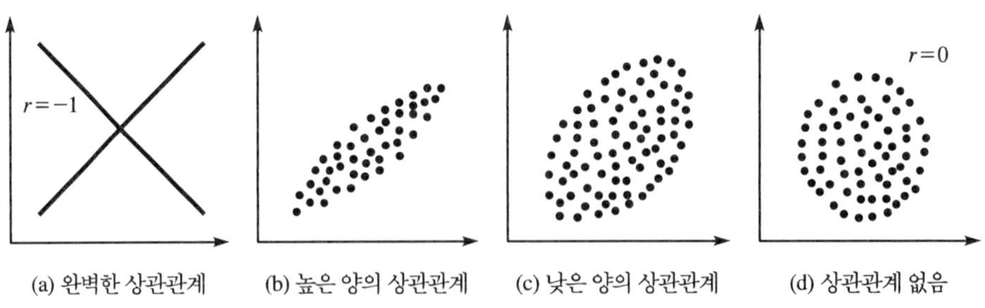

[그림 12-1] 상관계수의 예

그림 12-1은 상관관계의 예를 나타낸 것이다.

(a)의 경우, 두 변수가 직선 관계이면 상관계수는 ±1이 되며 방향에 따라 한쪽이 증가할 때, 다른 쪽도 증가하면 양의 관계($r=1$)이며, 한쪽이 증가할 때 다른 쪽이 감소하면 음의 관계($r=-1$)가 있다고 한다.

(b)의 경우, 두 변수의 상관관계가 높은 경우의 분포도를 나타내며, 직선은 아니지만 직선에 가까운 분포도를 보이고 있다.

(c)의 경우, 두 변수의 상관관계가 낮은 경우의 분포도를 나타내며, 직선보다는 원형에 가깝지만 증가하는 경향이 어느 정도는 나타나며 이런 경향 자체가 중요한 의미를 갖는 경우도 있다.

(d)의 경우, 두 변수의 상관관계가 없는 경우로서 원에 가까운 분포를 나타낸다. —, ㅣ, ∩, ∪ 등과 같은 분포의 경우도 상관관계가 없는 것으로 나타나는데 ∩, ∪와 같은 곡선 관계의 경우에는 상관비(η) 등을 구하여야 한다.

1.3 상관분석의 주의 사항

상관관계는 인과관계가 아닐 수도 있다는 점에 유의해야 한다. 즉, 독립변수와 종속변수의 관계일 수도 있고 아닐 수도 있다. 또한, 특별한 경우를 제외하면 상관관계는 대체로 음의 방향인지 양의 방향인지 관계의 방향이 포함되며, 관계의 정도(상관계수)는 확률적 표현인 만큼 상관계수는 두 변수 관계의 상관성에 대한 예측의 정확도를 나타내는 것이다. 측정값이 아닌 하나의 지수이기 때문에 변수 간 관계의 비율이나 백분율과는 다르므로 상관계수끼리 가감승제는 불가능하고 상관관계의 **결정계수(R^2, 설명력)**는 상관계수를 제곱하여 계산되는 값이다.

1.4 상관관계의 활용

상관분석은 두 변수 간의 관련성 즉, 상관관계를 구할 경우, **단순 상관관계**(simple correlation)라고 하며, **부분** 또는 **편 상관관계**(partial correlation)는 어떤 변수를 통제한 상태에서 두 변수의 상관관계를 구한 것이다. **다중 상관관계**(multiple correlation)는 두 개 이상의 독립변수에 가중값을 부여하여 상관관계를 구하는 것이다.

(1) 변수에 따른 상관관계

표 12-2는 변수가 어떤 척도로 측정되었는지 그 성격에 따라 사용할 수 있는 상관관계를 정리한 것으로 특히, 상관분석에서 사용할 수 있는 것은 음영으로 처리하였으며, 매우 중요하다.

표 12-2에서 하위(명목, 서열)변수에 적합한 상관분석은 상위변수(비율, 등간)에 적용할 수 있지만 반대로의 적용은 안 된다. 즉, 변수의 척도에 따라 달라지는 상관관계 방법에 유의해야 하며, 등간 또는 비율로 측정된 변수가 더 적절하다. 서열변수인 경우도 비교적 다양하게 사용할 수 있으나 정확성은 다소 낮아진다. 적률상관관계, Kendall's tau-b, Spearman의 분석은 상관분석 메뉴에서, 상관비(η)와 기타 상관분석은 교차분석 메뉴의 통계량 옵션에서 각각 구할 수 있다. 상관관계는 두 변수 간의 관계가 인과관계가 아닐 수도 있는데 인과관계라는 가정에 대하여 회귀분석에 비하면 그다지 큰 문제가 되지 않는다.

[표 12-2] 변수에 따른 상관관계

종속변수 \ 독립변수	비연속적 명목변수	연속적 명목변수	서열변수	등간 · 비율변수
비연속적 명목변수	ϕ계수, 유관계수, λ			
연속적 명목변수	Yule's Q	사분 상관관계		
서열변수	등위 양분 상관관계		Spearman's ρ 상관관계 Kendall's tau & W 기타 순위상관관계	
등간 · 비율변수	Cramer's V 양류상관관계 상관비(η)	양분 상관관계	다류 상관관계	Pearson 적률상관관계 상관비(η)

(2) 등간 · 비율변수의 상관관계

Pearson 상관관계(Pearson's correlation) 또는 **적률상관관계**(product-moment correlation)는 두 변수가 등간 또는 비율척도로 측정된 변수일 때 가장 많이 사용하는 상관분석이다. Pearson 상관관계의 경우, 두 변수 간 직선 관계이어야 하며, 각 행과 열의 분산도가 비슷해야 하고, 적어도 한 변수가 정상분포를 이루고 있어야 하지만 적은 사례일 경우에는 신뢰할 수 없는 단점이 있다.

상관비는 곡선 관계에 있는 두 변수 간의 단순 상관계수 산출방법으로 상관비는 η로 표시한다. 두 변수가 직선 관계인지, 곡선 관계인지는 도표 등과 같은 그래프를 그려보면 알 수 있으며 교차분석의 통계 옵션 메뉴에서 선택한다.

(3) 서열변수의 상관관계

스피어만의 서열 상관관계(Spearman's rank order correlation)는 독립, 종속변수가 서열변수인 경우, 단순 상관관계를 산출한다. ρ로 표시하며 값은 적률상관관계와 동일하게 −1.0~0~+1.0의 값을 취한다. 주어진 자료의 등간성이 의문시되거나 변수들 점수가 극단적 분포를 나타내거나, 척도나 점수의 의미가 서열적인 경우, Pearson의 r(적률상관관계) 대신 사용하는 것이 편리하다. 스피어만의 R계수도 있는데 이는 서열 상관관계로 사례 수가 많거나 두 변수 간의 순위의 차이가 커서 계산량이 많을 때 사용하면 편리하지만 정확도가 떨어진다.

Kendall's tau-b는 독립변수와 종속변수가 서열변수일 때 사용하며, −1.0~0~+1.0의 값을 취한다. 기타 서열 상관관계로는 γ 또는 G, Somer's d, Kendall's tau, Kendall's tau-c 등이 있다.

(4) 회귀분석과 상관관계

회귀분석의 경우, 인과관계성이 전제되어야 한다. 또한, 등간성, 정규분포성, 선형성 등의 조건이 필요하며, 잔차 등 검정해야 하는 복잡한 과정이 필요하지만 상관분석에서는 다소 자유롭다. 특히, 서열변수인 경우에도 상관관계를 구할 수 있지만, 상관관계는 두 변수의 관계를 예측할 수 있는 정도일 뿐 회귀분석처럼 변수 간의 관계를 정확한 예측값, 즉 회귀방정식으로 제시하지 못한다.

② 이변량 상관분석 예제 9.sav

이변량 상관분석(simple correlation)는 두 변수 간의 관계를 알고자 할 때 사용하며, 이변량 상관관계를 사용한다. 우리나라 도시들의 인구수와 안전사고 발생 건수가 어느 정도 상관관계가 있는지를 분석하고자 한다.

이변량 상관계수 프로시저는 Pearson 상관계수, Spearman의 Rho 및 Kendall의 타우-b를 계산하고 각 유의수준과 함께 출력하는데 상관은 변수나 서열순서의 관련성을 측정하며, 상관계수를 계산하기 전에 잘못된 결과를 나타낼 수 있는 이상값의 유무와 데이터의 선형성 여부를 확인한다. Pearson의 상관은 선형 연관의 측도이다. 두 변수가 완벽하게 관련되어 있을 수는 있으나 선형 관계가 아닌 경우 Pearson의 상관은 그 연관 측정에 적합한 통계가 아니다.

각 변수에 대해서는 경우 평균, 표준편차, 비결측값이 있는 케이스 수를 선택할 수 있다. 각 대응변수에 대해서는 Pearson의 상관계수, Spearman의 Rho, Kendall의 타우-b, 편차의 교차곱, 공분산을 선택할 수 있다. Pearson의 상관계수에 대해 대칭인 양적 변수를 사용하고 Spearman의 Rho와 Kendall의 타우-b에 대해 양적 변수나 범주의 순서가 지정된 변수를 사용한다. 그리고 Pearson의 상관계수에서는 각 대응변수를 이변량 정규분포로 가정한다.

상위메뉴의 '분석(A)'에서 '상관분석(C)'의 '이변량 상관(B)'을 선택하면 그림 12-2와 같은 대화상자가 나타난다.

상위메뉴 〉 분석(A) 〉 상관분석(C) 〉 이변량 상관(B)

[그림 12-2] 상관분석 이변량 상관의 대화상자

상관관계를 구할 변수를 ‘변수(V)’로 이동시킨다. 변수가 등간척도 이상인 경우, Pearson의 상관분석(적률상관관계)이 기본으로 설정되어 있으므로 그대로 ‘확인’ 버튼을 클릭하면 된다.

- **상관계수** : 정규분포된 양적 변수에 대해서는 Pearson 상관계수를 선택한다. 데이터가 정규분포를 따르지 않거나 범주 순서가 지정되어 있지 않은 경우, 서열순서 간 연관을 측정하는 Kendall의 타우-b나 Spearman을 선택한다. 상관계수 범위는 -1(완전 음의 관계)부터 +1(완전 양의 관계)까지이며, 0의 값은 선형 관계가 아님을 나타낸다. 결과 해석 시 유의한 상관으로 기인한 인과관계를 도출하지 않도록 함
- **유의수준 검정** : 한쪽 확률이나 양쪽 확률을 선택할 수 있으며, 연관 방향을 이미 알고 있는 경우에는 한쪽을 선택하고 모를 때는 양쪽을 선택
- **유의한 상관 플래그**(F) : 상관계수의 유의수준이 0.05이면 별표 하나로 표시되고 0.01이면 별표 두 개로 표시됨

‘옵션(O)’ 버튼을 클릭하면 그림 12-3과 같은 대화상자가 나타나며, 다음과 같은 옵션을 선택할 수 있다.

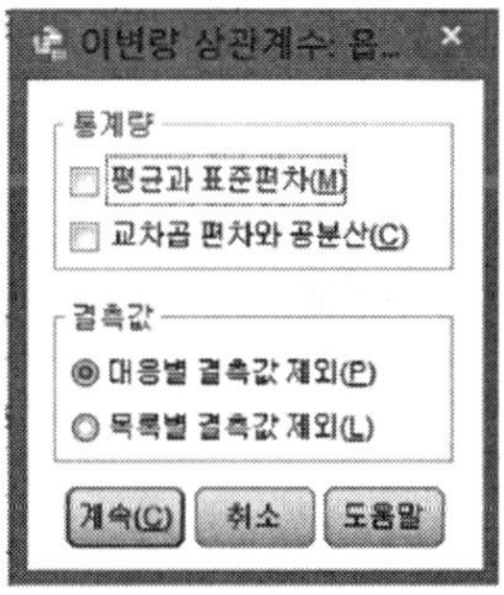

[그림 12-3] 상관분석 이변량 상관의 옵션 대화상자

- **통계량** : Pearson 상관계수의 경우 다음 중 하나 또는 모두를 선택할 수 있음
  ① **평균과 표준편차**(M) : 각 변수에 대해 표시되고 비결측값이 있는 케이스 수도 함께 표시된다. 결측값의 설정에 관계없이 변수별로 결측값을 처리할 수 있음
  ② **교차곱 편차와 공분산**(C) : 각 대응변수가 표시된다. 편차의 교차곱은 수정된 평균 변수 곱의 합과 같으며, 이 값은 Pearson 상관계수의 분자가 된다. 공분산은 두 변수 간 관계의 비표준화 측도이며 교차곱 편차를 N-1로 나눈 값과 같음

- **결측값** : 다음 중 하나를 선택할 수 있음
  ① **대응별 결측값 제외**(P) : 한 상관계수의 대응변수 하나 또는 모두에 대한 결측값이 있는 케이스는 분석 시 제외된다. 각 계수는 특정 대응변수의 유효 코드가 들어있는 모든 케이스에 기초하므로 각 계산에서 정보를 최대한 사용할 수 있다. 이로 인해 다양한 케이스에 기초하는 계수 세트가 생성될 수 있음
  ② **목록별 결측값 제외**(L) : 변수에 대한 결측값을 포함하는 케이스는 모든 상관에서 제외됨

상관분석을 수행하면 기술통계량과 상관관계에 대한 두 개의 표가 출력된다. 기술통계량은 기술통계량의 내용을 정리한 표이며, 상관관계 표는 변수 간의 상관관계에 대한 분석 결과를 정리한 표이다.

[표 12-3] 기술통계량

	평균	표준화 편차	N
인구수	525936.75	1221998.747	84
안전사고발생건수	316.51	653.371	84

[표 12-4] 상관관계

		인구수	안전사고발생건수
인구수	Pearson 상관	1	.987**
	유의확률 (양측)		.000
	N	84	84
안전사고발생건수	Pearson 상관	.987**	1
	유의확률 (양측)	.000	
	N	84	84
**. 상관관계가 0.01 수준에서 유의하다(양측).			

상관관계 표를 살펴보면, 인구수와 안전사고 발생건수 변수들에 대한 **Pearson 상관**(Pearson의 적률상관계수), 유의확률(양측), **N**(분석에 사용된 사례 수)들이 나와 있다. 이때 대각선(\ 방향)을 중심으로 대칭되는 부분에 같은 값이 출력되고, 대각선에는 동일변수에 대한 값으로서 1값이 출력되므로 대각선을 중심으로 한쪽의 값들만 읽으면 된다. 여기서 인구수와 안전사고 발생건수의 상관계수는 0.987로서 상당히 높은 양의 상관관계가 있으며 유의도는 0.000으로 0.01보다 작기 때문에 **로 표시된다. 따라서 인구수가 증가함에 따라 안전사고 발생건수도 증가하는 경향이 있음을 알 수 있다.

3 서열변수의 상관분석 예제 7.sav

서열변수이거나 등간성이 의심되는 변수의 상관관계는 단순 상관관계를 구하는 방법과 동일하다. 따라서 상위메뉴의 '분석(A)'에서 '상관분석(C)'의 '이변량 상관(B)'을 선택하고 그림 12-2의 대화상자 '상관계수'의 옵션에서 'Spearman' 항목을 선택한다.

상위메뉴 〉 분석(A) 〉 상관분석(C) 〉 이변량 상관(B)

지역 주민들의 연령별 · 학력별 기초지자체의 행정 서비스에 대한 만족도와 활용도는 어느 정도 상관관계가 있는지를 분석하고자 하므로 상관관계를 구할 변수를 '변수(V)'로 이동시킨 다음, 분석을 실행한다. 상관분석을 수행하면 단순 상관분석을 수행한 결과와 마찬가지로 기술통계량과 상관관계에 대한 두 개의 표가 출력된다.

[표 12-5] 상관관계

		연령	학력	서비스 만족도	서비스 활용도
연령	상관계수	1.000	-.396**	-.234**	-.110**
	유의확률 (양측)	.	.000	.000	.007
	N	607	604	607	607
학력	상관계수	-.396**	1.000	.200**	.137**
	유의확률 (양측)	.000	.	.000	.001
	N	604	605	605	605
서비스 만족도	상관계수	-.234**	.200**	1.000	.376**
	유의확률 (양측)	.000	.000	.	.000
	N	607	605	609	609
서비스 활용도	상관계수	-.110**	.137**	.376**	1.000
	유의확률 (양측)	.007	.001	.000	.
	N	607	605	609	609

**. 상관관계가 0.01 수준에서 유의하다(양측).

학력과 연령의 경우, 상관관계가 -0.396**으로 학력이 증가할수록 연령이 낮아지고, 학력이 낮아질수록 연령이 증가하는 경향이 약하기는 하지만 유의미한 것을 알 수 있다. 그러나 대부분의 변수 간의 상관계수가 너무 낮기 때문에 유의수준은 만족할지라도 상관관계가 거의 없는 것으로 나타났다.

상관관계의 유의도는 사례 수와 밀접한 관련이 있는데 사례 수가 많을수록 유의도가 높아지지만, 상관관계 자체가 높아지는 것은 아니다.

4 편 상관분석 예제 7.sav

편 상관분석은 제3의 변수를 통제했을 때, 두 변수가 갖는 상관관계를 구하는 것으로서 제3의 변수를 **통제변수(control variable)**라고 한다. **통제(control)**란 제3의 변수의 영향을 제거시킴으로써 두 변수에 미치는 영향을 고정시켜 보다 정확한 상관관계를 구할 수 있다.

편 상관분석을 수행하기 위해서 상위메뉴의 '분석(A)'에서 '상관분석(C)'의 '편상관(R)'을 선택하면 그림 12-4와 같은 대화상자가 나타난다.

상위메뉴 〉 분석(A) 〉 상관분석(C) 〉 편상관(R)

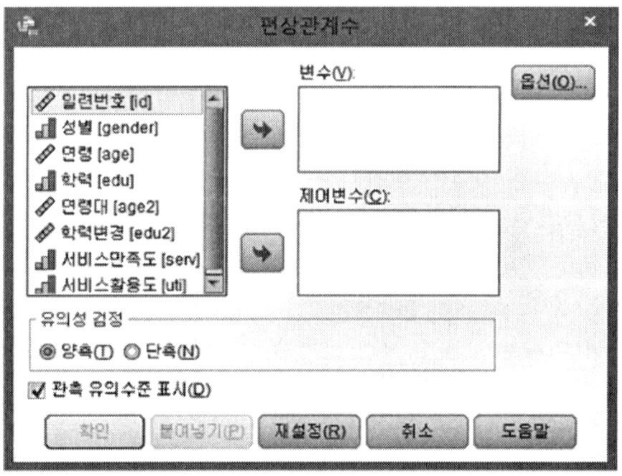

[그림 12-4] 상관분석 편상관의 대화상자

학력을 통제한 상태에서 연령과 서비스 만족도의 상관관계를 구하기 위해서 '연령'과 '서비스 만족도' 두 변수를 '변수(V)'에 이동시키고, '학력' 변수를 '제어변수(C)'에 이동시킨다. 그리고 유의미한 경우 *표시를 할 수 있도록 '관측 유의수준 표시(D)'를 선택한다. 그 이외의 다른 옵션들은 앞에서 설명한 단순 상관분석이나 서열 상관분석과 동일하다.

편 상관분석을 수행하면 단순 상관분석이나 서열 상관분석을 수행한 결과와 마찬가지로 기술통계량과 상관관계에 대한 두 개의 표가 출력된다.

[표 12-6] 상관관계

대조변수			연령	서비스 만족도
학력	연령	상관관계	1.000	-.176
		유의확률(양측)	.	.000
		자유도	0	601
	서비스 만족도	상관관계	-.176	1.000
		유의확률(양측)	.000	.
		자유도	601	0

상관관계 표를 살펴보면, 연령과 서비스 만족도 간의 상관관계는 유의미한 수준($p=0.000$)이지만 상관계수는 -0.176으로 음의 상관관계이며 상관관계가 거의 없는 것으로 나타났다. 즉, 연령이 증가함에 따라 서비스 만족도는 증감이 매우 미약하다는 것을 의미한다.

앞에서 분석한 서열 상관분석의 결과와 비교해 보면, 연령과 서비스 만족도의 상관계수 -0.234와 차이가 있음을 알 수 있다. 즉, 학력이 서비스 만족도와 연령에 미치는 영향이 있다는 것을 알 수 있으며, 학력이 미치는 영향을 제외시킴으로써 연령과 서비스 만족도의 상관관계가 낮아지는 것을 알 수 있다.

Chapter 13

T 검정[1)2)]

1 T 검정의 개요

1.1 T 검정의 정의

T 검정(T test)은 두 집단 간의 차이가 있는가를 검정하는 통계적 기법으로서 표집분포가 정상분포를 이루고 있지 않을 경우, 소표본 이론에 기초한 **T 분포**(T distribution)를 기반으로 하여 모수값의 추정과 가설을 검정하는 방법이 T 검정이다. 즉, 조사 또는 측정되는 사례 수가 적은 경우, 정규분포곡선의 Z값에 기초하여 모집단의 값인 모수값을 추정하기에는 부적합하므로, T 분포의 원리에 기초하여 T 값을 계산하여 가설검정과 추리통계를 하는 것이다.

특히, T 검정은 표본 평균값의 모수값과의 유의도 검정에도 사용할 수 있는데, 이는 표본의 평균값의 차이가 모수값에도 나타나는 차이에 의한 것인지, 아니면 표본에서 발생한 우연한 차이에 의한 것인지를 검정할 수 있으며, 모수값을 추정하는 95%의 신뢰구간의 값을 구할 수 있다. 또한, 두 독립표본이나 독립집단의 평균 비교 등에도 사용할 수 있다. 즉, 성별의 남자와 여자와 같은 두 독립표본(집단)에 대한 평균을 구할 수 있는 종속변수의 평균값을 비교할 수 있다.

1) 우수명(2018). 마우스로 잡는 24.0 SPSS, 양서원.
2) 이해평(2006). 재해통계학, 도서출판 동화기술.

1.2 T 검정의 원리

(1) T 분포에서 가설검정

T 값으로 통계값 차이의 유의도를 검정하며, 두 독립표본과 두 종속표본의 경우, 대응비교일 때 그 방법은 틀리지만 $p < 0.05$ 또는 $p < 0.01$로 결정한다. 이 경우에도 영가설을 기본으로 적용하게 되는데 두 독립표본 종속변수의 평균 차이가 없다는 영가설이 발생할 확률 p를 T 값과 자유도를 통하여 검정한다.

사례 수가 같은 소표본에서 T-검정을 하기 위해서 T 값과 자유도는 다음과 같은 공식으로 T 값을 계산한다.

$$T = \frac{|\mu_1 - \mu_2|}{\sqrt{\frac{\sum X_1^2 + \sum X_2^2}{N(N-1)}}} \tag{13-1}$$

$$df = n_1 + n_2 - 2 \tag{13-2}$$

여기서, μ_1과 μ_2는 소집단 1과 2의 평균값, N은 사례 수, X_1과 X_2는 각각 집단 1과 2의 편차, df는 자유도, n_1과 n_2는 집단 1과 집단 2의 사례 수이다. 하지만 여기서는 사례 수가 같으므로 $n_1 = n_2 = N$이다.

(2) 단일표본의 T 검정의 원리

T 검정은 모집단의 변량을 모르는 경우, 표본수가 작을 경우(표본수가 30개 이하) 모집단이 정규분포를 이룬다는 가정 하에 모집단의 평균을 비교하기 위해서 사용된다. **단일표본의 T 검정(one-sample T test)**은 한 변수의 평균과 특정값과의 차이를 분석하고자 할 때 사용한다. 따라서 비교 또는 검정하고자 하는 기준 통계값이 존재해야 하며, 특별한 경우가 아니면 자주 이용하는 검정방법은 아니다.

(3) 독립표본의 T 검정의 원리

독립표본의 T 검정(independent samples T test)은 두 집단의 평균값의 T 검정을 할 수 있으며, 모집단의 변량을 모를 때 독립변수 내 두 개 집단의 평균점수의 차이가 유의미한지를 검정할 때 사용한다. 즉, 성별에 따른 임금의 평균 차이를 구할 때, 통제집단과 실험집단의 실험 효과성 차이 등을 검정할 때 사용할 수 있다. 두 집단은 상호독립적으로 표본 추출된 집단이어야 하는데 두 집단이 독립적으로 표본 추출되었다는 것은 한 집단의 표본이 다른 집단의 표본에 아무런 영향을 미치지 않는다는 것을 의미한다. 일반적으로 독립변수는 두 개의 집단이어야 하며, 종속변수는 반드시 등간척도 이상으로 측정되어야 한다. 종속변수가 서열변수이거나 등간성이 불확실할 때는 비모수 통계분석방법을 이용한다.

$$\sigma_X = \frac{\sigma}{\sqrt{n-1}},\ S_X = \frac{S}{\sqrt{n-1}} \qquad (13\text{-}3)$$

$$T = \frac{\mu_1 - \mu_2}{\sigma_{X_1 - X_2}} = \frac{\mu_1 - \mu_2}{\sqrt{\frac{S_1^2}{n_1 - 1} + \frac{S_2^2}{n_2 - 1}}} = \frac{\mu_1 - \mu_2}{\sqrt{\left(\frac{\sum X_1^2 + \sum X_2^2}{n_1 + n_2 - 2}\right) \cdot \left(\frac{n_1 + n_2}{n_1 n_2}\right)}} \qquad (13\text{-}4)$$

$$df = n_1 + n_2 - 2 \qquad (13\text{-}5)$$

여기서, σ와 S는 모집단과 표본의 표준편차, σ_X와 S_X은 모집단과 표본의 표준오차, μ_1과 μ_2는 소집단 1과 2의 평균값, $\sigma_{X_1 - X_2}$는 전체의 표준오차, n_1과 n_2는 집단 1과 집단 2의 사례 수, df는 자유도이다.

(4) 상관표본(종속표본)의 T 검정의 원리

상관표본(종속표본)의 T 검정(paired samples T test)은 통계값의 비교 또는 차이의 유의도를 검정하고자 하는 두 집단이 서로 상관되어 표본 추출된 경우에 사용한다. **종속표본**이란 앞서 설명한 부부나 형제와 같이 생태학적으로 상관성을 갖는 경우의 **상관표본**, 실험연구에서 실험 전에 동등성을 갖도록 조건을 통제한 **결합표본**, 한 집단을 대상으로 실험 전 · 후에 반복 측정한 동일표본 등 세 가지가 포함된다. 조사연구보다 실험적 연구에서 사용하는 두 집단의 통계량 간 차이의 유의도를 검정하는 방법이다.

상관표본에서 두 평균값 차이의 표준오차, 자유도, T 값은 다음과 같은 공식으로 계산한다. 원리는 독립표본과 동일하지만 T 값을 계산할 때, 상관계수를 고려한다.

$$\sigma_{DM} = \sqrt{\sigma^2_{\mu_1} + \sigma^2_{\mu_2} - 2\gamma_{12}\sigma_{\mu_1}\sigma_{\mu_2}} \tag{13-6}$$

$$\sigma_{\mu_1} = \sqrt{\frac{\sum X_1^2}{n_1(n_1-1)}}, \quad \sigma_{\mu_2} = \sqrt{\frac{\sum X_2^2}{n_2(n_2-1)}} \tag{13-7}$$

$$\gamma_{12} = \frac{\sum X_1 X_2}{\sqrt{(\sum X_1^2)(\sum X_2^2)}} \tag{13-8}$$

$$df = N - 1 \tag{13-9}$$

$$T = \frac{|\mu_1 - \mu_2|}{\sigma_{DM}} \tag{13-10}$$

여기서 σ_{DM}은 두 집단의 평균값 차이의 표준오차, σ_{μ_1}과 σ_{μ_2}는 집단 1과 집단 2의 평균값의 표준오차, X_1과 X_2는 각각 집단 1과 2의 편차, n_1과 n_2는 집단 1과 집단 2의 사례 수, γ_{12}는 집단 1과 집단 2의 상관계수, df는 자유도이다.

2 T 검정의 실행 예제 7.sav

2.1 단일표본의 T 검정

단일표본의 T 검정을 수행하기 위해서 상위메뉴의 '분석(A)'에서 '평균비교(M)'의 '일표본 T 검정(S)'을 선택하면 그림 13-1과 같은 대화상자가 나타난다.

상위메뉴 〉 분석(A) 〉 평균비교(M) 〉 일표본 T 검정(S)

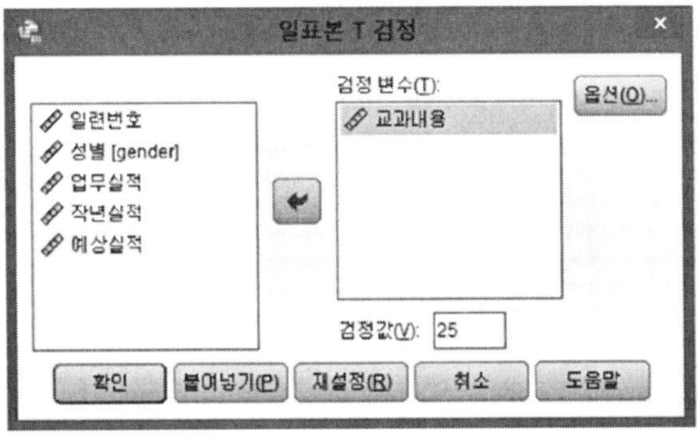

[그림 13-1] 단일표본의 T 검정 대화상자

분석하고자 하는 변수를 '검정 변수(T)'로 이동하고, '검정값(V)'을 입력한다. 옵션을 지정하기 위해서 '옵션(O)' 버튼을 클릭하고 '신뢰구간(C)'에 신뢰도를 입력하는데 기본값으로 95% 신뢰도 구간이 설정되어 있다. 설정이 끝나면 '확인' 버튼을 클릭한다. 옵션들에 대한 항목을 살펴보면 다음과 같다.

- **신뢰구간**(C) : 기본적으로 평균과 가정된 검정값과의 차이에 대해 95% 신뢰구간이 표시되며, 다른 신뢰수준을 원하면 1부터 99 사이의 값을 입력함
- **결측값** : 여러 변수를 검정하고 한 개 이상의 변수에 대한 데이터가 없을 경우, 어떤 케이스를 포함할 것인지(또는 제외할 것인지) 프로시저에 알려줌
  ① **분석별 결측값 제외**(A) : 각 T 검정에서는 검정된 변수의 데이터가 유효한 모든 케이스를 사용하며, 표본 결과는 검정마다 다를 수 있음
  ② **목록별 결측값 제외**(L) : 각 T 검정은 요청된 T 검정에 사용된 모든 변수의 데이터가 유효한 케이스만 사용하며, 표본 결과는 여러 검정에서 일정함

단일표본의 T 검정을 수행하면 다음과 같은 결과를 얻게 되며, 표 13-1에는 결과표로 정리한 내용을 나타내었다. 교과 내용 평가의 평균값은 19.19로서 가설적 점수 25와는 통계적으로 유의미한 차(T=30.378, p<0.001)가 있다.

[표 13-1] 단일표본의 T 검정

	N	평균	표준화 편차	T	유의확률(양측)
교과 내용	359	19.1922	3.62245	30.378	.000

2.2 독립표본의 T 검정

독립표본의 T 검정을 수행하기 위해서 상위메뉴의 '분석(A)'에서 '평균비교(M)'의 '독립표본 T 검정(T)'을 선택하면 그림 13-2와 같은 대화상자가 나타난다.

상위메뉴 〉 분석(A) 〉 평균비교(M) 〉 독립표본 T 검정(T)

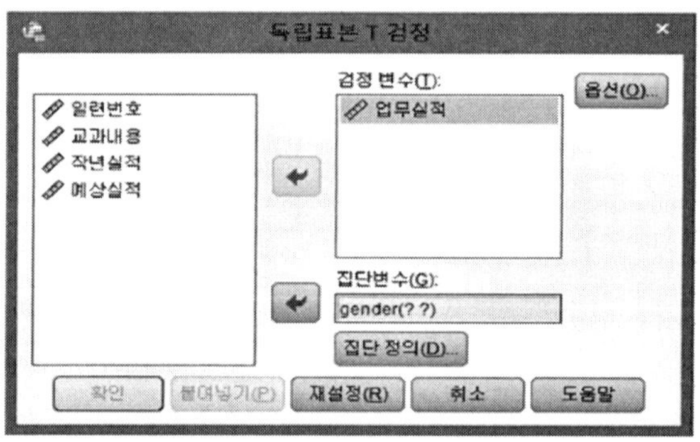

[그림 13-2] 독립표본의 T 검정 대화상자

분석하고자 하는 종속변수를 '검정 변수(T)'로 이동하고, 분석하고자 하는 독립변수를 '집단변수(G)'로 이동시킨다. T 검정은 두 집단의 평균값의 차이를 검정하는 방법이기 때문에 두 집단을 지정해야 한다. 따라서 '집단 정의(D)'를 선택하여 집단 1과 2에 독립변수 각각의 변수값 1과 2를 입력한다. 만일 독립변수가 점수를 나타내거나 범주가 넓은 변수 또는 서열척도 이상의 변수일 경우에는 '절단점(C)'을 이용한다. 예를 들어, 4개의 집단을 갖는 경우, 절단점에 기준값이 되는 3을 입력하며, 집단 1과 2에는 입력할 필요가 없다. 옵션을 지정하기 위해서 '옵션(O)' 버튼을 클릭하고 '신뢰 구간(C)'에 신뢰도를 입력하는데 기본값으로 95% 신뢰도 구간이 설정되어 있으며, 모든 설정이 끝나면 '확인' 버튼을 클릭한다. 독립표본의 T 검정을 수행하면 다음과 같은 결과를 얻게 되며, 표 13-2에는 결과표로 정리한 내용을 나타내었다.

[표 13-2] 독립표본의 T 검정

	성별	N	평균	표준화 편차	T	p
업무실적	남자	203	8.1379	1.41095	3.005	.003
	여자	156	8.5833	1.36764		

남자와 여자의 업무실적에 대한 평가는 통계적으로 95% 수준에서 유의한 차이(T=3.005, $p<0.05$)가 있다. 즉 여자가 남자보다 업무실적이 더 높다.

2.3 대응표본의 T 검정

상관표본의 T 검정을 수행하기 위해서 상위메뉴의 '분석(A)'에서 '평균비교(M)'의 '대응표본 T 검정(P)'을 선택하면 그림 13-3과 같은 대화상자가 나타난다.

상위메뉴 〉 분석(A) 〉 평균비교(M) 〉 대응표본 T 검정(P)

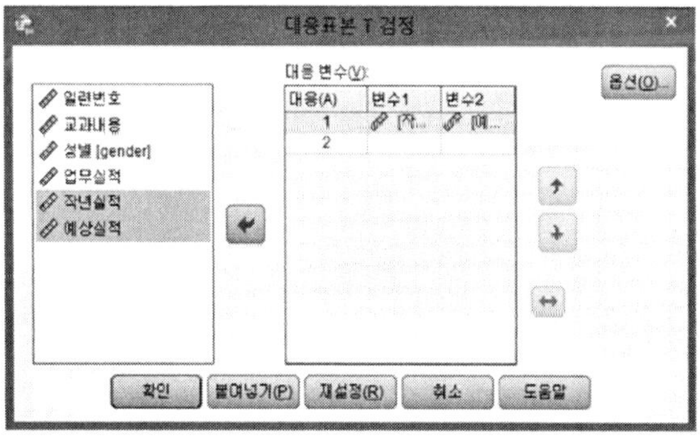

[그림 13-3] 대응표본의 T 검정 대화상자

분석하고자 하는 두 개의 변수를 선택해서 '대응변수(V)'로 이동시킨 다음, 신뢰도 수준을 선택할 경우에는 '옵션(O)' 버튼을 클릭하여 원하는 값을 입력한다.

대응표본의 T 검정을 수행하면 다음과 같은 결과를 얻게 되며, 표 13-3에는 결과표로 정리한 내용을 나타내었다.

[표 13-3] 대응표본의 T 검정

	N	평균	표준화 편차	T	p
작년실적	359	3.7120	1.85258	14.623	.000
예상실적	359	2.0724	0.95150		

359명의 작년실적과 기대하는 예상실적의 평균값의 차이는 0.1% 수준에서 유의하다 ($T=14.623$, $p<0.001$). 즉 작년실적이 기대하는 예상실적에 비하여 유의하게 높다.

Chapter 14
분산분석

1 분산분석의 개요[1] [2]

분산분석(변량분석, Analysis of variance, ANOVA)은 한 요인(변수) 내에 있는 두 독립표본(개별 집단, 요인 수준) 이상의 종속변수의 평균 차이가 유의미한지를 비교할 때 사용한다. 따라서 종속변수는 등간 또는 비율척도로 측정된 변수이어야 한다.

학자에 따라 차이가 있지만, 사례 수가 30보다 큰 경우는 통상 분산분석을 사용하는 데 문제가 없다고 간주하나 사례 수가 30보다 작거나 같은 경우는 코딩 변경을 통하여 두 집단으로 나눠준 다음 독립표본의 T 검정을 사용하는 것이 좋다.

1.1 분산

분산(변량, variance)은 얼마나 값들이 흩어져 있는지 알려주는 분산도의 일종으로 표준화 편차의 제곱이다. 평균과 표준화 편차부터 살펴보면, 평균은 여러 정보를 하나의 중심화 경향 정보로 알려준다. 그렇지만 평균은 한계가 있는데 정보들이 얼마나 분포되어 있는지에 대한 분산도를 알려주지 못하기 때문에 개별값이 평균으로부터 떨어진 평균 거리인 **표준화 편차**(standard deviation)로 보완해 준다.

1) 이해평(2006). 재해통계학, 도서출판 동화기술.
2) 우수명(2018). 마우스로 잡는 24.0 SPSS, 양서원.

$$V = \frac{\sum \chi^2}{N} = S^2 \tag{14-1}$$

변량에 대해서 요구되는 기본 가정들은 다음과 같다.

- 모집단의 정규분포성과 동변량성
- 표본 사례 수의 유사성
- 사례 수 N>30(학자들에 따라서는 N>20으로 주장하기도 함)
- 표본들의 독립성

1.2 분산의 종류와 특성

(1) 모집단 분산과 표본분산

모집단 분산(population variance)은 모집단 안에 있는 사례들 간의 분산이고, **표본분산**(sample variance)은 표본으로 추출된 사례들 간의 분산이다.

분산분석을 통한 가설검정은 결국 표본의 집단 간 평균값이 우연인지, 모집단의 본질적 차이로 인하여 표본에 그렇게 나타난 것인지를 분석하는 것이다.

(2) 체계적 분산과 오차 분산

체계적 분산(systematic variance)은 연구하고자 하는 어떤 변수의 영향에 의해서 생기는 분산으로서 **집단 간의 분산**(between groups variance)이라고도 하고 **오차 분산**(error variance)은 표본에 나타난 우연히 생기는 분산을 의미하는 것으로서 각 측정변수의 **전체 분산**(total variance)에서 체계적 분산을 뺀 나머지 분산으로 **집단 내의 분산**(within groups variance)이라고도 한다. 체계적 분산은 집단 간의 분산이 집단 내의 분산보다 클 경우에 해당하며, 모집단에서 표본을 추출할 때, **표집오차**(sampling error)를 완전히 없애는 것은 불가능하므로 오차 분산은 집단 내에 언제나 존재한다.

집단 간의 분산은 각 집단의 평균들이 전체 평균으로부터 얼마나 떨어져 있는지를 측정하는 것이며, 집단 내의 분산은 각 집단의 평균값을 중심으로 그 집단에 포함되어 있는 측정값들이 얼마나 떨어져 있는지를 측정하는 것이다. 전체 분산은 각 표본의 측정값들이 전체 평균으로부터 얼마나 떨어져 있는지를 측정하는 것이다.

1.3 F 비의 산출

(1) F 비

분산분석은 집단 간의 분산과 집단 내의 분산의 추정값인 **평균 제곱(mean square, *MS*)**의 비율인 ***F* 비(*F* ratio)**를 구하는 것이다. 즉, F 비는 집단 간 분산의 추정값을 집단 내 분산의 추정값으로 나눈 것으로서 F값은 영가설의 기각 여부를 최종적으로 결정짓는 기준이 된다.

집단 간 분산(V_B)은 각 소집단 M과 전체 평균값 M_G간의 분산으로서 다음과 같이 정의한다.

$$V_B = \frac{\sum(M - M_G)^2}{N} \quad (14\text{-}2)$$

집단 내 분산(V_W)은 각 집단의 X와 그 집단 M간의 분산으로서 다음과 같이 정의한다.

$$V_W = \frac{\sum(X - M)^2}{N} \quad (14\text{-}3)$$

전체 분산(V_T)은 모든 사례의 X와 M_G간의 분산으로서 다음과 같이 정의한다.

$$V_T = \frac{\sum(X - M_G)^2}{N} \quad (14\text{-}4)$$

$$V_T = V_B + V_W \quad (14\text{-}5)$$

$V_B = V_W$ 이면 차이가 없음

$V_B > V_W$ 이면 집단 간 차이가 있음

F값은 다음과 같이 정의한다.

$$F = T^2 = \frac{\text{집단간 변량}}{\text{집단내 변량}} = \frac{\text{집단간 자승합}/df_1}{\text{집단내 자승합}/df_2} \quad (14\text{-}6)$$

(2) ANOVA Table의 형태

구분	SS	df	MS	F	p
집단 간	SS_B	df_B	MS_B	F	p
집단 내	SS_W	df_W	MS_W		
전체	SS_T	df_T			

자유도 df와 유의수준에 따른 임계값(F값)을 확인하여 영가설의 수용 여부를 판단하거나 p에 의한 영가설 수용 여부를 결정한다.

$$SS_B = \sum\left[n(M_i - M_G)^2\right] = \frac{(\sum X_1)^2}{n_1} + \frac{(\sum X_2)^2}{n_2} + \frac{(\sum X_3)^2}{n_3} - \frac{(\sum\sum X)^2}{N} \quad (14\text{-}7)$$

$$SS_W = \sum\sum(X_{ij} - M_i)^2 = \sum\left[\sum X^2 - \sum\frac{(\sum X)^2}{n}\right] \quad (14\text{-}8)$$

$$SS_T = SS_B + SS_W \quad (14\text{-}9)$$

$$df_B = \text{집단의 수} - 1 = J - 1 \quad (14\text{-}10)$$

$$df_W = \text{사례수} - \text{집단의 수} = N - J \quad (14\text{-}11)$$

$$df_T = df_B + df_W = N - 1 \quad (14\text{-}12)$$

$$MS_B = \frac{SS_B}{df_B} \quad (14\text{-}13)$$

$$MS_W = \frac{SS_W}{df_W} \quad (14\text{-}14)$$

$$F = \frac{MS_B}{MS_W} \quad (14\text{-}15)$$

(3) 집단 간 상호비교 방법

- LSD(least significance difference)
- Duncan test : 0.01, 0.05, 0.001 수준만 지정
- SNK(Student-Newman-Keuls) : 0.05만 지정
- Scheffe test : 0~1 사이의 유의수준, 다른 사례 수 가능

$$F_S = \frac{(X_1 - X_2)^2}{MS_W\left(\frac{1}{n_1} + \frac{1}{n_2(J-1)}\right)} \rightarrow F-\text{분포표에 의한 결정} \quad (14\text{-}16)$$

- Turkey test(hsd test) : 동일 사례 수일 경우

1.4 분산분석의 종류 및 비교

분산분석에는 독립변수와 종속변수의 수에 따라 일원배치 분산분석, 이원배치 분산분석, 다원 분산분석, 일변량 분산분석, 이변량 분산분석, 다변량 분산분석 등으로 구분할 수 있다. 이에 대해서 표 14-1에 간단하게 정리하였다.

[표 14-1] 분산분석의 분류

	집단구분 변수(독립변수)	종속변수(연속형 척도)	공변량(연속형 변수)
일원배치 분산분석	1개	1개	
이원배치 분산분석	2개	1개	
다원 분산분석	3개 이상	1개	
일변량 분산분석	1개 이상	1개	1개 이상
다변량 분산분석	1개 이상	2개 이상	

2 일원배치 분산분석[3] 예제 10.sav

일원배치 분산분석(One-way ANOVA)은 연속형 척도의 종속변수 1개와 집단을 구분하는 독립변수 1개를 이용하여 집단별 평균 차이 검정할 때 사용한다. 즉, 일원배치 분산분석 프로시저에서는 단일요인(독립) 변수로 양적 종속변수에 대한 일원배치 분산분석을 작성한다. 분산분석은 여러 평균이 동일하다는 가정을 검정하는 데 사용되며, 이 기법은 2-표본 T 검정을 확장한 것이다.

평균 간에 차이가 있는지 판별할 수 있을 뿐 아니라 어떤 평균이 다른지를 확인할 수 있다. 평균을 비교하는 방법으로는 사전 대비와 사후 검정의 두 가지 유형의 검정이 있는데 사전 대비는 실험하기 전에 설정하는 검정이고 사후 검정은 실험 후에 실행하는 검정으로서 범주 전반에서의 추세를 검정할 수도 있다.

일원배치 분산분석은 다음과 같은 가정이 전제된다.

- 데이터에서 요인변수 값은 정수이어야 하고 종속변수 값은 양적 변수이어야 함(측도의 구간 수준)

3) 우수명(2018). 마우스로 잡는 24.0 SPSS, 양서원.

- 각 그룹은 정규 모집단으로부터 독립 무작위 표본임
- 분산분석은 데이터가 대칭적인 경우에도 정규성에서 이탈해도 영향을 받지 않음
- 그룹은 동분산으로 모집단에서 추출함

이러한 가정을 검정하려면 Levene의 분산의 동질성 검정을 사용한다.

일원배치 분산분석을 수행하기 위해 상위메뉴의 '분석(A)'에서 '평균비교(M)'의 '일원배치 분산분석(O)'을 선택하면 그림 14-1과 같은 대화상자가 나타난다.

상위메뉴 〉 분석(A) 〉 평균비교(M) 〉 일원배치 분산분석(O)

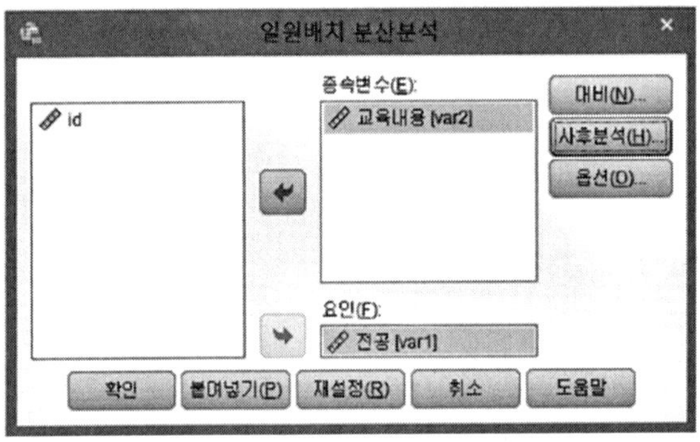

[그림 14-1] 일원배치 분산분석의 대화상자

분석하고자 하는 종속변수를 선택하여 '종속변수(E)'로 이동하고 분석하고자 하는 독립변수를 선택하여 '요인(F)'으로 이동시킨다.

'옵션(O)' 버튼을 클릭하면 그림 14-2와 같은 대화상자가 나타나는데 각 항목에 대해서 살펴보면 다음과 같다.

- **통계량**
  ① **기술통계**(D) : 케이스 수, 평균, 표준편차, 평균의 표준오차, 최소값, 최대값, 각 그룹의 종속변수에 대한 95% 신뢰구간 등을 계산함
  ② **모수 및 랜덤 효과**(F) : 고정 효과 모형에 대한 표준편차, 표준오차 및 95% 신뢰구간과 랜덤 효과 모형에 대한 표준오차, 95% 신뢰구간 및 그룹-간 성분분산 추정값을 표시함

③ **분산 동질성 검정**(H) : Levene 통계를 계산하여 그룹 분산의 등식을 검정함. 이러한 검정은 정규성 가정과 별개

④ **Brown–Forsythe**(B) : Brown–Forsythe 통계를 계산하여 그룹 평균의 등식을 검정함. 등분산을 가정하지 않는 경우 F 통계보다 이 통계를 사용하는 것이 좋음

⑤ **Welch**(W) : Welch 통계를 계산하여 그룹 평균의 등식을 검정함. 등분산을 가정하지 않는 경우 F 통계보다 이 통계를 사용하는 것이 좋음

- **평균 도표**(M) : 하위 그룹 평균을 도표화하는 도표를 표시함(각 그룹의 평균은 요인변수 값으로 정의)
- **결측값** : 결측값의 처리를 제어함

① **분석별 결측값 제외**(A) : 분석에서 종속변수나 요인변수에 대한 결측값이 있는 케이스는 해당 분석에서 사용하지 않으며, 요인변수에 지정한 범위 밖의 케이스도 사용하지 않음

② **목록별 결측값 제외**(L) : 기본 대화상자의 종속변수 목록에 포함된 종속변수나 요인변수에 대한 결측값을 가지는 케이스는 모든 분석에서 제외되는데 다중 종속변수를 지정하지 않은 경우에는 아무런 영향이 없음

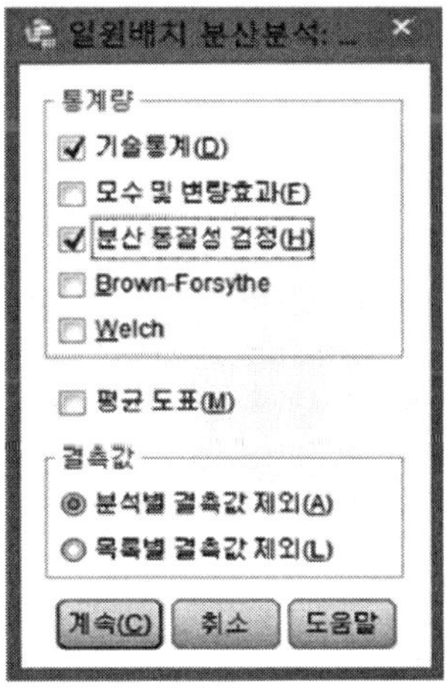

[그림 14-2] 일원배치 분산분석 옵션의 대화상자

'대비(N)' 버튼을 클릭하면 그림 14-3과 같은 대화상자가 나타나는데 각 항목에 대해서 살펴보면 다음과 같다.

그룹 간 제곱 합을 추세 요소로 분할하거나 사전 대비를 지정할 수 있다.

- **다항식**(P) : 그룹 간 제곱 합을 추세 요소로 나눈다. 요인변수의 순서 수준을 통해 종속변수의 추세에 대해 검정할 수 있다. 예를 들어, 정렬된 최고 차수 수입 수준에서 급여의 증가 및 감소의 선형 추세를 확인할 수 있다.
  ① **차수**(D) : 1차, 2차, 3차, 4차, 5차 다항을 선택할 수 있음
  ② **계수**(O) : T 통계로 검정할 사전 대비를 사용자가 지정한다. 요인변수의 각 그룹(범주)에 대한 계수를 입력하고 하나 입력할 때마다 추가를 클릭한다. 각각의 새로운 값은 계수 목록의 하단에 추가되며, 추가 대비 변수 세트를 지정하려면 다음을 클릭한다. 다음과 이전을 사용하여 대비 변수 세트끼리 이동할 수 있음
- 계수의 순서는 요인변수의 범주 값에 대한 오름차순에 해당하므로 중요하다. 목록에서 첫 번째 계수는 요인변수의 가장 낮은 그룹 값에 해당하고 마지막 계수는 가장 높은 값에 해당한다. 예를 들어, 요인변수가 범주 6에 있으면 계수 -1, 0, 0, 0, 0.5, 0.5는 다섯 번째와 여섯 번째 그룹을 첫 번째 그룹과 대비한다. 대부분의 애플리케이션에서 계수를 합하면 0이 되고 합이 0이 되지 않는 변수 세트도 사용할 수는 있으나 이 경우 경고 메시지가 표시된다.

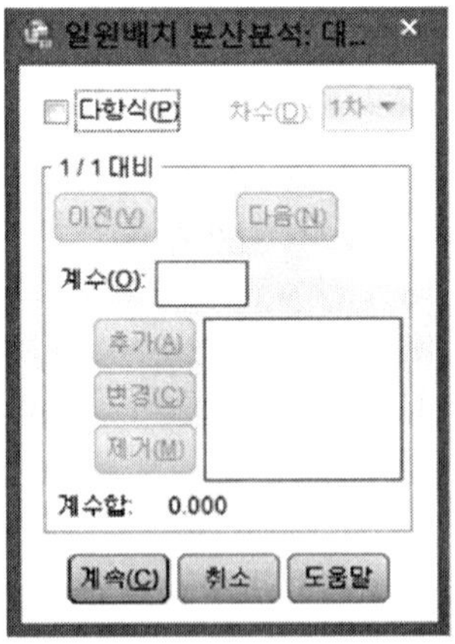

[그림 14-3] 일원배치 분산분석 대비의 대화상자

'사후분석(H)' 버튼을 클릭하면 그림 14-4와 같은 대화상자가 나타나는데 각 항목에 대해서 살펴보면 다음과 같다.

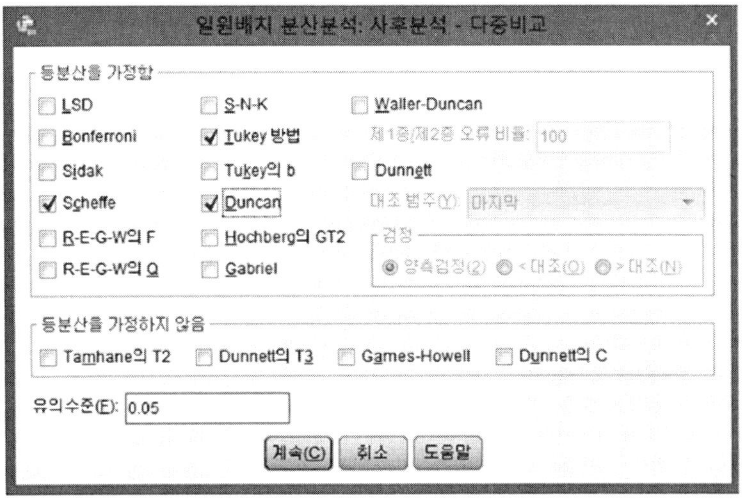

[그림 14-4] 일원배치 분산분석 사후분석의 대화상자

평균 간에 차이가 있다고 판단되면 사후분석 범위 검정과 대응별 다중비교를 수행하여 차이가 나는 평균을 판별할 수 있다. 범위 검정은 차이가 없는 평균의 동일 부분집합을 식별하며, 대응별 다중비교는 각 대응 평균 간 차이를 검정하고 유의수준 0.05에서 다른 그룹 평균이 유의하다는 것을 행렬에 *로 나타낸다.

- 등분산을 가정함
  ① LSD(L) : T 검정을 사용하여 모든 그룹 평균 간 쌍대 비교를 수행하며 다중비교에 대한 오차 비율을 수정하지 않음
  ② Bonferroni(B) : T 검정을 사용하여 그룹 평균 간 쌍대비교를 수행하지만 각 검정에 대한 오차 비율을 전체 검정 수로 나눈 실험별 오차 비율로 설정하여 전체 오차 비율을 제어하므로 관측 유의 수준은 다중비교 작업에 따라 조정됨
  ③ Sidak(i) : T 통계를 기준으로 하는 대응별 다중비교 검정을 수행하며 Sidak은 다중비교에 대한 유의 수준을 조정하고 Bonferroni의 경우보다 더 엄격한 한계를 제공

④ **Scheffe**(ⓒ) : 가능한 모든 대응별 평균 조합에 대해 동시 결합 쌍대비교를 수행하며 F 표본 분포를 사용하고 단순한 쌍대비교만이 아니라 그룹 평균의 가능한 모든 선형 조합을 검토하는 데 사용될 수 있음

⑤ **R-E-G-W의 F**(Ⓡ) : F 검정을 기준으로 하는 Ryan-Einot-Gabriel-Welsch 다중 단계감소 프로시저임

⑥ **R-E-G-W의 Q**(Ⓠ) : 스튜던트화 범위를 기준으로 하는 Ryan-Einot-Gabriel-Welsch 다중 단계감소 프로시저임

⑦ **S-N-K**(Ⓢ) : 스튜던트화 범위 분포를 사용하여 평균 간 모든 쌍대비교를 수행할 수 있다. 표본 결과가 같으면 단계별 프로시저를 사용하여 동일 서브 세트 내의 대응 평균을 비교할 수도 있으며 평균은 최고에서 최하까지 정렬되며 극단값 차가 먼저 검정됨

⑧ **Tukey**(Ⓣ) : 스튜던트화 범위 통계를 사용하여 그룹 간 모든 쌍대비교를 수행하며, 실험별 오차 비율을 모든 쌍대 비교 컬렉션의 오차 비율로 설정함

⑨ **Tukey의 b**(ⓚ) : 스튜던트화 범위 분포를 사용하여 그룹 간 쌍대비교를 수행하며, 임계값은 Tukey의 정직유의차 검정과 Student-Newman-Keuls에 대한 해당 값의 평균이 됨

⑩ **Duncan**(Ⓓ) : Student-Newman-Keuls 검정에서 사용한 순서와 동일한 단계별 비교 순서를 사용하여 쌍대 비교를 수행하지만 개별 검정이 아닌 전체 검정에 대한 오차 비율에 대해 보호 수준을 설정하며, 스튜던트화 범위 통계량을 사용함

⑪ **Hochberg의 GT2**(Ⓗ) : 스튜던트화 최대 계수를 사용하는 다중 비교 및 범위 검정이며, Tukey의 정직유의차 검정과 유사함

⑫ **Gabriel**(Ⓖ) : 스튜던트화 최대 계수를 사용하며 셀 크기가 동일하지 않을 때 일반적으로 Hochberg의 GT2보다 더 효과적인 쌍대비교 검정을 수행하며, Gabriel의 검정은 셀 크기가 상당히 다양하게 분포할 경우 광범위하게 사용될 수 있음

⑬ **Waller-Duncan**(Ⓦ) : T 통계에 기반한 다중비교 검정으로, Bayesian 접근법을 사용

⑭ **Dunnett**(ⓔ) : 단일 통제 평균에 대해 처리 세트를 비교하는 대응별 다중비교 T 검정을 수행한다. 마지막 범주가 기본 제어 범주가 되며 처음 범주를 선택할 수도 있다. 한 요인 수준(제어 범주 제외)에서의 평균이 제어 범주에서의 평균과

동일하지 않은지 검정하려면 양측검정을 사용한다. 한 요인 수준에서의 평균이 제어 범주에서의 평균보다 작은지를 검정하려면 〈통제를 선택하고 한 요인 수준에서의 평균이 제어 범주에서의 평균보다 큰지를 검정하려면 〉통제를 선택함

- 등분산을 가정하지 않음
  ① Tamhane의 T2(m) : T 검정을 기준으로 한 보수적 쌍대 비교를 수행하며, 이 검정은 분산들이 동일하지 않을 때 적합
  ② Dunnett의 T3(3) : 스튜던트화 최대 계수를 기준으로 하는 쌍대 비교 검정을 수행하며, 이 검정은 분산들이 동일하지 않을 때 적합
  ③ Games-Howell(a) : 경우에 따라 자유롭게 수행되는 쌍대 비교 검정으로 이 검정은 분산들이 동일하지 않을 때 적합
  ④ Dunnett의 C(u) : 스튜던트화 범위를 기준으로 하는 쌍대 비교 검정을 수행하며, 이 검정은 분산들이 동일하지 않을 때 적합
- 참고 : 활성화된 피벗 테이블에서 형식 메뉴의 테이블 특성을 선택하여 나타난 테이블 특성 대화상자에서 비어 있는 행과 열 감추기를 선택 해제하면 사후검정 결과를 쉽게 해석할 수 있음

[표 14-2] 기술통계

	N	평균	표준화 편차	표준화 오류	평균에 대한 95% 신뢰구간		최소값	최대값
					하한	상한		
A전공	79	18.4557	3.80889	.42853	17.6026	19.3088	10.00	25.00
B전공	94	19.3617	4.14742	.42777	18.5122	20.2112	10.00	25.00
C전공	75	18.0533	3.04424	.35152	17.3529	18.7537	12.00	24.00
D전공	111	20.3423	3.00150	.28489	19.7778	20.9069	13.00	25.00
전체	359	19.1922	3.62245	.19119	18.8162	19.5682	10.00	25.00

표 14-2는 기술통계를 나타내는데 독립변수의 각 집단별 응답자 수, 평균, 표준화 편차, 표준화 오류, 95% 신뢰구간, 최소값, 최대값이 나타나 있다. C전공의 교육내용 평가의 평균은 18.0533(표준화 편차 3.04424)으로 가장 낮았다. 이는 교육내용에 대한 평가를 부정적으로 응답한 것이며 A전공도 평균이 18.4557(표준화 편차 3.80889)로 C전공과 비슷한 수준이다. D전공은 평균이 20.3423(표준화 편차 3.00150)으로 가장 높아 교육내용에 대한 평가가 가장 긍정적인 것으로 나타났다.

[표 14-3] 분산의 동질성 검정

Levene 통계량	자유도1	자유도2	유의확률
4.993	3	355	.002

표 14-3은 분산의 동질성을 검정하는 Levene의 검정이며, 유의도가 $p<0.01$이므로 분산이 동질성을 가질 것(차이가 없다)이라는 영가설이 기각되었음을 보여준다. 즉, 분산이 다르다는 의미이다.

[표 14-4] ANOVA

	제곱합	자유도	평균제곱	F	유의확률
집단-간	289.663	3	96.554	7.776	.000
집단-내	4408.075	355	12.417		
전체	4697.738	358			

표 14-4에는 독립변수의 각 집단별 평균 차이가 유의미한지 F 검정을 한 결과가 나와 있다. 독립변수의 각 집단 사례 수가 큰 차이가 날 경우 GLM(일반선형모델)이 효과적이다.

- **집단-간** : 각 집단 간 차이에 의해 나타나는 체계적 분산을 의미한다. 집단 간 제곱 합은 289.663이며, 자유도는 3이다. 따라서 '제곱 합/자유도(사례 수)'는 평균제곱, 즉 분산이 된다. 여기서 모집단 분산의 추정치가 된다. 즉, 모집단 분산의 추정치는 96.554이다.
- **집단-내** : 전체 집단에 집단 간 차이에 의한 분산을 제외한 나머지인 오차 분산을 의미한다. 각 집단 내에 있는 잔차 분산으로 전체 분산에서 집단 간 분산을 뺀 나머지 분산이다. 자유도는 355이며, 모집단에서 오차 분산의 추정치는 12.417이다.
- **합계** : 전체 분산을 의미한다.
- **F(F ratio)** : F 비 또는 F값을 의미한다. F 비는 '집단 간 분산/집단 내 분산'의 비율로 이 F 비와 자유도에 의해 유의도를 결정한다.
- **유의확률** : 집단 간 평균의 차이가 없다는 영가설이 맞을 확률로 0.000은 $p<0.001$이므로 영가설이 발생할 확률이 매우 낮아서 영가설을 기각하여도 별문제가 없는 것으로 간주한다. 즉, 영가설을 기각할 경우의 오류 발생할 확률이 $p<0.001$이다. 즉, 교육내용 평가의 차이는 모집단의 차이에 의한 것으로 유의미한 평균 차이가 있다고 할 수 있다.

평균의 차이는 기술통계 옵션에 의한 평균과 표준화 편차를 살펴보면, D전공이 가장 긍정적이며, C전공이 가장 부정적인 것으로 나타났다.

[표 14-5] 사후 검정

	(I) 전공	(J) 전공	평균차이(I-J)	표준화 오류	유의확률	95% 신뢰구간	
						하한	상한
Tukey HSD	A전공	B전공	-.90601	.53784	.333	-2.2943	.4823
		C전공	.40236	.56810	.894	-1.0640	1.8688
		D전공	-1.88665*	.51870	.002	-3.2255	-.5478
	B전공	A전공	.90601	.53784	.333	-.4823	2.2943
		C전공	1.30837	.54558	.079	-.0999	2.7166
		D전공	-.98064	.49393	.195	-2.2556	.2943
	C전공	A전공	-.40236	.56810	.894	-1.8688	1.0640
		B전공	-1.30837	.54558	.079	-2.7166	.0999
		D전공	-2.28901*	.52671	.000	-3.6486	-.9294
	D전공	A전공	1.88665*	.51870	.002	.5478	3.2255
		B전공	.98064	.49393	.195	-.2943	2.2556
		C전공	2.28901*	.52671	.000	.9294	3.6486

*. 평균 차이는 0.05 수준에서 유의하다.

표 14-5에는 각 집단별로 평균의 차이를 검정하는 T 검정을 경우의 수만큼 실행한 값과 표준화 편차, 유의도, 95% 신뢰구간을 검정하는 Tukey 검정의 결과가 제시되었다.

평균 차이(I-J)는 두 집단의 평균 차이로, I는 좌측에 있는 집단을 J는 우측에 있는 집단을 의미한다. A전공은 I에 해당하고 그 우측에 있는 B전공부터 D전공까지의 각 집단이 나타나 있는데 이는 J에 해당한다. 그중에서 D전공을 살펴보면 A전공(I)과 D전공(J)의 교육내용 평가에 대한 각각의 평균 차이는 -1.88665로 A전공이 더 낮은 것을 알 수 있다. 여기서 낮다는 것은 교육내용에 대한 평가가 더 부정적이라는 것을 의미하며, 두 집단의 평균 차이에 대한 T 검정의 유의도가 0.002로 $p<0.05$이다. 즉, A전공의 경우 다른 집단과는 유의미한 차이가 나타나지는 않지만 D전공과의 교육내용에 대한 평가의 평균 차이는 유의미한 차이가 있는 것으로 나타났다. 이와 같이 C전공과 D전공의 평균 차이가 유의미한 것으로 나타났다.

[표 14-6] 동질적 부분집합

	전공	N	유의수준 = 0.05에 대한 부분집합		
			1	2	3
Tukey HSD[a),b)]	C전공	75	18.0533		
	A전공	79	18.4557		
	B전공	94	19.3617	19.3617	
	D전공	111		20.3423	
	유의확률		.068	.255	
Duncan[a),b)]	C전공	75	18.0533		
	A전공	79	18.4557	18.4557	
	B전공	94		19.3617	19.3617
	D전공	111			20.3423
	유의확률		.450	.090	.066
Scheffe[a),b)]	C전공	75	18.0533		
	A전공	79	18.4557		
	B전공	94	19.3617	19.3617	
	D전공	111		20.3423	
	유의확률		.112	.336	

동질적 부분집합에 있는 집단에 대한 평균이 표시된다.
a) 조화평균 표본크기 87.645을(를) 사용한다.
b) 집단 크기가 동일하지 않다. 집단 크기의 조화평균이 사용된다.
I 유형 오차 수준은 보장되지 않는다

표 14-6에 제시한 동질적 부분집합은 평균과 표준화 편차의 특성에 따라 다중비교한 후 서로 유사한 성격의 집단으로 판명된 집단(동일 집단군)끼리 묶어서 보여주는 통계 결과이다.

Tukey 검정과 Scheffe 검정은 유사하지만 Duncan 검정은 동질적 부분집합의 분류에 약간의 차이가 있음을 알 수 있다. Duncan을 기준으로 본다면 첫 번째 집단인 부집단 1에 C전공과 A전공이 포함되고, 부집단 2에는 A전공과 B전공이 포함되며, 부집단 3에는 B전공과 D전공이 포함되어 있다. A전공은 부집단 1과 2에 모두 포함되고 B전공은 부집단 2와 3에 모두 속하는 것으로 분류가 잘 되지 않음을 알 수 있다.

Tukey 검정과 Scheffe 검정을 살펴보면, Duncan 검정과 달리 2개의 부집단으로 나타나는데 B전공은 부집단 1과 2에 모두 속하는 것으로 보아 분류가 잘 되지 않음을 알 수 있다.

3 다원배치 분산분석[4] [5] 예제 11.sav

이원배치 분산분석(Two-way ANOVA)은 연속형 척도의 종속변수 1개와 집단을 구분하는 독립변수 2개를 이용하여 집단별 평균 차이 검정할 때 사용하며, **삼원배치 분산분석**(Three-way ANOVA)은 연속형 척도의 종속변수 1개와 집단을 구분하는 독립변수 3개를 이용하여 집단별 평균 차이 검정할 때 사용하는데 삼원배치 분산분석부터는 다원 분산분석으로 통칭한다. **다원 분산분석**(Multi-way ANOVA)은 연속형 척도의 종속변수 1개와 집단을 구분하는 독립변수 3개 이상을 이용하여 집단별 평균 차이 검정할 때 사용한다.

일반선형모형의 적합성 검정을 위한 이원배치 분산분석은 독립변수가 종속변수에 미치는 영향의 정도를 평가하기 위한 통계적 분석방법이므로 조사연구보다 실험연구에서 수집한 자료 분석에 적용하는 것이 바람직하다. 하지만 분석 결과의 해석을 신중하게 한다면 어떤 연구 상황에서든지 사용할 수가 있다.

두 변수가 서로 독립적이라면 두 변수 간 상호작용은 없다고 할 수 있지만 두 변수에 의한 효과가 나타나면 상호작용은 존재하는 것으로 볼 수 있다. 이때 두 변수에 대한 각각의 효과뿐만 아니라 두 변수 간의 상호작용도 분석 과정에서 고려해야 하며, 상호작용이 존재할 때에는 상호작용을 제거해야만 한다. 이원배치 분산분석은 일원배치 분산분석과 다음과 같은 차이점이 있다.

- 독립변수가 두 개임
- 독립변수 간 상관관계의 검정이 필요함
- 상호작용을 고려하여 통제 여부를 결정함

이원배치 분산분석과 관련된 연구들의 예로는 다음과 같은 것들이 해당한다.

- 기업의 규모와 기업의 보유 설비가 매출실적에 미치는 영향
- 소양 교육 프로그램의 종류와 교육 회수가 직장인들의 직무 만족도에 미치는 영향
- 입시홍보 방법과 전공 구성이 홍보 이미지에 미치는 영향

---

4) 성태제(2007). SPSS/AMOS를 이용한 알기 쉬운 통계분석, 학지사.
5) 박성현, 소신섭, 김성수(2009). SPSS 17.0 이해와 활용, 한나래출판사.

[표 14-7] 기업의 규모(독립변수) × 매출실적(종속변수)

		보유 설비(B)		횡렬 M
		신형	구형	
기업 규모(A)	대규모	86.5	77.5	82
	소규모	83.5	75.8	79.65
종렬 M		85	76.65	80.825

독립변수 A×B의 결합에 의한 셀의 점수들은 종속변수인 매출실적을 나타내고 있으며, 규명하고자 하는 연구가설은 다음과 같다.

- 기업의 규모와 무관하게 보유 설비에 대한 두 집단 간 매출실적의 차이에 대한 유의성(주효과 1)
- 보유 설비에 무관하게 기업의 규모에 대한 두 집단 간 매출실적의 차이에 대한 유의성(주효과 2)
- 매출실적에 미치는 기업의 규모와 보유 설비의 상호작용 효과의 유무(상호작용 효과)

주효과(main effect)는 일원배치 분석으로 분석하고 **상호작용 효과**(interaction effect)의 검정은 '각 실험조건 집단의 M을 연결한 직선은 서로 평행을 이룰 것이다'라는 영가설을 검정한다. 따라서 그림 14-5의 (a)는 상호작용 효과가 없음을 나타내고, (b)는 상호작용 효과가 있음을 나타내고 있다.

- 기업 대규모 × 보유 설비 신형 → 높은 매출실적
- 기업 소규모 × 보유 설비 구형 → 낮은 매출실적

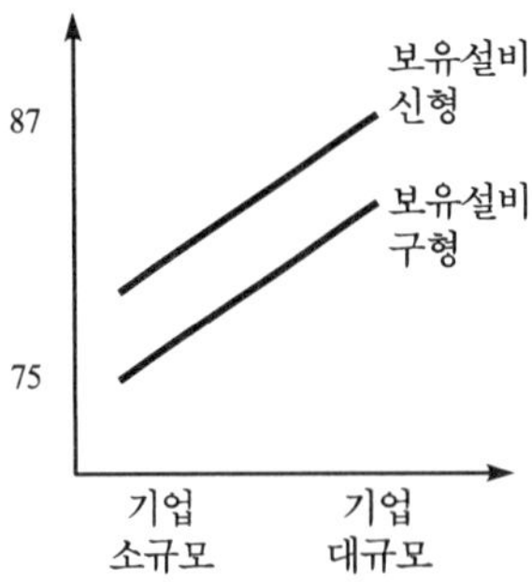

(a) 상호작용이 없는 경우

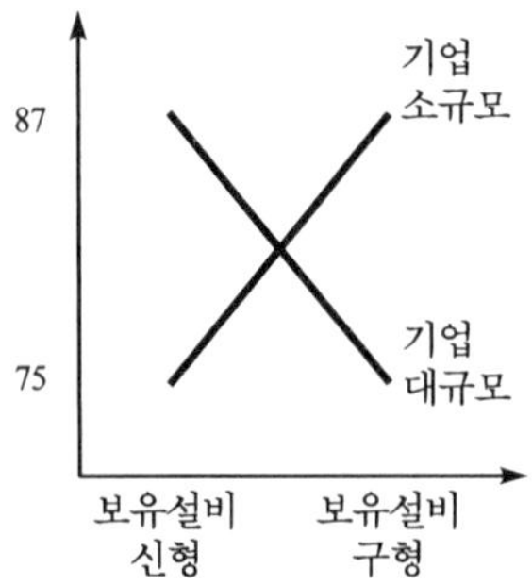

(b) 상호작용이 있는 경우

[그림 14-5] 상호작용 효과

자동차를 생산하는 공장에서 생산방식과 공장 가동시간이 생산성과에 미치는 영향을 고찰하고자 한다. 이원배치 분산분석을 수행하기 위해서 표 14-8에 자동차를 생산하는 공장의 자동차 생산방식과 공장 가동시간의 유형을 나타내었다.

[표 14-8] 자동차의 생산방식과 공장 가동시간의 유형

자동차의 생산방식	공장의 가동시간								
	8시간			16시간			24시간		
소량생산	10	8	10	7	7	7	4	4	5
	8	8	9	8	8	9	5	6	6
대량생산	5	5	6	5	5	6	4	4	4
	7	8	8	6	7	7	5	5	6

규명하고자 하는 연구가설은 다음과 같다.

- 자동차의 생산방식과 무관하게 공장의 가동시간에 따른 생산성과의 차이에 대한 유의성(주효과 검정)
- 공장의 가동시간과 무관하게 자동차의 생산방식에 따른 생산성과의 차이에 대한 유의성(주효과 검정)
- 자동차의 생산방식과 공장 가동시간의 결합에 따른 생산성과의 차이에 대한 유의성(상호작용 효과 검정)

[표 14-9] 이원배치 분산분석

SV(분산원)	SS(제곱 합)	df(자유도)	MS(분산추정값)	F(F 비)
행간	SS_R	$df_1 - R-1$	$SS_R/df_1 = MS_R$	MS_R/MS_W
열간	SS_C	$df_2 = C-1$	$SS_C/df_2 = MS_C$	MS_C/MS_W
상호작용	SS_I	$df_3 = (R-1)(C-1)$	$SS_I/df_3 = MS_I$	MS_I/MS_W
집단 내 오차	SS_W	$df_4 = RC(n-1)$	$SS_W/df_4 = MS_W$	
전체	SS_T	$df_5 = nRC-1$		

[표 14-10] 이원배치분석

가동시간 / 생산방식	8시간	16시간	24시간	행(R)의 합
소량생산	$n_{11}=6$ $\sum X_{11}=53$ $M_{11}=8.83$	$n_{12}=6$ $\sum X_{12}=46$ $M_{12}=7.67$	$n_{13}=6$ $\sum X_{13}=30$ $M_{13}=5$	$n_{R1}=18$ $\sum X_{R1}=129$ $M_{R1}=7.17$
대량생산	$n_{21}=6$ $\sum X_{21}=39$ $M_{21}=6.5$	$n_{22}=6$ $\sum X_{22}=36$ $M_{22}=6$	$n_{23}=6$ $\sum X_{23}=28$ $M_{23}=4.67$	$n_{R2}=18$ $\sum X_{R2}=103$ $M_{R2}=5.72$
열(C)의 합	$n_{C1}=12$ $\sum X_{C1}=92$ $M_{C1}=7.67$	$n_{C2}=12$ $\sum X_{C2}=82$ $M_{C2}=6.83$	$n_{C3}=12$ $\sum X_{C3}=58$ $M_{C3}=4.83$	$N=36$ $\sum X=232$ $M_G=6.44$

행(R)의 자승합은 다음과 같다.

$$SS_R = na\sum\sum(M_a - M_G)^2 \tag{14-17}$$

여기서, a는 행의 수, M_a는 M_{R1}과 M_{R2}이다.

$$SS_R = 6\times 2\{(7.17-6.44)^2 + (5.72-6.44)^2\} = 12.62$$

열(C)의 자승합은 다음과 같다.

$$SS_C = nb\sum\sum(M_b - M_G)^2 \tag{14-18}$$

여기서, b는 열의 수, M_b는 M_{C1}, M_{C2}, M_{C3}이다.

$$SS_C = 6\times 3\{(7.67-6.44)^2 + (6.83-6.44)^2 + (4.83-6.44)^2\} = 76.63$$

상호작용 제곱 합은 다음과 같다.

$$SS_I = n\sum\sum(M_{ij} - M_a - M_b + M_G)^2 \tag{14-19}$$

$$\begin{aligned} SS_I = &\ 6\times[(8.83-7.17-7.67+6.44)^2 + (7.67-7.17-6.83+6.44)^2 \\ &+ (5-7.17-4.83+6.44)^{2+(6.5-5.}72-7.67+6.44)^2 \\ &+ (6-5.72-6.83+6.44)^2 + (4.67-5.72-4.83+6.44)^2] \\ = &\ 6.23 \end{aligned}$$

집단 내 오차의 제곱 합은 다음과 같다.

$$SS_W = \sum\sum(X_{RCI} - M_{RCI})^2 \tag{14-20}$$

$$\begin{aligned} SS_W = & [(10-8.83)^2 + (8-8.83)^2 + (10-8.83)^2 + (8-8.83)^2 \\ & + (8-8.83)^2 + (9-8.83)^2 + (7-7.67)^2 + (7-7.67)^2 \\ & + (7-7.67)^2 + (8-7.67)^2 + (8-7.67)^2 + (9-7.67)^2 \\ & + (4-5)^2 + (4-5)^2 + (5-5)^2 + (5-5)^2 \\ & + (6-5)^2 + (6-5)^2 + (5-6.5)^2 + (5-6.5)^2 \\ & + (6-6.5)^2 + (7-6.5)^2 + (8-6.5)^2 + (8-6.5)^2 \\ & + (5-6)^2 + (5-6)^2 + (6-6)^2 + (6-6)^2 \\ & + (7-6)^2 + (7-6)^2 + (4-4.67)^2 + (4-4.67)^2 \\ & + (4-4.67)^2 + (5-4.67)^2 + (5-4.67)^2 + (6-4.67)^2] \\ = & \ 29.0002 \end{aligned}$$

전체 제곱 합은 다음과 같다.

$$SS_T = \sum\sum\sum(X_{RCI} - M_G)^2 \tag{14-21}$$

$$\begin{aligned} SS_T = & [(10-6.44)^2 + (8-6.44)^2 + (10-6.44)^2 + (8-6.44)^2 \\ & + (8-6.44)^2 + (9-6.44)^2 + (7-6.44)^2 + (7-6.44)^2 \\ & + (7-6.44)^2 + (8-6.44)^2 + (8-6.44)^2 + (9-6.44)^2 \\ & + (4-6.44)^2 + (4-6.44)^2 + (5-6.44)^2 + (5-6.44)^2 \\ & + (6-6.44)^2 + (6-6.44)^2 + (5-6.44)^2 + (5-6.44)^2 \\ & + (6-6.44)^2 + (7-6.44)^2 + (8-6.44)^2 + (8-6.44)^2 \\ & + (5-6.44)^2 + (5-6.44)^2 + (6-6.44)^2 + (6-6.44)^2 \\ & + (7-6.44)^2 + (7-6.44)^2 + (4-6.44)^2 + (4-6.44)^2 \\ & + (4-6.44)^2 + (5-6.44)^2 + (5-6.44)^2 + (6-6.44)^2] \\ = & \ 104.8896 \end{aligned}$$

그 밖에 다른 값들의 계산은 다음과 같다.

$df_1 = R - 1 = 1$ $\qquad df_2 = C - 1 = 2$

$df_3 = (R-1)(C-1) = 2$ $\qquad df_4 = RC(n-1) = 30$

$df_5 = nRC - 1 = 29$ $\qquad MS_R = SS_R/df_1 = 12.62$

$MS_C = SS_C/df_2 = 76.63/2 = 38.315$

$MS_I = SS_I/df_3 = 6.23/2 = 3.115$

$MS_W = SS_W/df_4 = 29.0002/30 = 0.967$

$$MS_R / MS_W = 12.62/0.967 = 13.051$$

$$MS_C / MS_W = 38.315/0.967 = 39.623$$

$$MS_I / MS_W = 3.115/0.967 = 3.221$$

[표 14-11] 이원배치 분산분석 결과

SV(분산원)	SS(제곱 합)	df(자유도)	MS(분산추정값)	F(F 비)
생산방식(R)	12.62	1	12.62	13.051**
가동시간(C)	76.63	2	38.32	39.623**
상호작용	6.23	2	3.12	3.221*
집단 내 오차	29.00	30	0.967	
전체	104.89	29		

* p<.05, ** p<.01

유의 수준의 결정은 다음과 같다.

- 자동차의 생산방식에 따른 차이의 유의도는 F-분포표에서 $df_1 = 1$과 $df_2 = 30$이 교차하는 지점에서 p=0.05의 임계값은 4.17, p=0.01의 임계값은 7.56이다.
- 공장의 가동시간에 따른 차이의 유의도는 F-분포표에서 $df_1 = 2$과 $df_2 = 30$이 교차하는 지점에서 p=0.05의 임계값은 3.32, p=0.01의 임계값은 5.39이다.
- 상호작용에 따른 차이의 유의도는 F-분포표에서 $df_1 = 2$과 $df_2 = 30$이 교차하는 지점에서 p=0.05의 임계값은 3.32, p=0.01의 임계값은 5.39이다. 따라서 5% 또는 p<.05 수준에서 유의한 상호작용 효과가 있는 것으로 볼 수 있다.

이원배치 분산분석을 수행하기 위해 상위메뉴의 '분석(A)'에서 '일반선형모형(G)'의 '일변량(U)'을 선택하면 그림 14-6과 같은 대화상자가 나타난다.

상위메뉴 〉 분석(A) 〉 일반선형모형(G) 〉 일변량(U)

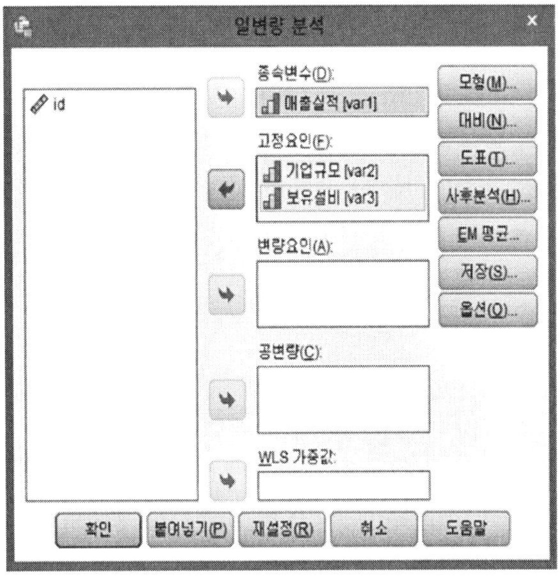

[그림 14-6] 이원배치 분산분석의 대화상자

분석하고자 하는 종속변수를 선택하여 '종속변수(D)'로 이동하고 분석하고자 하는 독립변수 두 개를 선택하여 '변량요인(A)'으로 이동시킨다.

이원배치 분산분석에 사용되는 옵션들을 살펴보면 일반선형모형을 선택하기 위한 '모형(M)', 한 요인의 수준 간 차이를 검정하기 위한 '대비(N)', 요인들 간의 관계를 그림으로 알아보기 위한 '도표(T)', 각 변수의 사후 검정을 하기 위한 '사후분석(H)', 추정 주변 평균에 대한 'EM 평균(E)', 모형에 의해 추출된 값들을 자료로 저장하는 '저장(S)', 기술통계량, 변량의 동질성 등을 알아보기 위한 '옵션(O)' 등이 있다.

'모형(M)' 버튼을 클릭하면 다음과 같은 항목들을 설정할 수 있는 대화상자가 나타난다.

- **모형 설정** : 완전 요인 모형에는 모든 요인 주효과, 모든 공분산 주효과, 모든 요인-대-요인 상호작용이 포함되며, 공분산 상호작용은 포함되지 않는다. 항 설정을 선택하여 하나의 상호작용 부분집합만 지정하거나 요인-대-공변량 상호작용을 지정한다. 모형에 포함할 모든 항을 지정해야 하며, 중첩 항을 포함하거나 변수별로 항 변수를 명시적으로 설정하고자 할 때 사용자 정의 항 설정을 선택함

- **요인 및 공변량**(F) : 요인 및 공변량이 나열됨
- **모형**(M) : 모형은 데이터의 특성에 따라 다른데 항 설정을 선택한 다음 분석 시 중요한 주효과와 상호작용을 선택할 수 있음
- **제곱 합**(Q) : 제곱 합을 계산하는 방법이다. 결측 셀이 없는 균형 모형이나 비균형 모형의 경우 제 III 유형 제곱 합 방법이 가장 일반적으로 사용됨
- **모형에 절편 포함**(I) : 이 모형에는 대개 절편이 포함되며 데이터가 원점을 전달한다고 가정할 경우에는 절편을 제외시킬 수 있음

'대비(N)' 버튼을 클릭하면 다음과 같은 항목들을 설정할 수 있는 대화상자가 나타난다.

대비는 요인의 수준 차이를 검정하는 데 사용된다. 각 개체 간 요인에 대한 반복 측도 모형에서 모형의 각 요인에 대해 대비를 지정할 수 있다. 대비는 모수의 선형 조합을 나타낸다.

- **GLM 일변량** : 가설검정은 영가설 LB=0을 기준으로 하며 여기에서 L은 대비계수(L) 행렬이고 B는 모수 벡터이다. 대비가 지정되면 L 행렬이 작성된다. 요인에 해당하는 L 행렬의 열이 대비와 일치한다. 나머지 열은 L 행렬 추정이 가능하도록 수정된다. 결과에는 각 대비군에 대한 F 통계가 포함되어 있다. 또한, 대비 차이에 대한 Student의 T 분포에 따른 Bonferroni 유형 동시 신뢰구간이 표시됨
- **GLM 다변량** : 가설검정은 영가설 LBM=0을 기준으로 하며 여기에서 L은 대비계수(L) 행렬이고 M은 종속변수의 수와 동일한 차원을 가지는 항등 행렬이며 B는 모수 벡터이다. 대비가 지정되면 L 행렬이 작성된다. 요인에 해당하는 L 행렬의 열이 대비와 일치한다. 나머지 열은 L 행렬 추정이 가능하도록 수정된다. F 통계와 모든 종속변수에 걸친 대비 차이에 대한 Student의 T 분포에 따른 Bonferroni 유형 동시 신뢰구간을 사용하는 일변량 검정이 제공될 뿐 아니라 Pillai의 트레이스, Wilks의 람다, Hotelling의 트레이스, Roy의 최대근 기준을 사용하는 다변량 검정이 제공됨
- **GLM 반복 측도** : 가설검정은 영가설 LBM=0을 기준으로 하며 여기에서 L은 대비계수(L) 행렬이고 B는 모수 벡터이며 M은 종속변수의 평균 변환에 해당하는 평균 행렬을 나타낸다. GLM 반복 측도 옵션 대화상자에서 변환 행렬을 선택하면 이 변환 행렬을 출력할 수 있다. 예를 들어, 네 개의 종속변수와 네 가지 수준의 개체-

내 요인이 있고 다항 대비(기본값)가 개체-내 요인에 대해 사용되는 경우 M 행렬은 (0.5 0.5 0.5 0.5)이 된다. 대비가 지정되면 L 행렬이 작성된다. 개체 간 요인에 해당하는 L 행렬의 열이 대비와 일치한다. 나머지 열은 L 행렬 추정이 가능하도록 수정된다. 개체 내 요인에 대해 없음이 아닌 대비를 선택해야 함

- **사용 가능한 대비** : 사용할 수 있는 대비는 편차, 단순, 차이, Helmert, 반복 및 다항이다. 편차 대비와 단순 대비의 경우 참조 범주가 마지막 범주인지 또는 처음 범주인지 여부를 선택할 수 있음

'도표(T)' 버튼을 클릭하면 다음과 같은 항목들을 설정할 수 있는 대화상자가 나타난다.

프로파일 도표(상호작용 도표)는 모형의 주변 평균을 비교하는 데 유용하다. 프로파일 도표는 선 도표이며, 도표 내의 각 점은 한 요인 수준에서 측정한 종속변수의 추정된 주변 평균(공분산에 따라 수정됨)을 나타낸다. 개별 선을 만드는데 또 다른 요인의 수준이 사용될 수 있다. 또한, 또 다른 세 번째 요인의 각 수준이 개별 도표 작성에 사용될 수 있다. 모든 모수요인과 분산요인은 어떤 것이라도 도표에 사용될 수 있다. 다변량 분석에서는 각 종속변수에 대해 프로파일 도표를 만든다. 반복 측도 분석에서 개체 간 요인과 개체-내 요인은 모두 프로파일 도표에 사용될 수 있다.

한 요인에 대한 프로파일 도표는 추정된 주변 평균이 여러 수준에서 증가하는지 또는 감소하는지 여부를 보여준다. 둘 이상의 요인의 경우 평행선은 두 요인 간 상호작용이 없음을 나타내는데 이것은 한 요인의 수준만 조사할 수 있음을 의미한다. 평행하지 않은 선들은 상호작용을 나타낸다.

수평축에 대한 요인을 선택하고 필요에 따라 개별 선과 개별 도표에 대한 요인을 선택하여 도표를 지정하면 도표가 도표 목록에 추가되어야 한다.

- **도표 유형** : 도표는 선 도표 또는 막대 도표일 수 있음
- **오차 막대** : 신뢰구간 또는 다수의 표준오차를 표시하는 오차 막대를 포함할 수 있다. 신뢰구간은 옵션 대화상자에서 지정된 유의 수준을 기반으로 함
- **총 평균의 참조선 포함** : 전체 총 평균을 표시하는 참조선을 포함
- **Y축은 0에서 시작함** : 모든 값이 양수이거나 모든 값이 음수인 선형 차트의 경우 Y축이 0에서 시작하도록 강제 실행하는데 막대형 차트는 항상 0에서 시작(또는 0을 포함)

'사후분석(H)' 버튼을 클릭하면 다음과 같은 항목들을 설정할 수 있는 대화상자가 나타난다.

- **사후분석 다중비교 검정**은 평균 간에 차이가 있다고 판단되면 사후분석 범위 검정과 대응별 다중비교를 수행하여 차이가 나는 평균을 판별할 수 있다. 비교는 수정되지 않은 값에 대해 수행된다. 이 검정은 개체 간 모수 요인에 대해서만 사용된다. GLM 반복 측도에서 개체 간 요인이 없으면 이 검정을 사용할 수 없으며 사후분석 다중비교 검정은 개체-내 요인 수준 간의 평균에 대해 수행된다. GLM 다변량에서 사후 검정은 각 종속변수에 대해 개별적으로 수행된다.
- **Bonferroni와 Tukey의 정직유의차 검정**은 보통 다중비교 검정에 사용된다. 스튜던트의 T 통계를 기준으로 하는 Bonferroni 검정은 다중비교가 행해지는 사건에 대한 관측유의 수준을 수정한다. Sidak의 T 검정을 사용하는 경우에도 유의 수준이 수정되며 Bonferroni 검정보다 더 강력한 한계를 제공한다. Tukey의 정직유의차 검정은 스튜던트화 범위 통계를 사용하여 모든 그룹 간 쌍대비교를 수행하며 실험별 오차 비율을 모든 쌍대비교 컬렉션의 오차 비율로 설정한다. 다수의 대응평균을 검정할 경우 Tukey의 정직유의차 검정이 Bonferroni 검정보다 효과적인 결과를 나타낸다. 소수의 대응평균에는 Bonferroni가 보다 효과적이다.
- **Hochberg의 GT2**는 Tukey의 정직유의차 검정과 유사하나 스튜던트화 최대 계수가 사용된다. 대개 Tukey의 검정이 더 효과적이다. Gabriel의 쌍대비교 검정 또한 스튜던트화 최대 계수를 사용하며 셀 크기가 동일하지 않을 경우 일반적으로 Hochberg의 GT2가 더 효과적인 방법이다. Gabriel의 검정은 셀 크기가 상당히 다양하게 분포할 경우 광범위하게 사용될 수 있다.
- **Dunnett의 대응별 다중 비교 T 검정**은 단일 통제 평균에 대해 하나의 처리 세트를 비교한다. 마지막 범주가 기본 제어 범주가 된다. 처음 범주를 선택할 수도 있다. 또한, 양측검정이나 단측검정을 선택할 수 있다. 한 요인 수준(제어 범주 제외)에서의 평균이 제어 범주에서의 평균과 동일하지 않은지 검정하려면 양측검정을 사용한다. 한 요인 수준에서의 평균이 제어 범주에서의 평균보다 작은지를 검정하려면 〈 통제를 선택한다. 마찬가지로 한 요인 수준의 평균이 제어 범주에서의 평균보다 큰지를 검정하려면 〉 통제를 선택한다.

- **Ryan, Einot, Gabriel 및 Welsch(R-E-G-W)**는 두 가지 다중 하향 범위 검정을 개발하였다. 다중 하향 프로시저는 우선 모든 평균이 동일한지 검정한다. 모든 평균이 동일하지 않으면 평균 서브세트에 대한 등식을 검정한다. R-E-G-W F는 F 검정을 기준으로 하며 R-E-G-W Q는 스튜던트화 범위를 기준으로 한다. 이들 검정은 Duncan의 다중 범위 검정과 Student-Newman-Keuls(역시 다중 하향 프로시저임)보다 더 효과적인 방법이지만 셀 크기가 다른 경우에는 적합하지 않다.
- 분산이 동일하지 않을 경우 **Tamhane의 T2**(T 검정을 기준으로 하는 보존성 쌍대비교 검정), **Dunnett의 T3**(스튜던트화 최대 계수를 기준으로 하는 쌍대비교 검정), **Games-Howell 쌍대비교 검정**(경우에 따라 광범위하게 사용됨) 또는 **Dunnett의 C**(스튜던트화 범위를 기준으로 하는 쌍대 비교 검정)를 사용한다. 이러한 검정은 유효하지 않으며 모형에 여러 요인이 있는 경우 생성되지 않는다.
- **Duncan의 다중 범위 검정, Student-Newman-Keuls(S-N-K), Tukey의 B**는 그룹 평균의 순위를 정하고 범위 값을 계산하는 범위 검정이다. 이들 검정은 앞서 언급한 다른 검정만큼 자주 사용되지는 않는다.
- **Waller-Duncan T 검정**은 Bayesian 접근법을 사용한다. 이 범위 검정은 표본의 크기가 동일하지 않을 경우, 표본 결과의 조화평균을 사용한다.
- **Scheffé 검정**의 유의 수준은 이 기능에 사용할 수 있는 쌍대비교 뿐 아니라 검정할 그룹 평균들의 가능한 모든 선형 조합을 허용한다. 그 결과 Scheffé 검정은 다른 검정방법보다 좀더 보수적 특성을 갖는데, 이는 유의 수준을 위해 평균 차가 더 커야 한다는 것을 의미한다.
- **최소유의차(LSD) 대응별 다중비교 검정**은 모든 대응 그룹 간 다중 개별 T 검정과 동일하다. 이 검정방법은 다중비교에 대한 관측 유의 수준을 수정할 수 없다는 단점이 있다.
- **출력된 검정** : 쌍대비교는 LSD, Sidak, Bonferroni, Games-Howell, Tamhane의 T2 및 T3, Dunnett의 C, Dunnett의 T3에 제공된다. 범위 검정을 위한 동일 서브 세트는 S-N-K, Tukey의 B, Duncan, R-E-G-W F, R-E-G-W Q 및 Waller에 제공된다. Tukey의 정직유의차 검정, Hochberg의 GT2, Gabriel의 검정, Scheffé의 검정 등은 다중비교 검정과 범위 검정이다.

'EM 평균(E)' 버튼을 클릭하면 다음과 같은 항목들을 설정할 수 있는 대화상자가 나타난다.

셀 내의 모집단 주변 평균들의 추정값이 필요한 경우 해당 요인과 상호작용을 선택한다. 이들 평균은 공분산에 따라 수정된다.

- **주효과 비교** : 개체 간 요인과 개체-내 요인 모두에 모형 내 주효과의 추정된 주변 평균 간 수정되지 않은 쌍대비교를 제공한다. 이 항목은 평균 출력 기준 목록에서 주효과를 선택한 경우에만 사용할 수 있다.
- **신뢰구간 조정** : 신뢰구간과 유의 수준에 최소유의차(LSD), Bonferroni, Sidak 조정을 선택한다. 이 항목은 주효과 비교가 선택되어 있을 경우만 사용 가능하다.

'저장(S)' 버튼을 클릭하면 다음과 같은 항목들을 설정할 수 있는 대화상자가 나타난다.

모형, 잔차, 관련 측도에 의해 예측된 값을 데이터 편집기에 새로운 변수로 저장할 수 있다. 이들 변수 중 다수는 데이터에 관한 가정을 검토하는 데 사용할 수 있다. 다른 IBM® SPSS® Statistics 세션에서 사용할 수 있도록 값을 저장하려면 현재 데이터 파일을 저장해야 한다.

- **예측값** : 각 케이스에 대한 모형 예측값이다.
  ① **비표준화** : 모형이 예측하는 종속변수의 값
  ② **가중치 부여** : 표준화하지 않은 가중 예측값. WLS 변수가 먼저 선택되어야만 이 항목을 사용할 수 있음
  ③ **표준오차** : 독립변수와 같은 값을 갖는 케이스에 대한 종속변수 평균값의 표준편차 추정값
- **진단** : 독립변수 값의 특수 조합을 포함하는 케이스와 모형에 큰 영향력을 미칠 수 있는 케이스를 구분하기 위한 측도이다.
  ① **Cook의 거리** : 특정 케이스를 회귀계수 계산에서 제외할 때 모든 케이스의 잔차가 얼마나 변경될 수 있는지에 대한 측도이다. Cook의 거리가 크면 회귀분석 통계 계산에서 케이스를 제외할 때 계수가 크게 변경됨
  ② **레버리지 값** : 중심화되지 않은 레버리지 값이다. 각 관측값이 모형의 적합도에 미치는 상대적인 영향을 나타냄

■ **잔차** : 비표준화 잔차는 종속변수의 실제 값에서 모형에 의해 예측된 값을 뺀 것이다. 표준화, 스튜던트화, 삭제된 잔차도 사용할 수 있다. WLS 변수가 선택된 경우 표준화하지 않은 가중치 잔차를 사용할 수 있다.

① **비표준화** : 관측값과 모형에 의해 예측된 값 사이 차이

② **가중치 부여** : 표준화되지 않은 가중치 잔차이다. WLS 변수가 먼저 선택되어야만 이 항목을 사용할 수 있음

③ **표준화** : 표준편차의 추정값으로 나눈 잔차이다. Pearson 잔차라고도 하는 표준화 잔차는 평균이 0이고 표준편차가 1이 됨

④ **스튜던트화** : 케이스에 따라 다양한 표준편차의 추정값으로 나눈 잔차로서 독립변수 평균으로부터의 독립변수의 케이스 값 거리에 따라 달라짐

⑤ **삭제됨** : 회귀계수 계산에서 케이스를 제외할 때의 케이스에 대한 잔차로, 종속변수 값과 조정된 예측값 간 차이임

■ **계수 통계** : 모형에서 모수 추정값의 분산-공분산 행렬을 현재 세션의 새 데이터 세트나 외부 IBM SPSS Statistics 데이터 파일에 쓴다. 또한, 각 종속변수에 대해 모수 추정값의 행, 모수 추정값의 표준오차의 행, 모수 추정값에 해당하는 T 통계에 대한 유의 수준의 행, 그리고 잔차 자유도의 행이 있다. 다변량 모형의 경우 각 종속변수에 대해 이와 유사한 행들이 존재한다. 이분산성 일관적 통계가 선택된 경우(일변량 모형에만 사용 가능함), 분산-공분산 행렬이 강력한 추정량을 사용하여 계산되고 표준오차의 행은 강력한 표준오차를 표시하며 유의 수준은 강력한 오차를 반영한다. 이 행렬 파일은 행렬 파일을 읽는 다른 프로시저에도 사용할 수 있다.

'옵션(O)' 버튼을 클릭하면 다음과 같은 항목들을 설정할 수 있는 대화상자가 나타난다. 이 대화상자에서는 선택적 통계를 사용할 수 있다. 통계는 모수효과 모형을 사용하여 계산된다.

■ **출력** : 전체 셀의 모든 종속변수에 대한 관측평균, 표준편차, 개수를 나타내려면 기술통계를 선택한다. 효과 크기 추정값은 각 효과와 각 모수 추정값에 대한 부분 에타제곱을 제공한다. 에타 제곱 통계는 요인에서 기인하는 전체 변동의 비율에 대해 설명한다. 대립가설을 관측값 기준으로 설정한 경우에 검정력을 구하려면 관측 검정력을 선택한다. 모수 추정값을 선택하여 각 검정에 대한 모수 추정값, 표준오차, T 검정, 신뢰구간, 관측 검정력을 생성한다. 대비계수(L) 행렬을 선택하여 L 행렬을 구한다.

- **동질성 검정**은 개체 간 요인에 대해서만 개체 간 요인 수준의 모든 조합에서 각 종속변수마다 분산의 동질성에 대한 Levene의 검정을 생성한다. 평균-산포 도표와 잔차 도표 옵션은 데이터에 대한 가정을 진단하는 데 유용하다. 이 항목은 요인이 없을 경우는 사용할 수 없다. 잔차 도표를 선택하여 각 종속변수에 대한 관측-예측-표준화 잔차 도표를 작성한다. 이들 도표는 동일한 분산에 대한 가정을 조사하는 데 유용하다. 적합 결여 검정을 선택하여 종속변수와 독립변수 간 관계를 해당 모형으로 충분히 설명할 수 있는지 확인한다. 일반 추정 가능 함수를 사용하여 일반 추정 가능 함수를 기준으로 사용자 정의 가설검정을 작성할 수 있다. 대비계수(L) 행렬의 행은 일반 추정 가능 함수의 선형결합이다.
- **이분산성 검정**은 오차의 분산(각 종속변수에 대한)이 독립변수의 값에 의존하는지 여부를 검정하는 데 사용될 수 있다. Breusch-Pagan 검정, 수정된 Breusch-Pagan 검정 및 F 검정의 경우에는 검정의 기반이 되는 모형을 지정할 수 있다. 기본적으로, 모형은 상수항, 예측값에서 선형인 항, 예측값에서 2차인 항, 그리고 오류 항으로 구성되어 있다.
- 강력한 **표준오차의 모수 추정값**은 강력한 또는 이분산성 일관적(HC) 표준오차, 그리고 T 통계, 유의 수준 및 강력한 표준오차를 사용하는 신뢰구간과 함께 모수 추정값의 표를 표시한다. 다섯 가지의 서로 다른 방법이 강력한 공분산 행렬 추정에 사용 가능하다.
  ① **HC0** : 모수 추정값의 공분산 행렬에 대해 원래의 점근적 또는 대형 샘플 로버스트, 경험적 또는 "샌드위치" 추정량을 기반으로 한다. 샌드위치의 중간 부분에는 제곱한 OLS(Ordinary Least Squares) 또는 제곱한 가중치 WLS(Weighted Least Squares) 잔차가 포함됨
  ② **HC1** : HC0의 수정의 유한 샘플을 N/(N-p)로 곱한다. 여기서 N은 샘플 크기이며, p는 모형에서 중복되지 않는 모수의 수임
  ③ **HC2** : 제곱한 잔차를 1-h로 나눈 값을 포함하는 HC0의 수정이다. 여기서 h는 케이스의 레버리지임
  ④ **HC3** : 잭나이프 추정량의 근사치를 계산하는 HC0의 수정이다. 제곱한 잔차를 1-h의 제곱으로 나눔
  ⑤ **HC4** : 제곱한 잔차를 1-h의 제곱으로 나누는 HC0의 수정이다. 이는 h, N 및 p에 따라 변하며 상단 한계는 4임

- **유의 수준** : 사후 검정에 사용되는 유의 수준과 신뢰구간 형성에 사용되는 신뢰수준을 조정할 수 있다. 지정된 값은 해당 검정에 대한 관측 검정력을 계산하는 데에도 사용할 수 있다. 유의 수준을 지정할 때 신뢰구간의 관련된 수준이 대화상자에 출력된다.

[표 14-12] 기술통계

구분		평균	표준화 편차
기업 규모	보유 설비		
50명 이하	선반	5.40	.548
	연삭기	3.60	1.647
	지게차	4.50	.577
	용접기	4.91	.831
	압축기	4.50	.707
	로보트	5.20	.447
50-100명 이하	선반	2.75	1.712
	연삭기	4.14	1.464
	지게차	4.00	.000
	용접기	4.56	1.014
	압축기	5.00	.000
	로보트	3.00	2.309
100명 이상	선반	4.00	.816
	연삭기	2.47	1.806
	지게차	4.00	1.000
	용접기	5.00	.500
	압축기	4.40	.894
	로보트	4.25	.754

[표 14-13] 이원배치 분산분석

	SS	*df*	*MS*	*F*	*p*
수정된 모델	113.644	17	6.685	4.152	.000
절편	1680.340	1	1680.340	1043.659	.000
기업 규모	10.121	2	5.061	3.143	.047
보유 설비	32.228	5	6.446	4.003	.002
기업 규모 * 보유 설비	40.014	10	4.001	2.485	.010
오차	180.325	112	1.610		
전체	2358.000	130			
수정된 합계	293.969	129			

기업 규모에 따른 매출실적 요인에 대한 평가는 F=3.143으로 p<.05 수준에서 유의한 차이가 있으므로 기업 규모에 따른 매출은 차이가 있다. 보유 설비에 따른 매출 요인에 대한 평가는 F=4.003으로 p<.01 수준에서 유의한 차이가 있으므로 보유 설비에 따른 매출실적은 차이가 있다. 기업의 규모와 보유 설비의 상호작용 효과는 F=2.485로 p<.05 수준에서 유의한 차이가 있는 것으로 나타났다. 따라서 기업의 규모와 보유 설비 간에는 상호작용 효과가 있는 것으로 볼 수 있다.

4 공변량 분산분석[6) 7)] 예제 12.sav

일변량 분산분석(univariate analysis)은 연속형 척도의 종속변수 1개에 대해서 1개 이상의 독립변수(집단 구분변수)와 1개 이상의 공변량(연속형 변수)을 설정하여 분석한다. 1개의 독립변수(집단 구분변수)를 설정하면 일변량 분산분석과 일원배치 분산분석(One-way ANOVA)은 동일한 분석이 된다. 일변량 분산분석으로는 집단 간 차이, 공변량을 통제하고 집단 간 차이 등 다양한 분산분석을 수행할 수 있다.

공변량분석(analysis of covariance, ANCOVA)은 분산분석의 변형으로 종속변수에 대한 외생변수들의 효과를 설명하거나 제거하고자 할 때 적합한 분석방법이다.

독립변수를 조작했을 때, 그것이 종속변수에 어떤 영향을 미치는가를 연구하고자 할 때 사용한다. 연구자는 독립변수의 조건이 실험집단에 모두 동일하도록 하기 위해서 무선 표집과 무선배치, 짝진 표집 등 동등 조건의 확보를 위하여 노력하지만, 실험집단의 조건이 동일하지 않은 경우, ANCOVA를 수행한다. 또한, 독립변수에 대한 조작 요소 이외에 종속변수에 영향을 주는 외생변수를 통제하기가 불가능하거나 관찰할 수 없는 경우가 있는데 공변량분석은 종속변수에 영향을 주는 외생변수 효과를 연속적 자료의 형태를 갖는 공변량을 사용하여 제거해 내는 분석방법이다.

공변량(covariance)이란 종속변수에 영향을 주는 외생변수를 의미하므로 공변량분석을 사용하려면 공변량과 종속변수가 상관관계가 있어야 하며, 공변량분석은 회귀분석을 통해 공변량을 제거하고, 처리 효과에 대한 분석은 분산분석을 실시한다는 점에

6) 이해평(2006). 재해통계학, 도서출판 동화기술.
7) 데이타솔루션 컨설팅팀(2013). SPSS Statistics 초보자 가이드, 데이타솔루션.

서 공변량분석은 회귀분석과 분산분석을 혼합한 형태의 분석방법이라고 할 수 있다.

공변량분석은 외생변수의 효과를 통제할 경우와 두 개 이상의 측정된 변수 간의 관계와 동시에 명목 자료로 측정된 독립변수가 미치는 영향을 파악할 때 분석할 수 있는 기법이다.

공변량분석은 분산분석의 효과를 분명히 하기 위해서 모수적 자료로 측정된 독립변수를 포함해야 하며 각 표본은 같은 모집단에서 무작위로 표본 추출되었다는 가정이 있어야 한다. 또한, 각 집단 내 측정값은 정규분포를 이루며, 동분산성이 존재하고 회귀선의 선형성 및 각 집단의 사전점수에 대한 사후 점수의 회귀선은 근본적으로 같다는 가정을 필요로 한다.

공변량분석은 집단 간이나 처리방법에 따라서 얻은 회귀선은 차이가 없을 것이라는 가정 하에 사전검사 점수(X)에 근거한 사후검사 점수(Y)의 회귀선을 계산한다. 회귀계수를 이용하여 각 집단의 사후검사 점수의 평균값을 조정하고 각 집단 간의 조정된 평균 차이에 대한 유의도 검정을 한다.

공변량분석의 절차를 설명하고자 다음의 사례를 이용하였다. A사는 공장에서 3조 2교대 근무를 도입하기에 앞서 시범적으로 근무 현장의 근무성적 평가에 작용하는 **편의(bias)** 요인 규명의 연구를 수행하였다. 동일 공장에 근무하는 A조, B조, C조를 선정하여 근무성적을 평가하도록 하였다. 평가에 공장장이 기대하는 근무성적이 영향을 미칠 것으로 판단하여 공장장의 기대 근무성적의 영향을 제거한 세 개 근무조의 순수한 평가결과에 차이가 있는지를 검정하고자 한다. 수집한 자료는 다음과 같다.

[표 14-14] 근무성적 평가

A조		B조		C조	
평가결과(X_1)	기대성적(Y_1)	평가결과(X_2)	기대성적(Y_2)	평가결과(X_3)	기대성적(Y_3)
20	16	23	26	35	30
18	20	38	35	28	35
25	23	28	27	43	26
22	24	33	18	36	29
19	20	25	26	26	32

(1) 기존계산

$$N=15,\ \sum X_1=104,\ \sum X_2=147,\ \sum X_3=168,\ \sum\sum X_G=419,$$
$$\sum Y_1=103,\ \sum Y_2=132,\ \sum Y_3=152,\ \sum\sum Y_G=387,\ M_{X1}=20.8,$$
$$M_{X2}=29.4,\ M_{X3}=33.6,\ M_{XG}=27.93,\ M_{Y1}=20.6,\ M_{Y2}=26.4,$$
$$M_{Y3}=30.4,\ M_{YG}=25.8$$

(2) X와 Y변수의 분산분석

[표 14-15] 평가결과의 분산분석

	SS	df	MS	F
$SS_B(X)$	425.734	2	212.867	6.995**
$SS_W(X)$	365.2	12	30.43	
$SS_T(X)$	790.934	14		

** p<.01

[표 14-16] 기대 성적의 분산분석

	SS	df	MS	F
$SS_B(Y)$	242.8	2	121.4	6.346*
$SS_W(Y)$	229.6	12	19.13	
$SS_T(Y)$	472.4	14		

* p<.05

(3) 각 교적합 계산

$$SCP_T=\sum XY-\frac{(\sum X)(\sum Y)}{N}=11,115-\frac{419\times 387}{15}=304.8$$

$$SCP_B=\frac{(\sum X_1)(\sum Y_1)}{n_1}+\frac{(\sum X_2)(\sum Y_2)}{n_2}+\frac{(\sum X_3)(\sum Y_3)}{n_3}$$
$$=\frac{104\times 103}{5}+\frac{147\times 132}{5}+\frac{168\times 152}{5}$$
$$=11,130.4$$

$$SCP_W=\sum XY-SCP_B=11115-11130.4=-15.4$$

(4) 조정된 제곱 합과 조정된 평균 계산

$$SS_T(adj) = SS_T(X) - \frac{(SCP_T)^2}{SS_T(Y)} = 790.934 - \frac{(304.8)^2}{472.4} = 594.272$$

$$SS_W(adj) = SS_W(X) - \frac{(SCP_W)^2}{SS_W(Y)} = 365.2 - \frac{(-15.4)^2}{229.6} = 364.167$$

$$\begin{aligned} SS_B(adj) &= SS_B(X) - \left[\frac{(SCP_T)^2}{SS_T(Y)} + \frac{(SCP_W)^2}{SS_W(Y)}\right] \\ &= 425.734 - \left[\frac{(304.8)^2}{472.4} + \frac{(-15.4)^2}{229.6}\right] \\ &= 228.039 \end{aligned}$$

또는

$$SS_B(adj) = SS_T(adj) - SS_W(adj) = 594.272 - 364.167 = 230.105$$

$$M_X(adj) = b_W(M_{YG} - M_{Yj}) + M_{Xj}$$

여기서, $b_W = \frac{SCP_W}{SS_W(Y)}$, M_{Xj}는 j번째 집단 X의 평균, $M_{YG} - M_{Yj}$는 변수 Y의 전체평균에서 j집단 Y의 평균을 뺀 값이다.

$$b_W = \frac{SCP_W}{SS_W(Y)} = \frac{-15.4}{229.6} = -0.067$$

A조 $M_X(adj) = -0.067(25.8 - 20.6) + 20.8 = 20.45$

B조 $M_X(adj) = -0.067(25.8 - 26.4) + 29.4 = 29.44$

C조 $M_X(adj) = -0.067(25.8 - 30.4) + 33.6 = 33.91$

[표 14-17] 공변량분석

	분산원		
	집단 간	집단 내	전체
평가결과(X)	425.734	365.2	790.934
기대성적(Y)	242.8	229.6	472.4
교적합(SCP)	11130.4	−15.4	304.8
조정된 제곱 합	228.04	364.17	594.27
자유도(df)	2	11	13
분산추정값(MS)	114.02	33.11	
F=3.444, p<.01			

기대 성적에 상관없이 근무성적에 대한 평가는 근무조에 따라 유의한 차이가 있다. 즉, 근무성적은 C조가 가장 높고, A조가 가장 낮은 것으로 나타났다.

공변량분석을 수행하기 위해 상위메뉴의 '분석(A)'에서 '일반선형모형(G)'의 '일변량(U)'을 선택하면 그림 14-6과 같은 대화상자가 나타난다.

상위메뉴 〉 분석(A) 〉 일반선형모형(G) 〉 일변량(U)

분석하고자 하는 종속변수를 선택하여 '종속변수(D)'로 이동하고 분석하고자 하는 독립변수 두 개를 선택하여 '변량요인(A)'으로 이동시킨다. 이때 종속변수는 한 개만 이동할 수 있고, 독립변수는 한 개 이상 이동할 수 있다. '모형(M)'에서 '완전요인모형(A)'은 모든 요인의 주효과, 공변량의 주효과, 요인 간의 상호작용을 구할 수 있지만 공변량과의 상호작용은 구하지 않는다. 각 요인과 공변량과의 상호작용을 구하기 위해서는 '사용자 정의 항(C)'을 선택하는데 여기서는 '완전요인모형(A)'을 선택한다. 기타 옵션은 이원배치 분산분석에서 설명한 것과 동일하다.

[표 14-18] 공무원 경력별 근무내용 평가결과

공무원 경력	평균	표준화 편차	N
20년 이상	23.0000	1.26491	6
15-19	18.4211	4.59850	19
10-14	17.3000	3.52397	50
5-9	17.5932	3.16292	59
4년 이하	19.9956	3.37202	225
전체	19.1922	3.62245	359

[표 14-19] 공무원 경력별 근무내용 평가에 대한 공변량분석

분산원	*SS*	*df*	*MS*	*F*	*p*
주효과	1351.251[a]	5	270.250	28.507	.000
지역별(공변량)	777.877	1	777.877	82.053	.000
공무원 경력	316.774	4	79.193	8.354	.000
오차	3346.487	353	9.480		
전체	4697.738	358			

a) R 제곱 = .288 (수정된 R 제곱 = .278)

표 14-19의 결과를 살펴보면, 독립변수인 공무원 경력과 공변량인 지역별의 주효과는 F=8.354로 p<.001 수준에서 유의한 차이가 있는 것으로 나타났으며, 공변량인 지역별에 대한 평가결과는 F=82.053으로 p<.001 수준에서 유의한 차이가 있다. 공변량인 지역을 고려하지 않을 경우의 분산분석 결과, 공무원 경력에 따라 근무내용에 대한 평가는 p<.001 수준에서 유의한 차이가 있는 것으로 나타났다. 공변량을 고려하여 조정 후, 공무원의 근무내용 평가결과를 설명하는 양은 27.8%인 것으로 분석되었다.

5 다변량 분산분석[8] 예제 13.sav

다변량 분산분석(multivariate analysis of variance, MANOVA)은 연속형 척도의 은 종속변수가 두 개 이상인 경우, 여러 모집단의 평균을 동시에 비교하는 분석기법으로서 종속변수가 두 개 이상일 때 종속변수의 평균값의 차이를 검정하거나 독립변수에 따른 종속변수들의 변화를 동시에 고려한 종합된 값의 차이를 검정할 때 사용한다. MANOVA에서는 종속변수 군에 대해서 차이가 있음을 검정할 뿐만 아니라 종속변수 군에서의 차이가 종속변수 중에서 어느 변수에서 차이가 나는지도 검정할 수 있다.

종속변수 간에 유의미한 상관관계를 갖고 있어야 하며 상관관계가 없는 경우에는 ANOVA를 수행해야 한다. 또한, MANOVA는 종속변수의 정규성과 동분산성을 검정하기 때문에 반드시 종속변수의 정규성과 동분산성의 특성을 갖고 있어야만 한다. 평균 벡터의 검정을 위해서 요인 수준의 평균이 같아야 하며, 분석 결과 평균의 평균 벡

8) 이해평(2006). 재해통계학, 도서출판 동화기술.

터가 같지 않으면 변수들을 개별적으로 조사하여 어떤 변수가 얼마나 다른가를 조사하여 그 차이가 의미하는 것이 무엇인지를 규명한다.

MANOVA 분석 결과의 해석에서 Wilks' Lambda는 독립변수에 따른 종속변수들의 조합된 점수에서 통계적으로 유의한 차이를 검정할 수 있고, 단변량 F(univariate F test)는 독립변수에 따른 종속변수들의 선형 조합에 차이가 있을 때 어떤 종속변수에서 차이가 나타나는가를 검정한다. 자유도 df는 Hypoth df와 Error df가 있으며, p는 단변량 F값의 유의수준을 의미한다. η^2은 종속변수 선형 조합의 차이의 상대적 기여도를 비율로 나타낸 것으로서 독립변수의 각각의 종속변수에 대한 설명력을 나타낸다. 단계적 F(Roy-Bargman Stepdown F test)는 분석된 종속변수를 공변량으로 정하고 그 효과를 교정한 상태에서 집단 간 차이를 검정할 때 사용한다. 상호작용 효과는 통계적 유의수준에서 독립변수 간에 상호의존적으로 종속변수의 선형 조합에 영향을 주는지의 여부를 판단한다.

다변량분석을 수행하기 위해 상위메뉴의 '분석(A)'에서 '일반선형모형(G)'의 '다변량(M)'을 선택하면 그림 14-7과 같은 대화상자가 나타난다.

상위메뉴 〉 분석(A) 〉 일반선형모형(G) 〉 다변량(M)

[그림 14-7] 다변량 분석의 대화상자

분석하고자 하는 종속변수들을 선택하여 '종속변수(D)'로 이동하고 분석하고자 하는 독립변수를 선택하여 '고정요인(F)'으로 이동시킨다. 독립변수는 하나 또는 둘 이상이 될 수 있지만 종속변수는 두 개 이상이어야 한다. 만일 종속변수가 하나인 경우에는 일원배치 분산분석(ANOVA)을 수행해야 한다.

'모형(M)' 옵션에서 '완전요인모형(A)'은 모든 요인의 주효과, 공변량의 주효과, 요인 간의 상호작용을 구할 수 있지만 공변량과의 상호작용은 구하지 않는다. 각 요인과 공변량과의 상호작용을 구하기 위해서는 '사용자 정의 항(C)'을 선택하는데 여기서는 '완전요인모형(A)'을 선택한다. 변수의 사후 검정을 위해 '사후분석(H)' 옵션에서 Scheffe, Turkey, Duncan을 선택한다. 사후 검정을 하지 않으면, 집단 간에 의미 있는 차이를 검정할 수가 없다.

그 밖에 '대비(N)', '도표(T)', '저장(S)' 옵션들은 기본값을 이용하기 위해서 본 사례에서는 선택하지 않는다. 기술통계량과 변량의 동질성 등을 고찰하기 위해 '옵션(O)'에서는 '기술통계량(D)'을 선택하고 'EM 평균(E)'에서 독립변수를 '평균 표시 기준(M)'으로 이동한다.

[표 14-20] 기술통계

	출동 규모	평균	표준화 편차	N
진압내용	80명 이상	19.7616	3.50707	172
	41-79명	18.5200	3.63862	175
	40명 이하	20.8333	3.35297	12
	전체	19.1922	3.62245	359
진압방법	80명 이상	22.3605	3.54722	172
	41-79명	22.7314	4.05591	175
	40명 이하	22.6667	3.93893	12
	전체	22.5515	3.81001	359

[표 14-21] 다변량 분석

변량원	종속변수	*SS*	*df*	*MS*	*F*	*p*
출동 규모	진압내용	167.165[a]	2	83.582	6.568	.002
	진압방법	12.102[b]	2	6.051	.415	.660
오차	진압내용	4530.573	356	12.726		
	진압방법	5184.695	356	14.564		
전체	진압내용	136932.000	359			
	진압방법	187774.000	359			

a) R 제곱 = .036 (수정된 R 제곱 = .030)
b) R 제곱 = .002 (수정된 R 제곱 = −.003)

다변량 분석 결과, Pillai's Trace, Wilks's Lambda, Hotelling's Trace, Roy's Largest Root의 통계량이 $p<.001$ 수준에서 유의하기 때문에 출동 규모에 따른 진압내용과 진압방법은 통계적으로 유의미한 차이가 있다고 할 수 있다. 진압내용은 $F=6.568$로 $p<.01$ 수준에서 유의하지만, 진압방법은 유의미하지 않은 것으로 나타났다.

6 반복측도(반복측정) 분산분석[9] 예제 14.sav

반복측도(반복측정) 분산분석은 한 대상에 대하여 동일한 특성을 2회 이상 반복 측정한 결과에 대한 평균 차이 검정을 할 때 사용하는 방법이다. 대표적인 것이 실험설계에서 사전검사와 사후검사 간의 변화량을 보거나 시계열 설계에서 여러 차례 시간의 흐름에 따라 반복측도된 경우이다. 기존의 척도와 새로 개발된 척도 간의 일치성을 보고자 할 때도 반복측도 분산분석이 사용될 수 있다. 이때 동일한 특성에 대한 반복적인 측정을 하므로 반복되는 데이터의 특성을 고려한 분석이 반복측도 분산분석이다. T 검정의 대응표본과 유사한 방식의 검정이다.

첫째, 반복측도 분산분석은 측정 간 서로 상관관계가 나타나는 특성이 있으며, 반복측도에 따른 사례 수가 증가하는 것과 같은 효과가 나타나 소표본에 적합한 분석방법이다. 따라서 일원배치 분산분석보다 적은 수의 표본에서도 보다 안정적인 통계 결

9) 우수명(2018). 마우스로 잡는 24.0 SPSS, 양서원.

과를 얻을 수 있는 장점이 있다. 이는 사회심리 분야의 다양한 실험설계 모델에서 많은 표본을 얻을 수 없을 때보다 유용하다.

둘째, 반복측도 분산분석은 모든 개별적인 사례들을 하나의 블록으로 처리하여 실험의 결과에 영향을 미치는 각 개인차의 효과를 최소화하도록 하는 장점이 있다. 개인들이 집단 간 분류되어 집단 간 차이를 검정하는 일원배치 분산분석의 경우, 한 집단과 다른 집단이 통제(대조)집단이 되지만 반복측도 분산분석에서는 모든 사례가 서로에게 통제집단이 되는 효과가 발생하여 사례 간 차이가 상쇄되는 효과가 나타나 오차항이 줄어든다.

반복측도 분산분석은 위와 같은 장점도 있지만 각 사례가 여러 번에 걸쳐 처리되므로 사전값이 사후(추가)값에 영향을 주는 **잔류효과(residual effect)**가 나타날 수 있으므로 측정과 측정 간 간격을 충분히 길게 잡아야 한다.

반복측도 분산분석을 실행하기 위해서 상위메뉴의 '분석(A)'에서 '일반선형모형(G)'의 '반복측도(R)'을 선택하면 그림 14-8과 같은 대화상자가 나타난다.

상위메뉴 〉 분석(A) 〉 일반선형모형(G) 〉 반복측도(R)

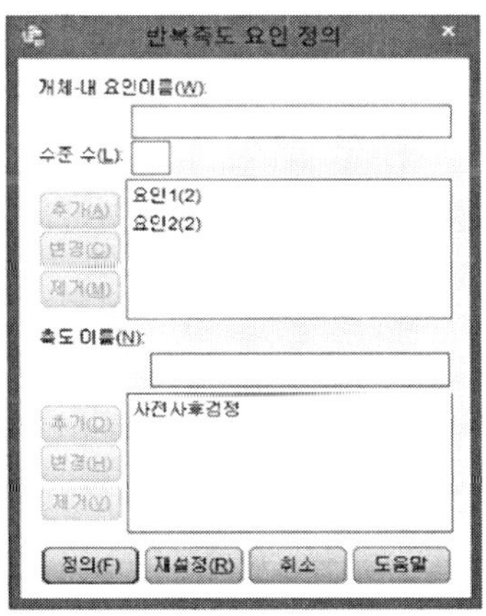

[그림 14-8] 반복측도 분산분석의 대화상자

초기 화면은 반복측정 요인을 정의하는 것으로 '개체-내 변수(W)'의 '요인1' 아래 '수준 수(L)'에는 반복측도될 변수의 수를 입력한다. '자존감'의 경우, 사전값과 사후값이 있으므로 수준의 수는 '2'가 된다. 1차, 2차, 3차 측정될 경우, 수준의 수는 '3'이 된다. 추가를 선택한 다음 개체-내 요인 이름에 '요인2'를 입력한 후 수준의 수에 다시 '2'를 입력하는데 이는 '내적 통제감'의 사전값과 사후값을 입력하는 것이다. 입력이 끝나면 '측도 이름(N)'에 전체 검정의 이름을 입력하고 추가를 선택한 다음 '정의(F)'를 클릭한다.

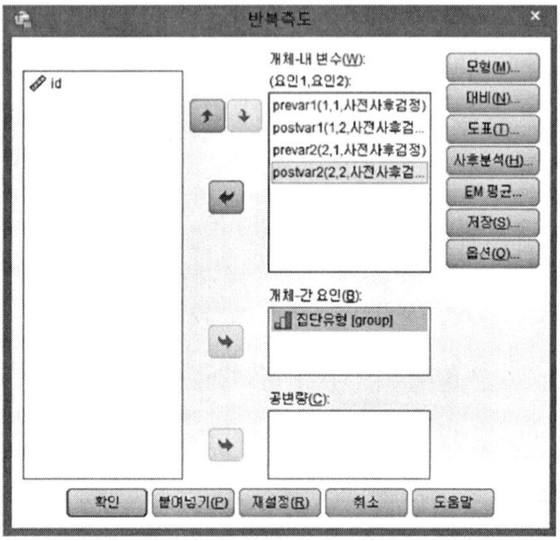

[그림 14-9] 반복측도 대화상자

그림 14-9와 같은 반복측도 대화상자가 나타나면 좌측 변수 가운데 '사전자존감'을 선택한 다음 '개체-내 변수(W) : (요인1, 요인2)'의 '_?_(1, 1, 사전사후검정)'으로 마우스 드래그를 이용해 보내거나 이동키를 이용하여 이동시킨다. 그 다음은 '사후자존감'을 '_?_(1, 2, 사전사후검정)'으로 이동시킨다.

같은 방법으로 '사전내적 통제감'을 '_?_(2, 1, 사전사후검정)'으로 이동시키고 '사후내적 통제감'을 '_?_(2, 2, 사전사후검정)'으로 이동시킨 다음, 독립변수인 '집단유형'을 '개체-간 요인(B)'으로 이동한 후 옵션을 선택한다.

'EM 평균(E)'에서 '추정 주변 평균'의 '요인 및 요인 상호작용(F)'에서 'group*요인1', 'group*요인2', 'group*요인1*요인2'를 선택하여 '평균 표시 기준(M)'으로 이동한다. '옵션(O)'에서는 '기술통계량(D)'을 선택하는데 이를 통하여 집단유형별 각각 하위 평균들을 살펴볼 수 있다.

[표 14-22] 개체-내 요인

측도 : 사전사후검정		
요인1	요인2	종속변수
1	1	prevar1
	2	postvar1
2	1	prevar2
	2	postvar2

집단 내 평균의 차이를 검정하는 데 초점을 둔 개체-내 요인의 분석대상인 종속변수가 요인1과 요인2임을 나타낸다.

[표 14-23] 개체-간 요인

		값 레이블	N
집단유형	1	실험집단	36
	2	통제집단	34

집단 간 차이를 비교하는 요인인 개체-간 요인으로 실험집단과 통제집단이 포함되어 있음을 나타낸다.

[표 14-24] 기술통계량

	집단유형	평균	표준편차	N
사전자존감	실험집단	2.7778	.62203	36
	통제집단	2.6294	.65391	34
	전체	2.7057	.63745	70
사후자존감	실험집단	3.1194	.64534	36
	통제집단	2.9324	.68522	34
	전체	3.0286	.66684	70
사전통제감	실험집단	10.4444	1.90405	36
	통제집단	9.9118	1.84830	34
	전체	10.1857	1.88274	70
사후통제감	실험집단	11.3611	1.98786	36
	통제집단	10.2059	2.15715	34
	전체	10.8000	2.13732	70

기술통계량은 개체-간 요인과 개체-내 요인들에 따라 각각 분류된 집단의 평균과 표준화 편차 그리고 사례 수를 보여준다.

[표 14-25] Mauchly의 구형성 검정(b)

측도: 사전사후검정							
개체-내 효과	Mauchly 의 W	근사 카이제곱	자유도	유의확률	엡실런b		
					Greenhouse-Geisser	Huynh-Feldt	하한
요인1	1.000	.000	0	.	1.000	1.000	1.000
요인2	1.000	.000	0	.	1.000	1.000	1.000
요인1*요인2	1.000	.000	0	.	1.000	1.000	1.000

정규화된 변형 종속변수의 오차 공분산 행렬이 항등 행렬에 비례하는 영가설을 검정한다.

a) Design: 절편 + group 개체-내 계획: 요인1 + 요인2 + 요인1 * 요인2

b) 유의성 평균 검정의 자유도를 조절할 때 사용할 수 있다. 수정된 검정은 개체 내 효과검정 표에 나타난다.

Mauchly의 구형성 검정(Test of sphericity) : 구형성의 가정에 대한 검정이다. 구형성의 검정은 반복측정 분산분석에 사용되는 F 검정 통계량의 타당성을 확인하기 위해서는 반복측정의 모든 가능한 짝의 차이의 분산이 동일해야 한다는 가정을 검정한다. 반복측정 분산분석에서 구형성의 가정이 만족되지 않을 때에는 F 검정에서 오차항의 값이 커지는 경향이 나타나 기각되지 않아야 할 가설이 기각되는 현상이 나타날 수 있다. Mauchly는 각 요인 간의 W값이 1이므로 구형성의 타당성이 있음을 가정한다. 만약 W값이 1이 아닌 경우, 다음에 이어지는 소스(source)에 있는 통계량 변화를 봐야 한다. 만약 1이 아닌 경우, 뒤에 있는 개체-내 효과 검정의 소스에 있는 통계량의 변화를 보아야 한다.

엡실런(ε, epsilon) : 자유도 수정계수의 추정값이다. 엡실런은 F 통계량의 자유도를 수정하여 보다 정확한 p 값을 찾을 수 있도록 도와준다. 구형성이 가장 정확하게 충족되는 경우에 엡실런의 값은 1을 갖는다. Greenhouse-Geisser와 Huynh-Feldt는 반복측정의 분산-공분산 행렬이 구형성의 조건으로부터 멀어지는 정도를 반영하여 F 검정의 자유도를 엡실런의 값을 곱하여 축소하여 수정하는 방안을 제시하였다. 위의 경우, 엡실런의 값을 추정하는 Greenhouse-Geisser나 Huynh-Feldt 모두 1의 값으로 나타났으므로 최대한의 자유도를 살린 것으로 볼 수 있다.

[표 14-26] 다변량 검정(b)

효과		값	F	가설 자유도	오차 자유도	유의확률
요인1	Pillai의 트레이스	.962	1741.934[b)]	1.000	68.000	.000
	Wilks의 람다	.038	1741.934[b)]	1.000	68.000	.000
	Hotelling의 트레이스	25.617	1741.934[b)]	1.000	68.000	.000
	Roy의 최대근	25.617	1741.934[b)]	1.000	68.000	.000
요인1 * group	Pillai의 트레이스	.048	3.433[b)]	1.000	68.000	.068
	Wilks의 람다	.952	3.433[b)]	1.000	68.000	.068
	Hotelling의 트레이스	.050	3.433[b)]	1.000	68.000	.068
	Roy의 최대근	.050	3.433[b)]	1.000	68.000	.068
요인2	Pillai의 트레이스	.168	13.779[b)]	1.000	68.000	.000
	Wilks의 람다	.832	13.779[b)]	1.000	68.000	.000
	Hotelling의 트레이스	.203	13.779[b)]	1.000	68.000	.000
	Roy의 최대근	.203	13.779[b)]	1.000	68.000	.000
요인2 * group	Pillai의 트레이스	.025	1.750[b)]	1.000	68.000	.190
	Wilks의 람다	.975	1.750[b)]	1.000	68.000	.190
	Hotelling의 트레이스	.026	1.750[b)]	1.000	68.000	.190
	Roy의 최대근	.026	1.750[b)]	1.000	68.000	.190
요인1 * 요인2	Pillai의 트레이스	.013	.920[b)]	1.000	68.000	.341
	Wilks의 람다	.987	.920[b)]	1.000	68.000	.341
	Hotelling의 트레이스	.014	.920[b)]	1.000	68.000	.341
	Roy의 최대근	.014	.920[b)]	1.000	68.000	.341
요인1 * 요인2 * group	Pillai의 트레이스	.014	.978[b)]	1.000	68.000	.326
	Wilks의 람다	.986	.978[b)]	1.000	68.000	.326
	Hotelling의 트레이스	.014	.978[b)]	1.000	68.000	.326
	Roy의 최대근	.014	.978[b)]	1.000	68.000	.326

a) Design: 절편 + group 개체-내 계획: 요인1 + 요인2 + 요인1 * 요인2

다변량 검정(Multivariate Tests) : 각 요인 간 평균 차이가 있는지를 검정한다. 구형성 검정에서 $p<0.05$로 나타나 구형성 가정에 만족하지 않을 경우에 사용하게 된다. 반복측정의 다변량 검정에서 호텔링의 T2 통계량을 통하여 평균 차이에 대한 영가설을 검정한다. T2 통계량의 변환을 취하면 F 분포를 따르는 통계량을 얻을 수 있다. 이 F 통계량에서는 기존의 F 검정의 통계량보다 분모의 자유도가 더 커지므로 p 값이 더 작아지는 경향이 나타난다. 따라서 보다 민감하게 처리효과의 차이 유무를 검정할 수 있다. 호텔링의 T2 통계량을 일반화한 다음에 사용하는 통계량들이 Pillai의 트

레이스, Wilks의 람다, Hotelling의 트레이스, Roy의 최대근이다. Pillai의 트레이스나 Wilks의 람다를 많이 사용한다. 단일요인의 반복측정 분산분석에서는 이들 통계량은 모두 같은 값을 갖는다.

효과(Effect) : 요인1, 요인2, 집단유형에 따른 요인1은 모두 p〈0.05이므로 변량 간 차이, 즉 평균 차이가 있다. 그러나 다른 경우는 차이가 나타나지 않았는데 여기서 * 는 상호간의 영향력을 고려한 평균 차이 비교이다. 즉, 요인1*집단유형은 집단유형과 요인1을 모두 고려한 상태에서의 평균 차이가 나타나는가를 검정하는 것이다.

표 14-27은 개체-내 효과검정에 대한 것이며, 이에 대해 살펴보면 다음과 같다.

개체-내 효과검정(Test of within-subjects effects) : 반복측정 분산분석을 통하여 실험설계의 처리 효과가 통계적으로 의미가 있었는지를 검정한다. 요인1의 통계적 유의확률은 p〈0.001이며, 이는 앞서 살펴본 다변량 검정과 동일한 수준이다. 즉, 다변량 검정이나 구형성 가정을 위하여 수정한 자유도를 고려한 개체-내 효과검정을 통하여 살펴본 검정이나 모두 p〈0.001보다 작은 유의확률을 가지므로 자유도 수정과 상관없이 실험처치의 효과가 있는 것으로 결론을 내린다. 요인2, 요인1*집단유형 간의 차이도 통계적으로 유의미하다.

소스(Source) 및 유의확률(Sig.) : 각각 구형성의 가정 및 구형성 조정 값별로 제III유형 제곱 합, 자유도, 평균 제곱, *F*값 및 유의도를 보여준다. 이는 구형성이 1을 충족하기 때문에 다변량 검정과의 통계량의 변화가 없는 것을 유의깊게 살펴보아야 한다. 구형성 검정이 충족되지 않아 Mauchly의 구형성 검정에 나타난 Greenhouse-Geisser와 Huynh-Feldt의 구형성 추정값 엡실런이 1이 아닌 다른 값으로 나왔다면 구형성 가정 하에 있는 Greenhouse-Geisser와 Huynh-Feldt의 자유도, 평균 제곱이 각각 다른 수정된 값으로 산출된다. 다변량 검정에 있는 *F*값보다 개체-내 효과의 *F*값이 크게 나타났다면 반복측정을 통하여 통계적 검정력이 더 증가하였다는 것을 의미한다.

표 14-28의 개체-내 대비 검정에 대해서 살펴보면, **개체-내 대비 검정(Tests of within-subjects contrasts)**은 Hotelling의 T^2 통계량을 일반화시킨 통계량으로 다변량 일반선형모형(Multivariate General Linear Model)의 통계량을 이용한 검정결과이다. 요인1, 요인1*집단유형, 요인2에서 통계적으로 집단 간 차이가 있음을 알 수 있다.

[표 14-27] 개체-내 효과 검정

측도: 사전사후검정						
소스		제 III 유형 제곱 합	자유도	평균 제곱	*F*	유의 확률
요인1	구형성 가정	4056.985	1	4056.985	1741.934	.000
	Greenhouse-Geisser	4056.985	1.000	4056.985	1741.934	.000
	Huynh-Feldt	4056.985	1.000	4056.985	1741.934	.000
	하한	4056.985	1.000	4056.985	1741.934	.000
요인1 * group	구형성 가정	7.996	1	7.996	3.433	.068
	Greenhouse-Geisser	7.996	1.000	7.996	3.433	.068
	Huynh-Feldt	7.996	1.000	7.996	3.433	.068
	하한	7.996	1.000	7.996	3.433	.068
오차(요인1)	구형성 가정	158.373	68	2.329		
	Greenhouse-Geisser	158.373	68.000	2.329		
	Huynh-Feldt	158.373	68.000	2.329		
	하한	158.373	68.000	2.329		
요인2	구형성 가정	15.049	1	15.049	13.779	.000
	Greenhouse-Geisser	15.049	1.000	15.049	13.779	.000
	Huynh-Feldt	15.049	1.000	15.049	13.779	.000
	하한	15.049	1.000	15.049	13.779	.000
요인2 * group	구형성 가정	1.912	1	1.912	1.750	.190
	Greenhouse-Geisser	1.912	1.000	1.912	1.750	.190
	Huynh-Feldt	1.912	1.000	1.912	1.750	.190
	하한	1.912	1.000	1.912	1.750	.190
오차(요인2)	구형성 가정	74.264	68	1.092		
	Greenhouse-Geisser	74.264	68.000	1.092		
	Huynh-Feldt	74.264	68.000	1.092		
	하한	74.264	68.000	1.092		
요인1 * 요인2	구형성 가정	1.401	1	1.401	.920	.341
	Greenhouse-Geisser	1.401	1.000	1.401	.920	.341
	Huynh-Feldt	1.401	1.000	1.401	.920	.341
	하한	1.401	1.000	1.401	.920	.341
요인1 * 요인2 * group	구형성 가정	1.490	1	1.490	.978	.326
	Greenhouse-Geisser	1.490	1.000	1.490	.978	.326
	Huynh-Feldt	1.490	1.000	1.490	.978	.326
	하한	1.490	1.000	1.490	.978	.326
오차 (요인1*요인2)	구형성 가정	103.569	68	1.523		
	Greenhouse-Geisser	103.569	68.000	1.523		
	Huynh-Feldt	103.569	68.000	1.523		
	하한	103.569	68.000	1.523		

[표 14-28] 개체-내 대비 검정

측도: 사전사후검정							
소스	요인1	요인2	제 Ⅲ 유형 제곱 합	자유도	평균 제곱	*F*	유의확률
요인1	선형		4056.985	1	4056.985	1741.934	.000
요인1 * group	선형		7.996	1	7.996	3.433	.068
오차(요인1)	선형		158.373	68	2.329		
요인2		선형	15.049	1	15.049	13.779	.000
요인2 * group		선형	1.912	1	1.912	1.750	.190
오차(요인2)		선형	74.264	68	1.092		
요인1 * 요인2	선형	선형	1.401	1	1.401	.920	.341
요인1 * 요인2 * group	선형	선형	1.490	1	1.490	.978	.326
오차 (요인1*요인2)	선형	선형	103.569	68	1.523		

[표 14-29] 개체-간 효과 검정

측도: 사전사후검정 변환된 변수: 평균					
소스	제 Ⅲ 유형 제곱 합	자유도	평균 제곱	*F*	유의확률
절편	12457.077	1	12457.077	3348.063	.000
group	17.897	1	17.897	4.810	.032
오차	253.006	68	3.721		

개체-간 효과검정(Tests of between-subjects Effects) : 집단별 즉, 실험집단과 통제집단 간의 차이가 나타나는 가에 대한 검정이다. 개체-간 검정의 경우, 구형성의 조건이 요구되지 않는다. 여기서 집단유형이 p〈0.01이므로 집단유형에 따라 평균의 차이가 있음을 보여준다.

[표 14-30] 추정 주변 평균

3. 집단유형 * 요인1 * 요인2 측도: 사전사후검정						
집단유형	요인1	요인2	평균	표준오차	95% 신뢰구간	
					하한	상한
실험집단	1	1	2.778	.106	2.566	2.990
		2	3.119	.111	2.898	3.341
	2	1	10.444	.313	9.820	11.069
		2	11.361	.345	10.672	12.050
통제집단	1	1	2.629	.109	2.411	2.848
		2	2.932	.114	2.705	3.160
	2	1	9.912	.322	9.269	10.554
		2	10.206	.355	9.497	10.915

표 14-29는 실험집단의 각 요인별로 사전, 사후 값의 평균과 표준오차를 통하여 추정한 95% 신뢰구간을 보여준다. 실험집단의 요인1의 1은 자존감이므로 요인2의 1은 사전자존감으로 평균이 2.778이며, 요인2의 2는 사후자존감으로 평균은 3.119이다. 요인1의 2는 내적통제감이며, 요인2의 1은 사전내적통제감으로 평균이 10.444이며, 요인2의 2는 사후내적통제감으로 평균이 11.361이다.

Chapter 15
회귀분석

1 회귀분석의 개요[1) 2) 3) 4)]

회귀분석(regression analysis)은 변수 간의 상호관계를 분석하며, 독립변수의 변화로부터 종속변수의 변화를 예측하기 위해 사용된다. 회귀분석은 독립변수들의 수에 따라서 독립변수가 1개인 경우는 **단순(일원) 회귀분석**(simple regression)이라고 하며, 두 개 이상일 경우는 **다중 회귀분석**(multiple regression)이라고 한다. 따라서 단순 회귀분석은 독립변수로 종속변수의 양을 예측하기 위한 회귀방정식의 결정과 회귀방정식의 적합성 검정(F 검정)이 주목적이다.

하나의 변수값으로부터 다른 변수의 값을 예측하는 예측값(계수)을 **회귀계수**(regression coefficient)라고 하는데 상관관계와 유사하지만 회귀분석은 두 변수 간 또는 두 개 이상의 관계에 대한 $y = Bx + A$ 라는 직선의 방정식을 구함으로써 훨씬 더 정확하게 예측해 준다. 회귀분석은 바로 **회귀방정식**(regression equation)이라고 하는 이 직선의 방정식을 구하는 것이다.

---

1) 이해평(2006). 재해통계학, 도서출판 동화기술.
2) 데이터솔루션 컨설팅팀(2007). SPSS Statistics 회귀분석, 데이터솔루션.
3) 우수명(2018). 마우스로 잡는 24.0 SPSS, 양서원.
4) 성태제(2007). SPSS/AMOS를 이용한 알기 쉬운 통계분석, 학지사.

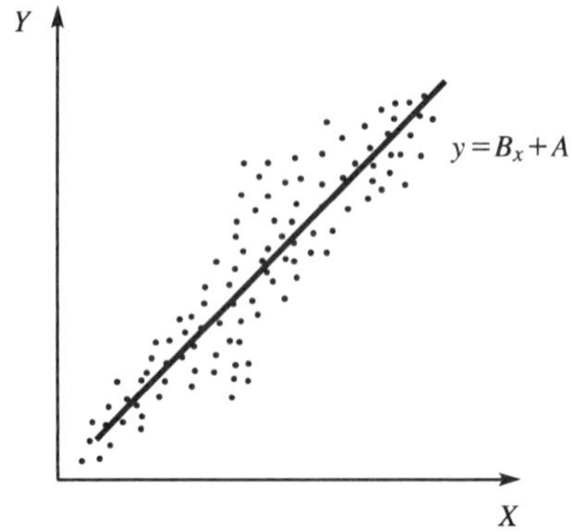

[그림 15-1] 선형 회귀분석

그림 15-1에서 두 집단의 분포도에서 직선과 개별값들의 편차가 가장 작게 나타나는 가상의 직선들을 작도하면, 편차의 합이 0이 되기 때문에 여러 직선 중에서 각 편차를 제곱해서 만들어낸 값이 가장 작은 **최소자승선**(the least square line)이라는 가장 적합도가 높은 직선을 선택하며, 이 선을 **회귀선**(regression line)이라고 한다.

회귀분석은 독립변수(x)에 의하여 생기는 종속변수(y)의 변화에 관심을 가지므로 기울기 B와 y절편 A의 값을 구하는 것이다. B와 A의 값이 구해지면 그 이후로는 독립변수(x)의 값만 있으면, 바로 종속변수(y)의 값이 얼마인지 예측할 수 있다. **단순 선형 회귀분석**(simple linear regression)은 $y = Bx + A$와 같이 독립변수와 종속변수가 하나씩이며, 독립변수가 종속변수에 미치는 영향을 살펴보는 경우를 말한다. 이때는 독립변수와 종속변수의 인과관계가 명확해야 한다.

다중선형 회귀분석(multiple linear regression)은 $y = Bx + B'x' + B''x'' + A$와 같이 여러 독립변수가 동시에 한 종속변수에 미치는 영향을 분석할 경우를 말한다.

독립변수와 종속변수의 분포에서 실제 분포된 종속변수의 값들로부터 가장 오차가 적은 직선을 찾아내는 과정을 거치며, 이 최적의 직선을 $y = Bx + A$와 같은 방정식의 형태로 표현할 수 있다. 이 최적의 선이 나오는 직선의 방정식을 회귀방정식이라고 하고, 기울기 B를 회귀계수라고 하며, A를 **상수**(constant)라고 한다. 바로 이 직선의 방정식을 구하여 인과관계를 예측하는 것이 회귀분석이다.

회귀분석에는 변수의 수와 변수 간의 관계가 직선적 관계인지 아니면 곡선적 관계인지에 따라 분석방법이 달라진다. 곡선적 관계는 재활센터에서 물리치료를 받는 중년부터 노령의 대상자 연령과 물리치료효과와의 관계를 예로 들 수 있다. 30대, 40

대, 50대, 60대 초반의 경우, 연령이 증가할수록 물리치료의 효과도 증가하지만 60대를 넘어서면 연령은 증가하지만, 지나친 고령으로 인하여 물리치료의 효과는 낮아지는 경향이 있다. 질병, 노인의 건강 등 다른 요인이 있을 수 있지만 60대를 전후하여 물리치료의 효과가 정점에 달하며 노령이 될수록 감소하는 경향이 있는데 이런 경우, 그림 15-2와 같이 $y = Bx^2 + B'x' + A$와 같은 관계가 나타난다. 이런 경우 곡선적 관계에 사용하는 회귀분석을 사용해야 한다.

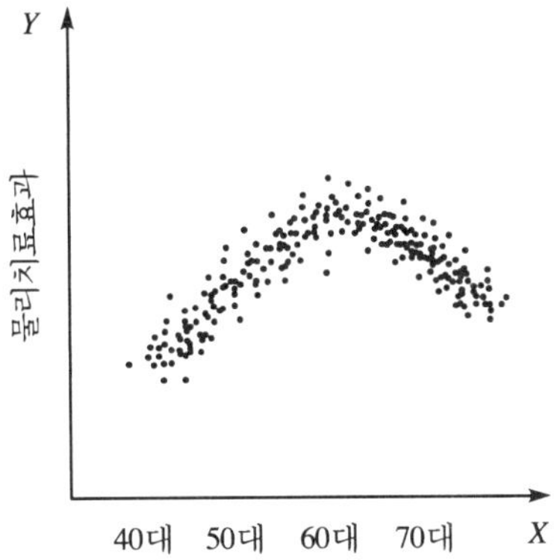

[그림 15-2] 곡선적 관계의 회귀분석

2 단순선형 회귀분석[5) 6)] 예제 15.sav

독립변수와 종속변수가 각각 하나일 때 독립변수가 종속변수에 미치는 영향이나 어떤 관계가 있는지, 인과가 있는지 등을 분석하고자 할 경우, 단순선형 회귀분석을 사용한다.

선형 회귀분석의 기본적인 가정은 다음과 같다.

- 독립변수와 종속변수는 인과관계의 3가지 조건, 즉 선형성, 상관성(공변성), 불변적 결합(제3 변수의 통제, 비허위적 관계)을 충족해야 함
- 주어진 자료에서 독립변수와 종속변수의 값의 분포가 직선적인 관계(선형성)이어야 하며, 이를 위해서는 등간·비율척도가 적합함

---

5) 이해평(2006). 재해통계학, 도서출판 동화기술.

6) 우수명(2018). 마우스로 잡는 24.0 SPSS, 양서원.

- 오차들이 서로 독립적이어야 함
- 오차들의 분산이 모두 일정해야 함
- 오차들의 분포가 정규분포이어야 함
- 단순 회귀분석의 분석절차는 다음과 같다.
- 산포도 분석은 회귀모형의 선형성이 존재하는가를 검정하는 것임
- 회귀계수 분석은 모형의 기울기와 절편을 구하고 해석함
- 회귀선 분석은 추정의 표준오차나 표본 결정계수를 이용하여 회귀선이 측정 자료를 얼마나 설명하는지를 분석함
- 추론은 회귀계수 유의성의 유무에 따라 통계적 추론을 실시하며, 통계적 추론을 실시하는 방법은 다음과 같다. 결정계수가 지나치게 0에 근접하는가를 판단하고 0에 근접하면 회귀선은 적합하지 않다. 변량분석 시, 회귀식이 유의하지 못하면 다른 변수를 투입하거나 다른 모형을 개발하며, 잔차를 검토하여 회귀모형의 타당성을 조사함

다음은 공무 수행 중에 화상을 입은 소방관의 재활 의지와 가족의 지지와 격려 정도를 측정한 값이다. 측정 결과를 토대로 가족들의 지지 정도는 소방관의 재활 의지에 영향을 미칠 것이라는 가설을 검정하고자 한다.

회귀방정식은 다음과 같이 결정된다.

$$\text{재활의지}(y) = B \times \text{가족의 지지}(x) + A \qquad (15\text{-}1)$$

여기서, A는 y의 절편이고, B는 기울기이다. 이 회귀방정식을 구하기 위해서는 가족의 지지와 재활 의지의 분포상에 가상의 최적화된 직선을 긋는다. 이 직선은 d라는 편차를 가지며, 이 편차는 $y-\hat{y}$라고 볼 수 있다.

이 편차들 d는 가급적 최소화하는 것이 최적화된 직선을 구하는 방법이 된다. 즉, 편차들의 총합계인 $\sum d$를 최소화해야 한다. 하지만 각 편차는 양수와 음수로 나누어지고, 각 편차 d의 합은 언제나 0이 나오므로 이를 방지하기 위하여 편차들을 제곱하여 모두 양수로 만든 다음, 모두 더하여 $\sum d^2 = \sum (y-\hat{y})^2$을 극소화하여 **최소제곱 기준선**(the least squares criterion)에 맞추는 것이다. 이 기준에 의하면 가장 적합도가 높은 직선인 **최소제곱선**(the least squares line)이 구해진다. 최소제곱 기울기인 B, 즉 회귀계수를 구하는 공식은 상관관계 공식과 유사하지만 더 간단하다.

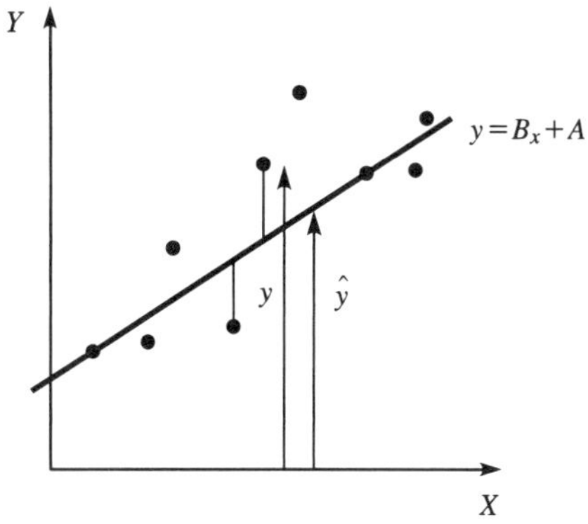

[그림 15-3] 회귀분석

[표 15-1] 재활 의지와 가족의 지지 정도

대상	가족 지지	재활 의지
1	7	6
2	18	16
3	15	12
4	9	8
5	10	10
6	5	6
7	4	3
8	4	5
9	13	11
10	15	13
평균	10.0	9.0

$$B = \frac{\sum(x-\overline{x})(y-\overline{y})}{\sum(x-\overline{x})^2} \tag{15-2}$$

여기서, B는 회귀계수(기울기), x와 y는 변수들의 값, $\overline{x}$와 $\overline{y}$는 각각 x와 y의 평균이다. 일단 기울기 B가 구해지면 y절편 A는 다음과 같이 구한다.

$$A = \overline{y} - B\overline{x} \tag{15-3}$$

[표 15-2] 재활 의지와 대응하는 가족 지지의 편차와 편차 제곱, 곱의 값

대상	가족 지지	재활 의지	$x-\overline{x}$	$y-\overline{y}$	$(x-\overline{x})^2$	$(x-\overline{x})(y-\overline{y})$
1	7	6	−3	−3	9	9
2	18	16	8	7	64	56
3	15	12	5	3	25	15
4	9	8	−1	−1	1	1
5	10	10	0	1	0	0
6	5	6	−5	−3	25	15
7	4	3	−6	−6	36	36
8	4	5	−6	−4	36	24
9	13	11	3	2	9	6
10	15	13	5	4	25	20
합계	100	90	0	0	230	182

위의 결과들을 근거로 회귀계수이자 기울기인 B값을 산출하는 공식에 대입한다.

$$B = \frac{\sum(x-\overline{x})(y-\overline{y})}{\sum(x-\overline{x})^2} = \frac{182}{230} = 0.791 \qquad (15\text{-}4)$$

이를 토대로 y의 절편 A를 구하면 1.087이 된다. 결정계수(R^2)는 상관계수의 제곱으로서 독립변수 x에 의하여 결정되는 종속변수 y의 총 변량의 비율이다. 두 변수의 상관계수는 다음과 같은 방법으로 계산한다.

$$R^2 = \frac{SS_{RES}}{SS_T} = \left(\frac{\sum(x-\overline{x})(y-\overline{y})}{\sqrt{\sum(x-\overline{x})^2}\sqrt{\sum(y-\overline{y})^2}}\right)^2 \qquad (15\text{-}5)$$

[표 15-3] 회귀식의 유의도 검정

SV	SS	df	MS	F
회귀	SS_{REG}	$df_1 = k$	$MS_1 = SS_{REG}/df_1$	MS_1/MS_2
오차	SS_{RES}	$df_2 = N-k-1$	$MS_2 = SS_{RES}/df_2$	
전체	SS_T			

※ (k는 독립변수의 수)

결정계수(R^2)를 구하면 다음과 같다.

$$R^2 = \left(\frac{\sum (x-\bar{x})(y-\bar{y})}{\sqrt{\sum (x-\bar{x})^2}\sqrt{\sum (y-\bar{y})^2}} \right)^2 = \left(\frac{182}{\sqrt{230}\sqrt{150}} \right)^2 = 0.96 \qquad (15\text{-}6)$$

따라서 다음과 같은 회귀방정식이 최종적으로 구해진다.

$$재활의지(y) = 0.791 \times 가족의\ 지지(x) + 1.807 \quad (R^2 = 0.96) \qquad (15\text{-}7)$$

단순선형 회귀분석을 실행하기 위해서 상위메뉴의 '분석(A)'에서 '회귀분석(R)'의 '선형(L)'을 선택하면 그림 15-4와 같은 대화상자가 나타난다.

상위메뉴 〉 분석(A) 〉 회귀분석(R) 〉 선형(L)

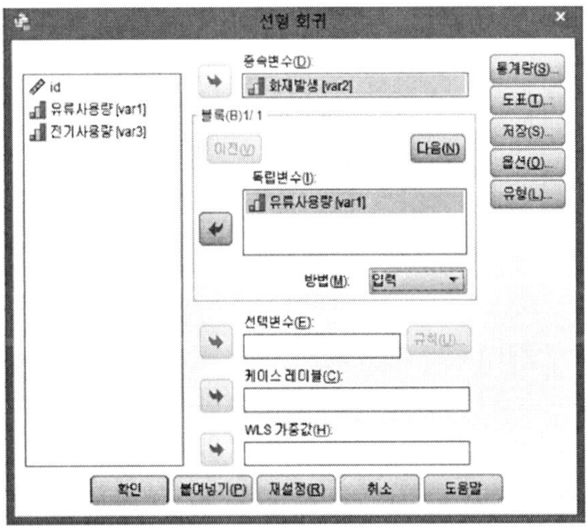

[그림 15-4] 단순선형 회귀분석 대화상자

분석하고자 하는 종속변수를 선택하여 '종속변수(D)'로 이동하고 분석하고자 하는 독립변수를 선택하여 '독립변수(I)'로 이동시키며, 선택적으로 다음을 수행할 수 있다.

- 독립변수를 블록으로 분류하고 서로 다른 변수 세트에 대해 입력 방법을 달리 지정한다.
- 선택 변수를 선택하여 분석을 이 변수에 대한 특정 값을 갖는 케이스 변수 세트로 제한한다.

- 케이스 식별변수를 선택하여 도표의 점을 식별한다.
- 가중최소제곱 분석에 대해 WLS 가중치 숫자변수를 선택한다. WLS는 가중 최소제곱 모형을 구할 수 있는데 데이터 점은 분산의 역수에 의해 가중된다. 즉, 분산이 큰 관측값은 분산이 작은 관측값보다 분석에 영향을 적게 준다는 의미이다. 가중 변수값이 0, 음수 또는 결측이면 해당 케이스는 분석에서 제외된다.

'블록(B)'의 '방법(M)'을 선택하면 독립변수를 분석에 입력하는 방법을 지정할 수 있다. 다른 방법을 사용하여 같은 변수 세트에서 여러 회귀모형을 작성할 수 있다.

- **입력(Enter)** : 한 블록에 있는 모든 변수가 단일 단계에 입력되는 변수선택 프로시저임
- **단계 선택(Stepwise)** : 각 단계에서 최소 확률 F를 가지면서 방정식에 없는 독립변수가 입력된다. 확률 F가 충분히 커지면 회귀방정식에 이미 있는 변수가 제거되는데 이 방법은 포함하거나 제거할 변수가 더 이상 없으면 종료됨
- **제거(Remove)** : 블록의 모든 변수가 단일 단계에서 제거되는 변수선택 프로시저임
- **후진(Backward Elimination)** : 방정식에 모든 변수를 입력한 다음 순차적으로 제거하는 변수 선택 프로시저이다. 종속변수와 함께 편상관이 가장 작은 변수가 가장 먼저 제거된다. 변수가 제거 기준을 충족하면 제거되고 첫 번째 변수가 제거되면 방정식에 남아 있는 변수 중 편상관이 가장 작은 변수가 그 다음으로 제거된다. 방정식에 제거 기준을 만족하는 변수가 없으면 프로시저가 중단됨
- **전진(Forward Selection)** : 변수가 모형에 순차적으로 입력되는 단계별 변수선택 프로시저이다. 방정식에 입력할 첫 번째 변수는 종속변수와 최대 양의 상관 또는 음의 상관에 있는 변수이다. 이 변수는 진입 기준을 만족시켰을 때만 방정식에 입력된다. 첫 번째 변수를 입력하면 방정식에 없고 편상관이 가장 큰 독립변수가 다음에 입력되도록 고려된다. 진입 기준에 맞는 변수가 없으면 프로시저가 중단됨

결과의 유의수준은 단일 모형 적합을 기준으로 하므로 유의수준은 단계적 방법(단계 선택, 전진, 후진)을 사용하는 경우에는 일반적으로 유효하지 않다. 모든 변수는 지정된 입력 방법과 상관없이 방정식에 입력되도록 허용 오차 기준을 넘어야 한다. 기본값 허용 오차 수준은 0.0001이며, 기본값 허용 오차 수준 때문에 해당 모형에서 다른 변수의 허용 오차가 허용 오차 기준보다 떨어질 때는 변수가 입력되지 않는다. 선

택한 모든 독립변수는 단일 회귀모형에 추가된다. 단, 다른 변수 서브 세트에 대해 다른 입력 방법을 지정할 수 있다. 예를 들어, 단계별 선택을 사용하여 회귀모형에 변수 블록을 입력하거나 전진 선택법을 사용하여 두 번째 블록을 입력할 수 있다. 회귀모형에 두 번째 변수 블록을 추가하려면 다음을 클릭한다.

'통계량(S)' 버튼을 클릭하면 그림 15-5와 같은 대화상자가 나타나며, 다음의 통계를 사용할 수 있다.

- **회귀계수** : 추정값에서는 회귀계수 B, 표준오차 B, 표준화 계수 베타, B에 대한 T 값 및 양방향 유의수준 T를 표시한다. 신뢰구간에서는 각 회귀계수 또는 공분산 행렬에 대해 지정된 신뢰수준을 가진 신뢰구간을 표시한다. 공분산 행렬은 대각선이 있으면 분산을 사용하고 대각선이 없으면 공분산을 사용하여 회귀계수의 분산-공분산 행렬을 표시한다. 상관행렬도 표시된다.
- **모형 적합**(M) : 모형에 진입되었거나 모형에서 제거한 변수를 나열하며 다음과 같은 다중 R, R^2 및 수정된 R^2, 추정값의 표준오차 및 분산 분석표의 적합도 통계량이 표시된다.
- ***R* 제곱 변화량**(S) : 독립변수를 추가하거나 삭제하여 생성되는 R^2통계의 변화량이다. 하나의 변수와 연결된 R^2변화량이 큰 경우 해당 변수는 종속변수의 예측변수로 적합하다.
- **기술통계**(D) : 각 변수에 대해 유효한 케이스 수, 평균, 표준편차 등을 분석에서 사용할 수 있다. 한쪽 방향 유의수준이 있는 상관행렬과 각 상관에 대한 케이스 수도 표시된다.
- **부분상관 및 편상관계수**(P) : 편상관계수(Partial Correlation)는 다른 변수의 상호연관으로 인해 발생한 상관을 제거한 후에도 두 변수 간에 남아 있는 상관이며, 종속변수와 독립변수 모두에서 모형에 있는 다른 독립변수의 선형 효과를 제거할 때 발생하는 종속변수와 독립변수 간 상관을 나타낸다. 부분상관(Part Correlation)은 독립변수에서 모형에 있는 다른 독립변수의 선형 효과를 제거할 때 발생하는 종속변수와 독립변수 간 상관을 나타낸다. 변수가 방정식에 추가될 때의 R 제곱 변화량과 관련이 있으며, **준 편상관**이라고도 한다.
- **공선성 진단**(L) : 공선성 또는 다중공선성은 하나의 독립변수가 다른 독립변수의 선형함수가 되는 부적절한 상황이다. 척도와 비중심화 교차곱 행렬, 조건 지수, 분

산-분해 비율 등의 고유값이 분산팽창요인(VIF)과 개별 변수에 대한 허용 오차와 함께 표시된다.

- **잔차** : 잔차의 연속 상관에 대해 Durbin-Watson 검정을 표시하고 선택 기준(n 표준편차 위의 이상값)을 만족하는 케이스에 대해 대응별 진단 정보를 표시한다.

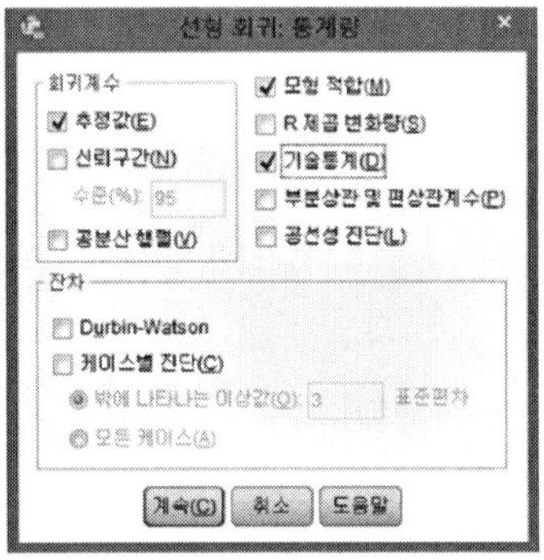

[그림 15-5] 단순선형 회귀분석 통계량 대화상자

'도표(T)' 버튼을 클릭하면 그림 15-6과 같은 대화상자가 나타나며, 도표를 사용하여 분산의 정규성, 선형성, 등식 등을 유효하게 가정할 수 있다. 도표는 이상값, 특별 관측값, 영향 케이스 등을 탐색하는 데 사용된다. 새로운 변수로 저장한 다음에 데이터 편집기에서 독립변수로 도표를 작성하는 데 예측값, 잔차, 대각선 등을 사용할 수 있으며 다음 도표를 사용할 수 있다.

- **산점도** : 표준화 잔차, 삭제된 잔차, 수정된 예측값, 스튜던트화 잔차, 삭제된 스튜던트화 잔차 중 두 가지를 도표로 사용할 수 있다. 표준화 예측값과 비교하여 표준화 잔차를 도표화하고 분산의 선형성과 등식을 확인할 수 있다.
- **소스 변수 목록** : 표준화 예측값(*ZPRED), 표준화 잔차(*ZRESID), 삭제된 잔차(*DRESID), 수정된 예측값(*ADJPRED), 스튜던트화 잔차(*SRESID), 삭제된 스튜던트화 잔차(*SDRESID) 등의 예측자와 잔차 변수 및 독립변수(DEPENDNT)를 나열한다.
- **편회귀잔차 도표 모두 출력**(P) : 두 변수가 나머지 독립변수에서 따로 회귀될 때 각 독립변수의 잔차와 종속변수의 잔차에 대한 산점도를 표시한다. 둘 이상의 독립변수의 경우 작성할 편회귀잔차 도표에 대한 방정식에 있어야 한다.

▪ **표준화 잔차 도표** : 표준화 잔차의 분포를 정규분포와 비교하여 표준화 잔차와 정규 확률 도표의 히스토그램을 볼 수 있다. 도표를 요청하면 요약 통계가 표준화 예측값과 표준화 잔차(*ZPRED와 *ZRESID)에 표시된다.

[그림 15-6] 단순선형 회귀분석 도표 대화상자

'저장(S)' 버튼을 클릭하면 그림 15-7과 같은 대화상자가 나타나고 예측값, 잔차, 기타 진단 정보에 유용한 통계를 저장할 수 있으며, 각각을 선택하면 활성 데이터 파일에 새로운 변수가 여러 개 추가된다.

▪ **예측값** : 각 케이스를 예측하는 회귀모형 값을 말한다.
  ① **비표준화**(U) : 모형이 예측하는 종속변수의 값
  ② **표준화**(R) : 각 예측값을 표준화 형식으로 변환한다. 즉, 평균 예측값을 예측값에서 빼고 그 차이를 예측값의 표준편차로 나눈다. 표준화 예측값은 평균이 0이고 표준편차가 1이 됨
  ③ **수정된**(J) : 회귀계수 계산에서 제외되는 케이스에 대한 예측값
  ④ **평균예측 표준오차**(P) : 예측값의 표준오차이다. 독립변수와 같은 값을 갖는 케이스에 대한 종속변수 평균값의 표준편차 추정값
▪ **거리** : 회귀모형에 큰 영향을 줄 수도 있는 독립변수나 케이스에 대한 특수 값 조합으로 케이스를 식별하는 측도가 된다.
  ① **Mahalanobis의 거리**(h) : 독립변수의 케이스 값이 전체 케이스 평균과 얼마나 달라지는지에 대한 측도이다. Mahalanobis 거리가 크면 케이스가 독립변수 하나 이상에 대해 극단값을 갖는 것으로 식별함

② **Cook의 거리(K)** : 특정 케이스를 회귀계수 계산에서 제외할 때 모든 케이스의 잔차가 얼마나 변경될 수 있는지에 대한 측도이다. Cook의 거리가 크면 회귀분석 통계 계산에서 케이스를 제외할 때 계수가 크게 변경됨

③ **레버리지 값(G)** : 회귀분석의 적합도에 점이 미치는 영향을 측정한다. 중심화된 레버리지 값의 범위는 0(적합도에 아무 영향도 미치지 않음)부터 (N-1)/N까지임

- **예측 구간** : 평균과 개별 예측 구간에 대한 상한 및 하한 경계를 말한다.

① **평균(M)** : 평균 예측반응의 예측 구간에 대한 하한 및 상한(두 변수)

② **개별값(I)** : 단일 케이스에 대한 종속변수 예측 구간의 하한 및 상한(두 변수)

③ **신뢰구간(C)** : 1과 99.99 사이의 값을 입력하여 두 예측 구간에 대한 신뢰수준을 지정한다. 이 값을 입력하려면 먼저 평균 또는 개별을 선택해야 한다. 일반적인 신뢰구간 값은 90, 95, 99임

- **잔차** : 종속변수의 실제 값에서 회귀 방정식을 통해 예측한 값을 뺀 것을 말한다.

① **비표준화(N)** : 관측값과 모형에 의해 예측된 값 사이 차이

② **표준화(A)** : 표준편차의 추정값으로 나눈 잔차이다. Pearson 잔차라고도 하는 표준화 잔차는 평균이 0이고 표준편차가 1이 됨

③ **스튜던트화(S)** : 케이스에 따라 다양한 표준편차의 추정값으로 나눈 잔차로서 독립변수 평균으로부터의 독립변수의 케이스 값 거리에 따라 달라짐

④ **제외 잔차(L)** : 회귀계수 계산에서 케이스를 제외할 때의 케이스에 대한 잔차로, 종속변수 값과 조정된 예측값 간 차이임

⑤ **삭제된 스튜던트화 잔차(E)**: 표준오차로 나뉘어진 케이스에 대한 삭제된 잔차이다. 삭제된 스튜던트화 잔차와 관련 스튜던트화 잔차 간 차이는 케이스가 예측을 통해 그 차이를 얼마나 해소하는지를 나타냄

- **영향력 통계량** : 회귀계수(DFBETA)의 변경 사항과 특수 케이스를 제외함으로써 생기는 예측값(DFFIT)이다. 표준화된 DFBETA 및 DFFIT 값 또한 공분산 비율과 함께 사용할 수 있다.

① **DFBETA(B)** : 베타 값의 차이는 특정 케이스를 제외하여 나타난 회귀계수의 변화량을 나타낸다. 값은 모형의 각 항에 대해 계산되며 상수를 포함함

② **표준화 DFBETA(Z)** : 베타 값의 표준화된 차이이다. 특정 케이스를 제외하여 나타난 회귀계수의 변화량을 나타낸다. 절대값이 2보다 큰 케이스를 N 제곱근

(N은 케이스 수)으로 나누어 결과값을 확인한다. 값은 모형의 각 항에 대해 계산되며 상수를 포함함

③ DFFIT(F) : 적합값의 차이는 특정 케이스를 제외하여 나타난 예측값의 변화량임

④ **표준화 DFFIT**(T) : 적합값의 표준화된 차이이다. 특정 케이스를 제외하여 나타난 예측값의 변화량을 나타낸다. 절대값이 2보다 큰 표준화 값을 p/N 제곱근(p는 모형에서 모수의 수이고 N은 케이스 수)으로 나누어 결과값을 확인함

⑤ **공분산 비율**(V) : 회귀계수 계산에서 모든 케이스가 포함된 공분산 행렬 행렬식에 대한 특정 케이스가 제외된 공분산 행렬 행렬식의 비율이다. 이 비율이 1에 가까우면 케이스로 인해 공분산 행렬이 크게 달라지지 않음

- **계수 통계량** : 데이터 세트 또는 데이터 파일에 회귀계수를 저장한다. 데이터 세트는 같은 세션에서 다시 사용할 수 있으나 세션을 마치기 전에 명시적으로 저장하지 않는 한 파일로 저장되지 않는다. 데이터 세트 이름은 변수 이름 규칙을 준수해야 함
- **XML 파일로 모형정보 내보내기** : 모수 추정값과 필요에 따라 해당 공분산을 XML(PMML) 형식의 지정된 파일로 내보낸다. 스코어링 목적으로 이 모형 파일을 사용하여 모형정보를 다른 데이터 파일에 적용할 수 있음

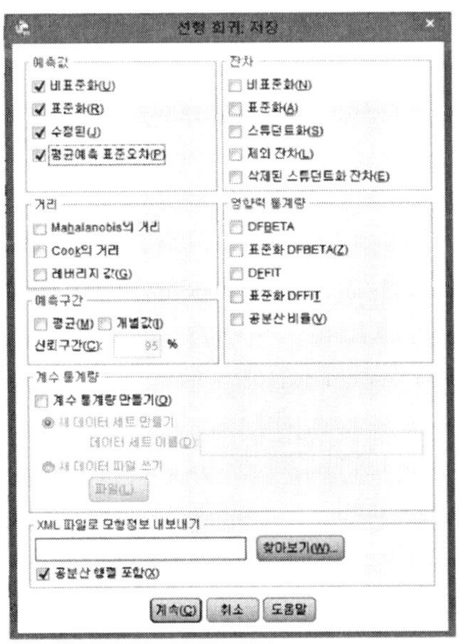

[그림 15-7] 단순선형 회귀분석 저장 대화상자

'옵션(O)' 버튼을 클릭하면 그림 15-8과 같은 대화상자가 열리며, 다음 옵션을 사용할 수 있다.

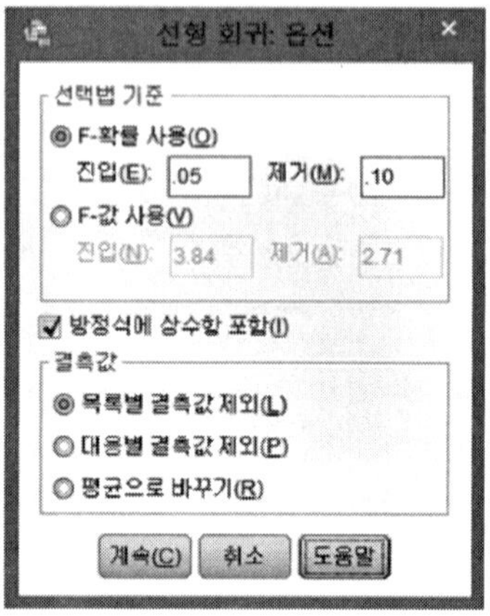

[그림 15-8] 단순선형 회귀분석 옵션 대화상자

- **선택법 기준** : 이러한 옵션은 전진, 후진, 단계별 변수선택법을 지정할 때 적용한다. 변수는 F 값의 유의수준(확률)이나 F 값 자체에 따라 모형에서 진입하거나 삭제할 수 있다.
  ① ***F*-확률 사용**(O) : F 값의 유의수준이 진입값보다 작으면 모형에 변수가 입력되고 유의수준이 제거값보다 크면 제거된다. 진입값은 제거값보다 작아야 하며 두 값 모두 양수이어야 한다. 모형에 변수를 더 많이 입력하려면 진입값을 높이고 모형에서 변수를 더 많이 제거하려면 제거값을 낮춤
  ② ***F*-값 사용**(V) : F 값이 진입값보다 크면 모형에 변수가 입력되고 F 값이 제거값보다 작으면 제거된다. 진입값은 제거값보다 커야 하고 두 값 모두 양수이어야 한다. 모형에 더 많은 변수를 입력하려면 진입값을 낮추고 모형에서 변수를 더 많이 제거하려면 제거값을 높임
- **방정식에 상수항 포함**(I) : 기본적으로 회귀모형에는 상수항이 들어있다. 이 옵션을 선택하지 않으면 회귀 작업이 원점을 통과하게 된다. 원점을 통과하는 일부 회귀의 결과는 상수항이 있는 회귀의 결과와 다르다. 예를 들어, R^2은 일반적인 방법으로 해석할 수 없다.

▪ **결측값** : 다음 중 하나를 선택할 수 있다.

① **목록별 결측값 제외**(L) : 모든 변수에 대한 유효한 값이 있는 케이스만 분석에 포함됨

② **대응별 결측값 제외**(P) : 상관된 대응변수의 전체 데이터를 포함하고 있는 케이스는 회귀분석을 기초로 하는 상관계수를 계산할 때 사용된다. 자유도는 최소 대응별 N에 따라 다름

③ **평균으로 바꾸기**(R) : 계산에는 모든 케이스가 사용되며 변수의 평균이 결측 관측값을 대체

단순선형 회귀분석은 회귀분석 방식의 선택에 따른 통계량의 차이가 없지만, 다중회귀분석은 회귀분석의 방식에 따라 통계량에 차이가 발생한다. 여기서는 상관이 높은 계수를 먼저 계산하는 Stepwise를 선택한다.

[표 15-4] 회귀분석의 적합도 검정

	모형	제곱 합	자유도	평균 제곱	*F*	유의확률
1	Regression	45.027	1	45.027	23.152	.000[b)]
	Residual	248.943	128	1.945		
	Total	293.969	129			

a) 종속변수: 화재 발생

b) 예측자: (상수), 유류사용량

[표 15-5] 유류사용량에 대한 화재 발생의 회귀분석 모형

모형		비표준화 계수		표준화 계수	*T*	유의확률
		B	표준화 오류	Beta		
1	(상수)	2.605	.312		8.357	.000
	유류사용량	.381	.079	.391	4.812	.000

a) 종속변수: 화재 발생

[표 15-6] 회귀분석의 결정계수 검정

모형	*R*	*R* 제곱	수정된 *R* 제곱	추정값의 표준오차
1	.391a	.153	.147	1.395

a) 예측자: (상수), 유류사용량

b) 종속변수: 화재발생

회귀분석의 적합도를 검정한 결과, $F=23.152$로 $p<.001$ 수준에서 유의한 차이가 있으므로 회귀식이 통계적으로 유의하다고 할 수 있다. 회귀분석의 결정계수를 검정한 결과, R^2값은 0.153으로서 통계분석에 사용된 사례들의 15.3%가 표본회귀선에 적합하다고 할 수 있다. 즉, 유류사용량이 화재 발생 건수의 적합성 평가를 15.3%를 설명하고 있다. 유류사용량으로 화재 발생 건수를 예측하기 위한 회귀방정식은 다음과 같다.

$$\text{화재발생건수} = 2.605 + 0.381 \times \text{유류사용량} \quad (15\text{-}8)$$

3 다중선형 회귀분석[7) 8)] 예제 15.sav

다중 회귀분석(multiple regression)은 회귀모형에 추가되는 독립변수가 두 개 이상이라는 점을 제외하고는 사용 및 분석방법에 있어서 단순 회귀분석과 차이가 없다. 즉, 단순 회귀분석과 마찬가지로 변수 간의 상호관계를 분석하고 독립변수의 변화로부터 종속변수의 변화를 예측하기 위해 사용한다. 연구자는 어떤 변수를 독립 혹은 종속변수로 선정할 것인가를 결정해야 하며, 다중 회귀분석에서는 독립변수 간의 독립성, 상호작용 효과, 및 상관관계, 등에 대해서 고려해야 한다.

다중 회귀분석의 회귀모형은 다음과 같다.

$$\mu_{y_i|x_{1i},\cdots,x_{ki}} = \beta_0 + \beta_1 x_i + \cdots + \beta_k x_{ki} \quad (15\text{-}9)$$

회귀모형에는 다음과 같은 가정들이 전제되어야 한다.

- 조건 평균은 직선상에 위치한다.
- 개개의 y_i값은 조건 평균의 주변값으로서 오차항만큼 차이가 난다.

$$y_i = \mu_{y_i \mid x_{1i},\cdots,x_{ki}} + \epsilon_i \quad (15\text{-}10)$$

- $x_{1i},\cdots,x_{ki}$값에 상관없이 $y_i \Rightarrow y_i \sim N(\beta_0 + \beta_1 x_i, \sigma^2)$의 분포는 동일한 분산을 갖는다.

---

7) 이해평(2006). 재해통계학, 도서출판 동화기술.
8) 우수명(2018). 마우스로 잡는 24.0 SPSS, 양서원.

$$\text{오차항} \quad \varepsilon_i \sim N(0, \sigma^2) \tag{15-11}$$

$$\text{회귀모형} \quad y_i = \beta_0 + \beta_1 x_{1i} + \beta_2 x_{2i} + \cdots + \beta_k x_{ki} + \epsilon_i \tag{15-12}$$

- i들은 서로 독립적이다.
- 최소자승법에 의한 다중회귀선의 추정(최소자승선)은 잔차의 제곱의 합이 최소가 되도록 하는 회귀선이다.

$$\sum_{i=1}^{n} e_i^2 = \sum_{i=1}^{n} [y_i - (b_0 + b_1 x_{1i} + b_2 x_{2i})]^2 \tag{15-13}$$

다항 회귀모형은 다음과 같다.

$$y = \beta_0 + \beta_1 x + \beta_2 x^2 \;\Rightarrow\; y = \beta_0 + \beta_1 x + \beta_2 z \tag{15-14}$$

변수변환을 포함한 회귀모형은 다음과 같다.

$$y = \beta_0 x_1^{\beta_1} x_2^{\beta_2} e^{\epsilon} \;\Rightarrow\; \ln y = \ln\beta_0 + \beta_1 \ln x_1 + \beta_2 \ln x_2 \tag{15-15}$$

유의도 검정은 '회귀계수는 0이다'라는 영가설을 검정하는 것으로서 표 15-7을 이용한다.

[표 15-7] 다중 회귀분석의 유의도 검정

SV	SS	df	MS	F
회귀	SS_{REG}	$df_1 = k$	$MS_{REG} = SS_{REG}/df_1$	MS_{REG}/MS_{RES}
오차	SS_{RES}	$df_2 = N - k - 1$	$MS_{RES} = SS_{RES}/df_2$	
전체	SS_T			

$$SS_T = SS_{REG} + SS_{RES} = \sum (Y - \overline{Y})^2 \tag{15-16}$$

$$SS_{REG} = \sum (Y' - \overline{Y})^2 \tag{15-17}$$

$$SS_{RES} = \sum (Y - Y')^2 \tag{15-18}$$

회귀식에 의해 독립변수가 종속변수를 설명할 수 있는 비율인 결정계수 R^2은 다음과 같이 계산한다.

$$R^2 = \frac{SS_{REG}}{SS_T} = \frac{\sum(Y' - \overline{Y})^2}{\sum(Y - \overline{Y})^2} \tag{15-19}$$

독립변수의 변화에 따라서 종속변수가 얼마나 변화하는가를 제시하는 통계값인 β 계수는 다음과 같이 계산한다.

$$\beta_1 = (b_1)\frac{SX_1}{S_Y} \tag{15-20}$$

$$\beta_2 = (b_2)\frac{SX_2}{S_Y} \tag{15-21}$$

[표 15-8] 이원회귀분석표

독립변수	r	R	R^2	R^2 change	F
X_1					
X_2					

표 15-8은 이원회귀분석표를 나타낸 것이다. r은 단순 상관계수이며, R은 다중 상관계수로서 변수가 추가될 때, 두 개 혹은 세 개의 변수들의 결합에 의한 값과 종속변수 간의 상관계수로서 단순한 R들의 합이 아니다. R^2은 R을 제곱한 값이며, R^2 change에서 첫 번째 셀은 X_1이 단독으로 Y를 설명하는 양이고, 두 번째 셀은 X_1과 X_2의 공분산을 제외한 X_2의 절대 증가분, 즉 X_2의 $R^2 -X_1$의 R^2이다. 만일 X_3가 있다면 X_3의 $R^2 - X_2$의 R^2, … 등으로 구성된다. F는 다음과 같은 식으로 계산한다.

$$F_1 = \frac{R^2 change_1}{1 - X_1\text{의 } \dfrac{R^2}{N-k-1}} \tag{15-22}$$

$$F_2 = \frac{R^2 change_2}{1 - X_2\text{의 } \dfrac{R^2}{N-k-1}} \tag{15-23}$$

$$df_1 = k - 1 \tag{15-24}$$

$$df_2 = N - k - 1 \tag{15-25}$$

여기서, k는 독립변수의 수이며, 다중 회귀분석 시 다음 사항들을 고려해야 한다.

- **다중 공선성**(multicollinearity) : 독립변수 간의 상관관계가 있는 경우, 다중 공선성을 검정하기 위해서는 허용한계를 검정한다. 다중 공선성이 낮을수록 허용한계 값이 1에 근접하는데 다중 공선성의 해결방법은 다음과 같다.
  ① 표본의 크기를 증가시키면 변수 간의 상관관계가 줄어든다.
  ② 상관관계가 높은 변수를 분석모형에서 제거한다.
  ③ 독립변수를 변형시키거나 다른 변수로 대체하는 방법이 있다.
- **오차항의 자기 상관**(auto correlation) : 잔차 항이 다른 잔차 항에 영향을 미치는 경우로서 **계열 상관**(serial correlation)이라고 한다. 이런 원인은 주가 되는 독립변수가 누락되었거나 비선형인데도 불구하고 선형으로 간주하고 분석했을 경우, 변수가 주기적인 변동을 보이는 경우 등이다. 오차항의 자기 상관을 검정하기 위해서는 가중최소자승법(weighted least squares)이나 Durbin-Watson 검정이 필요하다.
- **이분(산)성**(heteroscedasticity) : 종속변수가 독립변수의 변화에 따라 다른 변량을 보이는 경우로서 오차항의 변량이 이분산일 경우에는 가중치를 고려한 가중최소자승법이나 일반화 최소자승법(generalized least squares, GLS)을 이용한다.

다중 회귀분석을 실행하기 위해서 상위메뉴의 '분석(A)'에서 '회귀분석(R)'의 '선형(L)'을 선택하면 단순 회귀분석의 그림 15-4와 같은 대화상자가 나타난다.

상위메뉴 〉 분석(A) 〉 회귀분석(R) 〉 선형(L)

분석하고자 하는 종속변수를 선택하여 '종속변수(D)'로 이동하고 분석하고자 하는 독립변수를 두 개 이상 선택하여 '독립변수(I)'로 이동시키며, 다중 회귀분석에서 설정에 사용되는 옵션들은 단순 회귀분석의 옵션들과 동일하다. 단순 회귀분석은 회귀분석 방식의 선택에 따른 통계량의 차이가 없지만, 다중 회귀분석은 회귀분석의 방식에 따라 통계량에 차이가 발생하므로 여기서는 상관이 높은 계수를 먼저 계산하는 '단계선택'을 선택한다.

[표 15-9] 유류 및 전기사용량에 대한 화재 발생의 다중 회귀분석 모형

	모형	B	표준화 오류	베타	T	p	R 제곱
1	(상수)	2.605	.312		8.357(.000)	23.152 (.000)	.153
	유류사용량	.381	.079	.391	4.812(.000)		
2	(상수)	1.571	.482		3.258(.001)	15.984 (.000)	.201
	유류사용량	.319	.080	.328	3.972(.000)		
	전기사용량	.277	.101	.228	2.760(.007)		

회귀식의 설명력을 살펴보면, 모델 1에서는 먼저 유류사용량이 투입되었으며, 유류사용량 한 개의 변수가 종속변수인 화재 발생의 15.3%를 설명하고 있다. 모델 2에서는 전기사용량이 추가적으로 투입된 결과, 설명력이 20.1%로 증가하였지만 실제로 증가된 설명력은 4.8% 정도이다.

회귀식의 통계적 유의성을 검정하는 F통계량 값을 살펴보면, 모델 1에서는 회귀식의 통계적 유의성을 검정하는 F통계량이 23.152이고, $p<.001$에서 유의한 것으로 나타났으며, 모델 2에서는 F통계량이 15.984이고 $p<.001$에서 유의한 것으로 나타났으므로 두 모델에서 모두 통계적으로 유의하다고 할 수 있다.

유류사용량과 전기사용량에 따른 화재 발생을 예측하기 위한 회귀방정식은 다음과 같다.

- model 1 : 화재발생 $= 2.605 + 0.381 \times$ 유류사용량
- model 2 : 화재발생 $= 1.571 + 0.319 \times$ 유류사용량 $+ 0.277 \times$ 전기사용량

4 더미 변수(가변수)[9] 예제 16.sav

더미 변수(Dummy Variable)는 질적 척도로 측정된 명목과 서열척도가 회귀분석에서 독립변수로 사용될 경우, 등간척도 이상이라는 선형성의 조건에 적합하지 않은 문제를 해결하기 위해서 고안된 방식이다. 만일 성별이 서비스 만족도에 영향을 미칠 수 있는가를 알고 싶으면 T 검정을 이용할 수도 있지만 다른 변수들과의 관련성을 보거나 회귀계수를 산출하는 것은 원칙적으로 수행할 수 없다.

9) 우수명(2018). 마우스로 잡는 24.0 SPSS, 양서원.

이럴 때는 성별의 범주인 여자와 남자를 더미화하여 사용하면 가능한데 더미화하는 것은 '있다(1)'와 '없다(0)'로 속성을 변경하는 것이다. 즉, '여자이다(1)'와 '여자가 아니다(0)'라는 변수로 만들어 주는 것이다. '여자가 아니다'라는 것은 '여자가 없다'는 개념으로 비율척도와 같은 성격이 되며 '여자가 아니다'라는 것은 바로 남자를 의미한다. 따라서 더미 변수로 만드는 변수의 개수는 '범주−1'이다. 계절은 봄, 여름, 가을, 겨울이므로 더미 변수는 '봄인 경우'와 '봄이 아닌 경우'(1, 0), '여름인 경우'와 '여름이 아닌 경우'(1, 0), '가을인 경우'와 '가을이 아닌 경우'(1, 0) 3개가 생성된다. 겨울은 모두가 '0'의 값을 가질 때, 즉 봄도, 여름도, 가을도 아닌 경우라면 당연히 겨울이므로 별도로 만들 필요가 없다.

더미 변수를 만드는 방법은 변수의 변환에서 '계산하기'를 이용하거나 코딩 변경을 이용한다. 해석은 일반적인 선형 회귀분석의 결과와 동일하게 한다. 다음은 4학년 대학생을 대상으로 졸업 여부를 조사해 보니, 졸업, 취업, 기타로 구성되는데 이를 더미화하여 성별과 함께 독립변수로 사용하여 진로상담의 효과 정도에 대한 영향력을 분석하고자 한다.

성별의 경우 변수값을 코딩 변경을 이용하여 '여자=0', '남자=1'로 바꾸면 '더미 성별'이라는 변수로 바꿀 수 있다. 졸업의 경우도 졸업, 취업, 기타의 세 범주로 되어 있으므로 다음과 같은 2개의 더미 변수가 필요하다.

더미졸업졸업 : 졸업이면 1, 아니면 0 (15-26)

디미졸업취업 : 취업이면 1, 아니면 0 (15-27)

'더미졸업졸업'이라는 변수를 만들기 위해 상위메뉴의 '변환(T)'에서 '다른 변수로 코딩변경(R)'을 클릭하고 그림 15-9와 같은 대화상자에서 '출력변수'에 '더미졸업졸업'이라는 변수를 만든 다음 '변경(H)'을 선택하고 '기존값 및 새로운 값(O)'을 클릭한다. 기혼은 값이 '2'에 해당하므로 '기존값'에 '2'를 입력하고 '새로운 값'에 '1'을 입력한다. '기존값'의 '시스템 또는 사용자 결측값(U)'을 선택하고 '새로운 값'에서 '시스템 결측값(Y)'을 선택하고 추가한다. 마지막으로 '기존값'의 '기타 모든 값(O)'을 선택하고 '새로운 값'에 '0'을 입력하면, 그림 15-10과 같이 '기존값→새로운 값(D)'에 변환할 변수들의 설정이 표시되고, '계속(C)' 버튼을 클릭해서 더미 변수를 생성한다.

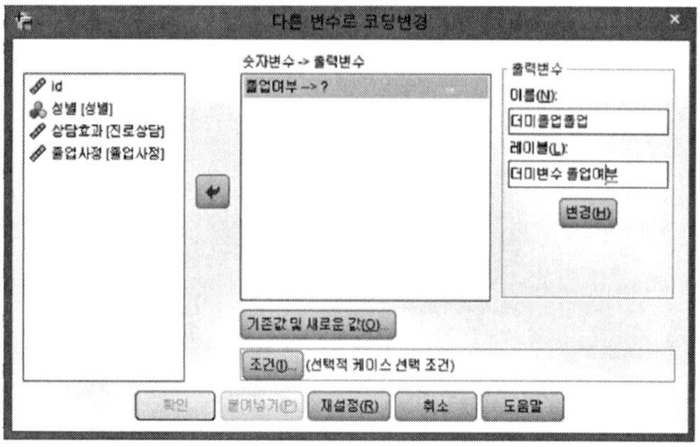

[그림 15-9] 다른 변수로 코딩변경 대화상자

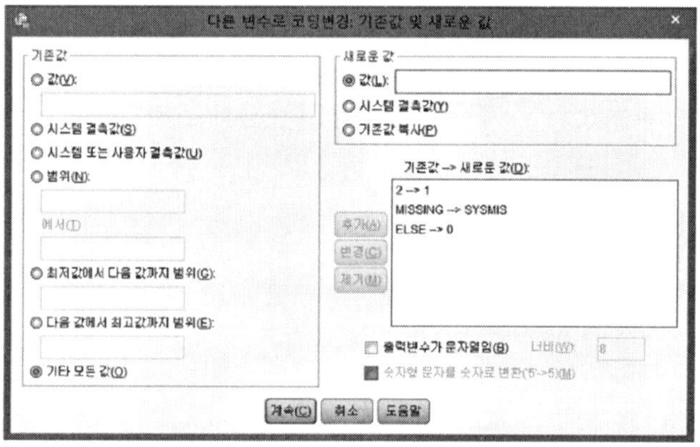

[그림 15-10] 다른 변수로 코딩변경 기존값 및 새로운 값 대화상자

'더미졸업취업'도 같은 방법으로 생성한다. '취업'은 변수값이 '4'이므로 '4'인 경우는 '1'로 코딩 변경하며 그 외 모든 값은 모두 '0'으로 코딩 변경한다.

회귀분석을 실행하기 위해서 상위메뉴의 '분석(A)'에서 '회귀분석(R)'의 '선형(L)'을 선택하면 단순 회귀분석의 그림 15-4와 같은 대화상자가 나타난다.

상위메뉴 〉 분석(A) 〉 회귀분석(R) 〉 선형(L)

'진로상담'을 선택하여 '종속변수(D)'로 이동하고 '독립변수(I)'에는 새로 생성한 더미 변수인 '더미성별', '더미졸업졸업', '더미졸업취업', '졸업사정' 등 4개의 변수를 이동시킨 다음 '확인' 버튼을 클릭한다.

[표 15-10] 모형 요약

모형 요약[b)]

모형	R	R 제곱	수정된 R 제곱	추정값의 표준오차
1	.673[a)]	.453	.431	.544

a) 예측자: (상수), 더미변수 여성여부, 졸업사정, 더미변수 졸업여부, 더미변수 취업여부
b) 종속변수: 상담효과

단순선형 회귀분석의 모델에 대한 설명 요약이다. 독립변수와 종속변수와의 상관관계는 0.673이며, 설명력(결정계수) R 제곱은 0.453이다. 표 15-11은 단순선형 회귀분석의 분산분석 결과이다. 유의수준이 p〈0.001의 기준을 충족하므로 회귀선은 유효하다.

[표 15-11] 분산분석

ANOVA[a)]

모형		제곱합	자유도	평균제곱	F	유의확률
1	회귀	24.729	4	6.182	20.901	.000b
	잔차	29.875	101	.296		
	전체	54.604	105			

a) 예측자: (상수), 더미변수 여성여부, 졸업사정, 더미변수 졸업여부, 더미변수 취업여부
b) 종속변수: 상담효과

표 15-12는 상담 효과를 종속변수로 하여 분석된 더미 변수들과 졸업 사정과의 회귀분석 결과이다. 모든 더미 변수들은 유의미한 영향을 미치지 않는 것으로 나타났지만 졸업 사정은 유의미한 영향력을 미치는 것으로 나타났다. 만일 졸업 여부가 영향력을 미친다고 가정하면 (-)값을 가지므로 졸업이 아닌 경우, 더 많이 효과가 있다는 것을 의미한다. 성별 역시 마찬가지로서 여장의 경우 0이므로 (+) 값을 가진다는 것은 남자들이 효과를 덜 받고 있다는 것을 의미하지만 통계적으로 유의미하지 않으므로 기각한다.

[표 15-12] 계수

계수[a)]

모형		비표준화 계수		표준화 계수	T	유의확률
		B	표준화 오류	베타		
1	(상수)	1.648	.410		4.019	.000
	졸업사정	.703	.084	.631	8.354	.000
	더미변수 졸업여부	-.339	.284	-.236	-1.196	.235
	더미변수 취업여부	-.106	.286	-.074	-.372	.711
	더미변수 여성여부	.148	.135	.086	1.097	.275

a) 종속변수: 상담효과

5 계층적(위계적) 회귀분석[10] 예제 17.sav

계층적(위계적) 회귀분석은 통제변수나 제2의 독립변수가 종속변수에 미치는 영향을 분석하거나 이런 변수들의 영향력을 고려하여 제1의 독립변수가 종속변수에 미치는 영향을 파악하고자 할 때 사용한다. 인과관계의 세 가지 조건으로는 선후성, 상관성, 비허위적 관계(불변적 결합)가 있다. 이 중 비허위적 관계를 토대로 제1의 독립변수가 종속변수에 미치는 영향을 분석할 때, 이 둘의 인과관계는 통제변수나 제2의 독립변수가 투입되어도 유지되어야 한다는 것을 의미한다.

취업 특강에 대한 만족도 설문 조사를 예로 살펴보면, 특강의 성과가 높을수록 전반적인 만족도가 높아진다는 가설을 검정하는 즉, 특강 성과가 전반적인 만족도에 미치는 영향을 분석하는 것이 연구의 목적이다.

[그림 15-11] 모형 1

특강 성과뿐만 아니라 특강 진행을 유익하게 잘 수행할 경우, 만족도가 높아질 수 있으며, 성별, 연령, 과거 유사 특강 참여 경험 등도 영향을 미칠 수 있는 변수가 된다. 그러면 이런 변수들이 투입되어도 특강 성과는 전반적인 만족도에 과연 지속적으로 영향을 미칠 것인지 확인해야 특강 성과와 전반적인 만족도 간의 비허위적 관계 여부를 확인할 수 있다. 또한, 특강 성과 이외의 다른 변수들은 전반적인 만족도에 어떤 영향을 미치고 있는지를 알고 싶을 수도 있으므로 이때는 특강 진행이나 성별 등의 변수들은 다른 독립변수군이 되며, 조절효과를 갖고 있는지 계층적(위계적) 회귀분석을 통해 확인할 수 있다. 이 경우 모형 1 외에도 다른 독립변수군의 투입에 따라 모형2, 모형3이 더 나올 수 있다.

10) 우수명(2018). 마우스로 잡는 24.0 SPSS, 양서원.

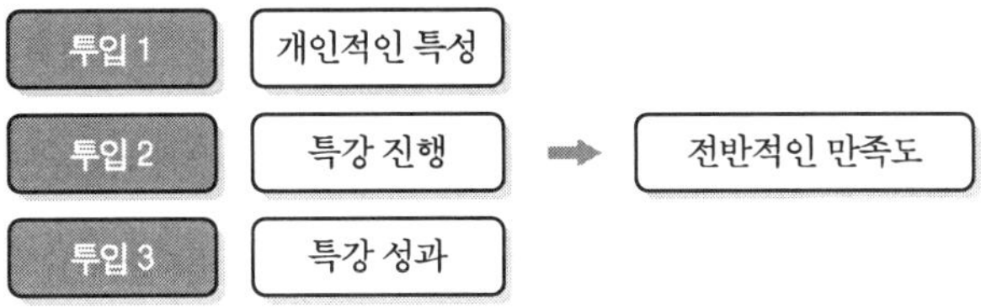

[그림 15-12] 모형 2

계층적 회귀분석을 실시할 때 주의해야 할 사항은 다음과 같다.

첫째, 투입되는 변수들의 순서는 이론적 또는 선행연구 등을 토대로 한 논리적 근거에 기반을 두고 있어야 한다. 따라서 투입되는 변수들의 순서가 달라지면 각 모형별로 회귀분석의 적합성을 검정하는 분산분석의 F값이나 각 독립변수의 유의확률도 달라지므로 투입되는 변수의 순서를 유의해야 한다. 일반적으로 인구사회학적 특성이나 통제해야 할 다른 변수들을 우선적으로 투입한 다음 알고 싶은 모형의 독립변수를 마지막에 투입한다.

둘째, 일반적인 선형 회귀분석의 경우, 인과관계 정도를 보여주는 표준화된 회귀계수를 중심으로 해석하지만 계층적 회귀분석은 다른 독립변수군이 투입되는 것에 따라 변동되는 F값과 결정계수 (R^2)의 변화량을 중심으로 영향력의 변동을 파악하는데 특히 F값의 변화량의 유의확률 수준이 새로 투입된 변수의 조절효과를 확인할 수 있는 중요한 정보이다.

특강 성과와 관련된 문항은 var8부터 var13까지 총 6문항이다. 신뢰도를 구한 다음 총합평점척도를 상위메뉴 변환의 변수계산의 평균 구하기 함수 'mean(var8, var9, var10, var11, var12, var13)'을 이용하여 특강 성과라는 새로운 변수를 생성한다.

특강 진행과 관련된 문항은 var1부터 var5까지 총 5문항이지만 신뢰도를 구하면 var1(사전정보 제공)이 신뢰도를 저하시키는 문항이므로 이를 제외한 나머지 4개 변수를 상위메뉴 변환의 변수계산을 이용하여 만들며, 이때도 평균 구하기 함수를 이용한다.

성별 및 과거 유사 특강 참여 경험은 명목변수이므로 0과 1의 값을 갖는 더미 변수로 다른 변수로 코딩 변경을 이용하여 변경해야 한다. 여학생 여부 및 참여 경험 여부에 따라 생성한다.

계층적 회귀분석을 실행하기 위해서 상위메뉴의 '분석(A)'에서 '회귀분석(R)'의 '선형(L)'을 선택하면 단순 회귀분석의 그림 15-4와 같은 대화상자가 나타난다.

상위메뉴 〉 분석(A) 〉 회귀분석(R) 〉 선형(L)

'종속변수(D)'에 '전반적 만족도'를 이동하고 개인적 특성에 해당하는 '더미성별', '연령', '더미참여경험'을 '독립변수(I)'로 이동한 다음, 독립변수의 바로 위에 '블록(B)1대상1'의 '다음(N)'을 클릭한다.

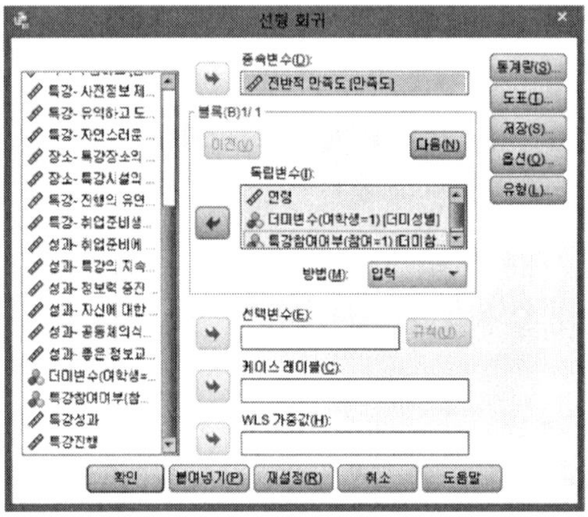

[그림 15-13] 계층적 회귀분석 대화상자1

'블록(B)1대상1'이 '블록(B)2대상2'로 바뀌면 '독립변수(I)'에 두 번째 독립변수인 '특강진행'을 이동한 다음 '블록(B)2대상2'의 '다음(N)'을 클릭한다.

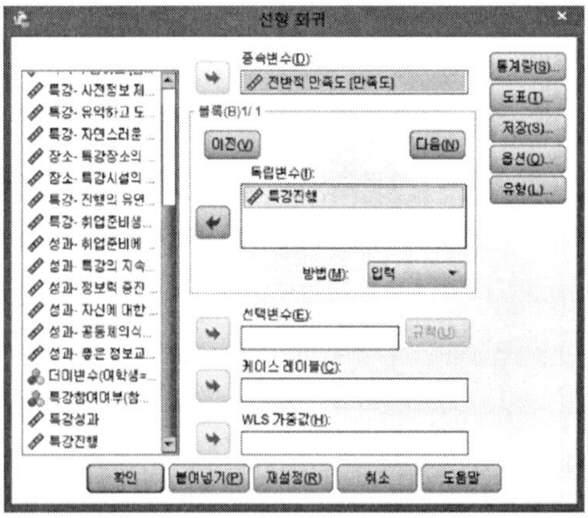

[그림 15-14] 계층적 회귀분석 대화상자2

‘블록(B)2대상2’이 ‘블록(B)3대상3’으로 바뀌면 ‘독립변수(I)’에 연구모형의 핵심인 ‘특강성과’를 이동한다. ‘다음(N)’의 클릭은 추가적인 계층의 여부에 달려있으며, 독립변수의 추가에 따라 변동되는 F 통계량 및 결정계수(R^2)의 크기를 알고 싶을 때는 ‘통계량(S)’을 선택한다. ‘통계량(S)’의 대화상자에서 ‘R 제곱 변화량(S)’을 선택한 다음 ‘계속(C)’, ‘확인’을 클릭하면 계층적(위계적) 회귀분석이 실행된다.

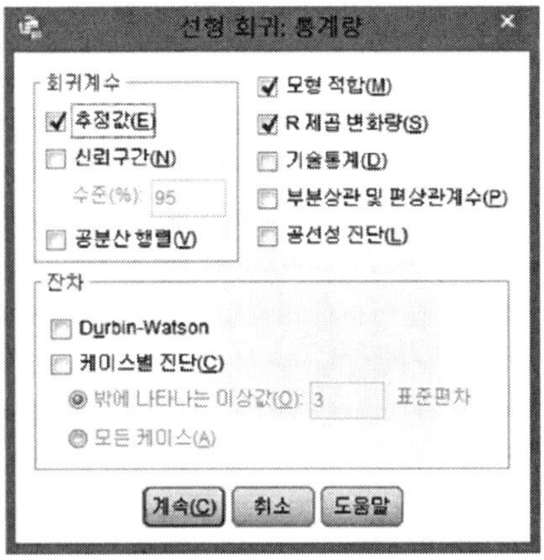

[그림 15-15] 계층적 회귀분석 통계량 대화상자

[표 15-13] 입력/제거된 변수

입력/제거된 변수[a]

모형	입력된 변수	제거된 변수	방법
1	특강참여여부(참여=1), 연령, 더미변수(여학생=1)[b]	.	입력
2	특강진행[b]	.	입력
3	특강성과[b]	.	입력

a) 예측자: (상수), 더미변수 여성여부, 졸업사정, 더미변수 졸업여부, 더미변수 취업여부
b) 종속변수: 상담효과

계층적 회귀분석의 각 모형별로 입력된 변수가 무엇인지 알려준다. 만일 다중 공선성의 문제가 있다면 제거된 변수로 자동적으로 이동되며, 종속변수는 전반적 만족도이다.

[표 15-14] 모형 요약

모형 요약[d)]

모형	R	R 제곱	수정된 R 제곱	추정값의 표준오차	통계량 변화량				
					R 제곱 변화량	F 변화량	$df1$	$df2$	유의확률 F 변화량
1	.223[a)]	.050	.020	.553	.050	1.680	3	96	.176
2	.501[b)]	.251	.219	.494	.201	25.439	1	95	.000
3	.577[c)]	.333	.297	.468	.082	11.573	1	94	.001

a) 예측자: (상수), 특강참여여부(참여=1), 연령, 더미변수(여학생=1)

b) 예측자: (상수), 특강참여여부(참여=1), 연령, 더미변수(여학생=1), 특강진행

c) 예측자: (상수), 특강참여여부(참여=1), 연령, 더미변수(여학생=1), 특강진행, 특강성과

d) 종속변수: 전반적 만족도

모형 요약은 종속변수인 전반적 만족도에 영향을 미치는 독립변수(설명변수)가 투입된 모형에 따라 결정계수(R^2, 설명력)과 R^2 및 F값의 변화량을 알려주고 F값의 변화량이 통계적으로 유의미한 변화였는지를 알려준다. 계층적 회귀분석에서는 회귀계수보다 더 중요한 것이 모형 요약의 R^2 변화량과 F 변화량임을 유의해야 한다.

'a. 예측자'는 모형1을, 'b. 예측자'는 모형2를, 'c. 예측자'는 모형3을 의미하며, 각각 투입된 독립변수가 무엇인지 알려준다.

R은 Pearson의 적률 상관관계이며, R^2은 결정계수 또는 설명력으로서 독립변수에 의해 설명되는 종속변수의 비율이다. 수정된 R제곱은 자유도를 고려하여 모집단의 결정계수를 추정한 값이다. R제곱 변화량은 모형의 투입 단계에 따라 변동되는 R^2의 변화량이다. 모형1은 추가로 투입되는 독립변수가 없기 때문에 R 제곱과 R 제곱 변화량은 차이가 없다. 모형2의 R 제곱 변화량은 모형2의 R 제곱 - 모형1의 R 제곱과 같이 모형2와 모형1의 차이 값으로 얻는다. 여기서 R 제곱 변화량이 0.201이 나온 것은 특강 진행이라는 변수가 투입되면 설명력이 0.201 증가되는 것을 의미한다. 모형3의 R 제곱 변화량은 모형3의 R 제곱에서 모형2의 R 제곱의 차이 값을 구하면 되는데 0.082는 모형3의 R 제곱에서 모형2의 R 제곱을 뺀 값이다.

F 변화량 및 유의확률 F 변화량은 모형의 투입 단계에 따라 변동되는 F 값의 변화량이다. 계층적 회귀분석에서 가장 주의 깊게 봐야 할 부분이 바로 F 변화량과 그 변화량의 유의확률이다. 모형1은 개인적 특성과 전반적 만족도 간의 회귀모형에 대한 분산분석 결과로 F 변화량은 1.680이며 유의확률 F 변화량에 대한 분산분석 결과

sig=0.176으로 통계적으로 유의미하지 않음을 알 수 있다. 모형2는 특강 지행이라는 새로운 독립변수가 투입됨으로 발생하는 F 값의 변화량에 대한 분산분석 결과로 유의확률이 p<0.001로 종속변수에 영향을 미치는 것으로 나타났다. 이는 특강 진행이라는 변수의 투입은 모형의 변화를 가져온 것으로 볼 수 있다. 모형3은 특강 성과가 투입되었을 때 F의 변화량과 변화량에 대한 분산분석 결과의 유의확률을 알려주는데 여기서는 p<0.001로 투입되는 독립변수는 종속변수에 유의미한 영향을 미치는 것으로 볼 수 있다.

자유도 1과 자유도 2는 계층적 회귀모형에 사용된 자유도로서 자유도 1은 독립변수, 자유도 2는 사례에 대한 자유도이다.

[표 15-15] 분산분석

ANOVA[a)]

모형		제곱 합	자유도	평균 제곱	F	유의확률
1	회귀	1.542	3	.514	1.680	.176b
	잔차	29.368	96	.306		
	전체	30.910	99			
2	회귀	7.745	4	1.936	7.941	.000c
	잔차	23.165	95	.244		
	전체	30.910	99			
3	회귀	10.284	5	2.057	9.374	.000d
	잔차	20.626	94	.219		
	전체	30.910	99			

a) 종속변수: 전반적 만족도
b) 예측자: (상수), 특강참여여부(참여=1), 연령, 더미변수(여학생=1)
c) 예측자: (상수), 특강참여여부(참여=1), 연령, 더미변수(여학생=1), 특강진행
d) 예측자: (상수), 특강참여여부(참여=1), 연령, 더미변수(여학생=1), 특상진행, 특강성과

분산분석은 각 모형별로 회귀선에 포함된 분산과 잔차 간의 비율에 따라 분산분석을 실시한 결과이다. 분석 결과, 모형2와 모형3이 유의확률이 p<0.001의 조건을 충족시키기 때문에 통계적으로 회귀선은 유의미하며, 모형1은 종속변수에 영향을 미치지 않는 것으로 결론을 내린다.

[표 15-16] 계수

계수[a)]

모형		비표준화 계수		표준화 계수	*T*	유의확률
		B	표준화 오류	베타		
1	(상수)	3.468	.971		3.571	.001
	연령	.049	.043	.118	1.143	.256
	더미변수(여학생=1)	-.093	.127	-.077	-.733	.465
	특강참여여부(참여=1)	-.211	.121	-.182	-1.745	.084
2	(상수)	.620	1.035		.600	.550
	연령	.060	.039	.144	1.561	.122
	더미변수(여학생=1)	-.025	.114	-.020	-.216	.829
	특강참여여부(참여=1)	-.006	.115	-.005	-.051	.960
	특강진행	.556	.110	.479	5.044	.000
3	(상수)	.153	.991		.154	.878
	연령	.072	.037	.170	1.941	.055
	더미변수(여학생=1)	-.022	.108	-.018	-.202	.840
	특강참여여부(참여=1)	-.042	.110	-.036	-.382	.703
	특강진행	.334	.123	.288	2.718	.008
	특강성과	.282	.083	.342	3.402	.001

a) 종속변수: 전반적 만족도

각 모형별로 회귀계수와 *T*값 및 유의확률을 보여준다. 모형1의 경우, 유의미한 영향을 미치는 변수는 없는 것으로 나타났으며, 모형2의 경우는 새로 투입한 특강 진행이 유의미한 영향을 미치는 변수로 나타났다. 모형3의 경우는 특강 성과가 $p<0.01$ 수준에서, 특강 진행이 $p<0.05$ 수준에서 종속변수에 통계적으로 유의미한 영향을 미치는 것으로 나타났다.

6 로지스틱 회귀분석[11) 12)] 예제 18.sav

6.1 로지스틱 회귀분석의 원리

어떤 사회현상을 예측할 때 관련된 변수를 파악하고 어떤 사건에 대한 발생 여부를 예측하는 것은 매우 중요하다. 이와 같은 현상을 예측할 때는 주로 회귀분석이나 판별분석 등이 사용되지만 역학적 연구나 의학 자료 등에서는 종속변수가 질병의 발생 여부로 표시되는 이분형의 사건을 다루기 때문에 일반적인 회귀 분석법을 그대로 적용할 수는 없다. 회귀분석의 기본 가정인 오차항의 정규분포성과 동분산성이 만족되지 않기 때문이다. **로지스틱 회귀분석(logistic regression)**은 1960년대에 개발되어 응용되었으며, 범주형 종속변수와 여러 가지 독립변수와의 관계를 알아보고자 할 때 사용되는 중요한 분석기법으로서 단지 이분형 값만을 갖는 종속변수와 독립변수 간의 관련성을 추정하는 하나의 통계 기법이다.

로지스틱 회귀분석의 기본적인 가정은 독립변수가 명목이나 서열척도와 같은 정성적인 척도와 등간척도가 섞여 변수들이 다변량 정규분포를 이룬다는 것이 명확하지 않으며, 집단 간의 분산 및 공분산이 동일해야 한다는 가정을 충족시키지 못할 때 이용할 수 있고, 선택확률이 로지스틱 함수 형태이어야 한다.

로지스틱 회귀모형의 평가에서 영가설을 검정하는데 이는 G-통계량을 이용한다. 구체적으로 상수항만을 갖는 영 모형에 대한 로그 우도를 결정한 후, n개의 모수를 갖는 완전모형에 대한 로그 우도를 결정한다. 만일, 우도비 검정에서 유의한 것으로 나타나면 다음에는 Wald 통계량을 이용하여 각 독립변수를 검정한다.

$$H_0: \quad \beta_1 - \beta_2 = \beta_3 = \cdots\cdots = \beta_n = 0 \qquad (15\text{-}28)$$

로지스틱 회귀모형은 선형이 아니며, S 형태 곡선을 이루고 있다. 즉, 독립변수와 발생확률의 관계는 비선형적이다. 확률추정은 Z값에 상관없이 항상 0과 1 사이에 존재한다. 선형 회귀모형에서는 최소자승법을 이용하여 모형의 모수를 추정하였지만 로지스틱 회귀모형에서는 **최대우도법(maximum-likelihood method, MLE)**을 이용하여 모형의 모수를 추정한다.

---

11) 이해평(2006). 재해통계학, 도서출판 동화기술.
12) 우수명(2018). 마우스로 잡는 24.0 SPSS, 양서원.

모형의 적합성을 입증하기 위해서는 로지스틱 회귀모형의 R을 이용하는데 이 값은 그다지 크지 않으며, R은 0과 1 사이의 값을 갖고, 1에 가까울수록 종속변수에 대한 독립변수의 설명력이 높다고 볼 수 있다. 로지스틱 회귀분석에는 다중회귀의 경우와는 달리, 독립변수들의 중요도를 결정하기가 어렵다. 각 변수의 기여도는 그 모델에 있는 다른 변수들에 의존한다. 특히 독립변수들의 상관관계가 높을 때 문제가 된다. 하나의 종속변수와 각각의 독립변수 간의 부분 상관을 알아볼 때 쓰이는 통계량이 바로 R-통계량이다. 작은 R값은 그 변수가 그 모델에 적은 기여도를 갖고 있음을 의미한다. R-통계량에 대한 공식은 K가 그 변수에 대한 자유도를 나타낼 때 다음과 같다. Wald 통계량이 $2K$보다 작으면 R은 0으로 정의된다.

$$R = \pm\sqrt{\frac{Wald\text{통계량} - 2K}{-2LL_{(0)}}} \tag{15-29}$$

종속변수가 질적 변수이며, 독립변수가 양적 변수(연속형 데이터)일 때, 독립변수가 종속변수에 미치는 영향력을 분석할 때 사용하는 다변량 분석방법이다. 선형 회귀분석은 종속변수가 양적 변수일 때만 사용하였는데 이는 독립변수와 종속변수의 공분산을 구해야만 기울기를 구할 수 있었기 때문이지만 특강 이용 성과가 특강 성과 목표의 달성 여부(달성, 실패)에 영향을 미치는지 알고 싶을 때와 같이 종속변수가 질적 자료인 경우에 사용할 수 있게 되는 것이다.

로지스틱 회귀분석은 이분형(binary) 로지스틱과 다항(multi-norminal) 로지스틱, 순서형(ordinal) 로지스틱으로 구분되는데 이분형 로지스틱 회귀분석은 종속변수의 집단이 2개인 경우, 즉 이분 변수인 경우, 이항분포에 기초해 분석하는 방법이다. 다항 로지스틱 회귀분석은 종속변수의 집단이 3개 이상이면서 명목변수인 경우에 사용한다. 순서형 로지스틱은 종속변수가 순서 즉 서열변수일 때 사용한다.

이분형 로지스틱 분석의 경우, 종속변수를 더미화한 선형 회귀분석과 매우 유사한 결과를 보여주지만 기술적 · 학문적 엄격성으로 인해 로지스틱 분석을 더 사용하는데 종속변수가 0과 1의 값을 갖더라도 선형 회귀분석에서는 기울기가 1 이상이나 (-)값이 나올 수 있는 문제가 있기 때문이다. 즉, 양적 변수인 독립변수들의 변화에 따라 추정되는 종속변수가 예측범위(종속변수의 범위)를 넘어서게 되는 문제가 발생한다.

통계적 가정들을 위반하는 문제 때문에 로지스틱 분석이 선호될 때가 있다. 선형 회귀분석인 경우, 오차항(잔차)들이 정규분포를 이루고 있다는 가정과 오차들의 분산이 모두 독립변수들에서 동일하다는 동분산의 가정을 토대로 선형성을 구한다. 그러나 종속변수가 0과 1이면 오차항들이 0과 1에 의해 고정되므로 정규분포를 이룰 수 없으며, 오차변량 또한 등간성(이변량성)이 문제가 된다. 이는 사례 수가 적을수록 더 심해진다. 따라서 종속변수가 명목변수는 물론 서열변수라 하더라도 선형 회귀분석보다 로지스틱 회귀분석을 사용하는 것이 더 적합하다.

6.2 이분형 로지스틱 회귀분석

로지스틱 회귀분석을 수행하기 위해서 상위메뉴의 '분석(A)'에서 '회귀분석(R)'의 '이분형 로지스틱(G)'을 선택하면 그림 15-16과 같은 대화상자가 나타난다.

상위메뉴 〉 분석(A) 〉 회귀분석(R) 〉 이분형 로지스틱(G)

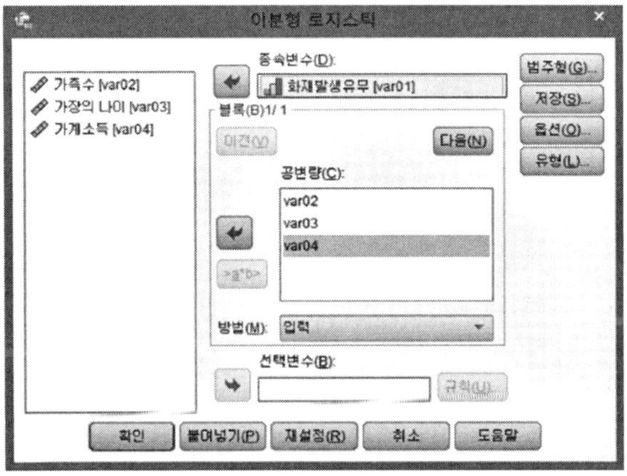

[그림 15-16] 이분형 로지스틱 대화상자

분석하고자 하는 종속변수를 선택하여 '종속변수(D)'로 이동하고 분석하고자 하는 독립변수를 선택하여 '공변량(C)'으로 이동시키고, 독립변수를 투입하는 방법인 '방법(M)'은 기본 설정인 '입력'으로 선택한다.

'범주형(G)' 버튼을 클릭하면 기본 설정에 의해 문자열 공변량을 범주형으로, 수치변수를 연속적으로 처리하는데 범주형으로서 하나 이상의 수치 공변량을 다루기 위해서는 로지스틱 회귀분석 대화상자에서 범주형 변수 정의를 이용할 수 있다.

'저장(S)' 버튼을 클릭하면 로지스틱 회귀분석의 새 변수로 저장할 수 있는 항목들이 있다. 여기서 '예측값'은 '확률(P)'과 '소속집단(G)'을 선택하고 '영향력'에서는 'Cook의 거리(C)'를 선택한다.

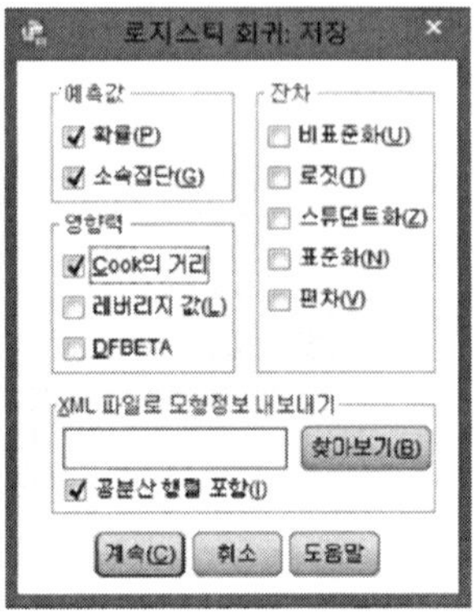

[그림 15-17] 이분형 로지스틱 저장 대화상자

'옵션(O)' 항목에서는 '분류도표(C)', 'Hosmer-Lemeshow 적합도(H)' 그리고 'exp(B)에 대한 신뢰구간(x)'을 선택하며, 나머지 항목들은 기본 설정값들을 선택한다.

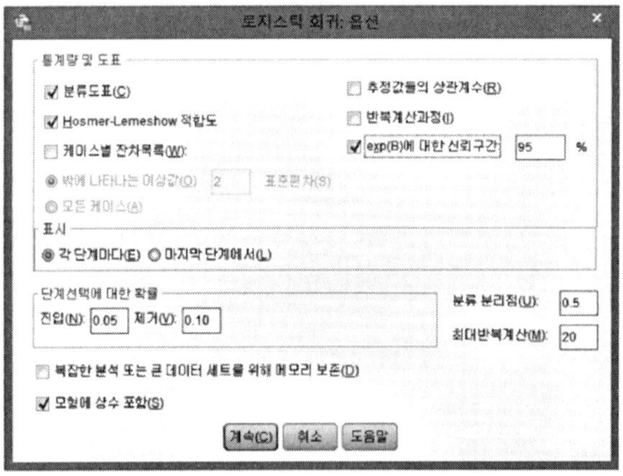

[그림 15-18] 이분형 로지스틱 옵션 대화상자

화재 발생 여부와 관련하여 변수인 가족 수, 가장의 연령 및 가계소득은 유의적인 영향을 미친다는 대립가설을 설정하였다. 그리고 로지스틱 회귀분석을 통한 가설검정 결과, 다음과 같이 분석되었다. 가장의 연령이나 가계소득과 같은 변수는 화재 발생 여부와 관련이 있는 것으로 나타났지만 가족 수는 화재 발생 여부에 영향을 미치지 않는 것으로 나타났다.

[표 15-17] 화재 발생 여부에 관한 로지스틱 회귀분석 결과

종속변수	독립변수	*B*	Wald	유의확률	대립가설
화재 발생 여부	상수	-6.777	8.263	.004	-
	가족 수	.195	.343	.558	기각
	가장의 연령	.065	2.991	.084	채택
	가계소득	.000	3.394	.065	채택

표 15-17의 계수들을 이용하면 변환된 로지스틱 회귀식은 다음과 같다.

$$Logit\ 화재발생유무 = -6.777 + 0.195 \times 가족의\ 수 + 0.65 \times 가장의\ 연령 \quad (15\text{-}30)$$

6.3 다항 로지스틱 회귀분석 예제 17.sav

다항 로지스틱 분석(Multinominal Logistic Regression)은 종속변수가 3개 이상의 범주로 구성된 명목변수인 경우, 이에 영향을 미치는 독립변수의 효과를 분석할 때 사용할 수 있는 방법이다.

다항 로지스틱 회귀분석을 수행하기 위해서 상위메뉴의 '분석(A)'에서 '회귀분석(R)'의 '다항 로지스틱(M)'을 선택하면 그림 15-19와 같은 대화상자가 나타난다.

상위메뉴 〉 분석(A) 〉 회귀분석(R) 〉 다항 로지스틱(M)

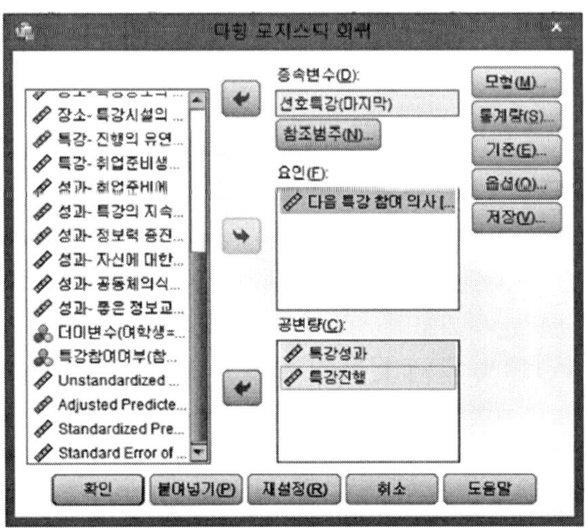

[그림 15-19] 다항 로지스틱 대화상자

선호하는 특강에 특강 성과, 특강 진행, 참여 의사를 독립변수로 하여 선호특강(종속변수)에 미치는 영향을 분석하고자 한다. 독립변수 중 질적 변수인 '참여의사'를 '요인(F)'으로 이동하고, 양적 변수인 '특강성과'와 '특강진행'은 '공변량(C)'으로 이동한 다음, 종속변수인 '선호특강'은 '종속변수(D)'로 이동한다.

종속변수의 '참조범주(N)'는 기준범주를 정해주는 것으로 기본값은 가장 사례가 많은 범주를 선택하는데 여기서는 마지막 범주를 선택하였다. 이 방법은 추정오차를 줄일 수 있어서 바람직하며, '확인' 버튼을 클릭하면 다항 로지스틱 분석이 실행된다.

다항 로지스틱은 주효과를 중심으로 분석하는 것이 기본 모형으로 설정되어 있다. 만약 다른 모형으로 분석하고 싶으면 '모형(M)'을 선택한 다음 '완전요인모형(A)'이나 '사용자 정의/단계 선택(C)'을 선택한다. '사용자 정의/단계 선택(C)'에서 변수 간의 경우의 수에 따른 '강제 입력항(O)'을 선택하면 상호작용 효과를 보므로 주효과가 산출되지 않는다.

[표 15-18] 모형 적합 정보

모형 적합 정보

모형	모형 적합 기준	우도비 검정		
	-2 로그 우도	카이제곱	자유도	유의확률
절편 만	149.293			
최종	125.532	23.760	6	.001

다항 로지스틱은 모형 적합도를 확인할 수 있다. '-2 로그 우도'는 독립변수의 값이 모두 0인 절편만 포함된 모형의 경우 -2LL이 149.253이다. -2LL이 0의 값을 가지면 완벽한 모형을 의미한다. 독립변수가 투입된 모형의 -2LL은 125.532로 절편만 있는 모형보다 -23.760 감소한 것으로 나타났는데 이 값이 바로 카이제곱이며 유의확률은 이 카이제곱값을 기준으로 산출한다.

우도비 검정에서 -2LL의 변화량에 대한 카이제곱 검정결과, 유의확률이 $p<0.01$이므로 최종모형은 통계적으로 의미 있는 모형이라고 할 수 있다. 이는 종속변수 간 범주별 차이의 변화에 독립변수가 1개 이상 영향을 미치고 있음을 의미한다.

[표 15-19] 유사 R 제곱

Cox 및 Snell	.211
Nagelkerke	.245
McFadden	.119

선형 회귀분석의 결정계수(R^2)와 비슷한 개념이지만 완벽한 설명을 할 수 없기 때문에 유사 설명력이라고 제시한다. Cox 및 Snell의 설명력은 0.211이며, Nagelkerke의 설명력은 0.245이다.

[표 15-20] 우도비 검정

효과	모형 적합 기준		우도비 검정	
	축소모형의 -2 로그 우도	카이제곱	자유도	유의확률
절편	125.532[a)]	.000	0	.
특강성과	140.441	14.908	2	.001
특강진행	125.983	.451	2	.798
다음 특강 참여 의사	135.225	9.693	2	.008

카이제곱 통계량은 최종 모형과 축소모형 사이의 -2 로그-우도차이다. 축소모형은 최종 모형에서 효과 하나를 생략하여 만든 모형이다. 영가설은 효과의 모든 모수가 0이다.
a) 이 축소모형은 효과를 생략해도 자유도가 증가되지 않으므로 최종 모형과 동일하다.

축소모형의 -2 Log 우도는 각 독립변수별로 종속변수에 영향을 미치는지 여부를 축소모형을 통하여 절편값의 -2LL과 비교하여 판단하는 정보이다. 절편에 독립변수가 하나만 투입되었을 때 변화되는 -2LL의 값을 산출한다. 즉, 독립변수가 하나도 투입되지 않은 상태의 축소모형의 -2LL은 125.532이다. 다음 특강 참여 의사와 특강 진행의 상호작용에 의한 영향은 125.983으로 -2LL은 0.451이 증가하며, 통계적으로 유의미한 만큼의 증가는 아니다.

우도비 검정은 유의확률이 $p<0.05$보다 낮게 나타나는 것은 특강 성과와 참여의사이지만 특강 진행이 절편에 투입되었을 때의 -2LL의 변화량은 크지 않아 종속변수에 영향을 미치지 않는 것으로 나타났다.

[표 15-21] 모수 추정값

선호하는 특강[a]		B	표준화 오류	Wald	자유도	유의확률	Exp(B)	Exp(B)에 대한 95% 신뢰구간	
								하한	상한
자기소개서 작성 요령	절편	-8.270	3.232	6.549	1	.010			
	특강성과	1.801	.598	9.070	1	.003	6.056	1.876	19.552
	특강진행	.075	.639	.014	1	.907	1.078	.308	3.772
	[다음 특강 참여 의사=1]	2.399	.887	7.321	1	.007	11.013	1.937	62.612
	[다음 특강 참여 의사=2]	0b	.	.	0	.	.	.	.
면접 준비	절편	-3.343	3.591	.867	1	.352			
	특강성과	.033	.617	.003	1	.958	1.033	.308	3.464
	특강진행	.445	.702	.401	1	.527	1.560	.394	6.177
	[다음 특강 참여 의사=1]	2.014	1.032	3.809	1	.051	7.492	.992	56.601
	[다음 특강 참여 의사=2]	0b	.	.	0	.	.	.	.

a) 참조 범주는 자기 경력 관리 요령이다.

b) 이 모수는 중복되었으므로 0으로 설정된다.

자기소개서 작성 요령은 참조범주인 자기 경력 관리 요령과 투입범주인 자기소개서 작성 요령의 차이를 보여주는 값이다.

*B*는 회귀계수인데 투입범주의 변수값이 증가할 때 변화되는 종속변수 로그 오즈값의 변화량이다. 유의확률에서 '특강성과'와 '[다음 특강 참여의사=1]' 0.05보다 작으므로 변수값이 0에서 해당 변수로 증가하였을 때 통계적으로 영향이 있다는 것을 의미한다.

다항 로지스틱 회귀분석에서는 *T*값 대신 자유도가 1인 카이제곱 분포표에 따른 Wald 통계량으로 유의도를 검정한다. *B*값을 표준오차로 나눠준 다음 제곱을 하면 Wald 통계량을 구할 수 있다. 이 값이 더 크다는 것은 영향력이 더 크다는 의미이다. 여기서는 자기소개서 작성 요령*특강성과의 상호작용이 선호특강에 미치는 영향력이 가장 큰 값이며 통계적으로 유의미하다.

유의확률은 각 독립변수가 종속변수에 미치는 영향이 통계적으로 유의미한 영향력인지를 판별하는데 여기서는 통계적으로 유의미한 영향을 미치는 요인이 있는 것으로 나타났다.

Exp(B)는 exponential 회귀계수이다. 이는 로그를 제외해 준 값으로 독립변수가 0에서 1로 변화되었을 때 오즈 비율의 증가분에 대한 신뢰구간이다.

Chapter 16

비모수 통계분석

1 비모수 통계분석의 개요[1) 2) 3)]

1.1 비모수 통계분석의 기본개념

모수 통계분석(parametric statistical analysis) 또는 **모수 검정**(parametric test)은 모집단이 정규분포를 이룬다는 가정하에서 T 분포나 F분포를 이용한다. 하지만 실제로 표본추출에 의한 통계분석을 실행할 때, 이런 가정을 충족시키지 못하는 경우가 많다. 이런 문제점을 해결하기 위한 것이 **비모수 검정**(non-parametric test)**으**로서 비모수 검정은 모집단의 특성에 관한 특별한 가정을 필요로 하지 않는다. 비모수 검정의 분석에 이용되는 검정변수는 양적 변수가 아니어도 되며 비모수 검정은 계산이 간편하고 쉽다는 장점을 갖고 있다. **비모수 통계분석**(non-parametric statistical analysis)은 T 검정이나 분산분석을 사용할 수 있는 등간척도 이상으로 구성된 종속변수가 아닌 서열척도로 종속변수가 구성되어 있을 때 또는 등간성이 의심되거나 정규분포성을 얻지 못할 때 **순위**를 통하여 변수 간의 차이를 비교하는 방법이다. **5점 리커트 척도**(Likert scales) 대신에 요즘 많이 사용하는 4점 척도의 경우, 순위 비교를 통하여 독립변수 내 집단 간의 비교를 할 수 있으며, 카이제곱 검정은 수준의 차이가

1) 이해평(2006). 재해통계학, 도서출판 동화기술.
2) 데이타솔루션 컨설팅팀(2013). SPSS Statistics 초보자 가이드, 데이타솔루션.
3) 우수명(2018). 마우스로 잡는 24.0 SPSS, 양서원.

아닌 분포의 차이만을 나타낼 수 있다는 점에서 차이가 있다.

일반적으로 비모수 검정은 모수 검정보다 검정력이 약한 것으로 알려졌지만 모수 검정 이용이 부적합할 때 비모수 검정을 이용하는 것이 좋다. 예를 들면, 자료가 명목척도이거나 서열척도일 때 또는 등간척도가 현저하게 비정규분포를 이루고 있을 때, 모수 검정은 적절하지 못하므로 비모수 검정을 이용한다. 비모수 검정의 유의수준은 대개 자료의 순위에 기초를 두고 있어서 모집단의 분포형태와 관계없이 결정될 수 있으므로 비모수 검정을 **분포-무관 검정**(distribution-free tests)이라고도 한다.

비모수 검정은 일반적으로 크게 세 가지로 분류한다.

첫 번째는 단일표본검정으로 하나의 변수를 분석하며 두 번째는 대응표본검정으로 같은 사례를 이용하여 두 개 이상의 변수를 비교한다. 세 번째는 독립표본검정으로 독립변수를 집단화하여 다른 하나의 종속변수를 분석하는 것이다. 이와 같은 비모수통계 표본검정의 분류를 표 16-1에 나타내었다.

[표 16-1] 비모수 통계분석의 표본검정 분류

단일표본검정	대응표본검정		독립표본검정	
	2-대응표본검정	k-대응표본검정	2-독립표본검정	k-독립표본검정
이항분포 카이제곱 K-S 검정 Run 검정	McNemar 윌콕슨 결합조 부호순위검정	Cochran Friedman Kendall	U-검정 Wald-Wolfowitz	Kruskal-Wallis Median

1.2 단일표본검정

(1) 이항분포 검정

이항분포 검정(binomial test)은 자료들이 이항분포에서 기대되는 빈도와 일치하는가를 검정할 때 이용한다. 이는 이론적으로 얻어지는 이항분포에서의 기대값과 실제 자료의 차이를 비교하는 방식을 사용하며 이항분포 검정을 위해서는 최소한 하나 이상의 수치변수가 있어야만 한다.

이항분포 검정 프로시저는 한 이분형 변수의 두 범주에 대한 관측 빈도가 지정된 확률 모수를 가지는 이항 분산의 기대빈도와 비교할 수 있다. 기본적으로 두 그룹 모두 확률 모수는 0.5이다. 확률을 바꾸려면 첫 번째 그룹에 대한 검정비율을 입력한다. 두 번째 그룹에 대한 검정비율은 1에서 첫 번째 그룹에 지정된 확률을 뺀 값이 된다.

예를 들어, 동전을 던질 때 앞면이 나올 확률은 1/2이다. 이러한 가설을 기초로 동전을 40번 던져 결과(앞면 또는 뒷면)를 기록한다. 이항분포 검정을 사용한 결과, 던진 횟수의 3/4이 앞면이고 관측된 유의수준이 적다(0.0027)는 사실을 알게 되었다. 이러한 결과는 앞면이 나올 확률이 1/2이 되기 어렵다는 것을 의미한다.

이항분포 검정 데이터의 고려 사항은 다음과 같다.

- 데이터 : 검정할 변수는 숫자이거나 이분형이어야 한다. 문자열 변수를 숫자변수로 변환하려면 변환 메뉴의 자동 코딩 변경 프로시저를 사용한다. 이분형 변수는 yes 또는 no, true 또는 false, 0 또는 1등과 같이 두 개의 값만 취할 수 있는 변수이다. 데이터 세트에 있는 첫 번째 값은 첫 번째 그룹을 정의하고 다른 값은 두 번째 그룹을 정의한다. 변수가 이분형이 아닌 경우에는 절단점을 지정해야 한다. 절단점은 절단점보다 작거나 같은 값을 가진 케이스를 첫 번째 그룹에 할당하고 나머지 케이스를 두 번째 그룹에 할당한다.
- 가정 : 비모수 검정은 기본 분포의 형태에 대한 가정이 필요하지 않다. 데이터는 무작위 표본이라고 가정한다.

(2) 런 검정

런 검정(run test) 또는 **무작위검정**은 두 값을 갖는 한 변수에 대한 사례의 발생순서가 무작위로 선택되었는지의 여부를 검정하는 절차이다. 예를 들면, 두 종류의 부호가 나열되어 있을 때, 이 부호들의 순서가 무작위로 나열되었는지 그렇지 않은지를 알려고 할 때 이용할 수 있다. 이때 연속된 부호의 나열, 즉 어떤 속성들의 관찰값 계열에서 연속적으로 동일 속성이 관찰되는 것을 **런**(run)이라고 한다.

런 검정에서는 자료가 두 분류로 나누어지면 다음과 같은 기호를 사용한다.

$$n_1 = \text{유형 1의 발생 수}$$
$$n_2 = \text{유형 2의 발생 수} \qquad (16\text{-}1)$$
$$R = \text{런의 수}$$

런의 수, 즉 R은 표본분포와 검정을 위한 하나의 통계량으로 이용된다. 통계학자들은 표본에서의 너무 많거나 너무 적은 런들은 이들이 표본으로 추출되었을 때, 무작위로 추출되었다고 보기에는 어렵다고 주장한다. R 통계량의 표본분포에 대한 평균을 도출하기 위해서는 다음 식을 이용한다.

$$\mu_R = \frac{2n_1n_2}{n_1+n_2}+1 \tag{16-2}$$

그리고 R 통계량에 대한 표준오차는 다음 식을 이용한다.

$$\sigma_R = \sqrt{\frac{2n_1n_2(2n_1n_2-n_1-n_2)}{(n_1+n_2)^2(n_1+n_2-1)}} \tag{16-3}$$

단일표본검정에서 n_1이나 n_2가 20보다 크면 R의 표본분포는 거의 정규분포와 같으므로 표본은 무작위로 추출되었다는 영가설을 설정하고 런을 이용한 런 검정을 실행한다.

1.3 대응표본검정

2-대응표본검정(two-dependent-samples tests)은 관련된 두 개의 표본을 분석하는 방법이며, **k-관련 표본검정(k-dependent-samples tests)**은 관련된 k개의 표본을 분석하는 방법이다.

(1) 윌콕슨의 결합조 부호순위검정

사전 · 사후검사의 두 종속표본 간의 차이를 비교하고자 할 때, 주어진 자료가 서열변수 이상인 경우, 또는 대응비교를 할 수 있는 가정이 충족되지 않은 경우, **대응비교 T 검정**(paired sample T test) 대신 **윌콕슨의 결합조 부호순위검정**(Wilcoxon matched-pairs signed-ranks test)을 사용할 수 있다.

이 방법은 두 개의 추정값의 차이의 방향과 정도를 동시에 고려하는 방법이며 쌍을 이루고 있는 두 측정값 중에서 어느 것이 더 크며, 결합조(쌍) 중에서 더 큰 차이를 보이는가를 알아야 한다. 이 방법에서 필요로 하는 기본적인 가정들은 다음과 같다.

- 자료는 세 개의 쌍의 차이로 이루어져 있어야 한다.
- 차이의 측정변수는 연속적이어야 한다.
- 차이의 측정변수의 분포는 좌우대칭이거나 대칭에 가까워야 한다.
- 차이들은 독립적이며 최소한 서열척도 이상이어야 한다.

이 방법의 분석은 대응비교 하는 두 측정값 간의 차이가 있는지를 검정하는 것이며, 그 방법으로 차이의 정도와 방향을 사용한다. 따라서 영가설은 '쌍을 이루는 측정값

간의 차이는 없다'라고 할 수 있다. 구체적으로 쌍을 이루고 있는 차이의 절대값에 따라 순위를 매기고 그 순위에 차이의 영향을 나타내는 부호(+, −)를 붙이고 차이가 없는 것은 분석에서 제외하며 동일한 때 서열들의 중간값을 선택한다. 이때 고려해야 할 사항으로는 만약 표본의 수가 커서 25개 이상이면 통계값 T는 정규분포를 이루게 되므로 Z 검정을 이용할 수 있다.

(2) McNemar 검정(McNemar test)

어떤 실험변수의 효과를 사전·사후 두 번의 측정을 통하여 검정하는 기법으로서 자료는 명목척도와 서열척도가 바람직하다. 실험 전과 실험 후의 선호도의 차이라든가 선호하는 것들에 대한 빈도의 차이 등의 의미 여부를 검정하는 것이다. 기본적으로 다음과 같은 가정들이 필요하다.

- 자료는 n개의 표본 또는 표본의 조합으로 이루어져 있어야 한다.
- 측정척도는 명목척도나 서열척도이어야 한다.
- 표본은 서로 독립적이며, 쌍을 이루었을 때도 역시 서로 독립적이어야 한다.

분석방법은 사전·사후의 측정값에 차이가 있는지 여부를 검정하는 것으로서 영가설은 '실험 전의 측정값이 변할 확률은 어느 방향이나 동일하다.'가 된다. 이때 고려해야 할 사항으로는 표본의 수가 너무 작을 때는 Z값을 쓰기도 한다.

(3) Cochran 검정(Cochran' s test)

이 검정은 ***Q* 검정**이라고도 하며, McNemar 검정과 기본 원리는 동일하고 McNemar 검정을 세 가지 이상의 변수에도 적용할 수 있도록 한 것이다. 즉, 서로 다른 조건에서 동일한 응답자들을 분석하여 조건 간에 서로 영향이 있는가를 분석하거나 다른 실험을 추가하여 그 측정값이 다른가를 판단하는 것이다.

(4) Friedman 검정(Friedman test)

서열척도인 관련된 표본을 측정하여 이 측정값들이 동일한 모집단에서 나왔는가를 검정하는 방법이다. 이 방법은 응답자들을 나누어 각 응답자들이 서로 상황에 따라 반응이 같은가를 보는 것으로서 순위를 매긴 후에 실험변수의 효과가 없다면 다른 것들과 차이가 없어야 한다.

1.4 독립표본검정

2-독립표본검정(two-independent-samples tests)은 하나의 변수에 대해 두 집단을 비교하는 데 이용한다. 2-독립표본검정은 맨 위트니 유 검정을 많이 이용하며, **k-독립표본검정(k-independent -samples tests)은** 크루스칼-월리스 검정을 많이 이용한다.

(1) 맨 위트니 유 검정

맨 위트니 유 검정(Mann-Whitney U test) **또는 U 검정**은 서열변수일 때, 두 독립표본의 집단 간의 차이를 검정하는 비모수적 추리통계 방법이다. 척도의 차이만 있을 뿐 T 검정과 유사하다. U 검정법은 T 검정과 같이 두 독립표본이 동일한 모집단에서 추출되었는가를 검정하는 것을 기본 원리로 하고 있지만 U 검정은 T 검정이 요구하는 가정들이 충족되지 않았거나 또는 이 가정들을 피하려고 할 때, 그리고 주어진 자료가 등간 변수 이상이 아닐 때 사용한다. 즉, T 검정보다 더 편하고 자유롭게 사용할 수 있다.

U 검정은 순위의 비교를 통하여 두 집단 간의 차이를 검정하므로 평균처럼 서로 비교할 수 없는 값인 상대적인 값을 가지므로 해석의 수준이 다소 애매할 때가 있다. 따라서 측정된 변수가 등간척도 이상이며, 일정한 가정만 충족한다면 순위의 평균을 비교하는 U 검정보다는 산술평균을 비교하는 T 검정을 사용하는 것이 더욱 명확한 결론을 내릴 수 있다. 따라서 T 검정을 사용할 수 없는 상황에서만 U 검정을 사용하는 것이 효과적일 수 있다. 또한, U 검정은 종속변수의 자료가 최소한 서열변수 이상이어야만 사용할 수 있다. 서열변수 이상이어야만 순위의 비교가 의미가 있기 때문이다.

(2) 크루스칼-월리스 검정

크루스칼-월리스 검정(Kruskal-Wallis test)은 **H 검정**이라고도 하며, 일원배치 분산분석에 대응하는 비모수적 추리통계 방법이다. 일원배치 분산분석과 마찬가지로 두 개 이상의 독립표본의 집단들 간의 차이의 유의도를 검정하는 것으로서 정규분포곡선, 등간격성 등의 가정에서 자유로우며, 다만 주어진 종속변수가 연속적 분포이며, 서열변수 이상이면 된다.

2 비모수 통계분석의 실행[4] 예제 19.sav

2.1 단일표본검정의 실행 및 결과

(1) 이항분포 검정

이항분포 검정을 수행하기 위해서 상위메뉴의 '분석(A)'에서 '비모수검정(N)'의 '레거시 대화상자(L)'을 선택한 다음 '이항(B)'을 선택하면 그림 16-1과 같은 대화상자가 나타난다.

상위메뉴 〉 분석(A) 〉 비모수검정(N) 〉 레거시 대화상자(L) 〉 이항(B)

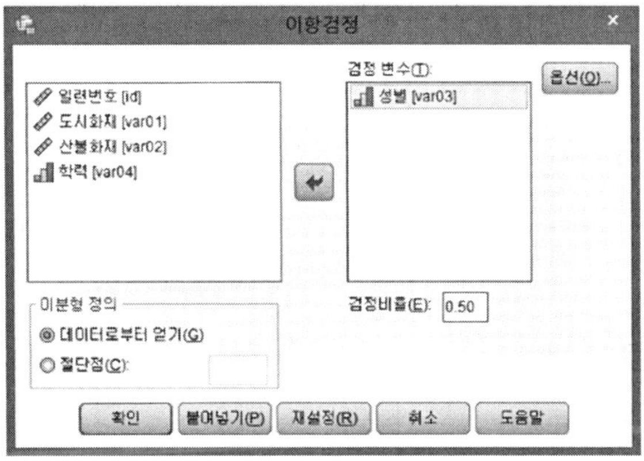

[그림 16-1] 이항분포 검정 대화상자

분석하고자 하는 변수 '성별'을 선택하여 '검정 변수(T)'로 이동한다. 이항분푸 검정을 수행하기 위해서는 하나 이상의 검정변수들을 선택해야 하며, 만일 변수가 이분형이라면 자료를 그대로 사용하므로 '데이터로부터 얻기(G)'를 선택하고 그렇지 않으면 '절단점(C)'을 선택하여 자료를 이분하는 기준점을 지정해 주어야 한다. '**검정비율**(E)'은 기본값인 0.50을 이용한다.

'옵션(O)' 버튼을 클릭하면 다음과 같은 항목들을 설정할 수 있는데 여기서는 '기술통계(D)'를 선택한다.

4) 이해평(2006). 재해통계학, 도서출판 동화기술.

■ **통계** : 요약 통계 중 하나 또는 모두를 선택할 수 있다.

① **기술통계**(D) : 평균, 표준편차, 최소값, 최대값, 누락되지 않은 케이스 수를 출력

② **사분위수**(Q) : 제 25, 50, 75 백분위 수에 해당하는 값을 출력

■ **결측값** : 결측값의 처리를 제어한다.

① **검정별 결측값 제외**(T) : 여러 검정을 지정할 때 각 검정은 결측값에 대해 별도로 평가

② **목록별 결측값 제외**(L) : 검정된 변수에 대한 결측값이 있는 케이스는 모든 분석에서 제외

[표 16-2] 기술통계량

	N	평균	표준화 편차	최소값	최대값
성별	608	1.70	.460	1	2

표 16-2는 성별에 대한 기술통계량을 나타내고 있는데 전체 608명의 사례가 분석되었으며, 평균은 1.70이고 표준편차는 0.460인 것으로 나타났다.

[표 16-3] 이항분포 검정

		범주	N	관측 비율	검정 비율	정확 유의확률 (양측)
성별	집단 1	여자	423	.70	.50	.000
	집단 2	남자	185	.30		
	합계		608	1.00		

표 16-3은 성별의 구성 비율에서의 편의성, 즉 차이가 존재한다는 대립가설을 검정한 결과를 나타내고 있는데 검정결과, 검정비율 .50과 관측비율 .70이 일치하지 않는다. 그리고 양측검정의 근사적인 유의확률 값은 0.000이므로 차이가 존재한다는 대립가설은 채택된다.

(2) 런 검정

런 검정을 수행하기 위해서 상위메뉴의 '분석(A)'에서 '비모수검정(N)'의 '레거시 대화상자(L)'을 선택한 다음 '런(R)'을 선택하면 그림 16-2와 같은 대화상자가 나타난다.

상위메뉴 〉 분석(A) 〉 비모수검정(N) 〉 레거시 대화상자(L) 〉 런(R)

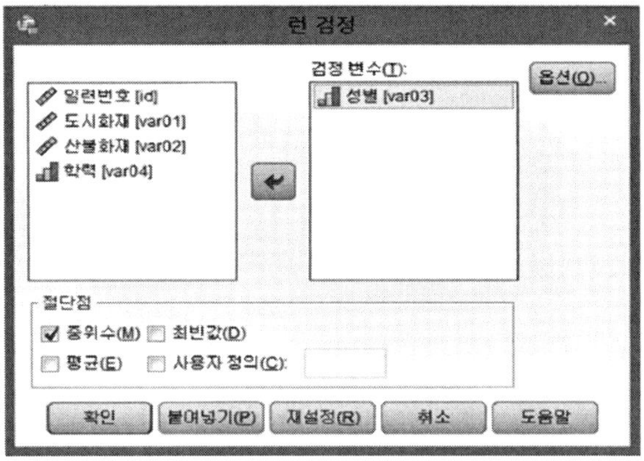

[그림 16-2] 런 검정 대화상자

분석하고자 하는 변수 '성별'을 선택하여 '검정 변수(T)'로 이동한다. '절단점'에는 '중위수(M)'을 선택하고 나머지 옵션은 이항분포 검정과 동일하게 선정한다.

[표 16-4] 기술통계량

	N	평균	표준화 편차	최소값	최대값
성별	608	1.70	.460	1	2

표 16-4는 앞서 설명한 이항분포 검정의 기술통계량을 나타내는 표 16-2와 동일하다.

[표 16-5] 런 검정 결과

	성별
검정값[a]	2
케이스 < 검정값	185
케이스 >= 검정값	423
총 케이스	608
런 수	231
Z	-2.629
근사 유의확률 (양측)	.009

a) 중위수

표 16-5는 남녀의 배열이 무작위로 배열되지 않았다는 대립가설을 검정한 것이다. 런의 수는 231개이고 검정값은 2보다 작은 사례 수가 185이고 2 이상인 사례 수는 423이다. Z값은 -2.629이고 양측검정의 유의확률 값이 0.009이므로 대립가설은 채택된다. 즉, 남녀의 배열이 무작위가 아니며 먼저 발생한 한쪽 성의 배열이 다른 성의 배열에 영향을 미친다는 것을 의미한다.

2.2 대응표본검정의 실행 및 결과

대응표본검정의 예로서 윌콕슨의 결합조 부호순위검정을 수행하기 위해서 상위메뉴의 '분석(A)'에서 '비모수검정(N)'의 '레거시 대화상자(L)'을 선택한 다음 '2-대응표본(L)'을 선택하면 그림 16-3과 같은 대화상자가 나타난다.

상위메뉴 〉 분석(A) 〉 비모수검정(N) 〉 레거시 대화상자(L) 〉 2-대응표본(L)

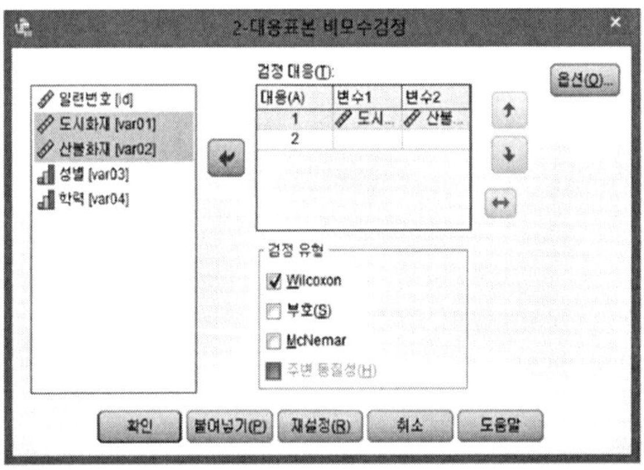

[그림 16-3] 2-대응표본 검정 대화상자

대응비교 하는 두 개의 변수 '도시화재'와 '산불화재'를 차례로 선택하여 '검정 대응(T)'으로 이동한다. 검정유형은 Wilcoxon(W)을 선택하며, 옵션들은 앞에서 설명한 이항분포 검정이나 런 검정에서 선택했던 항목들과 동일하게 선택하면 된다.

[표 16-6] 윌콕슨의 결합조 부호순위검정

		N	평균 순위	순위 합
산불화재 -도시화재	음의 순위	142[a]	120.67	17135.00
	양의 순위	84[b]	101.38	8516.00
	등순위	349[c]		
	전체	575		

a) 산불화재 < 도시화재
b) 산불화재 > 도시화재
c) 산불화재 = 도시화재

표 16-6에서 음의 순위는 산불화재<도시화재를 의미한다. 즉, 선행변수(또는 사전검사)가 후행변수(또는 사후검사)보다 측정값이 작은 경우이다. 산불화재에서는 1로 응답했다가 도시화재에서는 2 또는 3으로 응답하여 후행변수의 값이 더 크게 나타난 경우를 말하는데 이는 전체 575명의 응답자 중에서 142명이 이에 해당된다. 이 142명의 순위의 합은 17135.00이며, 평균 순위는 120.67이다. 단, 유의해야 할 사항은 점수가 낮을수록 자주 응답하는 것, 즉 빈도가 많이 발생하는 것에 해당한다.

양의 순위는 산불화재〉도시화재를 의미한다. 선행변수가 후행변수보다 측정값이 큰 경우로서 전체 575명 중 84명이 이에 해당되며, 순위의 합이 8516.00이며, 평균 순위는 101.38로 나타났다. 즉, 응답자가 음의 순위와 반대되는 응답을 한 경우로서 산불화재로 응답한 사람이 더 적음을 알 수 있다.

등순위는 도시화재=산불화재, 즉 선행변수와 후행변수의 측정값이 같은 경우로서 전체 575명 중 349명이 도시화재와 산불화재의 발생을 같은 수준으로 응답했다는 것을 의미한다.

[표 16-7] 윌콕슨의 결합조 부호순위검정 통계량

	산불화재 - 도시화재
Z	-4.752[b]
근사 유의확률 (양측)	.000

a) Wilcoxon 부호순위 검정
b) 양의 순위를 기준으로

표 16-7의 검정결과에서 Z값은 정규분포곡선에 적용했을 때 정규분포 곡선상에 위치하는 값으로서 양의 순위에 기초하여 분석된 값임을 나타내고 있는데 이는 산불화

재 > 도시화재를 의미한다. 음(-)의 값을 갖는다는 것은 산불화재라고 응답한 경우가 도시화재라고 응답한 경우보다 측정값이 낮다는 의미이다. 즉 산불화재에서 도시화재를 뺐을 때 음(-)의 값이 나온다는 의미이다. 유의도의 값이 0.000으로 $p<.001$이므로 유의미한 차이가 있음을 알 수 있으므로 산불화재가 점수가 낮으며, 이는 산불화재라고 더 많이 생각하고 있다는 의미이다.

2.3 독립표본검정의 실행 및 결과

(1) 맨 위트니 유 검정

U 검정을 수행하기 위해서 상위메뉴의 '분석(A)'에서 '비모수검정(N)'의 '레거시 대화상자(L)'을 선택한 다음 '2-독립표본(2)'을 선택하면 그림 16-4와 같은 대화상자가 나타난다.

상위메뉴 > 분석(A) > 비모수검정(N) > 레거시 대화상자(L) > 2-독립표본(2)

분석하고자 하는 종속변수 '도시화재'를 선택하여 '검정 변수(T)로 이동한 다음, 독립변수 '성별'을 '집단변수(G)'로 이동한다. '검정유형'은 'Mann-Whitney의 U(M)'를 선택하고 '집단정의(D)'에서 '집단1'에 남자 '1'을 입력하고, '집단1'에 여자 '2'를 각각 입력한다.

옵션들은 앞에서 선택했던 항목들과 동일하게 선택하면 되는데 여기서는 Statistics에서 '기술통계(D)'와 '사분위수(Q)'를 모두 선택한다.

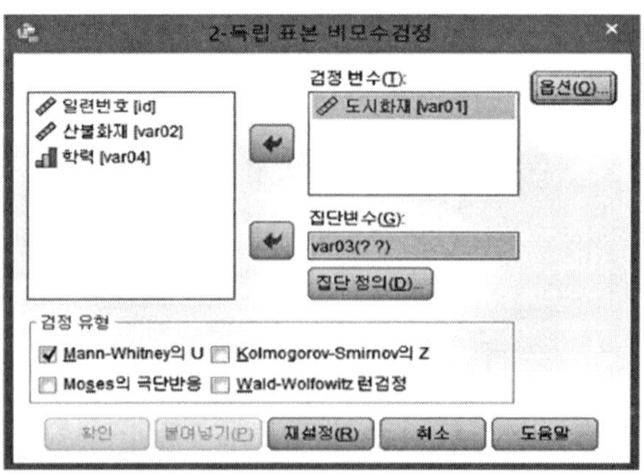

[그림 16-4] 2-독립표본 검정 대화상자

[표 16-8] 맨 위트니 유 검정

	성별	N	평균 순위	순위 합
도시화재	남자	175	311.62	54533.00
	여자	410	285.05	116872.00
	전체	585		

표 16-8은 도시화재를 종속변수로, 성별을 독립변수로 하였을 경우, *U* 검정의 결과 중 순위를 알려주고 있다. 순위라는 것은 각 집단별 개별 분포의 절대값이 낮은 순으로 순번을 매겼을 때 그 순번을 말한다. 순위 합에서 남자는 175명, 여자는 410명이 분석에 사용되었으며, 모든 개별값의 순위를 합한 순위의 합이 남자는 54533, 여자는 116872로 나타났다. 평균 순위는 순위를 비교하기 위하여 순위의 합을 사례 수로 나눈 값의 평균 순위로서 남자는 311.62, 여자는 285.05로 남자가 더 높게 나타났다. 평균 순위가 높다는 것은 높은 값(도시화재의 발생이 낮을 것이다)으로 측정된 것이 더 많다는 것이며, 평균 순위가 낮다는 것은 낮은 값(도시화재의 발생이 높을 것이다)으로 측정된 것이 더 많다는 것을 의미한다. 즉, 여자가 남자보다 도시화재의 발생이 더 많을 것으로 응답했다는 것을 의미한다.

[표 16-9] 맨 위트니 유 검정 통계량

	도시화재
Mann-Whitney의 U	32617.000
Wilcoxon의 W	116872.000
Z	-1.900
근사 유의확률 (양측)	.057

표 16-9는 U-검정의 결과를 나타내고 있다. 맨 위트니 유 검정은 *U*값으로 영가설을 채택할 것인가 기각할 것인가를 검정하는데 기준이 된다. 여기서 나온 *U*값이 표집분포곡선에서의 *U*값과 같거나 작으면 영가설이 인정되며 유의미하다.

Wilcoxon *W*는 평균 순위가 높은 집단의 순위의 총합으로 '*W* ÷ 사례 수'는 평균 순위가 된다. *Z*값은 정규분포곡선에 적용했을 때 정규분포 곡선상의 위치하는 값이다. 근사 유의확률(양측)은 유의도를 나타낸다. 여기서 유의도 값이 0.057로 $p > 0.05$이므로 유의하지 않은 것으로 나타났다. 즉, 성별에 따라 도시화재의 발생으로 응답한 정도는 차이가 없는 것으로 나타났다.

(2) 크루스칼-월리스 검정

크루스칼-월리스 검정을 수행하기 위해서 상위메뉴의 '분석(A)'에서 '비모수검정(N)'의 '레거시 대화상자(L)'을 선택한 다음 'K-독립표본(K)'을 선택하면 그림 16-5와 같은 대화상자가 나타난다.

상위메뉴 〉 분석(A) 〉 비모수검정(N) 〉 레거시 대화상자(L) 〉 K-독립표본(K)

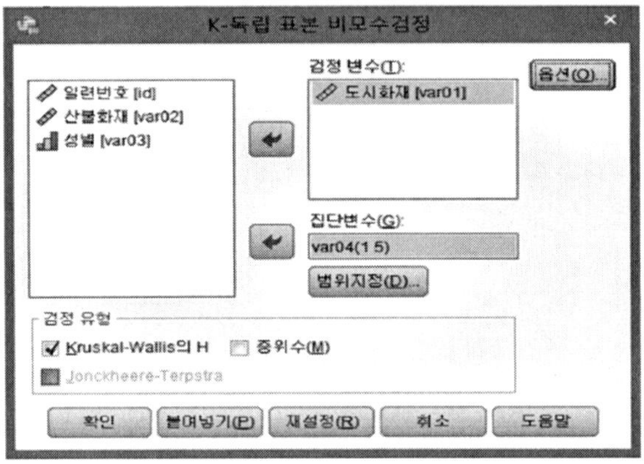

[그림 16-5] K-독립표본 검정 대화상자

종속변수 '도시화재'를 선택하여 '검정 변수(T)'로 이동하고, 독립변수 '학력'을 '집단변수(G)'로 이동한 다음, '범위지정(D)'에서 범위를 지정한다.

'검정 유형'에서 'Kruskal-Wallis의 H(K)'를 선택하고, 옵션은 앞에서 설명한 방법들과 동일하다.

표 16-10은 독립표본의 각 집단별로 사례 수와 평균 순위를 알려준다. 평균 순위를 살펴보면 대학원 이상 학력자는 356.07, 초등학교 이하 학력자는 346.89로 높으며, 고등학교 학력자의 경우, 271.62로 낮으며, 중학교와 대학교 학력자는 비슷하다.

[표 16-10] 크루스칼-월리스 검정

	학력	N	평균 순위
도시화재	초등학교 이하	32	346.89
	중학교	61	307.27
	고등학교	267	271.62
	대학교	209	300.89
	대학원 이상	14	356.07
	전체	583	

표 16-11은 Kruskal-Wallis 검정결과로서, 카이제곱값은 카이제곱 분포곡선에서 위치하는 값이며, *df*는 자유도를 의미한다. 독립표본의 집단이 모두 5개이므로 5-1=4이다.

양측검정에 대한 유의도는 0.015로 $p < .05$이므로 유의미한 차이가 있음을 알 수 있다. 따라서 학력에 따른 도시화재 발생에 대한 응답은 차이가 있다고 할 수 있다. 차이의 정도는 평균 순위를 비교한다.

[표 16-11] 크루스칼-월리스 검정 통계량

	도시화재
Kruskal-Wallis의 H	12.416
자유도	4
근사 유의확률	.015

a) Kruskal Wallis 검정
b) 집단변수: 학력

Chapter 17

요인분석

1 요인분석의 개요[1) 2)]

1.1 요인분석의 원리

(1) 요인분석의 정의

요인분석(Factor Analysis)은 다수의 변수 간 상호관련성을 상관관계 또는 회귀분석에 기초하여 분석한 다음 이들 변수 간에 공통의 차원 즉 변수들이 공유하는 공통요인을 설명하는 통계분석 방법이다. 요인분석을 통하여 다수의 변수를 소수의 기본적인 요인으로 집약하는 방법을 사용하므로 변수가 요인별 그룹화되는 변수 축소 현상이 나타난다. 이를 위해 전체 변수에 공통적인 요인이 있다고 가정하고 이 요인을 찾아내어 각 변수가 어느 정도 영향을 받고 있는지 그 정도를 산출하기도 하고 그 집단의 특성이 무엇인가를 기술하는 분석방법이다. 따라서 독립변수 간에 서로의 공통 요인을 통하여 공통의 성격을 규명하여 자료를 요약하는 데 가장 많이 사용되며, 다른 경우에는 척도의 타당성을 검정할 때나 동질 집단으로 나누거나 변수 자체를 축약하는 데에도 활용한다.

1) 이해평(2006). 재해통계학, 도서출판 동화기술.
2) 우수명(2018). 마우스로 잡는 24.0 SPSS, 양서원.

요인분석을 이용하는 목적을 정리하면 다음과 같이 요약할 수 있다.

- 변수들을 축소한다. 즉, 여러 개의 관련 있는 변수들을 하나의 요인으로 묶음으로써 많은 변수들이 적은 수의 요인으로 줄어든다.
- 불필요한 변수들을 제거한다. 즉, 중요도가 낮은 변수들이나 요인에 포함되지 않은 변수들을 찾아서 제거한다.
- 변수들의 특성을 파악한다. 즉, 관련 변수들을 묶은 요인들은 상호독립적인 특성이 있으므로 변수들의 특성을 파악할 수 있다.
- 측정 도구의 타당성을 판정한다. 즉, 하나의 특성을 측정하기 위해서 관찰된 변수들은 하나의 요인으로 묶이므로 이와 같은 특성으로부터 묶이지 않은 변수는 다른 특성을 가진 것으로 판정하며, 이를 통하여 그 특성의 측정 도구에 대한 타당성을 판정할 수 있다.
- 요인적재량을 근거로 추가적 분석인 회귀분석, 판별분석, 군집분석에 사용되는 변수를 생성할 수 있다.

요인을 추출하기 위한 일반적 모델에는 주성분 분석법과 공통요인법이 있다. **주성분 분석법**(principal component analysis : PCA)은 요인의 수를 최소화하거나 분산에 대한 사전 지식을 갖고 있을 때 사용한다. 요인의 성질과 수를 알고자 하는 분석의 첫 단계에서 주로 사용하는데 전체 변수를 사용하여 분산을 극대화하는 성분을 추출하여 분산이 가장 큰 것부터 내림차순으로 변수의 수에 따라 주성분(요인)이 추출된다. **공통요인법**(common factor analysis : CFA)은 최초 변수들을 통해 쉽게 분석되지 않는 잠재적인 공통요인이나 차원을 규명할 때 사용하며, 요인 추출 시, 공통분산만을 사용하는데 특수 분산과 오차 분산에 대한 사전적인 지식이 없을 때 사용한다.

요인분석에서는 다음과 같은 사항을 고려해야만 한다.

- 데이터 : 변수는 구간 수준이나 비율 수준에서 양적 변수이어야 한다. 범주형 데이터(예: 출생 지역이나 국가)는 요인분석에 적합하지 않다. 요인분석에는 Pearson 상관계수를 확실하게 계산할 수 있는 데이터가 적합하다.
- 가정 : 데이터에는 각 대응변수에 대한 이변량 정규분포가 있어야 하며 관측값은 독립이어야 한다. 요인분석 모형을 사용하여 공통요인(모형으로 추정된 요인)과 고유요인(관측 변수 간에 겹쳐지지 않는 요인)으로 결정될 변수를 지정한다. 계산된 추정값은 모든 고유요인이 서로 또는 공통요인과 상관이 없다는 가정에 기준한다.

요인분석을 수행하기 위한 조건은 다음과 같다.

- 표본의 크기는 최소한 60~200개 이상의 사례나 문항 수의 4~5배 이상의 사례가 있어야 한다.
- 무응답자와 극단적인 점수에 대한 사전 점검 · 정리가 필요하다.
- 다변량 정규성의 가정을 충족해야만 한다. 즉, 모든 변수의 가능한 선형 조합이 정규분포를 이룬다는 가정이 성립해야 한다.
- 변수(문항)들의 모든 쌍이 선형적인 관계이어야 한다.

요인분석의 유형에 따른 해석을 살펴보면, 고유값을 기준으로 한 요인분석 유형에서는 일반적인 탐색적 요인분석으로 고유값이 1 이상인 요인을 추출하며, 요인의 수를 지정해 주는 요인분석의 유형에서는 이론에 근접한 요인분석을 한다.

요인분석의 절차는 다음과 같은 순서로 진행한다.

- 요인분석의 대상 변수를 선정한다.
- 상관관계 행렬을 분석한다. 연구 목적에 따라 R-type과 Q-type을 선정한다. 변수 간의 특성을 파악하기 위한 것이라면 R-type을 선정하고, 연구변수의 분류를 파악하기 위한 것이라면 Q-type을 선정한다.
- 요인 추출을 위한 분석방법을 선정한다. 주성분 분석법과 공통요인 분석법 중에 선택한다.
- 요인회전방식을 결정한다. 직교 회전과 비직교 회전 중에 선택한다.
- 최초의 요인 추출을 한다.
- 회귀분석, 판별분석, 변량분석, 군집분석에 이용할 수 있는 요인점수를 저장한다.
- 요인분석 프로시저에서는 다음과 같은 상당한 유동성을 제공한다.
- 일곱 가지 요인 추출 방법을 사용할 수 있다.
- 비직교 회전에 대한 직접 오블리민과 프로멕스 방법을 포함하여 다섯 가지 회전 방법을 사용할 수 있다.
- 요인점수를 계산하는 데 세 가지 방법이 있으며 점수는 이후의 분석에 대한 변수로 저장된다.

(2) 주성분 분석

요인분석은 주성분 분석 결과와 이를 토대로 해서 회전을 이용한 2단계의 분석으로 구성되므로 요인분석을 이해하려면 **주성분 분석**(principal component analysis)이 무엇인지 알아야 한다.

상관관계가 높은 변수들을 하나의 통합적인 주성분으로 묶어주어서 인위적인 영역을 만들면 이 인위적인 영역은 상관관계로 묶인 하위변수들의 성질을 포함하고 있는 새로운 변수(주성분)가 된다. 즉, 묶여진 변수들의 정보를 가능한 많이 포함하는 주성분 변수를 만드는 방법이 주성분 분석이다.

이를 통해 정보를 보다 효율적으로 축소할 수 있으므로 **자료축약기법**이며, 선형 조합이 된다. 선형 조합은 변수들에 상수를 더하거나, 빼거나, 곱하거나, 나누어서 합산해 주는 것을 의미하는데 이는 곧 자료의 축약이다.

주성분 분석의 장점은 방대하고 복잡한 자료를 일목요연하게 축약하여 유용하게 활용할 수 있는 반면, 주성분 분석에 모든 변수의 정보가 추출되는 것이 아니기 때문에 정보의 손실이 필연적으로 발생한다. 따라서 주성분 분석 결과, 얻어진 변수를 이용한 2차 분석을 할 경우, 해석에서 오차 발생 가능성은 높아지며, 이는 요인분석도 마찬가지이다.

주성분 분석에 투입되는 변수는 주성분의 원인이 되며, 변수 수만큼 같은 수의 주성분으로 분류된다.

(3) 요인분석의 주요 개념

- **고유값(Eigenvalue)** : 요인이 설명할 수 있는 변수들의 분산 크기를 의미한다. 고유값은 한 요인에 포함된 모든 변수의 요인적재값 또는 요인부하량의 제곱 합이므로 각 요인의 설명력을 의미한다. 고유값이 1이라는 것은 요인이 하나의 변수만큼의 분산을 설명하는 것이며, 고유값이 1 미만인 경우, 한 개의 변수만큼의 분산도 설명하지 못하는 부적절 요인이라는 것을 의미한다. 이는 데이터 축소의 의미가 상실되는 것으로 고유값이 1 이상인 것을 요인으로 정하는 기준으로도 사용하는 이유이다. 고유값이 크다는 것은 그 안에 포함된 변수 간의 상관관계가 높다는 것을 의미한다. 이는 변수 간의 개념적 일관성이 높다는 것을 의미한다. 따라서 상관관계를 구할 수 없는 분산이 0인 변수는 요인으로 추출되지 않는다.

- **고유벡터(Eigenvector)** : 각 요인에서 원 변수들의 고유 좌표값으로 원 변수와 요인 사이의 관계를 나타내는 값이지만 이 수치는 차원상에 존재하는 수학적 수치이기 때문에 추상적인 값이다. 따라서 이 값을 이해하려면 상관관계로 변환하여 사용하는데 이를 요인적재값이라고 한다.
- **요인적재값(Factor Loading)** : 요인적재값은 각 변수와 요인 간의 상관관계나 표준화된 회귀계수가 된다. 요인적재값이 높은 요인에 추출된 분산이 많은 변수들이 속한다. 요인적재값의 제곱은 결정계수(설명력, R^2)가 되므로 요인이 각 변수를 설명하는 정도를 의미한다. 통상 요인적재값이 통계적으로 유의미한지를 알기 위해서는 상관관계 분석과 유사한 방법으로 유의확률을 추정할 수 있다.
- **공통성(공통분산, Communality)** : 각 변수가 갖고 있는 분산 100% 중에서 요인분석을 설명하기 위하여 사용된 분산의 비율이다. 공통성에 추출된 비율이 높을수록 요인을 통한 추정이 정확하다는 것을 의미한다.

(4) 요인 수의 결정

요인분석의 경우, 가장 많이 사용하는 **주축요인분석(principal axis factoring)**을 기준으로 해서 실시한다. 요인 특성을 주성분 특성과 같은 형태로 변형한 다음 주성분 분석을 실시하고 그 결과를 회전하여 요인분석을 한다. 이 과정에서 요인의 수는 투입되는 변수의 수보다 적게 추출되는데 이론적 개념에 의하여 요인의 개수에 대한 분명한 선택이 필요하다. 스크리 도표나 고유값을 적용하여 요인 수를 정할 수 있지만, 이 기준들은 모두 어쩔 수 없이 고안된 것이지 요인분석에 고유하게 내재하는 기준들은 아니다. 따라서 주축요인분석을 사용하려면 이론적인 검토와 기존 연구들을 토대로 사전에 요인의 수에 대한 가능한 많은 정보들을 확보해야 한다. 확정된 결과를 예측하여 요인분석을 할 때는 척도의 타당도를 검정할 때 상대적으로 유리한 측면을 갖는다. 즉, 개념을 측정한 척도가 갖는 요인의 수를 한정함으로써 그 안에 포함되어 있다면 타당도가 높은 개념이 된다. 하지만 그런 여건이 되지 않을 때는 다음과 같은 조건을 사용하여 요인 수를 결정한다.

- **고유값이 1 이상일 때** : 고유값이 1이라는 것은 요인이 하나의 변수만큼의 분산을 설명하는 것이다. 따라서 고유값이 최소 하나의 변수 이상을 설명해야 하므로 1 이상인 경우를 자연스럽게 요인으로 추출하는 것이다. 이를 **Kaiser의 기준**이라고 한

다. 이 경우의 단점은 투입되는 변수 수가 많아질수록 추출되는 요인 수도 증가하게 되는 것이다. 만약 100개의 변수가 투입되었을 때, 20개의 요인이 추출되었다면 요인해석이 쉽지 않다.

- **스크리 도표 이용하기** : 요인분석의 메뉴 가운데 요인 추출의 **스크리 도표(Scree plot)**를 선택하면 요인분석 결과와 함께 스크리 도표가 출력된다. 'scree'는 작은 자갈이나 돌을 의미하는데 고유값이 1 이하 요인들을 구별할 수 있는 도표를 제공한다.
- **사전에 요인 수 정하기** : 요인분석을 실시하기 전에 **성분행렬(component matrix)**에 제시될 성분(요인)의 수를 제한하여 분석할 수 있다. 요인을 일정 수 이내로 제한하는 기준은 기존의 이론이나 설명적 근거를 토대로 결정하는 것이 유리하다. 요인 수를 제한하는 방법은 요인분석 메뉴의 요인 추출 메뉴 안에 있는 추출에서 고정된 요인 수를 □에 입력하면 된다. 즉, 3을 입력하면 요인분석을 통해 제시되는 요인(성분)의 수가 3개까지만 제시된다.
- **설명된 총분산의 누적합이 60% 이상일 때** : 설명된 총분산은 전체 요인들을 설명하는 설명력으로 의미있다. 절대적인 기준은 아니지만 요인분석을 통하여 통상 누적된 비율(% 누적)이 신뢰도처럼 60% 이상 설명할 수 있는 수준에서 정하는 것이 일반적이다. 물론 이 기준은 요인의 고유값이 1 이상인 조건과 비슷한 수준이다.

1.2 요인분석과 회전

기하학적 개념으로서의 요인은 특정 변수들이 이루는 m차원 공간에서의 분포형태를 훨씬 적은 수의 차원 공간에서 최대한 간략하게 기술하기 위한 기준 축들이다. 이 기하학적 기준 축들은 차원 수가 훨씬 줄어든 공간에서 변수들의 상대적 위치를 변동시키지 않고도 그 방향을 회전에 의해 변동시킬 수 있다. **요인회전**이란 요인 부하 행렬에 적절한 표준직교행렬을 곱하여 새롭게 산출되는 요인 부하 행렬이 단순구조를 갖도록 변환하는 것을 말한다. 보이지 않는 존재인 공통 요인과 각 원 변수 간의 상관관계를 산출할 때 그 결과는 무수히 많이 존재한다. 이를 해결하기 위해서는 요인분석을 보다 정교하게 해야 할 조건이 필요하다.

불확실성을 적극적으로 해결하기 위하여 Thurstone은 **단순구조**(simple structure)라는 개념을 제안하였다. 이는 요인분석의 미결정성을 해결하기 위한 임의적인 추가 조건들로, 요인결과 해석의 용이성을 증가시켜 주는 방법이다. 이 단순구조의 개념을 결과에 적용하는 것이 회전이다. 즉 투입된 변수의 수와 같은 m차원의 공간에서 변수들의 상대적 위치는 전혀 움직이지 않고 기준 축들만을 회전하여 요인 간의 상관관계가 높을 경우, 이를 더 높이고, 작은 상관관계는 더 작게 만들어 요인 간의 관계를 단순화시키는 것이다.

회전한다고 해서 변수의 성격 자체가 변하지는 않는다. 즉, 회전해도 공통성은 변하지 않는다. 한 변수가 한 요인에서의 요인점수가 증가하면 다른 요인에서는 요인점수가 감소하는데 이는 회전에 의한 결과이기 때문이지만 한 변수가 여러 요인에 사용된 공통성은 변하지 않는다. 이를 요인회전에서의 **공통성의 불변성**이라고 한다.

고유값은 회전해도 요인점수가 바뀌므로 더 이상 고유값으로 불릴 수 없지만, 요인을 설명해 주는 성격은 그대로 유지하므로 이를 **설명분산**이라고 한다. 설명분산의 총합도 회전 전후와 상관없이 변하지 않는다. 이런 요인회전은 크게 직교 회전과 사각 회전으로 구분된다.

(1) 직교 회전

직교 회전(orthogonal rotation)은 요인들의 축을 회전할 때, 각 요인 간의 축 각도가 90°를 유지하면서 회전하는 방법이다. 회전 후에도 각 요인점수 간의 상관관계가 0에 고정되도록 부하량의 값을 바꾸어 주는 것이므로 회전된 요인 간은 서로 독립적이라 상관관계가 없거나 낮은 경우가 많다.

- **베리멕스(Varimax)** : 지교 회전 가운데 베리멕스 회전은 요인 부하 행렬의 각 열 단위로 요인적재값의 제곱이 최대의 분산을 갖도록 회전하는 방식으로서 요인의 의미를 명확하게 하는 즉, 단순구조로 만드는 효과가 있다. 또한, 베리멕스에 의한 회전결과로 얻는 요인구조는 변수들이 바뀌어도 크게 변하지 않아 안정성이 매우 높은 장점이 있다. 이런 요인구조의 안정성은 중요한 장점으로 사회과학에서 가장 많이 사용하는 회전 방법이다. 그러나 베리멕스는 일반요인을 무시하는 특성이 있다.
- **쿼티멕스(Quartimax)** : 쿼티멕스 회전은 요인행렬의 행을 단순화시키는 것으로 요인행렬에서 요인적재값이 큰 값은 극대화시키고, 작은 것은 극소화시키는 방식이

다. 따라서 요인적재값 행렬의 행에 해당하는 각 변수들이 단 하나의 요인에 크게 추출되며, 나머지 요인에는 극히 적게 심지어 0의 값으로 추출되도록 한다. 어떤 일반요인이 존재하는 경우, 그것을 잘 나타내는 속성이 있어서 한 개의 일반요인을 찾을 때 유용한 방법이다. 하지만 모든 변수가 한 개의 일반요인에 수렴되는 요인구조는 단순개념과 동떨어질 수 있으며, 이때 변수 간이 서로 명백하게 구분되는 하위 영역별 요인들로 묶이지 않고 하나의 커다란 덩어리로 묶일 가능성이 높아서 유의해야 한다.

- **이퀴멕스**(Equimax) : 이퀴멕스 회전은 베리멕스와 쿼티멕스를 절충한 방법인데 널리 사용되지 않는다.

(2) 사각 회전

사각 회전(oblique rotation)은 요인 간의 관계를 중심으로 회전할 때 회전축이 90°를 유지하지 않고 요인들이 가장 가까워지도록 회전시키는 방법이다. 이를 통해 요인적재값이 낮은 변수는 최대한 낮아지도록, 높은 변수는 최대한 높아지도록 회전시킨다. 사각 회전은 요인 간의 상관관계가 최대화가 되도록 회전시키는 방법으로 사용한다. 특히 판별 타당도를 요인분석으로 확인할 때 사용한다. 사각 회전을 통하여 상관관계가 최대화되도록 하였음에도 요인 간 서로 상관관계가 없는 것으로 나타날 때, 요인 간 독립적이라는 것을 더욱 강조하게 된다. 사각 회전의 대표적인 방법으로는 요인적재값이 낮은 변수의 요인적재값을 최소화하는 방법으로 **직접 오블리민**(Direct Oblimin)이 있으며, 요인과 변수 간의 상관관계 대신 회귀계수를 산출하는 **프로멕스**(Promax)가 있다.

1.3 요인분석과 타당도

변수 간의 공통성을 통하여 타당성을 검정하는 경우에 요인분석을 적용할 수 있다. 만약 A를 측정하기 위한 개념으로 'A1', 'A2', 'A3'라는 하위변수를 만들고 B를 측정하기 위한 개념으로 'B1', 'B2', 'B3'라는 하위변수를 만들었다고 가정할 때, A와 B의 하위변수들은 서로 동일한 개념이 아니라면 요인분석 결과 그림 17-1과 같이 분류된다. 이때, A를 측정하는 하위 3개의 변수는 같은 개념을 측정하는 것이므로 서로 상관관계가 높아야 한다. 즉, 서로 간의 공통요인이 많아야 한다는 의미이다. 반면에 다른 개념인 B를 측정한 것과는 서로 다른 요인으로 묶여야 한다. 즉, 다른 개념을 측정한 척도라면 다른 요인으로 묶이는 요인분석의 원리를 이용하여 척도의 타당성을 검정한다.

만약 '요인 1'에 A의 개념과 B의 개념에 포함된 하위변수들이 섞여 나타난다면 A 개념과 B 개념은 미분화된 개념 또는 변별력이 떨어지는 개념이라고 판단할 수 있다. 이는 서로 간의 개념적 구분이 불명확한 것이므로 서로 다른 개념을 판별할 수 없어서 타당한 척도라고 할 수 없다. 따라서 개념에 따라 요인들의 구분이 명확하게 나타나야 한다. 이런 측면에서 하나의 개념을 요인분석으로 검정할 때 하나의 요인으로만 분류되어야 한다. 즉, 하나의 개념을 측정했을 때 하위변수들이 하나의 개념을 모두 충실하게 반영한다면 하나의 개념으로만 산출된다. 하지만 하나의 개념을 반영하지 못하면 요인의 수는 증가하게 되며, 이때 가장 설명력이 높은 첫 번째 요인을 중심으로 척도를 구성하는 것이 타당하다.

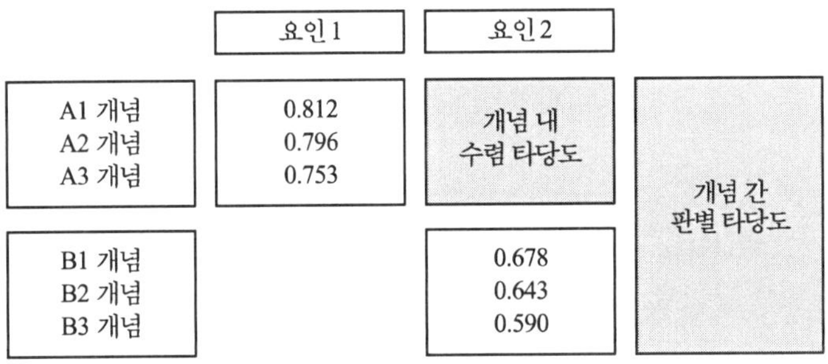

[그림 17-1] 요인분석과 척도의 타당성

타당도와 관련된 요인분석에는 탐색적 요인분석과 확인적 요인분석이 있다.

탐색적 요인분석(exploratory factor analysis : EFA)은 요인의 수를 지정하지 않고 요인의 수를 결정할 때 사용하는데 탐색적 연구로 측정 도구의 개념을 잡고자 할 때, 측정 도구 내에 존재하는 잠재요인에 대하여 살펴볼 때, 이론적으로 규정된 잠재요인이 없을 때, 측정 도구 간 동일 개념에 포함되는 하위개념을 추출하여 측정 도구의 양을 줄이고자 할 때 사용한다.

확인적 요인분석(confirmatory factor analysis : CFA)은 요인의 수를 미리 지정할 때 사용하며, 탐색적 요인분석의 결과가 타당한지 확인할 때도 사용하는데 기존의 연구이론이나 개념과 측정 도구 간에 일치되는 정도를 확인하고자 할 때 사용한다. 즉, 사전 이론으로부터 도출된 잠재요인과 그것을 측정한 측정 도구가 일치하는가를 살펴보는 것이다.

❷ 요인분석의 실행[3] 예제 20.sav

요인분석을 실행하기 위해서 상위메뉴의 '분석(A)'에서 '차원 축소(D)'의 '요인분석(F)'을 선택하면 그림 17-2와 같은 대화상자가 나타난다.

상위메뉴 〉 분석(A) 〉 차원 축소(D) 〉 요인분석(F)

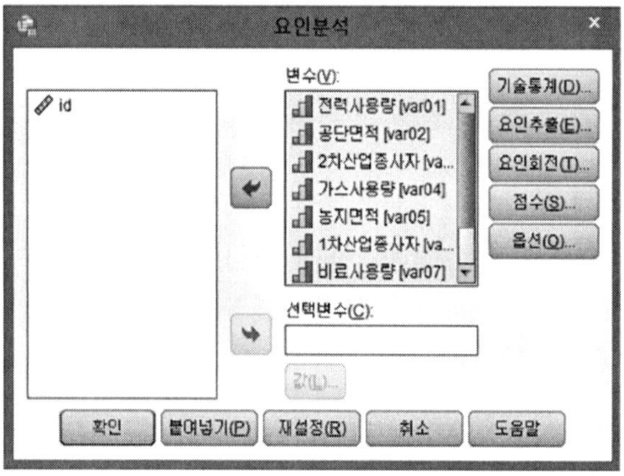

[그림 17-2] 요인분석의 대화상자

분석하고자 하는 모든 변수를 '변수(V)'로 이동시킨 다음, 옵션을 선택한다.

'기술통계(D)' 버튼을 클릭하면 그림 17-3과 같은 대화상자가 나타나며 다음과 같은 항목들을 선택할 수 있다.

- **통계량** : '일변량 기술통계(U)'에는 각 변수에 대한 평균, 표준편차, 유효 케이스 수 등이 포함된다. '초기해법(I)'에서는 공통성, 고유값, 설명된 분산 퍼센트 등을 표시한다.
- **상관행렬** : 사용할 수 있는 옵션은 계수, 유의수준, 행렬식, 역 모형, 재연된 상관행렬, 역-이미지, KMO와 Bartlett의 단위행렬 검정이다.
  ① **KMO와 Bartlett의 구형성 검정**(K) : 표본 적합도에 대한 Kaiser-Meyer-Olkin 측도는 변수 간 편상관이 작은지 여부를 검정한다. Bartlett의 단위행렬 검정은

3) 이해평(2006). 재해통계학, 도서출판 동화기술.

상관행렬이 요인 모형이 부적합함을 나타내는 항등 행렬인지 여부를 검정한다.

② **재연된 상관행렬**(R) : 요인 해법에서 추정된 상관행렬이며, 잔차(추정된 상관과 기대된 상관 간 차이)도 표시된다.

③ **역-이미지**(A) : 역-이미지 상관행렬에는 편상관계수의 음수가 포함되고 역-이미지 공분산 행렬에는 편 공분산의 음수가 포함된다. 적합한 요인 모형에서는 대부분 비-대각 원소가 작다. 변수의 표본추출 타당성 측도는 역-이미지 상관행렬의 대각선에 표시된다.

④ **계수**(C) : 상관계수 행렬을 구한다.

⑤ **역 모형**(N) : 역 상관계수 행렬과 공변량 행렬을 구한다.

⑥ **유의수준**(S) : 상관관계 행렬에서 계수에 대한 단측 유의수준을 구한다.

⑦ **행렬식**(D) : 행렬식의 값을 구한다.

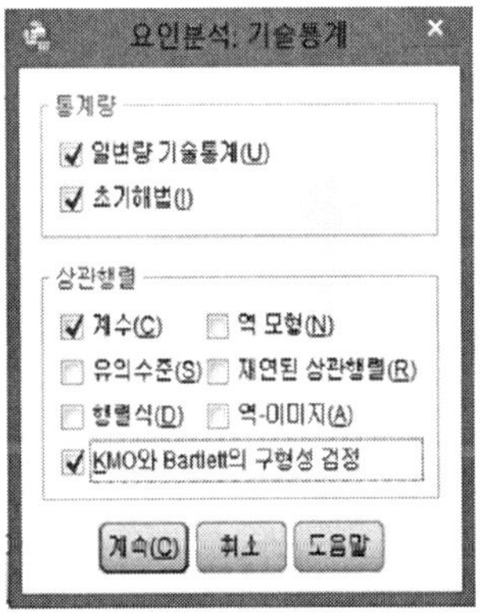

[그림 17-3] 요인분석의 기술통계 대화상자

'요인추출(E)' 버튼을 클릭하면 그림 17-4와 같은 대화상자가 나타나며 다음과 같은 항목들을 선택할 수 있다.

- **방법**(M) : 요인 추출 방법을 지정할 수 있다. 사용할 수 있는 방법은 주성분, 가중치를 부여하지 않은 최소제곱법, 일반화 최소제곱법, 최대 우도, 주축 요인 추출, 알파 요인 추출, 이미지 요인 추출 등이다.

① **주성분** : 관측된 변수의 상관되지 않은 선형 조합을 형성하는 데 사용되는 요인 추출 방법이다. 처음 성분이 최대 분산을 갖는다. 성분이 연속될수록 점진적으로 더 적어지는 분산을 나타내며 각 성분은 서로 상관되지 않는다. 주성분 분

석으로 초기 요인 해법을 구할 수 있으며 상관행렬이 단순할 때 사용된다.

② **가중되지 않은 최소제곱법** : 관측된 상관행렬과 재연된 상관행렬 간의 차이 제곱 합을 최소화하는 요인 추출 방법이다(대각선 무시).

③ **일반화 최소제곱법** : 관측된 상관행렬과 재연된 상관행렬 간의 차이 제곱 합을 최소화하는 요인 추출 방법이다. 상관은 역으로 가중되므로 고유성이 높은 변수는 고유성이 낮은 변수보다 가중치가 적다.

④ **최대우도** : 표본이 다변량 정규분포에서 추출된 경우 관측 상관행렬을 생성할 것 같은 모수 추정값을 생성하는 요인 추출 방법이다. 상관은 변수의 역 고유성에 의해 가중되고 반복알고리즘이 사용된다.

⑤ **주축 요인 추출** : 공통성의 초기 추정값으로서 대각선으로 배치된 제곱 다중 상관계수를 사용하여 원래의 상관행렬로부터 요인을 추출하는 방법이다. 이러한 요인적재값은 대각선으로 위치하는 기존의 공통성 추정값을 대신하는 새로운 공통성을 추정하는 데 사용된다. 한 반복에서 다음 반복까지 공통성에 대한 변화량이 추출에 대한 수렴 기준을 만족할 때까지 반복은 계속된다.

⑥ **알파 요인 추출** : 분석변수를 잠재적 변수의 모집단에서 추출된 표본으로 간주하는 요인 추출 방법이며 이 방법은 요인의 알파 신뢰도를 최대화한다.

⑦ **이미지 요인 추출** : Guttman이 개발한 요인 추출 방법으로, 이미지 이론을 기반으로 한다. 편 이미지라고 하는 변수의 공통부분은 가설 요인의 함수보다는 남아 있는 변수에서 선형 회귀분석으로 정의된다.

- **분석** : 상관행렬이나 공분산 행렬을 지정할 수 있다.

① **상관행렬**(R) : 분석의 변수가 다양한 척도에서 측정된 경우 유용하다.

② **공분산 행렬**(V) : 각 변수의 다양한 분산을 사용하여 여러 그룹에 요인분석을 적용할 때 유용하다.

- **추출** : 고유값이 지정한 값보다 큰 요인을 모두 포함하거나 지정한 요인의 수만 포함할 수 있다.

① **고유값 기준**(E) : 지정 고유값 이상의 요인을 추출한다.

② **고정된 요인 수**(N) : 추출하고자 하는 요인의 수를 지정해서 추출한다.

- **표시** : 회전하지 않은 요인 해법과 고유값의 스크리 도표를 요청할 수 있다.

① **회전하지 않은 요인해법**(F) : 요인 해법에 대한 회전하지 않은 요인 로딩(요인 패턴 행렬), 공통성 및 고유값을 표시한다.

② **스크리 도표**(S) : 각 요인과 관련된 분산 도표로, 그대로 유지할 요인의 수를 결정하는 데 사용된다. 일반적으로 도표는 큰 요인들의 가파른 기울기와 나머지 요인들의 점진적 꼬리 부분 (스크리) 간의 뚜렷한 구분을 보여준다.

▪ **수렴에 대한 최대 반복**(X) : 해법을 추정할 때 알고리즘에서 사용할 최대 단계 수를 지정할 수 있다.

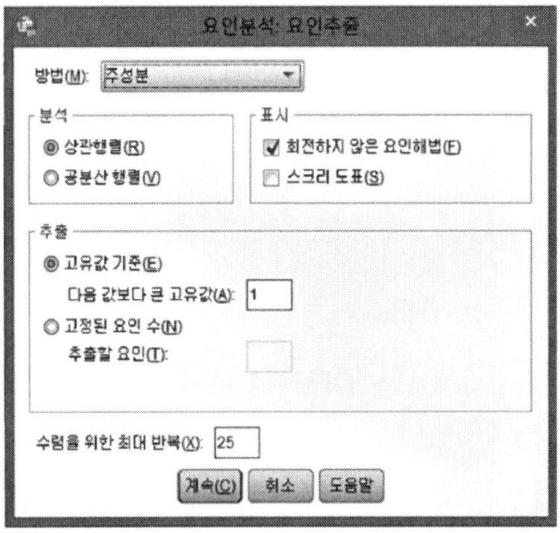

[그림 17-4] 요인분석의 요인 추출 대화상자

'요인회전(T)' 버튼을 클릭하면 그림 17-5와 같은 대화상자가 나타나며 다음과 같은 항목들을 선택할 수 있다.

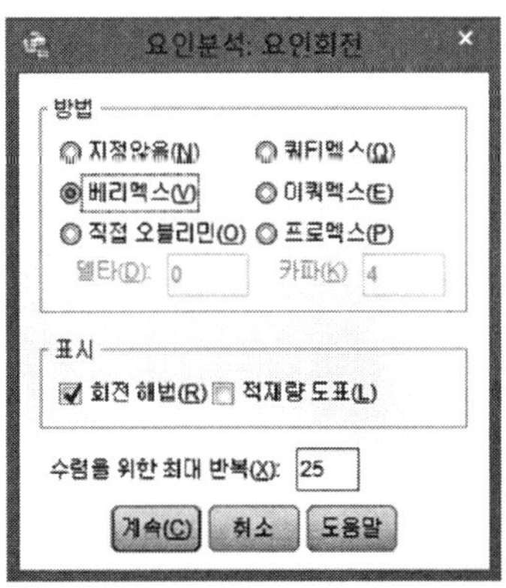

[그림 17-5] 요인분석의 요인회전 대화상자

- **방법** : 요인회전 방법을 선택할 수 있으며, 사용할 수 있는 방법은 베리멕스, 이쿼멕스, 쿼티멕스, 직접 오블리민, 프로멕스이다.
  ① **베리멕스**(V) : 각 요인의 로딩이 높은 변수의 수를 최소화하는 직교 회전 방법이며, 이 방법을 사용하면 요인해석을 단순화할 수 있다.
  ② **직접 오블리민**(O) : 사각(비직교) 회전 방법이다. 델타가 0(기본값)일 때 해법은 가장 기울어지는 형태를 나타낸다. 델타가 음수에 가까워질수록 요인의 기울기가 평평해지며 기본값 델타 0을 바꾸려면 0.8 이하의 수를 입력한다.
  ③ **쿼티멕스**(Q) : 각 변수를 설명하는 데 필요한 요인 수를 최소화하는 회전 방법이며, 이 방법을 사용하면 관측된 변수의 해석을 단순화할 수 있다.
  ④ **이쿼멕스**(E) : 요인을 단순화하는 베리멕스 방법과 변수를 단순화하는 쿼티멕스 방법을 조합한 회전 방법이며 요인에 읽어들인 변수의 수와 변수 설명에 사용할 요인 수는 최소화된다.
  ⑤ **프로멕스**(P) : 요인이 상관되도록 하는 오블리크 회전이다. 이 회전은 직접 오블리민 회전보다 좀더 빨리 계산될 수 있으므로 큰 데이터 세트에 유용하다.
- **표시** : 처음 둘이나 세 요인에 대한 로딩 도표뿐 아니라 회전 해법에 대한 결과를 포함시킬 수 있다.
  ① **회전 해법**(R) : 회전 해법을 구하려면 회전 방법을 선택해야 한다. 직교 회전에 대해 회전 패턴 행렬과 요인 변환 행렬이 표시되며, 오블리크 회전의 경우에는 패턴, 구조, 요인 상관행렬이 표시된다.
  ② **적재량 도표**(L) : 처음 세 요인에 대한 3차원 요인 로딩 도표이다. 두 요인 해법의 경우 2차원 도표가 표시된다. 요인이 하나만 추출되면 도표가 표시되지 않으며, 회전을 요청하면 도표에 회전 해법이 표시된다.
- **수렴에 대한 최대 반복**(X) : 회전을 수행할 때 알고리즘에서 사용할 최대 단계 수를 지정할 수 있다.

'점수(S)' 버튼을 클릭하면 그림 17-6과 같은 대화상자가 나타나며 다음과 같은 항목들을 선택할 수 있다.

[그림 17-6] 요인분석의 점수 대화상자

- **변수로 저장**(S) : 마지막 해법의 각 요인에 대해 새로운 변수를 하나씩 작성한다.
- **방법** : 요인점수를 계산하는 다른 방법은 회귀분석, Bartlett 및 Anderson Rubin이다.
  ① **회귀**(R). 요인점수 계수를 추정하는 방법이다. 생성된 점수는 평균이 0이며 추정된 요인점수와 요인값 간의 제곱 다중상관과 동일한 분산을 가진다. 점수는 요인이 직교될 경우에도 상관될 수 있다.
  ② **Bartlett**(B) : 요인점수 계수 추정방법이다. 생성된 점수의 평균은 0이고 변수 범위에서 고유 요인의 제곱 합이 최소화된다.
  ③ **Anderson Rubin 방법**(A) : 요인점수 계수를 추정하는 방법으로서, 추정 요인의 직교성을 보장하는 Bartlett 방법을 수정한 방법이다. 생성된 점수의 평균은 0이고 표준편차는 1이며 점수는 상호 관련되지 않는다.
- **요인점수 계수행렬 표시**(D) : 요인점수를 구하기 위해 변수를 곱하는 계수를 나타내며 요인점수 간 상관도 볼 수 있다.

[표 17-1] 상관행렬

	전력사용량	공단면적	2차산업종사자	가스사용량	농지면적	1차산업종사자	비료사용량	고령자수	녹지면적
전력사용량	1.000	.577	.709	.706	.618	.644	.422	.559	.477
공단면적	.577	1.000	.748	.642	.422	.573	.142	.499	.457
2차산업종사자	.709	.748	1.000	.682	.432	.543	.226	.511	.329
가스사용량	.706	.642	.682	1.000	.700	.697	.453	.669	.542
농지면적	.618	.422	.432	.700	1.000	.660	.386	.517	.670
1차산업종사자	.644	.573	.543	.697	.660	1.000	.460	.587	.537
비료사용량	.422	.142	.226	.453	.386	.460	1.000	.380	.214
고령자수	.559	.499	.511	.669	.517	.587	.380	1.000	.471
녹지면적	.477	.457	.329	.542	.670	.537	.214	.471	1.000

[표 17-2] 회전된 성분행렬

	Component	
	성분1	성분2
공단면적	.896	.132
2차산업종사자	.886	.171
전력사용량	.660	.524
가스사용량	.660	.608
비료사용량	-.066	.819
농지면적	.398	.737
1차산업종사자	.527	.661
녹지면적	.407	.567
고령자수	.517	.559
고유값	5.284	1.023
변량	58.708	11.367

[표 17-3] 요인 간 상관행렬

성분	1	2
1	.736	.677
2	-.677	.736

표 17-2를 살펴보면 고유값이 두 요인 모두 1을 넘고 있으며, 공통된 분산값도 60%를 넘기 때문에 두 요인으로 분류하기에 적합하다.

KMO의 통계량은 전체 자료와 개별 자료의 표본 적합도를 평가하고 Bartlett's Test of Sphericity는 요인분석에서 이용될 상관행렬이 단위행렬인지를 평가하고 변수들이 독립적인지 아닌지를 평가한다. 따라서 분석에 이용된 표본은 단위행렬 검정 통계량이 유의수준 $p=0.001$에서 통계적으로 유의한 것으로 분석되어 요인분석에 적합한 자료이다.

지역 특성을 나타내는 변수 9개는 2개의 요인으로 분류되었다. 첫 번째 요인으로는 공단면적, 2차 산업종사자, 전력사용량, 가스사용량의 속성을 나타내고 있어 공업 지역으로 명명하였고, 두 번째 요인으로는 비료사용량, 1차 산업종사자, 농지면적, 녹지면적, 고령자 수의 속성을 나타내고 있어 농업 지역으로 명명할 수 있다.

Chapter 18

신뢰도 분석

1 신뢰도 분석의 개요1)

1.1 신뢰도 분석의 정의

신뢰도(reliability)는 측정 도구의 측정 정확성이나 일관성을 나타내는 것이며, **신뢰도 분석**(Reliability Analysis)은 연구자가 측정하고자 하는 개념을 얼마나 연구 목적에 적합한 측정 도구를 만들어 측정하였는가를 평가하기 위한 분석방법으로서 동일한 개념을 독립된 측정방법으로 반복 측정한 경우, 결과가 비슷하게 나타나야 한다는 것을 전제로 하고 있다.

신뢰성을 분석하는 경우는 대체로 다음의 두 가지 이유이다.

- 측정하고자 하는 개념이 조사대상자로부터 정확하고 일관되게 측정되었는가를 확인하는 것이다.
- 설문에 응답하는 사람이 정확하고 일관되게 측정에 응하였는가를 분석할 때 사용하는 것이다.

이외에도 신뢰성은 의존 가능성(dependability), 예측 가능성(predictability), 안정성(stability), 일치성(consistency) 그리고 정확성(accuracy) 등을 파악할 때에도 사용한다.

1) 이해평(2006). 재해통계학, 도시출판 동화기술.

1.2 신뢰도 분석의 원리

측정 도구에 의해 측정된 양의 총분산에 대한 진 분산의 비율로 계산한다.

$$R_D = \frac{1 - V_e}{V_t} = \frac{V_i - V_e}{V_t} \quad (18\text{-}1)$$

여기서 V_t는 총분산, V_e는 오차 분산, V_i는 진 분산을 나타낸다.

(1) 신뢰성 측정방법

신뢰성 측정방법에는 검사-재검사 신뢰도, 반분 신뢰도, 내적 일관성 신뢰도 등이 있다.

검사-재검사 신뢰도(test-retest reliability)는 동일한 측정 대상에 대해 동일한 방법으로 반복적인 측정을 통해 측정값들의 차이를 분석하는 방법이다. 이런 경우, 측정값의 차이가 크다면 신뢰도가 낮은 경우이고, 차이가 적으면 신뢰도는 높다고 할 수 있다. 처음 측정점수와 나중 측정점수 간에 안정성의 정도를 평가하는 개념이므로 **안정성 계수**(coefficient of stability)라고도 한다. 이 방법은 두 측정 간의 간격을 조정하여야 응답자가 첫 번째 측정의 응답을 기억해서 다음 측정에 동일하게 응답하는 이른바 **시험효과**(testing effect)를 방지할 수 있다.

반분 신뢰도(spilt-half reliability)는 여러 개의 측정항목을 두 개의 그룹으로 구분한 다음, 두 그룹의 항목별 측정값들의 상관관계를 조사하여 신뢰성을 측정하는 방법이다.

내적 일관성 신뢰도(internal consistency reliability)는 여러 문항에 걸쳐 동일한 개념을 반복 질문하여 항목 간에 유사한 값을 갖는지를 측정하는 방법으로서 **Cronbach's Alpha(α)** 값으로 신뢰도를 판단한다. 반복 질문된 유사한 개념을 물어보는 질문에서 각 항목 간의 상관관계를 구해서 상관관계가 작은 값을 제거함으로써 신뢰성을 높일 수 있다. 단, Cronbach's Alpha(α) 값은 0~1 사이의 값을 가지며, 일반적으로 Cronbach's Alpha(α) 값이 0.6 이상이면 신뢰도가 있는 것으로 볼 수 있다.

신뢰도 계수에 대한 판단은 학자마다 다소 차이가 있다. 어떤 학자는 신뢰도 계수가 0.7 미만이면 하나의 동일 개념(또는 인정됨)으로 볼 수 없다고 하기도 하며, 어떤 학자는 탐색적 조사에서는 신뢰도 계수가 0.6 이상이면 된다고 주장하기도 한다. 또한, 신뢰도 계수를 측정하기 위해서는 등간척도 이상이어야 한다.

(2) 타당도

타당도(validity)는 측정하고자 하는 개념이나 속성을 정확하게 측정하였는가를 나타내는 개념이다. 측정 개념이나 속성을 측정하기 위해 개발된 측정 도구가 해당 속성을 정확하게 반영하고 있는가와 관련된 것이다. 타당도의 종류에는 다음과 같은 세 가지가 있다.

내용 타당도(content validity)는 측정 도구를 구성하고 있는 항목들이 측정하고자 하는 개념을 대표하고 있는 정도를 의미하며, 이것은 전문가나 연구자의 주관적 판단에 의해 이루어진다.

예측 타당도(predictive validity)는 한 속성이나 개념에 대한 측정값이 다른 속성의 변화를 예측하는 정도에 의해 평가되는 정도를 의미한다.

구성 타당도(construct validity)는 측정 도구가 연구하고자 하는 개념, 즉 구성개념을 제대로 측정하였는가를 검정하는 방법이며 구성 타당성을 평가하는 방법에는 다속성 측정방법(multitrait-multimethod matrix), 요인분석(factor analysis) 등이 있다.

요인 내의 항목들은 집중 타당도를 유지하고 요인 간에는 판별 타당도가 유지되는 것으로 해석할 수 있다. 주의해야 할 점은 신뢰도가 높아진다고 해서 타당도가 높아지는 것은 아니지만 타당도가 높아지면 신뢰도는 높아진다.

(3) 신뢰도를 향상시키는 방법

다음과 같은 방법들에 의해서 신뢰도를 향상시킬 수 있다.

- 측정 도구의 모호성을 줄이고 구체화해야만 일관된 측정이 가능하여 신뢰도를 높일 수 있다.
- 측정항목을 늘려야 한다. 측정항목이 많아질수록 신뢰도가 증가하며, 반대로 측정항목이 적을 경우, 신뢰도는 매우 낮게 나타난다.
- 조사대상자의 태도가 일관되도록 환기시켜야 한다. 특히, 역점수로 측정된 경우, 역점수임을 명확하게 조사에서 알려주지 않을 경우, 조사대상자가 실수할 수 있으며, 이런 경우, 신뢰도가 낮아진다.
- 연구자가 연구의 목적을 명확하게 인식한 다음, 설문지를 작성한다.
- 조사대상자가 용이하게 이해할 수 있는 설문지를 작성한다.

- 선행연구에서 이용된 설문지를 참고로 재구성하거나 예비조사를 실시하여 설문지를 작성한다.
- 낮은 신뢰도가 나오도록 영향을 미치는 측정항목을 제외하고 다시 구한다. 신뢰도를 지나치게 떨어뜨리는 측정항목이 있을 때, 그 측정항목을 제외한 신뢰도를 구하며, 개념을 재정립하면, 신뢰도를 높일 수 있다.

2 신뢰도 분석의 실행[2] 예제 21.sav

신뢰도 분석을 수행하기 위해서 상위메뉴의 '분석(A)'에서 '척도분석(A)'의 '신뢰도 분석(R)'을 선택하면 그림 18-1과 같은 대화상자가 나타난다.

상위메뉴 〉 분석(A) 〉 척도분석(A) 〉 신뢰도 분석(R)

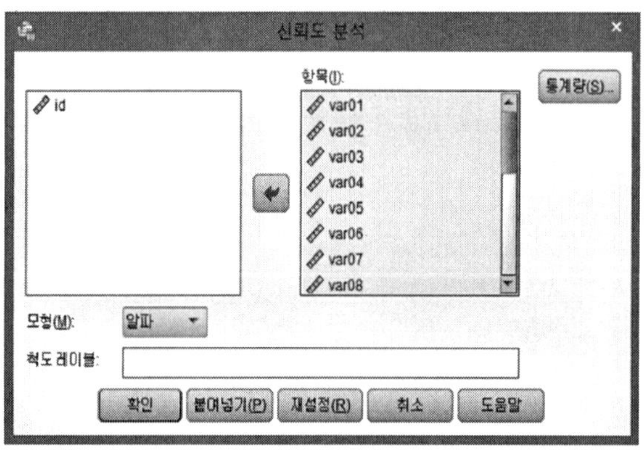

[그림 18-1] 신뢰도 분석의 대화상자

분석하고자 하는 모든 변수를 '항목(I)'으로 이동시킨 다음, 옵션을 선택하는데 신뢰도 분석에 사용되는 옵션들을 살펴보면 다음과 같다. 신뢰도의 분석모델을 선택하는 '모형(M)', 통계 옵션을 선택하는 '통계량(S)', 변수의 설명을 출력하는 '척도 레이블' 등이 있다.

2) 이해평(2006). 재해통계학, 도서출판 동화기술.

■ **모형**(M) : 다음의 신뢰도 모형을 사용할 수 있다.

① **알파** : 이것은 내적 일치(internal consistency) 모형으로 평균 항목 간 상관을 기준으로 한다.

② **반분** : 이 모형에서는 해당 척도를 두 부분으로 분리하고 부분 간 상관을 검사한다.

③ **Guttman** : 이 모형에서는 실제 신뢰도에 대한 Guttman의 하한값을 계산한다.

④ **평형** : 이 모형에서는 여러 복제의 모든 항목에는 등분산과 동일한 오차 분산이 있는 것으로 가정한다.

⑤ **절대 평형** : 이 모형에서는 동형 모형을 가정하며 여러 항목에서 평균은 동일한 것으로 가정한다.

'통계량(S)' 버튼을 클릭하면 그림 18-2와 같은 대화상자가 나타나며, 척도와 문항을 기술하는 다양한 통계를 선택할 수 있다. 기본적으로 보고되는 통계에는 사례 수, 문항 수가 있으며 다음과 같은 신뢰도 추정값도 포함된다.

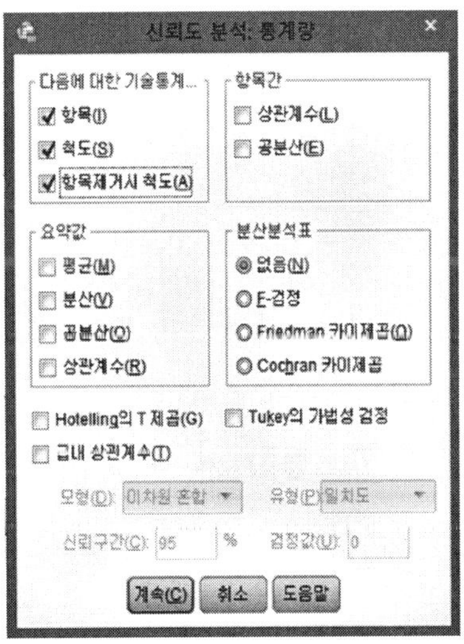

[그림 18-2] 신뢰도 분석의 통계량 대화상자

■ **다음에 대한 기술통계** : 여러 케이스의 척도나 항목에 대한 기술통계를 생성한다.

① **항목**(I) : 여러 케이스의 항목에 대한 기술통계량을 생성한다.

② **척도**(S) : 척도에 대한 기술통계량을 생성한다.

③ **항목제거시 척도**(A) : 다른 항목으로 구성된 척도에 각 항목을 비교하여 요약

통계를 보여 준다. 통계에는 척도에서 항목이 삭제된 경우의 척도 평균 및 분산, 삭제된 항목과 다른 항목으로 구성된 척도 간 상관 및 항목이 삭제된 경우의 Cronbach 알파가 포함된다.

- **요약값** : 척도 내 모든 항목에서의 항목 분포의 기술통계를 제공한다.
  ① **평균**(M) : 항목 평균에 대한 요약 통계이다. 최소, 최대 및 평균 항목 평균, 항목 평균의 범위 및 분산, 최소 항목 평균에 대한 최대 항목 평균의 비율이 표시된다.
  ② **분산**(V) : 항목 분산에 대한 요약 통계이다. 최소, 최대 및 평균 항목 분산, 항목 분산의 범위 및 분산, 최소 항목 분산에 대한 최대 항목 분산의 비율이 표시된다.
  ③ **공분산**(O) : 항목 간 공분산에 대한 요약 통계이다. 최소, 최대, 평균 항목 간 공분산, 항목 간 공분산의 범위 및 분산, 최소 항목 간 공분산에 대한 최대 항목 간 공분산의 비율이 표시된다.
  ④ **상관계수**(R) : 항목 간 상관관계에 대한 요약 통계이다. 최소, 최대, 평균 항목 간 상관관계, 항목 간 상관관계의 범위 및 분산, 최소 항목 간 상관관계에 대한 최대 항목 간 상관의 비율 등이 표시된다.
- **항목간** : 항목 간 상관행렬이나 공분산 행렬을 생성한다.
- **분산분석표** : 동일한 평균에 대한 검정을 생성한다.
  ① **F-검정**(F) : 반복 측도 분산 분석표를 출력한다.
  ② **Friedman 카이제곱**(Q) : Friedman 카이제곱과 Kendall 일치 계수를 표시한다. 이 옵션은 순위 형식의 데이터에 적합하며 카이제곱 검정은 분산 분석표의 일반적인 F 검정을 대체한다.
  ③ **Cochran 카이제곱**(h) : Cochran의 Q를 표시한다. 이 옵션은 이분형 데이터에 적합하며, Q 통계는 분산 분석표에서 일반적인 F 통계를 대체한다.
- **Hotelling의 T 제곱**(G) : 척도의 모든 항목의 평균은 0이라는 영가설에 대해 다변량 검정을 생성한다.
- **Tukey의 가법성 검정**(k) : 항목 간에 다변량 반복을 하지 않는 가정에 대한 검정을 생성한다.
- **급내 상관계수**(T) : 케이스 내에서 측도의 일치 또는 값의 일치를 생성한다.
  ① **모형**(D) : 급내 상관계수를 계산하는 모형을 선택한다. 사용할 수 있는 모형은 이차원 혼합, 이차원 분산, 일차원 분산이다. 사람 효과가 랜덤 효과이고 항목 효과가 고정 효과인 경우, 이차원 혼합 모형을 선택하고, 사람 효과와 항목 효

과가 모두 랜덤 효과인 경우, 이차원 분산 모형을 선택하거나 사람 효과가 랜덤 효과인 경우, 일차원 분산을 선택한다.

② **유형**(P) : 지수의 유형을 선택하며, 사용할 수 있는 유형은 일치와 절대 동의이다.

③ **신뢰구간**(C) : 신뢰구간의 수준을 지정하며, 기본값은 95%이다.

④ **검정값**(U) : 가설검정에 사용하는 가설의 계수값을 지정한다. 이 값은 관측값의 비교 대상이 되는 값이며, 기본값은 0이다.

[표 18-1] 신뢰도 분석 결과

	항목이 삭제된 경우 척도 평균	항목이 삭제된 경우 척도 분산	수정된 항목-전체 상관계수	항목이 삭제된 경우 Cronbach 알파
var01	73.83	137.484	.733	.944
var02	73.80	136.587	.726	.943
var03	73.98	135.558	.777	.943
var04	74.94	138.485	.304	.957
var05	74.25	138.489	.693	.944
var06	74.38	135.661	.723	.943
var07	74.49	136.664	.745	.943
var08	74.52	139.284	.686	.944
var09	74.32	137.961	.699	.944
var10	74.08	137.999	.635	.945
var11	73.81	137.876	.648	.945
var12	73.69	139.596	.658	.945
var13	73.79	139.940	.628	.945
var14	74.12	137.262	.709	.944
var15	74.34	131.567	.816	.942
var16	74.35	135.439	.742	.943
var17	74.22	138.759	.659	.945
var18	74.14	135.051	.793	.942
var19	74.24	137.341	.722	.944
var20	74.38	134.561	.761	.943
신뢰도 α=0.947				

20개의 문항으로 구성된 측정항목의 신뢰도(α)는 0.947로 나타났으므로 신뢰도가 있다고 할 수 있다. 또한, 20개의 모든 문항이 각각을 제외한 경우에도 신뢰도는 0.94 이상으로 나타났으므로 몇 개의 문항을 제외하거나 추가한다고 해서 신뢰도의 크기는 변하지 않음을 알 수 있다.

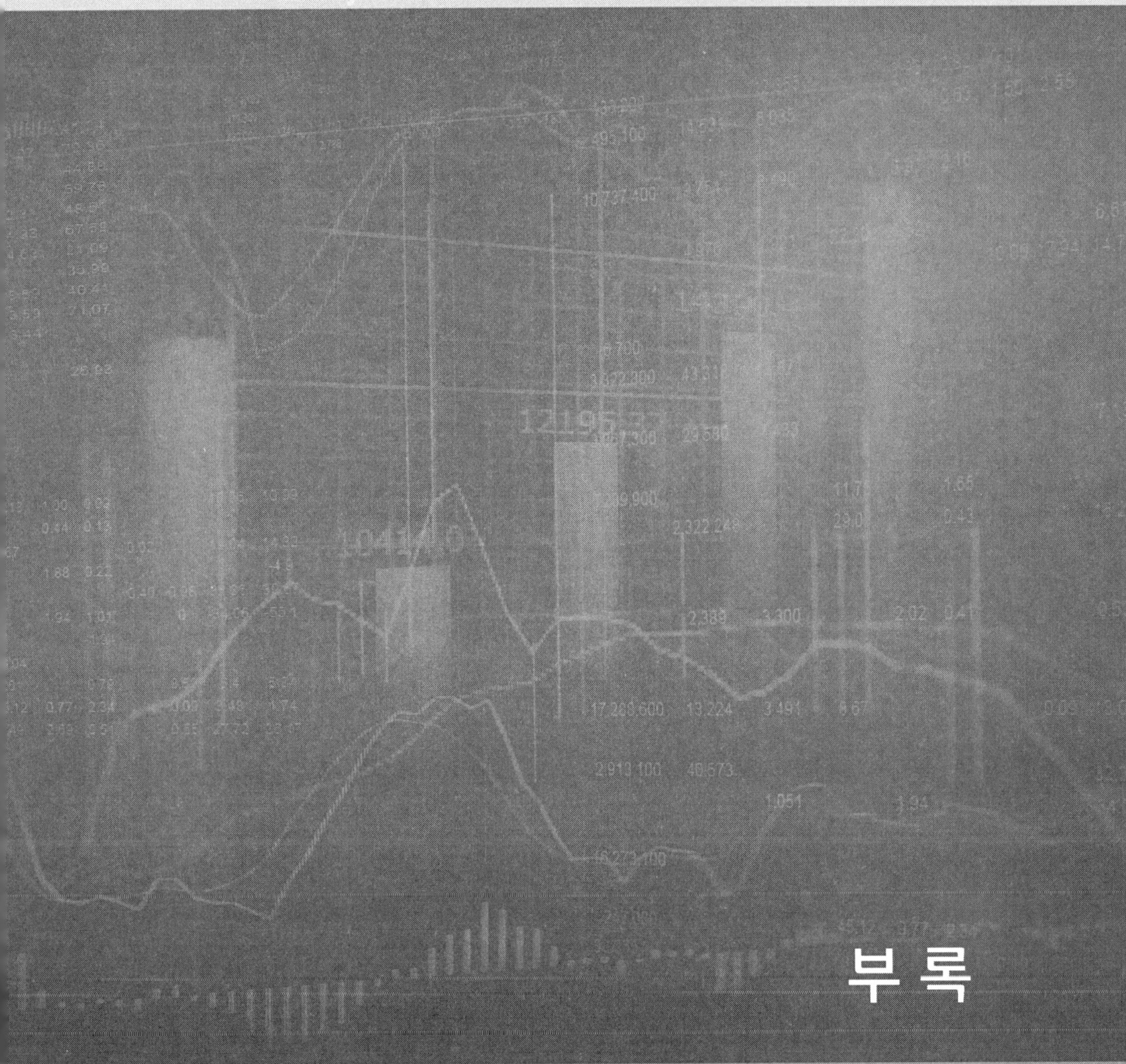

부 록

부록 1 난수표

00000	10097	32533	76520	13586	34673	54876	80959	09117	29292	74945
00001	37542	04805	64894	74296	24805	24037	20636	10402	00822	91665
00002	08422	68953	19645	09303	23209	02560	15953	34764	25080	33606
00003	99019	02529	09376	70715	38311	31165	88676	74397	04436	27659
00004	12807	99970	80157	36147	64032	36653	98951	16877	12171	76833
00005	66065	74717	34072	76850	36697	36170	65813	39885	11199	29170
00006	31060	10805	45571	82406	35303	42614	86799	07439	23403	09732
00007	85269	77602	02051	65692	68665	74818	73053	85247	18623	88579
00008	63573	32135	05325	47048	90553	57548	28468	28709	83491	25624
00009	73796	45753	03529	64778	35808	34282	60935	20344	35273	88435
00010	98520	17767	14905	68607	22109	40558	60970	93433	50500	73998
00011	11805	05431	39808	27732	50725	68248	29405	24201	52775	67851
00012	83452	99634	06288	98083	13746	70078	18475	40610	68711	77817
00013	88685	40200	86507	58401	36766	67951	90364	76493	29609	11062
00014	99594	67348	87517	64969	91826	08928	93785	61368	23478	34113
00015	65481	17674	17468	50950	58047	76974	73039	57186	40218	16544
00016	81024	35635	17727	08015	45318	22374	21115	78253	14385	53763
00017	74350	99817	77402	77214	43236	00210	45521	64237	96286	02655
00018	69916	26803	66252	29148	36936	87203	76621	13990	94400	56418
00019	09893	20505	14225	68514	46427	56788	96297	78822	54382	14598
00020	91499	14523	68479	27686	46162	83554	94750	89923	37089	20048
00021	80336	94598	26040	36858	70297	34135	53140	33340	42050	82341
00022	44104	81949	85157	47954	32979	26575	57600	40881	22222	06413
00023	12550	73742	11100	03040	12680	74697	96644	89439	28707	25815
00024	63606	49329	16505	34484	40219	52563	43651	77082	07207	31790
00025	61196	90446	26457	47774	51924	33729	65394	59593	42582	60527
00026	15474	45266	95270	79953	59367	83848	82396	10118	33211	59466
00027	94557	28573	67897	54387	54622	44431	91190	42592	92927	45973
00028	42481	16213	97344	08721	16868	48767	03071	12059	25701	46670
00029	23523	78317	73208	89837	68035	91416	26252	29663	05522	82562
00030	04493	52494	75246	33824	45862	51025	61962	79335	65337	12472
00031	00549	97654	64051	88159	96119	63896	54692	82391	23287	29529
00032	35963	15307	26898	09354	33351	35462	77974	50024	90103	39333
00033	59808	08391	45427	26842	83609	49700	13021	24892	78565	20106
00034	46058	85236	01390	92286	77281	44077	93910	83647	70617	42941

00035	32179	00597	87379	25241	05567	07007	86743	17157	85394	11838
00036	69234	61406	20117	45204	15956	60000	18743	92423	97118	96338
00037	19595	41430	01758	75379	40419	21585	66674	36806	84962	85207
00038	45155	14938	19476	07246	43667	94543	59047	90033	20826	69541
00039	94864	31994	36168	10851	34888	81553	01540	35456	05014	51176
00040	98086	24826	45240	28404	44999	08896	39094	73407	35441	31880
00041	33185	16232	41941	50949	89435	48581	88695	41994	37548	73043
00042	80951	00406	96382	70774	20151	23387	25016	25298	94624	61171
00043	79752	49140	71961	28296	69861	02591	74852	20539	00387	59579
00044	18633	32537	98145	08571	31010	24674	05455	61427	77938	91936
00045	74029	43902	77557	32207	97790	17119	52527	58021	80814	51748
00046	54178	45611	80993	37143	05335	12969	56127	19255	36040	90324
00047	11664	49883	52079	84827	59381	71539	09973	33440	88461	23356
00048	48324	77928	31249	64710	02295	36870	32307	57546	15020	09994
00049	69074	94138	87637	91976	35584	14401	10518	21615	01848	76938
00050	09188	20097	32825	39527	04220	86304	83389	87374	64278	58044
00051	90045	85497	51981	50654	94938	81997	91870	76150	68476	64659
00052	73189	50207	47677	26269	62290	64464	27214	67018	41361	82760
00053	75768	76490	20971	87749	90429	12272	95375	05871	93823	43178
00054	54016	44056	66281	31003	00682	27398	20714	53295	07706	17813
00055	08358	69910	78542	42785	13661	58873	01418	97553	31223	08420
00056	28306	03264	81333	10591	40510	07893	32604	60475	94119	01840
00057	53840	86233	81594	13628	51215	90290	28466	68795	77762	20791
00058	91757	53741	61613	62269	50263	90212	55781	76514	83483	47055
00059	89415	92694	00397	58391	12607	17646	48949	72306	94541	37408
00060	77513	03820	86864	29901	68414	82774	51908	13980	72893	55507
00061	19502	37174	69979	20288	55210	29773	74287	75251	65344	67415
00062	21818	59313	93278	81757	05686	73156	07082	85046	31853	38452
00063	51474	66499	68107	23621	94049	91345	42836	09191	08007	45449
00064	99559	68331	62535	24170	69777	12830	74819	78142	43860	72834
00065	33713	48007	93584	72869	51926	64721	58303	29822	93174	93972
00066	85274	86893	11303	22970	28834	34137	73515	90400	71148	43643
00067	84133	89640	44035	52166	73852	70091	61222	60561	62327	18423
00068	56732	16234	17395	96131	10113	91622	85496	57560	81604	18880
00069	65138	56806	87648	85261	34313	65861	45875	21069	85644	47277
00070	38001	02176	81719	11711	71602	92937	74219	64049	65584	49698
00071	37402	96397	01304	77586	56271	10086	47324	62605	40030	37438
00072	97125	40348	87083	31417	21815	39250	75237	62047	15501	29578

00073	21826	41134	47143	34072	64638	85902	49139	06441	03856	54552
00074	73135	42742	95719	09035	85794	74296	08789	88156	64691	19202
00075	07638	77929	03061	18072	96207	44156	23821	99538	04713	66994
00076	60528	83441	07954	19814	59175	20695	05533	52139	61212	06455
00077	83596	35655	06958	92983	05128	09719	77433	53783	92301	50498
00078	10850	62746	99599	10507	13499	06319	53075	71839	09410	19362
00079	39820	98952	43622	63147	64421	80814	43800	09351	31024	73167
00080	59580	06478	75569	78800	88835	54486	23768	06156	04111	08408
00081	38508	07341	23793	48763	90822	97022	17719	04207	95954	49953
00082	30692	70668	94688	16127	56196	80091	82067	63400	05462	69200
00083	65443	95659	18288	27437	49632	24041	08337	65676	96299	90836
00084	27267	50264	13192	72294	07477	44606	17985	48911	97341	30358
00085	91307	06991	19072	24210	36699	53728	28825	35793	28976	66252
00086	68434	94688	84473	13622	62166	98408	12843	82590	09815	93146
00087	48908	15877	54745	24591	35700	04754	83824	52692	54130	55160
00088	06913	45197	42672	78601	11883	09528	63011	98901	14974	40344
00089	10455	16019	14210	33712	61342	37821	88325	80851	43667	70883
00090	12883	97343	65027	61184	04285	01392	17974	15077	90712	26769
00091	21778	30976	38807	36961	31649	42096	63281	02023	08816	47449
00092	19523	59515	65122	59659	86283	68258	69572	13798	16435	91529
00093	67245	52670	35583	16563	79246	86686	76463	34222	26655	90802
00094	60584	47377	07500	37992	45134	26529	26760	83637	41326	44344
00095	53853	41377	36066	94850	58838	73859	49364	73331	96240	43642
00096	24637	39773	74384	89342	52623	07992	12696	18601	03742	83873
00097	83080	12451	38992	22815	07759	51777	97377	27585	51972	37867
00098	16444	24334	36151	99073	27493	70939	85130	54846	54759	54759
00099	60790	18157	57178	65762	11161	78576	45819	52979	65130	04860

부록 2 Poison이항분포표

x \ i	.1	.2	.3	.4	.5	.6	.7	.8	.9	1.0
0	0.905	0.819	0.741	0.670	0.607	0.549	0.497	0.449	0.407	0.368
1	0.999	0.982	0.963	0.938	0.910	0.878	0.844	0.809	0.772	0.736
2	1.000	0.999	0.996	0.992	0.986	0.977	0.966	0.953	0.937	0.920
3		1.000	1.000	0.999	0.998	0.997	0.994	0.991	0.945	0.981
4				1.000	1.000	1.000	0.999	0.999	0.989	0.996
5							1.000	1.000	0.998	0.999
6									1.000	1.000

x \ i	2.0	3.0	4.0	5.0	6.0	7.0	8.0	9.0	10.0	15.0	20.0
0	0.135	0.050	0.018	0.007	0.002	0.001	0.000	0.000	0.000	0.000	0.000
1	0.406	0.199	0.092	0.040	0.017	0.007	0.003	0.001	0.000	0.000	0.000
2	0.677	0.423	0.238	0.125	0.062	0.030	0.014	0.006	0.003	0.000	0.000
3	0.857	0.647	0.433	0.265	0.151	0.082	0.042	0.021	0.010	0.000	0.000
4	0.947	0.815	0.629	0.440	0.285	0.173	0.100	0.055	0.029	0.001	0.000
5	0.983	0.916	0.785	0.616	0.446	0.301	0.191	0.116	0.067	0.003	0.000
6	0.995	0.966	0.889	0.762	0.606	0.456	0.313	0.207	0.130	0.008	0.000
7	0.999	0.988	0.949	0.867	0.744	0.599	0.453	0.324	0.220	0.018	0.001
8	1.000	0.996	0.979	0.932	0.847	0.729	0.593	0.456	0.333	0.037	0.002
9		0.999	0.992	0.968	0.916	0.830	0.717	0.587	0.458	0.070	0.005
10		1.000	0.997	0.986	0.957	0.901	0.816	0.706	0.583	0.118	0.011
11			0.999	0.995	0.980	0.947	0.888	0.803	0.697	0.185	0.021
12			1.000	0.998	0.991	0.973	0.936	0.876	0.792	0.268	0.039
13				0.999	0.996	0.987	0.966	0.926	0.864	0.363	0.066
14				1.000	0.999	0.994	0.983	0.959	0.917	0.466	0.105
15					0.999	0.998	0.992	0.978	0.951	0.568	0.157
16					1.000	0.999	0.996	0.989	0.973	0.664	0.221
17						1.000	0.998	0.995	0.986	0.749	0.297
18							1.000	0.999	0.993	0.819	0.381
19								1.000	0.997	0.875	0.470
20									0.998	0.917	0.559
x / i	2.0	3.0	4.0	5.0	6.0	7.0	8.0	9.0	10.0	15.0	20.0

부록 3 누적이항분포표

n=5

k \ p	0.01	0.05	0.10	0.20	0.30	0.40	0.50	0.60	0.70	0.80	0.90	0.95	0.99
0	0.951	0.774	0.590	0.328	0.168	0.078	0.031	0.010	0.002	0.000	0.000	0.000	0.000
1	0.999	0.977	0.919	0.737	0.528	0.337	0.188	0.087	0.031	0.007	0.000	0.000	0.000
2	1.000	0.999	0.991	0.942	0.837	0.683	0.500	0.317	0.163	0.058	0.009	0.001	0.000
3	1.000	1.000	1.000	0.993	0.969	0.913	0.812	0.663	0.472	0.263	0.081	0.023	0.001
4	1.000	1.000	1.000	1.000	0.998	0.990	0.969	0.922	0.832	0.672	0.410	0.226	0.049

n=6

k \ p	0.01	0.05	0.10	0.20	0.30	0.40	0.50	0.60	0.70	0.80	0.90	0.95	0.99
0	0.941	0.735	0.531	0.262	0.118	0.047	0.016	0.004	0.001	0.000	0.000	0.000	0.000
1	0.999	0.967	0.886	0.655	0.420	0.233	0.109	0.041	0.011	0.002	0.000	0.000	0.000
2	1.000	0.998	0.984	0.901	0.744	0.544	0.344	0.179	0.070	0.017	0.001	0.000	0.000
3	1.000	1.000	0.999	0.983	0.930	0.821	0.656	0.456	0.256	0.099	0.016	0.002	0.000
4	1.000	1.000	1.000	0.998	0.989	0.959	0.891	0.767	0.580	0.345	0.114	0.033	0.001
5	1.000	1.000	1.000	1.000	0.999	0.996	0.984	0.953	0.882	0.738	0.469	0.265	0.059

n=7

k \ p	0.01	0.05	0.10	0.20	0.30	0.40	0.50	0.60	0.70	0.80	0.90	0.95	0.99
0	0.932	0.698	0.478	0.210	0.082	0.028	0.008	0.002	0.000	0.000	0.000	0.000	0.000
1	0.998	0.956	0.850	0.577	0.329	0.159	0.063	0.019	0.004	0.000	0.000	0.000	0.000
2	1.000	0.996	0.974	0.852	0.647	0.420	0.227	0.096	0.029	0.005	0.000	0.000	0.000
3	1.000	1.000	0.997	0.967	0.874	0.710	0.500	0.290	0.126	0.033	0.003	0.000	0.000
4	1.000	1.000	1.000	0.995	0.971	0.904	0.773	0.580	0.353	0.148	0.026	0.004	0.000
5	1.000	1.000	1.000	1.000	0.996	0.981	0.937	0.841	0.671	0.423	0.150	0.044	0.002
6	1.000	1.000	1.000	1.000	1.000	0.998	0.992	0.972	0.918	0.790	0.522	0.302	0.068

n=8

k \ p	0.01	0.05	0.10	0.20	0.30	0.40	0.50	0.60	0.70	0.80	0.90	0.95	0.99
0	0.923	0.663	0.430	0.163	0.058	0.017	0.004	0.001	0.000	0.000	0.000	0.000	0.000
1	0.997	0.943	0.813	0.503	0.255	0.106	0.035	0.009	0.001	0.000	0.000	0.000	0.000
2	1.000	0.994	0.962	0.797	0.552	0.315	0.145	0.050	0.011	0.001	0.000	0.000	0.000
3	1.000	1.000	0.995	0.944	0.806	0.594	0.363	0.174	0.058	0.010	0.000	0.000	0.000
4	1.000	1.000	1.000	0.990	0.942	0.826	0.637	0.406	0.194	0.056	0.005	0.000	0.000
5	1.000	1.000	1.000	0.999	0.989	0.950	0.885	0.685	0.448	0.203	0.038	0.006	0.000
6	1.000	1.000	1.000	1.000	0.999	0.991	0.965	0.894	0.745	0.497	0.187	0.057	0.003
7	1.000	1.000	1.000	1.000	1.000	0.999	0.996	0.983	0.942	0.832	0.570	0.337	0.077

n=9

k \ p	0.01	0.05	0.10	0.20	0.30	0.40	0.50	0.60	0.70	0.80	0.90	0.95	0.99
0	0.914	0.630	0.387	0.134	0.040	0.010	0.002	0.000	0.000	0.000	0.000	0.000	0.000
1	0.997	0.929	0.775	0.436	0.196	0.071	0.020	0.004	0.000	0.000	0.000	0.000	0.000
2	1.000	0.992	0.947	0.738	0.463	0.232	0.090	0.025	0.004	0.000	0.000	0.000	0.000
3	1.000	0.999	0.992	0.914	0.730	0.483	0.254	0.099	0.025	0.003	0.000	0.000	0.000
4	1.000	1.000	0.999	0.980	0.901	0.733	0.500	0.267	0.099	0.020	0.001	0.000	0.000
5	1.000	1.000	1.000	0.997	0.975	0.901	0.746	0.517	0.270	0.086	0.008	0.001	0.000
6	1.000	1.000	1.000	1.000	0.996	0.975	0.910	0.768	0.537	0.262	0.053	0.008	0.000
7	1.000	1.000	1.000	1.000	1.000	0.996	0.980	0.929	0.804	0.564	0.225	0.071	0.003
8	1.000	1.000	1.000	1.000	1.000	1.000	0.998	0.990	0.960	0.866	0.613	0.370	0.086

n=10

k \ p	0.01	0.05	0.10	0.20	0.30	0.40	0.50	0.60	0.70	0.80	0.90	0.95	0.99
0	0.904	0.599	0.349	0.107	0.028	0.006	0.001	0.000	0.000	0.000	0.000	0.000	0.000
1	0.996	0.914	0.736	0.376	0.149	0.046	0.011	0.002	0.000	0.000	0.000	0.000	0.000
2	1.000	0.988	0.930	0.678	0.383	0.167	0.055	0.012	0.002	0.000	0.000	0.000	0.000
3	1.000	0.999	0.987	0.879	0.650	0.382	0.172	0.055	0.011	0.001	0.000	0.000	0.000
4	1.000	1.000	0.998	0.967	0.850	0.633	0.377	0.166	0.047	0.006	0.000	0.000	0.000
5	1.000	1.000	1.000	0.994	0.953	0.834	0.623	0.367	0.150	0.033	0.002	0.000	0.000
6	1.000	1.000	1.000	0.999	0.989	0.945	0.828	0.618	0.350	0.121	0.013	0.001	0.000
7	1.000	1.000	1.000	1.000	0.998	0.988	0.945	0.833	0.617	0.322	0.070	0.012	0.000
8	1.000	1.000	1.000	1.000	1.000	0.998	0.989	0.954	0.851	0.624	0.264	0.086	0.004
9	1.000	1.000	1.000	1.000	1.000	1.000	0.999	0.994	0.972	0.893	0.651	0.401	0.096

n=15

k \ p	0.01	0.05	0.10	0.20	0.30	0.40	0.50	0.60	0.70	0.80	0.90	0.95	0.99
0	0.860	0.463	0.206	0.035	0.005	0.000	0.000	0.000	0.000	0.000	0.000	0.000	0.000
1	0.990	0.829	0.549	0.167	0.035	0.005	0.000	0.000	0.000	0.000	0.000	0.000	0.000
2	1.000	0.964	0.816	0.398	0.127	0.027	0.004	0.000	0.000	0.000	0.000	0.000	0.000
3	1.000	0.995	0.944	0.648	0.297	0.091	0.018	0.002	0.000	0.000	0.000	0.000	0.000
4	1.000	0.999	0.987	0.836	0.515	0.217	0.059	0.009	0.001	0.000	0.000	0.000	0.000
5	1.000	1.000	0.998	0.939	0.722	0.403	0.151	0.034	0.004	0.000	0.000	0.000	0.000
6	1.000	1.000	1.000	0.982	0.869	0.610	0.304	0.095	0.015	0.001	0.000	0.000	0.000
7	1.000	1.000	1.000	0.996	0.950	0.787	0.500	0.213	0.050	0.004	0.000	0.000	0.000
8	1.000	1.000	1.000	0.999	0.985	0.905	0.696	0.390	0.131	0.018	0.000	0.000	0.000
9	1.000	1.000	1.000	1.000	0.996	0.966	0.849	0.597	0.278	0.061	0.002	0.000	0.000
10	1.000	1.000	1.000	1.000	0.999	0.991	0.941	0.783	0.485	0.164	0.013	0.001	0.000
11	1.000	1.000	1.000	1.000	1.000	0.998	0.982	0.909	0.703	0.352	0.056	0.005	0.000
12	1.000	1.000	1.000	1.000	1.000	1.000	0.996	0.973	0.873	0.602	0.184	0.036	0.000
13	1.000	1.000	1.000	1.000	1.000	1.000	1.000	0.995	0.965	0.833	0.451	0.171	0.010
14	1.000	1.000	1.000	1.000	1.000	1.000	1.000	1.000	0.995	0.965	0.794	0.537	0.140

n=20

k \ p	0.01	0.05	0.10	0.20	0.30	0.40	0.50	0.60	0.70	0.80	0.90	0.95	0.99
0	0.818	0.358	0.122	0.012	0.001	0.000	0.000	0.000	0.000	0.000	0.000	0.000	0.000
1	0.983	0.736	0.392	0.069	0.008	0.001	0.000	0.000	0.000	0.000	0.000	0.000	0.000
2	0.999	0.925	0.677	0.206	0.035	0.004	0.000	0.000	0.000	0.000	0.000	0.000	0.000
3	1.000	0.984	0.867	0.411	0.107	0.016	0.001	0.000	0.000	0.000	0.000	0.000	0.000
4	1.000	0.997	0.957	0.630	0.238	0.051	0.006	0.000	0.000	0.000	0.000	0.000	0.000
5	1.000	1.000	0.989	0.804	0.416	0.126	0.021	0.002	0.000	0.000	0.000	0.000	0.000
6	1.000	1.000	0.998	0.913	0.608	0.250	0.058	0.006	0.000	0.000	0.000	0.000	0.000
7	1.000	1.000	1.000	0.968	0.772	0.416	0.132	0.021	0.001	0.000	0.000	0.000	0.000
8	1.000	1.000	1.000	0.990	0.887	0.596	0.252	0.057	0.005	0.000	0.000	0.000	0.000
9	1.000	1.000	1.000	0.997	0.952	0.755	0.412	0.128	0.017	0.001	0.000	0.000	0.000
10	1.000	1.000	1.000	0.999	0.983	0.872	0.588	0.245	0.048	0.003	0.000	0.000	0.000
11	1.000	1.000	1.000	1.000	0.995	0.943	0.748	0.404	0.113	0.010	0.000	0.000	0.000
12	1.000	1.000	1.000	1.000	0.999	0.979	0.868	0.584	0.228	0.032	0.000	0.000	0.000
13	1.000	1.000	1.000	1.000	1.000	0.994	0.942	0.750	0.392	0.087	0.002	0.000	0.000
14	1.000	1.000	1.000	1.000	1.000	0.998	0.979	0.874	0.584	0.196	0.011	0.000	0.000
15	1.000	1.000	1.000	1.000	1.000	1.000	0.994	0.949	0.762	0.370	0.043	0.003	0.000
16	1.000	1.000	1.000	1.000	1.000	1.000	0.999	0.984	0.893	0.589	0.133	0.016	0.000
17	1.000	1.000	1.000	1.000	1.000	1.000	1.000	0.996	0.965	0.794	0.323	0.075	0.001
18	1.000	1.000	1.000	1.000	1.000	1.000	1.000	0.999	0.992	0.931	0.608	0.264	0.017
19	1.000	1.000	1.000	1.000	1.000	1.000	1.000	1.000	0.999	0.998	0.878	0.642	0.182

n=25

k \ p	0.01	0.05	0.10	0.20	0.30	0.40	0.50	0.60	0.70	0.80	0.90	0.95	0.99
0	0.778	0.277	0.072	0.004	0.000	0.000	0.000	0.000	0.000	0.000	0.000	0.000	0.000
1	0.974	0.642	0.271	0.027	0.002	0.000	0.000	0.000	0.000	0.000	0.000	0.000	0.000
2	0.998	0.873	0.537	0.098	0.009	0.000	0.000	0.000	0.000	0.000	0.000	0.000	0.000
3	1.000	0.966	0.764	0.234	0.033	0.002	0.000	0.000	0.000	0.000	0.000	0.000	0.000
4	1.000	0.993	0.902	0.421	0.090	0.009	0.000	0.000	0.000	0.000	0.000	0.000	0.000
5	1.000	0.999	0.967	0.617	0.193	0.029	0.002	0.000	0.000	0.000	0.000	0.000	0.000
6	1.000	1.000	0.991	0.780	0.341	0.074	0.007	0.000	0.000	0.000	0.000	0.000	0.000
7	1.000	1.000	0.998	0.891	0.512	0.154	0.022	0.001	0.000	0.000	0.000	0.000	0.000
8	1.000	1.000	1.000	0.953	0.677	0.274	0.054	0.004	0.000	0.000	0.000	0.000	0.000
9	1.000	1.000	1.000	0.983	0.811	0.425	0.115	0.013	0.000	0.000	0.000	0.000	0.000
10	1.000	1.000	1.000	0.994	0.902	0.586	0.212	0.034	0.002	0.000	0.000	0.000	0.000
11	1.000	1.000	1.000	0.998	0.956	0.732	0.345	0.078	0.006	0.000	0.000	0.000	0.000
12	1.000	1.000	1.000	1.000	0.983	0.846	0.500	0.154	0.017	0.000	0.000	0.000	0.000
13	1.000	1.000	1.000	1.000	0.994	0.922	0.655	0.268	0.044	0.002	0.000	0.000	0.000
14	1.000	1.000	1.000	1.000	0.998	0.966	0.788	0.414	0.098	0.006	0.000	0.000	0.000
15	1.000	1.000	1.000	1.000	1.000	0.987	0.885	0.575	0.189	0.017	0.000	0.000	0.000
16	1.000	1.000	1.000	1.000	1.000	0.996	0.946	0.726	0.323	0.047	0.000	0.000	0.000
17	1.000	1.000	1.000	1.000	1.000	0.999	0.978	0.846	0.488	0.109	0.002	0.000	0.000
18	1.000	1.000	1.000	1.000	1.000	1.000	0.993	0.926	0.659	0.220	0.009	0.000	0.000
19	1.000	1.000	1.000	1.000	1.000	1.000	0.998	0.971	0.807	0.383	0.033	0.001	0.000
20	1.000	1.000	1.000	1.000	1.000	1.000	1.000	0.991	0.910	0.579	0.098	0.007	0.000
21	1.000	1.000	1.000	1.000	1.000	1.000	1.000	0.998	0.967	0.766	0.236	0.034	0.000
22	1.000	1.000	1.000	1.000	1.000	1.000	1.000	1.000	0.991	0.902	0.463	0.127	0.002
23	1.000	1.000	1.000	1.000	1.000	1.000	1.000	1.000	0.998	0.973	0.729	0.358	0.026
24	1.000	1.000	1.000	1.000	1.000	1.000	1.000	1.000	1.000	0.996	0.928	0.723	0.222

부록 4 표준정규분포표

$$P[Z \geq z] = \int_{z}^{\infty} \frac{1}{\sqrt{2\pi}} e^{-\frac{t^2}{2}} dt$$

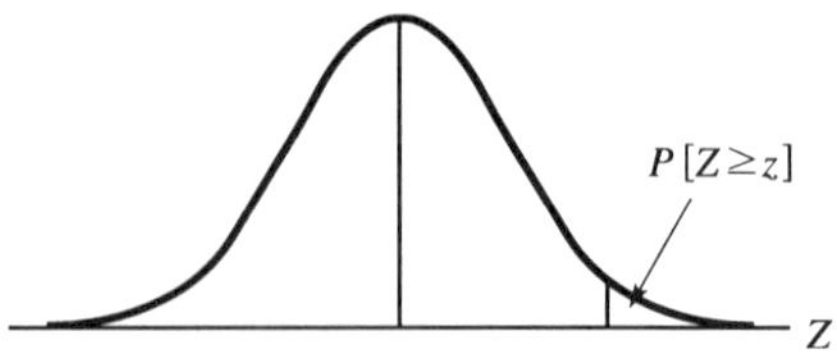

z	0.00	0.01	0.02	0.03	0.04	0.05	0.06	0.07	0.08	0.09
0.0	0.5000	0.4960	0.4920	0.4880	0.4840	0.4801	0.4761	0.4721	0.4681	0.4641
0.1	0.4602	0.4562	0.4522	0.4483	0.4443	0.4404	0.4364	0.4325	0.4286	0.4247
0.2	0.4207	0.4168	0.4129	0.4090	0.4052	0.4013	0.3974	0.3936	0.3897	0.3859
0.3	0.3821	0.3783	0.3745	0.3707	0.3669	0.3632	0.3594	0.3557	0.3520	0.3483
0.4	0.3446	0.3409	0.3372	0.3336	0.3300	0.3264	0.3228	0.3192	0.3156	0.3121
0.5	0.3085	0.3050	0.3015	0.2981	0.2946	0.2912	0.2877	0.2843	0.2810	0.2776
0.6	0.2743	0.2709	0.2676	0.2643	0.2611	0.2578	0.2546	0.2514	0.2483	0.2451
0.7	0.2420	0.2389	0.2358	0.2327	0.2296	0.2266	0.2236	0.2206	0.2177	0.2148
0.8	0.2119	0.2090	0.2061	0.2033	0.2005	0.1977	0.1949	0.1922	0.1894	0.1867
0.9	0.1841	0.1814	0.1788	0.1762	0.1736	0.1711	0.1685	0.1660	0.1635	0.1611
1.0	0.1587	0.1562	0.1539	0.1515	0.1492	0.1469	0.1446	0.1423	0.1401	0.1379
1.1	0.1357	0.1335	0.1314	0.1292	0.1271	0.1251	0.1230	0.1210	0.1190	0.1170
1.2	0.1151	0.1131	0.1112	0.1093	0.1075	0.1056	0.1038	0.1020	0.1003	0.0985
1.3	0.0986	0.0951	0.0934	0.0918	0.0901	0.0885	0.0869	0.0853	0.0838	0.0823
1.4	0.0808	0.0793	0.0778	0.0764	0.0749	0.0735	0.0721	0.0708	0.0694	0.0681
1.5	0.0668	0.0655	0.0643	0.0630	0.0618	0.0606	0.0594	0.0582	0.0571	0.0559
1.6	0.0548	0.0537	0.0526	0.0516	0.0505	0.0495	0.0485	0.0475	0.0465	0.0455
1.7	0.0446	0.0436	0.0427	0.0418	0.0409	0.0401	0.0392	0.0384	0.0375	0.0367
1.8	0.0359	0.0351	0.0344	0.0336	0.0329	0.0322	0.0314	0.0307	0.0301	0.0294
1.9	0.0287	0.0281	0.0274	0.0268	0.0262	0.0256	0.0250	0.0244	0.0239	0.0233
2.0	0.0228	0.0222	0.0217	0.0212	0.0207	0.0202	0.0197	0.0192	0.0188	0.0183
2.1	0.0179	0.0174	0.0170	0.0166	0.0162	0.0158	0.0154	0.0150	0.0146	0.0143
2.2	0.0139	0.0136	0.0132	0.0129	0.0125	0.0122	0.0119	0.0116	0.0113	0.0110
2.3	0.0107	0.0104	0.0102	0.0099	0.0096	0.0094	0.0091	0.0089	0.0087	0.0084
2.4	0.0082	0.0080	0.0078	0.0075	0.0073	0.0071	0.0069	0.0068	0.0066	0.0064
2.5	0.0062	0.0060	0.0059	0.0057	0.0055	0.0054	0.0052	0.0051	0.0049	0.0048
2.6	0.0047	0.0045	0.0044	0.0043	0.0041	0.0040	0.0039	0.0038	0.0037	0.0036
2.7	0.0035	0.0034	0.0033	0.0032	0.0031	0.0030	0.0029	0.0028	0.0027	0.0026
2.8	0.0026	0.0025	0.0024	0.0023	0.0023	0.0022	0.0021	0.0021	0.0020	0.0019
2.9	0.0019	0.0018	0.0018	0.0017	0.0016	0.0016	0.0015	0.0015	0.0014	0.0014
3.0	0.0013	0.0013	0.0013	0.0012	0.0012	0.0011	0.0011	0.0011	0.0010	0.0010
3.1	0.0010	0.0009	0.0009	0.0009	0.0008	0.0008	0.0008	0.0008	0.0007	0.0007
3.2	0.0007	0.0007	0.0006	0.0006	0.0006	0.0006	0.0006	0.0005	0.0005	0.0005
3.3	0.0005	0.0005	0.0005	0.0004	0.0004	0.0004	0.0004	0.0004	0.0004	0.0003
3.4	0.0003	0.0003	0.0003	0.0003	0.0003	0.0003	0.0003	0.0003	0.0003	0.0002
3.5	0.0002	0.0002	0.0002	0.0002	0.0002	0.0002	0.0002	0.0002	0.0002	0.0002
3.6	0.0002	0.0002	0.0001	0.0001	0.0001	0.0001	0.0001	0.0001	0.0001	0.0001
3.7	0.0001	0.0001	0.0001	0.0001	0.0001	0.0001	0.0001	0.0001	0.0001	0.0001
3.8	0.0001	0.0001	0.0001	0.0001	0.0001	0.0001	0.0001	0.0001	0.0001	0.0001
3.9	0.0000	0.0000	0.0000	0.0000	0.0000	0.0000	0.0000	0.0000	0.0000	0.0000

$P[0 \leq Z \leq z]$

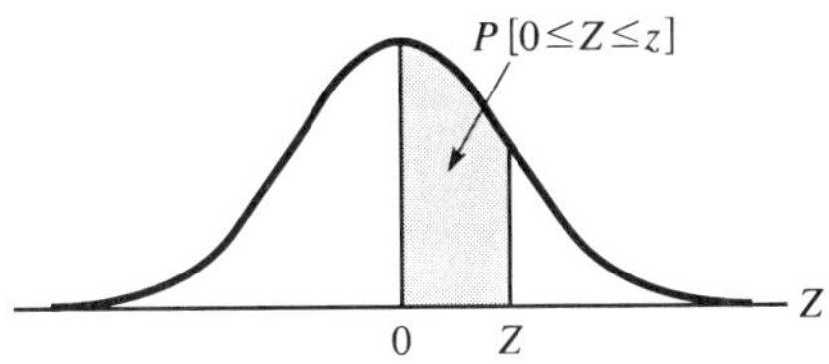

z	0.00	0.01	0.02	0.03	0.04	0.05	0.06	0.07	0.08	0.09
0.0	0.0000	0.0040	0.0080	0.0120	0.0160	0.0199	0.0239	0.0279	0.0319	0.0359
0.1	0.0398	0.0438	0.0478	0.0517	0.0557	0.0556	0.0636	0.0675	0.0714	0.0753
0.2	0.0793	0.0832	0.0871	0.0910	0.0948	0.0987	0.1026	0.1064	0.1103	0.1141
0.3	0.1179	0.1217	0.1255	0.1293	0.1331	0.1368	0.1406	0.1443	0.1480	0.1517
0.4	0.1554	0.1591	0.1628	0.1664	0.1700	0.1736	0.1772	0.1808	0.1844	0.1879
0.5	0.1915	0.1950	0.1985	0.0219	0.2054	0.2088	0.2123	0.2157	0.2190	0.2224
0.6	0.2257	0.2291	0.2324	0.2357	0.2389	0.2422	0.2454	0.2486	0.2517	0.2549
0.7	0.2580	0.2611	0.2642	0.2673	0.2704	0.2734	0.2764	0.2794	0.2823	0.2852
0.8	0.2881	0.2910	0.2939	0.2967	0.2995	0.3023	0.3051	0.3078	0.3106	0.3133
0.9	0.3159	0.3186	0.3212	0.3238	0.3264	0.3289	0.3315	0.3340	0.3365	0.3389
1.0	0.3413	0.3438	0.3461	0.3485	0.3508	0.3531	0.3554	0.3577	0.3599	0.3621
1.1	0.3643	0.3665	0.3686	0.3708	0.3729	0.3749	0.3770	0.3790	0.3810	0.3830
1.2	0.3849	0.3869	0.3888	0.3907	0.3925	0.3944	0.3962	0.3980	0.3997	0.4015
1.3	0.4032	0.4049	0.4066	0.4082	0.4099	0.4115	0.4131	0.4147	0.4162	0.4177
1.4	0.4192	0.4207	0.4222	0.4236	0.4251	0.4265	0.4279	0.4292	0.4306	0.4319
1.5	0.4332	0.4345	0.4357	0.4370	0.4382	0.4394	0.4406	0.4418	0.4429	0.4441
1.6	0.4452	0.4463	0.4474	0.4484	0.4495	0.4505	0.4515	0.4525	0.4535	0.4545
1.7	0.4554	0.4564	0.4573	0.4582	0.4591	0.4599	0.4608	0.4616	0.4625	0.4633
1.8	0.4641	0.4649	0.4656	0.4664	0.4671	0.4678	0.4686	0.4693	0.4699	0.4706
1.9	0.4713	0.4719	0.4726	0.4732	0.4738	0.4744	0.4750	0.4756	0.4761	0.4767
2.0	0.4772	0.4778	0.4783	0.4788	0.4793	0.4798	0.4803	0.4808	0.4812	0.4817
2.1	0.4821	0.4826	0.4830	0.4834	0.4838	0.4842	0.4846	0.4850	0.4854	0.4857
2.2	0.4861	0.4864	0.4868	0.4871	0.4875	0.4878	0.4881	0.4884	0.4887	0.4890
2.3	0.4893	0.4896	0.4898	0.4901	0.4904	0.4906	0.4909	0.4911	0.4913	0.4916
2.4	0.4918	0.4920	0.4922	0.4925	0.4927	0.4929	0.4931	0.4932	0.4934	0.4936
2.5	0.4938	0.4940	0.4941	0.4943	0.4945	0.4946	0.4948	0.4949	0.4951	0.4952
2.6	0.4953	0.4955	0.4956	0.4957	0.4959	0.4960	0.4961	0.4962	0.4963	0.4964
2.7	0.4965	0.4966	0.4967	0.4968	0.4969	0.4970	0.4971	0.4972	0.4973	0.4974
2.8	0.4974	0.4975	0.4976	0.4977	0.4977	0.4978	0.4979	0.4979	0.4980	0.4981
2.9	0.4987	0.4982	0.4982	0.4983	0.4984	0.4984	0.4985	0.4985	0.4986	0.4986
3.0	0.4987	0.4987	0.4987	0.4988	0.4988	0.4989	0.4989	0.4989	0.4990	0.4990
3.1	0.4990	0.4991	0.4991	0.4991	0.4991	0.4992	0.4992	0.4992	0.4993	0.4992
3.2	0.4993	0.4993	0.4994	0.4994	0.4994	0.4994	0.4995	0.4995	0.4995	0.4995
3.3	0.4995	0.4995	0.4995	0.4996	0.4996	0.4996	0.4996	0.4996	0.4996	0.4997
3.4	0.4997	0.4997	0.4997	0.4997	0.4997	0.4997	0.4997	0.4997	0.4997	0.4998
3.5	0.4998									
4.0	0.49997									
4.5	0.499997									
5.0	0.4999997									

부록 5 T-분포표

	단측검정					
df \ P	.10	.05	.025	.01	.005	.0005
1	3.078	6.314	12.706	31.821	63.657	636.619
2	1.886	2.920	4.303	6.965	9.925	31.598
3	1.638	2.353	3.182	4.541	5.841	12.941
4	1.533	2.132	2.776	3.747	4.604	8.610
5	1.476	2.015	2.571	3.305	4.032	6.859
6	1.440	1.943	2.447	3.143	3.707	5.959
7	1.415	1.895	2.365	2.998	3.499	5.405
8	1.397	1.860	2.306	2.896	3.355	5.041
9	1.383	1.833	2.262	2.821	3.250	4.781
10	1.372	1.812	2.228	2.764	3.169	4.587
11	1.363	1.796	2.201	2.718	3.106	4.437
12	1.356	1.782	2.179	2.681	3.055	4.318
13	1.350	1.771	2.160	2.650	3.012	4.221
14	1.345	1.761	2.145	2.624	2.977	4.140
15	1.341	1.753	2.131	2.602	2.947	4.073
16	1.337	1.746	2.120	2.583	2.921	4.015
17	1.333	1.740	2.110	2.567	2.898	3.965
18	1.330	1.734	2.101	2.552	2.878	3.922
19	1.328	1.729	2.093	2.539	2.861	3.883
20	1.325	1.725	2.086	2.528	2.845	3.850
21	1.323	1.721	2.080	2.518	2.831	3.819
22	1.321	1.717	2.074	2.508	2.819	3.792
23	1.319	1.714	2.069	2.500	2.807	3.767
24	1.318	1.711	2.064	2.492	2.797	3.745
25	1.316	1.708	2.060	2.485	2.787	3.725
26	1.315	1.706	2.056	2.479	2.779	3.707
27	1.314	1.703	2.052	2.473	2.771	3.690
28	1.313	1.701	2.048	2.467	2.763	3.674
29	1.311	1.699	2.045	2.462	2.756	3.659
30	1.310	1.697	2.042	2.457	2.750	3.646
40	1.303	1.684	2.031	2.423	2.704	3.551
60	1.296	1.671	2.000	2.390	2.660	3.460
120	1.289	1.658	1.980	2.358	2.617	3.373
∞	1.282	1.645	1.960	2.326	2.576	3.291
df \ P	.20	.10	.05	.02	.01	.001
	양측검정					

부록 6 F-분포표

$\alpha = 0.05$

df2 \ df1	1	2	3	4	5	6	7	8	9
1	161	200	216	225	230	234	237	236	241
2	18.5	19.0	19.2	19.2	19.3	19.3	19.4	19.4	19.4
3	10.10	9.55	9.28	9.12	9.01	8.94	8.89	8.85	8.81
4	7.71	6.94	6.59	6.39	6.26	6.16	6.09	6.04	6.00
5	6.61	5.79	5.41	5.19	5.05	4.95	4.88	4.82	4.77
6	6.99	5.14	4.87	4.53	4.39	4.28	4.21	4.15	4.10
7	5.59	4.74	4.35	4.12	3.97	3.87	3.79	3.73	3.68
8	5.32	4.46	4.07	3.84	3.69	3.58	3.50	3.44	3.39
9	5.12	4.26	3.86	3.63	3.48	3.37	3.29	3.23	3.18
10	4.96	4.10	3.71	3.48	3.33	3.22	3.14	3.07	3.02
11	4.84	3.98	3.59	3.36	3.20	3.09	3.01	2.95	2.90
12	4.75	3.89	3.49	3.26	3.11	3.00	2.91	2.85	2.80
13	4.67	3.81	3.41	3.18	3.03	2.92	2.83	2.77	2.71
14	4.60	3.74	3.34	3.11	2.96	2.85	2.76	2.70	2.65
15	4.54	3.68	3.29	3.06	2.90	2.79	2.71	2.64	2.59
16	4.49	3.63	3.24	3.01	2.85	2.74	2.66	2.59	2.54
17	4.45	3.59	3.20	2.96	2.81	2.70	2.61	2.55	2.49
18	4.41	3.55	3.16	2.93	2.77	2.66	2.58	2.51	2.46
19	4.38	3.52	3.13	2.90	2.74	2.63	2.54	2.48	2.42
20	4.35	3.49	3.10	2.87	2.71	2.60	2.51	2.45	2.39
24	4.26	3.40	3.01	2.78	2.62	2.51	2.42	2.36	2.30
30	4.17	3.32	2.92	2.69	2.53	2.42	2.33	2.27	2.21
60	4.00	3.15	2.76	2.53	2.37	2.25	2.17	2.10	2.04
120	3.92	3.07	2.68	2.45	2.29	2.18	2.09	2.02	1.96
∞	3.84	3.00	2.60	2.37	2.21	2.10	2.01	1.94	1.88

α=0.025

df2 \ df1	1	2	3	4	5	6	7	8	9
1	648	800	864	900	922	937	948	957	963
2	38.5	39.0	39.2	39.3	39.3	30.3	39.4	39.4	39.4
3	17.4	16.0	15.4	15.1	14.9	14.7	14.6	14.5	14.5
4	12.2	10.7	9.98	9.60	9.36	9.20	9.07	8.98	8.90
5	10.0	8.43	7.76	7.39	7.15	6.98	6.85	6.76	6.68
6	8.81	7.26	6.60	6.23	5.99	5.82	5.70	5.60	5.52
7	8.07	6.54	5.89	5.52	5.29	5.12	4.99	4.90	4.82
8	7.57	6.06	5.42	5.05	4.82	4.65	4.53	4.43	4.36
9	7.21	5.71	5.08	4.72	4.48	4.32	4.20	4.10	4.03
10	6.94	5.46	4.83	4.47	4.24	4.07	3.95	3.85	3.78
11	6.72	5.26	4.63	4.28	4.04	3.88	3.76	3.66	3.59
12	6.55	5.10	4.47	4.12	3.89	3.73	3.61	3.51	3.44
13	6.41	4.97	4.35	4.00	3.77	3.60	3.48	3.39	3.31
14	6.30	4.86	4.24	3.89	3.66	3.50	3.36	3.29	3.26
15	6.20	4.77	4.15	3.80	3.58	3.41	3.29	3.20	3.12
16	6.12	4.69	4.08	3.73	3.50	3.34	3.22	3.12	3.05
17	6.04	4.62	4.01	3.66	3.44	3.28	3.16	3.06	2.98
18	5.98	4.56	3.95	3.61	3.38	3.22	3.10	3.01	2.93
19	5.92	4.51	3.90	3.56	3.33	3.17	3.05	2.96	2.88
20	5.87	4.46	3.86	3.51	3.29	3.13	3.01	2.91	2.84
24	5.72	4.32	3.72	3.38	3.15	2.99	2.87	2.78	2.70
30	5.57	4.18	3.59	3.25	3.03	2.87	2.75	2.65	2.57
60	5.29	3.93	3.34	3.01	2.79	2.63	2.51	2.41	2.33
120	5.15	3.80	3.23	2.89	2.67	2.52	2.39	2.30	2.22
∞	5.02	3.69	3.12	2.79	2.57	2.41	2.29	2.19	2.11

$\alpha=0.01$

df2 \ df1	1	2	3	4	5	6	7	8	9
1	4,052	5,000	5,403	5,625	5,764	5,859	5,928	5,981	6,022
2	88.5	99.0	99.2	99.2	99.3	99.3	99.4	99.4	99.4
3	34.1	30.8	29.5	28.7	28.2	27.9	27.7	27.5	27.3
4	21.2	18.0	16.7	16.0	15.5	15.2	15.0	14.8	14.7
5	16.3	13.3	12.1	11.4	11.0	10.7	10.5	10.3	10.2
6	13.7	10.9	9.78	9.15	8.75	8.47	8.26	8.10	7.98
7	12.2	9.55	8.45	7.85	7.46	7.19	6.99	6.84	6.72
8	11.3	8.65	7.59	7.01	6.63	6.37	6.18	6.03	5.91
9	10.6	8.02	6.99	6.42	6.06	5.80	5.61	5.47	5.35
10	10.0	7.56	6.55	5.99	5.64	5.39	5.20	5.06	4.94
11	9.65	7.21	6.22	5.67	5.32	5.07	4.89	4.74	4.63
12	9.33	6.93	5.95	5.41	5.06	4.82	4.64	4.50	4.39
13	9.07	6.70	5.74	5.21	4.86	4.62	4.44	4.30	4.19
14	8.86	6.51	5.56	5.04	4.69	4.46	4.28	4.14	4.03
15	8.68	6.36	5.42	4.89	4.56	4.32	4.14	4.00	3.89
16	8.53	6.23	5.29	4.77	4.44	4.20	4.03	3.89	3.78
17	8.40	6.11	5.18	4.67	4.34	4.10	3.93	3.79	3.68
18	8.29	6.01	5.09	4.58	4.25	4.01	3.84	3.71	3.60
19	8.18	5.93	5.01	4.50	4.17	3.94	3.77	3.63	3.52
20	8.10	5.85	4.94	4.43	4.10	3.87	3.70	3.56	3.46
24	7.82	5.61	4.72	4.22	3.90	3.67	3.50	3.36	3.26
30	7.56	5.39	4.51	4.02	3.70	3.47	3.30	3.17	3.07
60	7.08	4.98	4.13	3.65	3.34	3.12	2.95	2.82	2.72
120	6.85	4.79	3.95	3.48	3.17	2.96	2.79	2.66	2.56
∞	6.63	4.61	3.78	3.32	3.02	2.80	2.64	2.51	2.41

부록 7 χ^2–분포표

df	p .25	.10	.05	.025	.010	.005	.001
1	1.32	2.71	3.84	5.02	6.63	7.88	10.8
2	2.77	4.61	5.99	7.38	9.21	10.6	13.8
3	4.11	6.25	7.81	9.35	11.3	12.8	16.3
4	5.39	7.78	9.49	11.1	13.3	14.9	18.5
5	6.63	9.24	11.1	12.8	15.1	16.7	20.5
6	7.84	10.6	12.6	14.4	16.8	18.5	22.5
7	9.04	12.0	14.1	16.0	18.5	20.3	24.3
8	10.2	13.4	15.5	17.5	20.1	22.0	26.1
9	11.4	14.7	16.9	19.0	21.7	23.6	27.9
10	12.5	16.0	18.3	20.5	23.2	25.2	29.6
11	13.7	17.3	19.7	21.9	24.7	26.8	31.3
12	14.8	18.5	21.0	23.3	26.2	28.3	32.9
13	16.0	19.8	22.4	24.7	27.7	29.8	34.5
14	17.1	21.1	23.7	26.1	29.1	31.3	36.1
15	18.2	22.3	25.0	27.5	30.6	32.8	37.7
16	19.4	23.5	26.3	28.8	32.0	34.3	39.3
17	20.5	24.8	27.6	30.2	33.4	35.7	40.8
18	21.6	26.0	28.9	31.5	34.8	37.2	42.3
19	22.7	27.2	30.1	32.9	36.2	38.6	32.8
20	23.8	28.4	31.4	34.2	37.6	40.0	45.3
21	29.6	24.9	32.7	35.5	38.9	41.4	46.8
22	26.0	30.8	33.9	36.8	40.3	42.8	48.3
23	27.1	32.0	35.2	38.1	41.6	44.2	49.7
24	28.2	33.2	36.4	39.4	32.0	45.6	51.2
25	29.3	34.4	37.7	40.6	44.3	46.9	52.6
26	30.4	35.6	38.9	41.9	45.6	48.3	54.1
27	31.5	36.7	40.1	43.2	47.0	49.6	55.5
28	32.6	37.9	41.3	44.5	48.3	51.0	56.9
29	33.7	39.1	42.6	45.7	49.6	52.3	58.3
30	34.8	40.3	43.8	47.0	50.9	53.7	59.7
40	45.6	51.8	55.8	59.3	63.7	66.8	73.4
50	56.3	63.2	67.5	71.4	76.2	79.5	86.7
60	67.0	74.4	79.1	83.3	88.4	92.0	99.6
70	77.6	85.5	90.5	95.0	100	104	112
80	88.1	96.6	102	107	112	116	125
90	98.6	108	113	118	124	128	137
100	109	118	124	130	136	140	149

부록 8 Durbin–Watson 검정표

		독립변수의 수, k									
		1		2		3		4		5	
n	자유도,α	dL	dU	dL	dU	dL	dU	dL	dU	dL	dU
15	0.01	0.81	1.07	0.70	1.25	0.59	1.46	0.49	1.70	0.39	1.96
	0.025	0.95	1.23	0.83	1.40	0.71	1.61	0.59	1.84	0.48	2.09
	0.05	1.08	1.36	0.95	1.54	0.82	1.75	0.69	1.97	0.56	2.21
20	0.01	0.95	1.15	0.86	1.27	0.77	1.41	0.63	1.57	0.60	1.74
	0.025	1.08	1.28	0.99	1.41	0.89	1.55	0.79	1.70	0.70	1.87
	0.05	1.23	1.41	1.10	1.54	1.00	1.68	0.90	1.83	0.79	1.99
25	0.01	1.05	1.21	0.98	1.30	0.90	1.41	0.83	1.52	0.75	1.65
	0.025	1.13	1.34	1.10	1.43	1.02	1.54	0.94	1.65	0.86	1.77
	0.05	1.29	1.45	1.21	1.55	1.12	1.66	1.04	1.77	0.95	1.89
30	0.01	1.13	1.26	1.07	1.34	1.01	1.42	0.94	1.51	0.88	1.61
	0.025	1.25	1.38	1.18	1.46	1.12	1.54	1.05	1.63	0.98	1.73
	0.05	1.35	1.49	1.28	1.57	1.21	1.65	1.14	1.74	1.07	1.83
40	0.01	1.25	1.34	1.20	1.40	1.15	1.46	1.10	1.52	1.05	1.58
	0.025	1.35	1.45	1.30	1.51	1.25	1.57	1.20	1.63	1.15	1.69
	0.05	1.44	1.54	1.39	1.60	1.34	1.66	1.29	1.72	1.23	1.79
50	0.01	1.32	1.40	1.28	1.45	1.24	1.49	1.20	1.54	1.16	1.59
	0.025	1.42	1.50	1.38	1.54	1.34	1.59	1.30	1.64	1.26	1.69
	0.05	1.50	1.59	1.46	1.63	1.42	1.67	1.38	1.72	1.34	1.77
60	0.01	1.38	1.45	1.35	1.48	1.32	1.52	1.28	1.56	1.25	1.60
	0.025	1.47	1.54	1.44	1.57	1.40	1.61	1.37	1.65	1.33	1.69
	0.05	1.55	1.62	1.51	1.65	1.48	1.69	1.44	1.73	1.41	1.77
80	0.01	1.47	1.52	1.44	1.54	1.42	1.57	1.39	1.60	1.36	1.62
	0.025	1.54	1.59	1.52	1.62	1.49	1.65	1.47	1.67	1.44	1.70
	0.05	1.61	1.66	1.59	1.69	1.56	1.72	1.53	1.74	1.51	1.77
100	0.01	1.52	1.56	1.50	1.58	1.48	1.60	1.45	1.63	1.44	1.65
	0.025	1.59	1.63	1.57	1.65	1.55	1.67	1.53	1.70	1.51	1.72
	0.05	1.65	1.69	1.63	1.72	1.61	1.74	1.59	1.76	1.57	1.78

부록 9 Kolmogorov-Smirnov 검정표

표본의 크기 (n)	D=maximum ∣Fi=Si∣에 대한 자유도				
	.20	.15	.10	.05	.01
1	.900	.925	.950	.975	.995
2	.684	.726	.776	.842	.929
3	.565	.597	.642	.708	.828
4	.494	.525	.564	.624	.733
5	.446	.474	.510	.565	.669
6	.410	.436	.470	.521	.618
7	.381	.405	.438	.486	.577
8	.358	.381	.411	.457	.543
9	.339	.360	.388	.432	.514
10	.322	.342	.368	.410	.490
11	.307	.326	.352	.391	.468
12	.295	.313	.338	.375	.450
13	.284	.302	.325	.361	.433
14	.274	.292	.314	.349	.418
15	.266	.283	.304	.338	.404
16	.258	.274	.295	.328	.392
17	.250	.266	.286	.318	.381
18	.244	.259	.278	.309	.371
19	.237	.252	.272	.301	.363
20	.231	.246	.264	.294	.356
25	.21	.22	.24	.27	.32
30	.19	.20	.22	.24	.29
35	.18	.19	.21	.23	.27
35 이상	$\frac{1.07}{\sqrt{n}}$	$\frac{1.14}{\sqrt{n}}$	$\frac{1.12}{\sqrt{n}}$	$\frac{1.36}{\sqrt{n}}$	$\frac{1.63}{\sqrt{n}}$

부록 10 Spearman 순위상관계수표

n \ p	단측검정			
n	.05	.025	.01	.005
5	.900	–	–	–
6	.829	.886	.943	–
7	.714	.786	.893	–
8	.643	.738	.833	.881
9	.600	.683	.783	.833
10	.564	.648	.745	.794
11	.523	.623	.736	.818
12	.497	.591	.703	.780
13	.475	.566	.673	.745
14	.457	.545	.646	.716
15	.441	.525	.623	.689
16	.425	.507	.601	.666
17	.412	.490	.582	.645
18	.399	.476	.564	.625
19	.388	.762	.549	.608
20	.377	.450	.534	.591
21	.368	.438	.521	.576
22	.359	.428	.508	.562
23	.35	.418	.496	.549
24	.343	.409	.485	.537
25	.336	.400	.475	.526
26	.329	.392	.465	.515
27	.323	.385	.456	.505
28	.317	.377	.448	.496
29	.311	.370	.440	.487
30	.305	.364	.432	.478
n	.1	.05	.02	.01
p	양측검정			

INDEX 찾아보기

/ㅅ/

/ ㅍ /

/ ㅎ /

/1-9/

/A/

/B/

/C/

/D/

/E/

/F/

/N/

/O/

/P/

저자 소개

이해평 강원대학교 재난관리공학전공 교수

IBM SPSS 25를 활용한 **기초통계분석** 정가 18,000원

저자 : 이해평

발행인 : 임정대
발행처 : 도서출판 **화수목**

인쇄 : 2019년 3월 14일
발행 : 2019년 3월 21일

등록 : 제2014-000166호

주소 : 서울시 마포구 신촌로 2길 5-15
전화 : 02-338-9119
팩스 : 02-335-2201

ISBN 979-11-89933-01-2 (93530)